Projekt-Safari

Mario Neumann ist Projekt-Abenteurer: 15 Jahre leitete er internationale Projekte bei Hewlett-Packard. Aus seinem fundierten Know-how entwickelte er das »Situative Projektmanagement«, ein Trainingskonzept, mit dem er Projektleiter für alle Phasen ihrer Projekte fit macht. Für seine Arbeit wurde er mehrfach mit dem Internationalen Deutschen Trainingspreis ausgezeichnet.

PROJEKT SAFARI

Campus Verlag
Frankfurt/New York

ISBN 978-3-593-39693-4

Das Werk einschließlich aller seiner Teile ist urheberrechtlich geschützt.
Jede Verwertung ist ohne Zustimmung des Verlags unzulässig. Das gilt
insbesondere für Vervielfältigungen, Übersetzungen, Mikroverfilmungen
und die Einspeicherung und Verarbeitung in elektronischen Systemen.
Copyright © 2012 Campus Verlag GmbH, Frankfurt am Main
Umschlaggestaltung: Guido Klütsch, Köln
Illustrationen und Umschlagmotiv: © Harald Oehlerking, Berlin
Satz: Fotosatz L. Huhn, Linsengericht
Gesetzt aus der Sabon und der Metro
Druck und Bindung: Beltz Druckpartner, Hemsbach
Printed in Germany

Dieses Buch ist auch als E-Book erschienen.
www.campus.de

Inhalt

Vorwort 11

Etappe 1
Lust auf ein Abenteuer? 15
Von der Idee zum Projektauftrag

1.1 Ein Abenteuer geschickt einfädeln
Wie aus einer Idee ein Projekt wird 17
 Der Projektleiter als Aufklärer 19
 Eine erste Landkarte: Die Projektskizze 19
 Schritt 1: Zielsetzung klären 19
 Schritt 2: Eckdaten festlegen 20
 Schritt 3: Prioritäten setzen 22
 Schritt 4: Projektkern formulieren 24
 Schritt 5: Projektskizze verfassen 24
 Aus Toms Tagebuch 25

1.2 Das Abenteuer solide beginnen
Klarheit schaffen über die Projektanforderungen 27
 Die Tücken der Anforderungsanalyse 28
 Der Projektleiter holt sich einen Architekten 29
 Das Fundament: Geschäftstreiber und Geschäftsziele 30
 Die Architekturskizze 32
 Die vier Bausteine der Lösungsarchitektur 33
 Baustein 1: Die geschäftliche Sicht 33
 Baustein 2: Die funktionale Sicht 34
 Baustein 3: Die technische Sicht 35
 Baustein 4: Die organisatorische Sicht 36
 Aus Toms Tagebuch 37

1.3 Den Schiffbruch vermeiden
Frühwarnsignale richtig deuten 40
 Warnsignal 1: Euphorie und Optimismus 40
 Warnsignal 2: Ohne Legitimation 43
 Warnsignal 3: Halbwissen statt Expertise 45
 Warnsignal 4: Unklare und divergierende Ziele 47
 Aus Toms Tagebuch 51

Etappe 2
Der Abenteuer-Plan 55
Das Geheimnis erfolgreicher Projektplanung

2.1 Die Etappen werden geplant
Projektplanung mit einfachen Werkzeugen 57
Regeln, was geregelt werden muss 58
Werkzeug 1: Der Meilenstein – alle Etappen im Überblick 59
Werkzeug 2: Der Strukturplan – der Plan der Pläne 60
Werkzeug 3: Der Terminplan – die hohe Kunst der Schätzung 65
Werkzeug 4: Der Netzplan – alle Arbeiten in der Reihenfolge 69
Werkzeug 5: Der Balkenplan – die grafische Darstellung 70
»Der Plan ist nichts, die Planung ist alles« 70
Aus Toms Tagebuch 72

2.2 Die Reisepläne werden optimiert
Zeiten kürzen und Kosten einsparen 74
Pufferzeiten intelligent einsetzen 76
Den Projektplan optimieren 76
Aus Toms Tagebuch 78

2.3 Die Risiken werden gemanagt
Böse Überraschungen vermeiden 80
Eine Hitliste übersehener Risiken 82
Risiken im Projektteam 82
Risiken im Projektumfeld 83
Risiken bei der Projektplanung 83
Risiken bei der Durchführung 83
Technologische Risiken 84

Risikomanagement in vier Schritten 84
Schritt 1: Risiken erkennen 84
Schritt 2: Risiken bewerten 86
Schritt 3: Vorkehrungen treffen 88
Schritt 4: Risiken überwachen 91
Aus Toms Tagebuch 92

2.4 Der Rucksack wird gepackt
Einfache Tools erleichtern die Projektarbeit 94
Mit einfachen Mitteln das Projekt auf Kurs halten 96
Werkzeug 1: Die Meilenstein-Trendanalyse 96
Werkzeug 2: Die Aufgabenliste 98
Werkzeug 3: Der Änderungsantrag 100
Werkzeug 4: Das Risiko-Logbuch 102
Werkzeug 5: Das Projekttagebuch 102
Konsequenz und Disziplin gehören dazu 103
Aus Toms Tagebuch 104

Etappe 3
Das Abenteuer beginnt 107
Einen Fehlstart vermeiden

3.1 Wer hat das Zeug für ein Abenteuer?
Die richtigen Projektmitarbeiter auswählen 109
Der Mythos des perfekten Teams 111
Die Teamrollen des Professor Belbin 111
Nicht einfach alles hinnehmen 115
Aus Toms Tagebuch 116

3.2 Von null auf hundert
Das Team zur Höchstleistung entwickeln   119
In vier Stufen zum High-Performance-Team   120
Forming: Das Team lernt sich kennen   121
Storming: Das Team probt den Aufstand   122
Norming: Die Spielregeln werden gesetzt   123
Performing: Das Team entfaltet Höchstleistung   124
Auf alle vier Stufen kommt es an   125
Aus Toms Tagebuch   125

3.3 Erfolgreich starten
Das gelungene Kick-off-Meeting   127
Das Projekt nimmt Fahrt auf   129
Kick-off – gleich zweimal?   129
Ranghohe Unterstützung   130
Das Kick-off-Meeting vorbereiten   130
Entwicklungsphase 1: Kennenlernen und Vertrauen gewinnen   131
Entwicklungsphase 2: Konflikte und Machtspiele   131
Entwicklungsphase 3: Die Spielregeln finden   133
Ablauf eines Projekt-Kick-offs   133
Aus Toms Tagebuch   135

3.4 Schlagkräftig aufgestellt
Eine effektive Projektorganisation schaffen   138
Die Projektadministration reduzieren   139
Die Projektabläufe einfach halten   140
Verbindliche Spielregeln vereinbaren   141
Tägliche Einsatzbesprechung abhalten   143
Fester Termin, fester Zeitrahmen   143
Einsatzplanung am Task Board   143
Regeln für Projektbesprechungen festlegen   144

Der Jour fixe: eine Diskussionsrunde zum Stand der Dinge   144
Die Teamsitzung: Zusammenkunft für Ergebnisse und Entscheidungen   145
Ein Projektbüro einrichten   145
Aus Toms Tagebuch   146

Etappe 4
Das Umfeld gewinnen   149
Widerstände managen

4.1 Macht – der unsichtbare Helfer
Wie der Projektleiter sich Einfluss verschafft   151
Macht lässt sich organisieren   152
Variante 1: Belohnungsmacht   152
Variante 2: Zwangsmacht   153
Variante 3: Legitime Macht   154
Variante 4: Identifikationsmacht   155
Variante 5: Expertenmacht   155
Variante 6: Informationsvorsprung   156
Einflussreich ohne formale Macht   157
Aus Toms Tagebuch   157

4.2 Freund oder Feind?
Stakeholder erkennen und managen   159
Der Mensch im Fokus: Die Stakeholderanalyse   160
Schritt 1: Die Spieler identifizieren   161
Schritt 2: Die Spieler einschätzen   161
Schritt 3: Die Situation darstellen   163

Schritt 4: Maßnahmen ergreifen   165
Aus Toms Tagebuch   166

4.3 Erfolgsfaktor Kommunikation
Das Umfeld in das Projekt einbinden   169
Kommunikationskonzept aus vier Bausteinen   170
Baustein 1: Der Kommunikationsplan   170
Baustein 2: Der Lenkungsausschuss   171
Baustein 3: Der Statusbericht   173
Baustein 4: Die Eskalationsregeln   178
Aus Toms Tagebuch   180

Etappe 5
Alles hört auf mein Kommando   183
Führen, ohne Chef zu sein

5.1 Das Team der Abenteurer anführen
Auf der Suche nach dem perfekten Führungsstil   185
Den perfekten Führungsstil gibt es nicht   187
Situative Führung als Herausforderung   188
Bestimmung der Reifegrade   188
Reifegrad 1: Geringe Qualifikation, aber hohe Motivation   188
Reifegrad 2: Geringe Qualifikation, geringe Motivation   189
Reifegrad 3: Hohe Qualifikation, aber geringe Motivation   189
Reifegrad 4: Hohe Qualifikation, hohe Motivation   190
Bestimmung der Führungsstile   190
Die Wahl des richtigen Führungsstils   191
Reifegrad 1: Ein autoritärer Führungsstil leitet an   191
Reifegrad 2: Ein kooperativer Führungsstil coacht   191
Reifegrad 3: Ein karitativer Führungsstil unterstützt   192
Reifegrad 4: Ein Laisser-faire-Führungsstil delegiert   192
Situativ führen im Projekt   193
Aus Toms Tagebuch   194

5.2 Motivier mich mal!
Das Team für das Abenteuer gewinnen   195
Den wahren Motiven auf der Spur   196
Sechzehn Lebensmotive bedingen unser Verhalten   198
Den Lebensmotiven auf die Spur kommen   199
Fragen an den Mitarbeiter   202
Beobachtung des Mitarbeiters   202
Vom Motiv zur Motivation: Ein Blick auf Toms Team   203
Motivorientiertes Führen   204
Franz, Bettina und die »Macht«   205
Adreas, Karin und die »Neugier«   205
Wie tickt Ihr Team?   206
Aus Toms Tagebuch   208

5.3 Delegieren, aber richtig!
Wege aus dem Monkey Business   211
Delegieren im Projekt – die Grundlagen   212
Monkey Business – Wer macht für wen die Arbeit?   214
Strategien gegen die Affenfalle   215
Aus Toms Tagebuch   217

5.4 Bei Sturm steht der Kapitän mit an Deck
Die Abenteurer wollen einen starken Projektleiter   219
Die Führungsrollen des Projektleiters   220
Die Leadership-Formel   222

Komponente 1: Leadership braucht eine Vision   222
Komponente 2: Leadership braucht Leidenschaft   223
Komponente 3: Leadership braucht Disziplin   224
Komponente 4: Leadership braucht Vertrauen   225
Aus Toms Tagebuch   227

Etappe 6
Kurs halten in gefährlichen Gewässern   229
Konflikte und Krisen meistern

6.1 Rosenkriege und Grabenkämpfe
In Konflikte eingreifen, bevor alles zu spät ist   232
Wie Konflikte eskalieren: Schritt für Schritt in den Rosenkrieg   234
Vom Disput zum Konflikt   234
Das Modell der Eskalationsstufen   234
Eskalation: Level 1 – Es fängt ganz harmlos an   235
Die Eskalationsstufen 1 bis 3   235
Das Konfliktgespräch einfädeln   237
Das Konfliktgespräch führen   238
Eskalation: Level 2 – Es kommt zu Auseinandersetzungen   239
Die Eskalationsstufen 4 bis 6   240
Rechtzeitig Hilfe holen: Konfliktcoach oder Mediator   241
Eskalation: Level 3 – Der totale Krieg   242
Aus Toms Tagebuch   243

6.2 Der Feind in meinem Projekt
Gefährliche Projektgegner rechtzeitig entmachten   245
Verzögern, blockieren, sabotieren: Wie kommt es dazu?   247
Jedes Projekt stößt auf Widerstände   247
Motive: Warum Projektgegner zu Saboteuren werden   247
Symptome und Warnzeichen:
Die drohende Sabotage erkennen   248
Strategien gegen die häufigsten Saboteure   249
Der sabotierende Linienmanager   250
Der sabotierende Spezialist   251
Der sabotierende Anwender   252
Der sabotierende Auftraggeber   254
Der sabotierende Betriebsrat   255

6.3 Houston, wir haben ein Problem!
Wenn der Projektplan plötzlich versagt   257
Pläne scheitern – nicht immer, aber immer wieder   258
Das Projekt gerät außer Kontrolle   259
Die Begegnung mit dem schwarzen Schwan   259
Die Wahrscheinlichkeit des Scheiterns   260
Kurs halten ohne Plan   261
Bewahren Sie einen kühlen Kopf   261
Setzen Sie auf die Kunst der Improvisation   262
Aus Toms Tagebuch   263

6.4 Wenn das Abenteuer aus dem Ruder läuft
Projektkrisen souverän meistern   265
Einen Ausweg finden: Blicken Sie nach vorn!   268
Weg 1: Der Projektleiter führt das Projekt aus der Krise   269
Weg 2: Ein Sanierungs-Krisenstab wird eingerichtet   271
Weg 3: Ein Krisenmanager übernimmt das Zepter   273
Aus Toms Tagebuch   275

Etappe 7
Zum Endspurt ansetzen 277
Das Projekt erfolgreich abschließen

7.1 Einen Knopf dranmachen
Die Abnahme erfolgreich managen 279
Die Abnahme sichern 280
Rechtliche Klippen umschiffen 281
Aus Toms Tagebuch 282

7.2 Ende gut, alles gut?
Jedes Projekt braucht ein klares Ende 284
Das Projektende vorbereiten: Was gehört dazu? 285
Die Nachkalkulation 285
Der Projektabschlussbericht 286
Archivierung der Projektdokumente 287
Freigabe der Projektmitarbeiter 287
Der Schlusspunkt: Die Abschlussfeier 288
Aus Toms Tagebuch 288

7.3 Aus Erfahrung klug
Damit das nächste Projekt besser wird 290
Der Projektreview: Mitarbeiter zu Wissensträgern machen 292
Schritt 1: Zielerreichung im Projekt 292
Schritt 2: Strukturierung des Projekts 293
Schritt 3: Zusammenarbeit im Projekt 293
Der Review-Workshop: Maßgeschneiderte Routenführung 294
Das Projektpanorama: Den Überblick gewinnen 294
Fortschritte und Rückschritte: Die Erkenntnisse formulieren 295
Unter der Lupe: Stärken und Schwächen analysieren 295
Die Fünf-Meilen-Stiefel: Maßnahmen festlegen 296
Vor dem nächsten Abenteuer: So schärfen Sie Ihre Axt 297
Aus Toms Tagebuch 297

Toms Tagebuch: die Akteure 300

Literatur 305

Vorwort

Der Helikopter landet auf einer freien Fläche mitten im Urwald. Eine Gruppe von Menschen wird herausgestoßen; geblendet vom grellen Sonnenlicht blicken sie sich unsicher um, ohne zu wissen, was sie erwartet. Erst vor wenigen Minuten haben sie das Ziel ihrer Expedition erfahren – und schon hebt der Helikopter wieder ab und lässt sie im Dschungel zurück. Ihr Abenteuer beginnt.

Genau so starten auch viele Projekte: ein schnelles Briefing, eine grobe Auswahl von Teammitgliedern, und schon geht das Abenteuer los. Manches ist klar, das meiste unklar. Große Überraschungen warten auf den Projektverantwortlichen, mitunter auch Katastrophen. Dieses Buch möchte ein Survival-Guide für Projektleiter sein. Anhand von Situationen aus dem Unternehmensalltag zeigt es, wie das Überleben im Projektdschungel gelingen kann.

Wenn wir an Abenteuer denken, fallen uns große Helden ein. Etwa Indiana Jones, der in halsbrecherische Situationen gerät und immer einen Ausweg findet. Keine Gefahr, die er nicht meistert! Doch als Projektleiter brauchen Sie nicht der große Held zu sein, der sich blindlings ins Abenteuer stürzt. Wichtig sind nur eine sorgfältige Vorbereitung und eine wildnistaugliche Ausrüstung.

Das weiß auch der Leiter jener Gruppe, die sich nun plötzlich im Urwald wiederfindet. Anstatt gleich in den Dschungel einzudringen, lässt er seine Leute am Landungsplatz die Zelte aufschlagen. So kann sich das Team erst einmal kennenlernen. Dann sucht der Expeditionsleiter den Funkkontakt zu seinem Auftraggeber, um noch einige wichtige Punkte zu klären. Wer steht eigentlich hinter dem Auftrag? Was genau ist das Ziel? Worauf kommt es an? Diese und einige andere Fragen sind wegen des überhasteten Abflugs deutlich zu kurz gekommen.

Nun informiert der Expeditionsleiter seine Leute über das Gespräch. Gemeinsam mit ihnen erarbeitet er einen Plan, sondiert die größten Risiken, bespricht Notfallpläne und vereinbart Regeln, die für die Zeit der Expedition gelten. Erst dann bricht die Gruppe auf. Trotz all dieser Vorbereitungen bleibt es eine Reise ins Ungewisse. Auf Schritt und Tritt lauern Gefahren, denen das Projektteam nicht immer ausweichen kann.

Immer wieder ist eine pragmatische Lösung, manchmal auch geschicktes Improvisieren notwendig. Ein bisschen Indiana Jones hilft da schon …

Dieses Buch lädt Sie ein, an einer Projektsafari in sieben Etappen teilzunehmen. Es möchte Ihnen das Rüstzeug geben, um die zahlreichen Abenteuer, die einem Projektleiter begegnen, erfolgreich zu bestehen. Das Buch enthält zahlreiche Tipps, berichtet von den Erlebnissen anderer Projektleiter und gibt Ihnen einfache Modelle und wirksame Werkzeuge an die Hand, mit denen Sie Ihr eigenes Projektabenteuer erfolgreich managen können.

Die *erste Etappe* leitet uns von der Idee zum konkreten Projektauftrag. Es geht darum, das vom Auftraggeber oft leichthin vergebene Projekt zu konkretisieren und erste absehbare Klippen zu umschiffen.

Trotz Termindruck nehmen wir uns in der *zweiten Etappe* die Zeit, das Vorhaben solide vorzubereiten: Wir beginnen mit der Projektplanung, optimieren diese Planung, denken über Risiken nach – und entscheiden darüber, welche Werkzeuge wir mit auf die Reise nehmen.

Bei der *dritten Etappe* stehen wir unmittelbar vor dem Aufbruch: Der Projektleiter befasst sich intensiv mit seinem Team, bereitet das Kick-off-Meeting vor und sorgt für eine funktionsfähige Projektorganisation.

In der *vierten Etappe* widmen wir uns dem Projektumfeld: Wer steht wie zum Projekt? Wir identifizieren Skeptiker und Quertreiber, um Widerstände gegen das Projekt rechtzeitig zu erkennen. In dieser Etappe geht es um die Akzeptanz, aber auch darum, uns als Projektleiter ausreichend Macht und Einfluss zu sichern, um die Projektinteressen durchsetzen zu können.

Die *fünfte Etappe* ist die Frühphase der Umsetzung: Das Team ist aufgebrochen und soll nun Höchstleistungen erbringen. Damit das gelingt, kommt es vor allem auf das Führungsgeschick des Projektleiters an.

Unerwartete Ereignisse stürzen das Projekt in die Krise. In der *sechsten Etappe* sehen wir uns mit eskalierenden Konflikten, Saboteuren und insolventen Lieferanten konfrontiert. Jetzt kommt es darauf an, das Projekt in der Ausnahmesituation der Krise zu managen und wieder auf Kurs zu bringen.

Mit der *siebten Etappe* befinden wir uns auf der Zielgeraden. Hier gilt es, die Abnahme zu sichern und das Projekt angemessen abzuschließen. Noch einmal trifft sich das Projektteam, um die gemeinsamen Erfolge und Misserfolge Revue passieren und das Projekt würdig ausklingen zu lassen. Künftige Projekte sollen von diesen Erfahrungen profitieren, aus Fehlern lernen und Erfolge wiederholen.

Durch alle sieben Etappen der Projektsafari wird uns Tom begleiten. Wir lernen ihn gleich in der ersten Etappe kennen. Der 35-jährige Diplom-Ingenieur sammelte schon während seines Informatikstudiums an einer Dualen Hochschule Praxiserfahrung im IT-Bereich eines namhaften Elektrogeräteherstellers. Als junger Mitarbeiter verantwortete er dann maßgeblich die Einführung einer innovativen Produktionssteuerung und verschaffte sich damit großes Ansehen in der Firma. Seither übernimmt er regelmäßig die operative Leitung von IT-Projekten.

Nun wurde Tom ein anspruchsvolles Projekt übertragen: die Einführung einer Vertriebssoftware. Der Auftrag kommt von der Geschäftsführung selbst. Für das Familienunternehmen mit weltweit rund 6 000 Mitarbeitern hat das Projekt eine große strategische Bedeutung.

In einem Tagebuch, das uns durch alle Etappen begleiten wird, notiert Tom einen Teil seiner Erlebnisse und lässt uns an seinen Schlussfolgerungen teilhaben.

Etappe 1

LUST AUF EIN ABENTEUER?
Von der Idee zum Projektauftrag

Beispiel/Vorbild

Christoph Kolumbus war ein Abenteurer. Und doch wusste er ganz genau: Die faszinierende Idee, Indien auf dem Weg nach Westen anzusteuern, war das eine; dieses Ziel wirklich zu erreichen etwas ganz anderes. Hierzu benötigte er eine sorgfältige Vorbereitung und einen klaren Auftrag.

Im 15. Jahrhundert waren Indien und China wichtige Handelspartner für Europa, denn von dort kamen wertvolle Güter wie Seide und Gewürze. Doch es gab Probleme auf den Landwegen zwischen Europa und dem Osten, weil das Osmanische Reich die Gebiete beherrschte. Während Vasco da Gama eine Seeroute nach Indien südostwärts um Afrika herum erkundete, verfolgte Kolumbus die Idee, Indien auf einer Westroute zu erreichen. Er stützte sich auf Indizien, die für das Vorhandensein einer Landmasse westlich von Europa sprachen. Außerdem kannte Kolumbus die Aufzeichnungen portugiesischer Seefahrer, wonach man sich die Passatwinde für eine schnelle Fahrt nach Westen zunutze machen konnte, indem man zunächst südlich steuerte. Die Kugelform der Erde, Voraussetzung für ein Gelingen des Plans, war Ende des 15. Jahrhunderts unter den Gelehrten allgemein akzeptiert, auch von der katholischen Kirche.

Und doch war es ein waghalsiges Unterfangen, für das Kolumbus die Unterstützung eines Staates oder Staatsoberhauptes benötigte. Zunächst stellte er dem portugiesischen König Johann II. detailliert ausgearbeitete Pläne einer Expeditionsfahrt vor. Der Ratgeber des Königs lehnte jedoch ab. Die Pläne seien undurchführbar.

Etwa ein Jahr später, nach dem Tod seiner Frau, verließ Kolumbus 1485 Lissabon in Richtung Spanien. Er hoffte, das Königspaar Ferdinand II. von Aragón und Isabella I. von Kastilien für seine Pläne gewinnen zu können. Und es begann verheißungsvoll: 1486 kam er auf Aufforderung von Königin Isabella erstmals zum Hof nach Córdoba – und der Verwalter der Krongüter und Schatzmeister der Santa Hermandad erwärmte sich für die Idee des Christoph Kolumbus. Ein Komitee, das zur Prüfung der Pläne eingesetzt wurde, lehnte das Vorhaben dann jedoch als unpraktikabel ab.

Kolumbus ließ nicht locker. Er folgte dem spanischen Hof von Ort zu Ort. Endlich, fünf Jahre später, erhielt er 1491 vom Königspaar die Zusage, dass man sich nach dem Krieg gegen Granada, dem letzten maurischen Fürstentum auf der iberischen Halbinsel, erneut seinen Plänen widmen werde. Kolumbus verzweifelte fast, doch am 2. Januar 1492 kapitulierten die Mauren tatsächlich, und er konnte die Verhandlungen fortsetzen. Ein hartes Pokern begann. Als die Spanier seine Bedingungen ablehnten, machte Kolumbus sich auf den Weg nach Frankreich, das ihm, so behauptete er, ein besseres Angebot gemacht habe. Auf Drängen verschiedener Personen am Hof, unter anderem des Schatzmeisters Luis de Santángel, entschied sich die Königin nun doch, die Forderungen zu akzeptieren. Ein Eilbote holte Kolumbus zurück.

Am 17. April 1492 unterzeichneten Christoph Kolumbus und das spanische Königspaar die legendäre »Kapitulation von Santa Fe«. In diesem Vertrag setzte Kolumbus alle seine Forderungen durch, von denen er das Projekt seiner Indienfahrt abhängig gemacht hatte.

Die eigenen Vorstellungen durchsetzen und einen klaren Auftrag erhalten: Was Christoph Kolumbus mit unglaublicher Beharrlichkeit fertigbrachte, ist auch für den Projektleiter unserer Tage oft ein hartes Stück Arbeit. Ein neues Projekt kann von heute auf morgen auftauchen – ein Beschluss des Vorstands, eine kurz dahingeworfene Idee des Geschäftsführers. Der Druck ist groß, dann sofort loszulegen. Doch wie einst der Seefahrer Kolumbus sollte der Projektleiter vor dem Aufbruch noch einige wichtige Dinge regeln und mit seinem Auftraggeber einen Vertrag abschließen. Die Vorbereitungen können darüber entscheiden, ob das Vorhaben scheitert oder gelingt – und ob es Lust auf weitere Abenteuer macht.

Damit sind wir bei Etappe 1 unserer Expedition in die Welt der Projekte, der Phase von der Idee bis zum Projektauftrag. In Abschnitt 1.1 beginnen wir mit den Reisevorbereitungen. Es geht darum, die noch unausgegorene Idee konstruktiv aufzugreifen und mit dem Auftraggeber die Hintergründe zu klären: Was ist das Ziel des Projektes? Worin liegt der Kern des Auftrags?

Auf Grundlage einer Projektskizze geht der designierte Projektleiter dann auf die Beteiligten zu, um die unterschiedlichen Anforderungen an das Projekt zu erfahren (Abschnitt 1.2): Was ist dem Fachbereich wichtig? Worauf besteht die IT-Abteilung? Alle Beteiligten bringen ihre Wünsche ein. Schon jetzt, bevor überhaupt die Reise richtig losgeht, droht Chaos. Wir lernen eine Vorgehensweise kennen, um in dieser kritischen Situation den Prozess sauber zu strukturieren. Nun hält der Projektleiter kurz inne und fragt sich: Welche schwierigen Konstellationen können auftreten? Was lässt sich schon jetzt beachten, damit das Projekt nicht scheitert? Es geht darum, die absehbaren Klippen frühzeitig zu erkennen, um einen Schiffbruch von vornherein zu vermeiden (Abschnitt 1.3).

1.1 Ein Abenteuer geschickt einfädeln
Wie aus einer Idee ein Projekt wird

> So einfach wie möglich.
> Aber nicht einfacher.
> *Albert Einstein*

misslungenes Beispiel

Nach acht Wochen ist es so weit, das Projektteam präsentiert die ersten Ergebnisse. Der Geschäftsführer, zugleich Auftraggeber des Projekts, hört wie versteinert zu. Sichtlich verärgert meint er dann: »Das habe ich mir aber anders vorgestellt.« Alle Lust auf Abenteuer ist verflogen. Enttäuschung, Ratlosigkeit und Frust verbreiten sich im Projektteam. Der Einwurf, dass der Chef seine Vorstellungen doch schon früher hätte darlegen können, macht die Sache auch nicht besser. Fakt bleibt: Das Projektteam ist wochenlang in die falsche Richtung gelaufen.

Diese Szene spielte sich in einem mittelständischen Systemhaus für die Kfz-Branche ab. Die Geschäftsleitung hatte sich ein neues Werkstatt-Informationssystem ausgedacht: Die Mechaniker sollten bei der Wartung von Fahrzeugen künftig nicht mehr mit einer Vielzahl an Systemen konfrontiert werden, sondern alle Informationen auf einen Blick erhalten. Die Geschäftsleitung setzte große Hoffnungen in das Vorhaben und stellte auch erhebliche Ressourcen zur Verfügung. Letztlich war die Projektidee noch recht vage. Dennoch machte sich der Projektleiter ans Werk, präzisierte die Idee nach seinen eigenen Vorstellungen – und das Unheil nahm seinen Lauf. Statt die Informationen direkt am Fahrzeug verfügbar zu machen, hatte er einen Leitstand entwickelt. Das entsprach ganz und gar nicht den Vorstellungen der Geschäftsleitung.

In eine ähnlich prekäre Lage brachte sich der Projektleiter eines Anlagenbauers für die Brau- und Getränkeindustrie. Von seinem Abteilungsleiter erhielt er den Auftrag, beim Bau einer neuen Mälzerei auf regenerative Energien zu setzen. Das klang kühn. Im Grunde seines Herzens hielt der Projektleiter die Idee für ein ökologisches Hirngespinst und zweifelte an ihrer Umsetzbarkeit. Zudem lag eine machbare, ökologisch verträgliche Alternative eigentlich auf der Hand. Doch redete er sich ein, dass sein Chef schon wisse, was er da sage. Den Mut, sich mit seinem Chef ernsthaft auseinanderzusetzen und ihn zum Überdenken seines Auftrags zu bewegen, brachte er nicht auf.

Nach einigen Wochen geriet der Projektleiter mit seinem Team in eine Sackgasse. Damit war die Arbeit der letzten Wochen umsonst. Schließlich wurde das Projekt so umgesetzt, wie der Projektleiter es sich von Anfang an vorgestellt hatte. Warum nicht gleich so?

Die beiden Fälle zeigen: Es ist höchst riskant, davon auszugehen, dass der Auftraggeber eine Projektidee durchdacht hat. Wer versucht, einen solchen »Auftrag« direkt in die Tat umzusetzen, begibt sich in Gefahr. Fast immer scheitert ein so voreilig begonnenes Projekt. Das kostet nicht nur das Unternehmen viel Geld, sondern auch der Ruf des Projektleiters leidet darunter. Sein Name wird künftig mit dem missglückten Projekt verbunden sein.

Führen wir uns vor Augen, wie ein Projekt entsteht. Meist ist es doch so, dass ein Mitglied der Geschäftsführung oder der Abteilungsleiter eines Fachbereichs eine Idee hat. Diese ist ziemlich vage, manchmal nicht viel mehr als ein Schlagwort. Der Auftraggeber reißt das Thema lediglich an, statt es als Projekt zu präzisieren. Wesentliche Eckpunkte wie Zeitrahmen, Kosten und Umfang sind entweder gar nicht oder nur bruchstückhaft definiert.

Legt der Projektleiter nun los, begibt er sich in ein fragwürdiges Abenteuer. Überraschungen und Kehrtwendungen sind unvermeidlich, ein Zickzackkurs ist vorprogrammiert und gefährdet den Projekterfolg. Doch wäre es falsch, die Verantwortung hierfür nun dem Auftraggeber zuzuschieben und ihm vorzuwerfen, dass er offenbar nicht weiß, was er will. Vielmehr obliegt es dem Projektleiter, vor dem Projektstart für die notwendige Präzisierung des Auftrags zu sorgen.

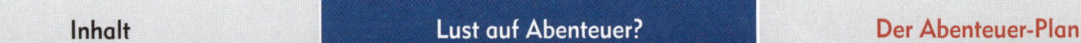

Der Projektleiter als Aufklärer

Als designierter Projektleiter stecken Sie bereits mitten im ersten Abenteuer. Es gab ein kurzes Gespräch zwischen Ihnen und dem Auftraggeber, und schon wurde das Projekt gestartet. Wie üblich drängt die Zeit, Taten werden erwartet. Doch was möchte der Auftraggeber wirklich? Irgendwie haben Sie das Gefühl, dass er es selbst nicht so genau weiß. Auch die Rahmenbedingungen liegen im Dunkeln, ebenso wie die weiteren Interessen, die das Projekt im Unternehmen berührt.

Um den Auftrag zu präzisieren, müssen Sie sich selbst als Aufklärer betätigen. Nur so können Sie das Projekt im Sinne des Auftraggebers, aber auch im eigenen Interesse mit einem möglichst geringen persönlichen Risiko durchführen. Auch wenn das Projekt in den Augen des Auftraggebers bereits begonnen hat, sollten Sie vorab die grundlegenden Dinge klarstellen.

Projektbegleitende Auftragsklärung – ist das nicht ein Widerspruch in sich? Jeder angehende Projektleiter lernt, dass ein Projekt erst dann startet, wenn es ein konkretes Ziel, ein Anfangs- und Enddatum, ein fixes Budget und festgelegte Randbedingungen gibt. Das klingt zu schön, um wahr zu sein. Tatsächlich trifft man diese lehrbuchhaft geordnete Ausgangssituation nur selten an. In den meisten Fällen kommt es deshalb darauf an, pragmatisch vorzugehen und die Klärung in Form einer »Projektskizze« nachzuholen.

Eine erste Landkarte: Die Projektskizze

Die Projektskizze ist vergleichbar mit einer Landkarte, deren Maßstab sehr grob ist, die den Beteiligten jedoch eine erste Orientierung gibt. Das Ziel ist darauf eingezeichnet. Damit steht auch die Richtung fest, in die das Projektteam gehen muss. So lässt sich verhindern, dass eine Mannschaft wochenlang marschiert und von ihrem Auftraggeber dann ein »Das habe ich mir aber anders vorgestellt« zu hören bekommt. In Umrissen sind auf dieser Landkarte auch schon die großen Hindernisse eingezeichnet, für Wege und andere Details ist der Maßstab jedoch noch viel zu klein.

Aufgabe des Projektleiters ist es, eine solche Projektskizze zu erstellen. Sie lässt sich in fünf Schritten erarbeiten. In den ersten vier Schritten klären wir die Zielsetzung, legen die Eckdaten fest, setzen Prioritäten und formulieren in wenigen Worten den Projektkern. Im fünften Schritt fassen wir dann die vier Bausteine zur Projektskizze zusammen.

Schritt 1: Zielsetzung klären

Das erste, meist überraschend angesetzte Gespräch mit dem Auftraggeber vermittelt ein ungefähres Bild vom Ziel des Projekts. Vieles bleibt jedoch unklar. Was genau möchte der Auftraggeber, was möchte das Unternehmen mit dem Projekt erreichen? Im ersten Schritt geht es darum, zur eigentlichen Zielsetzung des Projekts vorzustoßen. Es hat sich bewährt, in verschiedenen Varianten nach dem Ziel zu fragen, um so das Projektziel aus allen Richtungen zu beleuchten. Folgende Leitfragen eigenen sich hierfür:

Leitfrage 1: Wozu dient das Projektergebnis?

- Was ist Sinn und Zweck des Projekts?
- Gibt es einen Anlass?
- Vor welchem Hintergrund erfolgte der Projektauftrag?

Leitfrage 2: Für wen führen wir das Projekt durch?

- Wer ist der Auftraggeber?
- Wer ist vom Projekt betroffen?
- Wer hat etwas davon? Und was?

Leitfrage 3: Was soll mit dem Projektergebnis erreicht werden?

- Was soll am Ende des Projekts anders sein als vorher?
- Wie soll das Endergebnis aussehen?

Leitfrage 4: Woran erkennen wir, dass das Projekt erfolgreich war?

- Wann gilt das Projekt als erfolgreich?
- Woran wird der Erfolg gemessen?
- Gibt es Erfolgskriterien?

Manche Antwort wird im ersten Anlauf unbefriedigend ausfallen. Dann gilt es, beharrlich zu sein und so lange nachzuhaken, bis das Ziel deutlich geworden ist. Die Antworten ergeben den ersten wesentlichen Baustein der Projektskizze: den Zielkatalog.

Auch unser Tagebuchschreiber Tom, der als Projektleiter bei einem mittelständischen Elektrogerätehersteller eine neue Vertriebssoftware einführen soll, skizzierte zuerst anhand der Leitfragen einen Zielkatalog (siehe S. 21).

Schritt 2: Eckdaten festlegen

Ein Projektleiter kämpft gleichzeitig an drei Fronten: Umfang, Zeitraum und Aufwand. Er hat mit den Inhalten, den Terminen und den Kosten des Projekts zu tun – drei Größen, die sich nur schwer miteinander vereinbaren lassen. Setzt er inhaltlich die Messlatte zu hoch, laufen Termine und Aufwand aus dem Ruder. Ist dagegen die Zeit zu knapp bemessen, schießen die Kosten in die Höhe und die Qualität der Ergebnisse leidet. Das eine ist also nur auf Kosten des anderen zu haben, die Größen konkurrieren miteinander. Dieses Phänomen ist auch als »Magisches Dreieck des Projektmanagements« bekannt.

Keine Frage: Das Magische Dreieck macht ein Projekt zum echten Abenteuer! Verkürzt zum Beispiel der Auftraggeber die Zeit für das Projekt, müssen Sie als Projektleiter entweder die Ressourcen erhöhen oder den Projektumfang reduzieren. Die Kunst liegt darin, alle drei Größen des Magischen Dreiecks während der gesamten »Projektreise« im Auge zu behalten und erfolgreich zu managen. Damit Ihnen das gelingt, sollten Sie bereits vor dem Aufbruch für alle drei Felder Eckdaten festlegen und mit dem Auftraggeber abstimmen.

Das Magische Dreieck lässt sich als Instrument nutzen, um die zentralen Aspekte des Projekts zu strukturieren, dem Auftraggeber die richtigen Fragen zu stellen und die Erwartungen mit ihm abzugleichen. Es schafft die Grundlage für einen Vertrag zwischen Projektleiter und Auftraggeber: Der Projektleiter verpflichtet sich, in der vereinbarten Zeit mit festgelegten Ressourcen einen definierten Projektumfang zu realisieren. Im Gegenzug akzeptiert der Auftraggeber den Endzeitpunkt und erklärt sich bereit, die notwendigen Ressourcen zur Verfügung zu stellen.

Wie lassen sich die Eckdaten konkret bestimmen? Sehen wir uns hierzu die drei Felder etwas näher an. Das Magische Dreieck beschreibt …

Wozu? *Leitfrage 1*	• zentraler Zugriff auf sämtliche Informationen zu potenziellen und bestehenden Kunden sowie Account-Aktivitäten • weitgehende Automatisierung der Vertriebsprozesse • bestehende Vertriebssoftware ist in weiten Teilen eine Einzelplatzlösung • nur wenige aufgabenspezifische Funktionen sind miteinander verzahnt • entscheidungsrelevante Daten (Berichte und Analysen) sind nur schwer zu bekommen	Was? *Leitfrage 3*	• Einführung einer modernen Vertriebsanwendung • Verzahnung von aufgabenspezifischen Funktionen über ein zentrales Data-Dictionary • Aufbau eines Workflows und Beschleunigung von Genehmigungen • Automatisierung des Account-Managements sowie der Bearbeitung von Opportunities und Angeboten • Präzisierung von Absatzmengen und Umsätzen über ein Informationssystem
Für wen? *Leitfrage 2*	• Außendienstmitarbeiter (Kundenpflege) • Vertriebsleitung (Reporting) • Vertriebscontrolling (Reporting)	Erfolg? *Leitfrage 4*	• Verfügbarkeit mobiler Konfigurationsmöglichkeiten • integrierte Vorgangsverarbeitung • Verfügbarkeit entscheidungsrelevanter Daten

Zielsetzungen aus Toms Vertriebsprojekt

… den *Umfang*, der mit einer bestimmten Qualität erreicht werden soll:

- Welche Ergebnisse sollen erreicht werden?
- Mit welcher Qualität sollen diese Ergebnisse erreicht werden?
- Welchen Umfang hat das Projekt? Was gehört dazu? Was nicht?

Magisches Dreieck des Projektmanagements

... den *Zeitraum*, in dem das Projekt abgeschlossen werden muss:

- Wann müssen die Ergebnisse vorliegen?
- Welche Meilensteine sind einzuhalten?
- Welche Termine werden angestrebt?

... den *Aufwand*, der maximal für das Projekt eingesetzt werden darf:

- Wie hoch ist das Budget?
- Welche Mitarbeiter stehen bereit?
- Wie hoch darf der Materialeinsatz sein?

Aus der Antwort auf diese Fragen ergeben sich die Eckdaten des Projekts. Wir haben damit den zweiten Baustein für die Projektskizze erarbeitet. Tom hat die Eckdaten seines Projekts ebenfalls zusammengetragen (siehe S. 23).

Schritt 3: Prioritäten setzen

Der Konflikt ist typisch: Der Auftraggeber hat den Aufwand unterschätzt, will aber nicht wahrhaben, dass das Projekt immer mehr Geld verschlingt. Der Projektleiter wiederum regt sich darüber auf, dass der Auftraggeber nicht bereit ist, den Preis für ein gutes Ergebnis zu zahlen.

Dieser Streit entzündet sich immer dann, wenn die Prioritäten nicht geklärt sind. Während dem Projektleiter eine gute Lösung am Herzen liegt, stehen für den Auftraggeber die Kosten im Vordergrund. Das ist im Grunde nicht weiter schlimm – tragisch ist nur, wenn die beiden Protagonisten nicht wissen, dass sie die Prioritäten unterschiedlich setzen.

Der naheliegende Rat an den Projektleiter könnte nun lauten: »Fragen Sie Ihren Auftraggeber, was ihm wichtiger ist!« Das klingt gut, funktioniert jedoch nur selten. Wir sollten

Umfang	Zeitraum	Aufwand
• Account-Management Alles, was Vertriebsmitarbeiter über bestehende und potenzielle Kunden wissen müssen • Opportunities + Angebote Erweitern der Pipeline und gemeinsames Arbeiten an Angeboten • Vertriebsinformationssystem Ansiedeln von Absatzprognose, Quotenermittlung, Vertriebsdatenanalyse und Berichtswesen	• 12 Monate Projektlaufzeit • Einführung bis zum 31.12. • Go-Live am 02.01.	• Softwarekosten € 1 500 000,– (Lizenzen) € 400 000,– (Anpassungen) • Infrastrukturkosten € 800 000,– (Hardware) € 300 000,– (Mobility) • Projektkosten € 1 600 000,– (= 2000 MT)

Eckdaten aus Toms Vertriebsprojekt

nicht damit rechnen, auf diese scheinbar so einfache Frage eine vernünftige Antwort zu erhalten. Vor die Wahl gestellt, ob ihm die Kosten oder die Qualität der Lösung wichtiger sind, kennt ein Auftraggeber in aller Regel nur eine Antwort: beides!

Auch hier kann das Magische Dreieck entscheidend weiterhelfen. Stellen wir uns die drei Seiten des Dreiecks als Größen vor, mit denen wir auf Veränderungen im Projekt reagieren können. Ist eine Seite fest vorgegeben, lassen sich nur noch die beiden anderen verändern. Sind die Seiten zu starr, fehlen dem Projektleiter die entsprechenden Stellschrauben, um auf Abweichungen vom ursprünglichen Plan angemessen reagieren zu können.

Diesen Zusammenhang kann sich der Projektleiter zunutze machen, indem er mit dem Auftraggeber klärt, wie die Prioritäten zwischen den drei Parametern verteilt sind: Welche der drei Stellschrauben ist unantastbar, weil eine Änderung untragbare Konsequenzen hätte? Bei welchen Größen besteht ein gewisser Spielraum?

Die drei Seiten des Magischen Dreiecks dienen als Ausgangspunkt, um die Prioritäten zu definieren. Hierbei helfen drei einfache Leitfragen:

Erste Priorität: Was ist fix? (z. B. Fertigstellungstermin)
Zweite Priorität: Wo versuchen wir das Optimum zu erreichen? (z. B. bei den Kosten)

Dritte Priorität: Wo haben wir die größte Flexibilität? (z. B. bei der Qualität)

Im Beispiel von Tom hat die Einhaltung des Fertigstellungstermins für den Auftraggeber oberste Priorität, die Kostenvorgaben sollten möglichst eingehalten werden (zweite Priorität), zur Not auch auf Kosten der Qualität der Projektergebnisse (dritte Priorität).

Schritt 4: Projektkern formulieren

Im vierten Schritt geht es um wenige Zeilen Text, die es jedoch in sich haben. Der Projektleiter fasst den Kern des Projektauftrags in maximal zwei bis drei Sätzen zusammen. Mehr als 50 Worte, etwa der Umfang dieses Abschnitts, sollten es nicht sein.

Im Jargon der Projektleiter hat dieser kurze Text einen eigenen Namen: Project Objective Statement, oder kurz ausgedrückt POS, zu Deutsch Projektzielerklärung. Das Statement zwingt dazu, sich auf den Kern des Projekts zu konzentrieren und das Wesentliche auf den Punkt zu bringen. Hinzu kommt ein zweiter Effekt: Der Auftraggeber wird die Projektzielerklärung in aller Regel mit größtem Interesse lesen und dann gemeinsam mit dem Projektleiter weiter am Text feilen.

Eine solche Reaktion ist perfekt. Der Auftraggeber merkt daran, dass der Projektauftrag an einigen Stellen noch unklar war. Im gemeinsamen Formulieren werden Ungereimtheiten ausgeräumt. Am Ende dieses Prozesses herrscht Klarheit. Auch der Auftraggeber weiß nun, was er will!

Beim Verfassen der Projektzielerklärung kann folgende Frage helfen: »Was machen wir weshalb bis wann mit welchen Prioritäten oder welchen Erfolgskriterien?« Im Falle von Toms Projekt, der Einführung einer neuen Vertriebssoftware, lautete die Projektzielerklärung wie folgt:

Konzeption und Entwicklung einer Vertriebsanwendung auf Basis einer Standardsoftware bis Ende des Jahres. Ziel ist die Automatisierung des Account-Managements zur Bearbeitung von Opportunities und Angeboten sowie zur Gewinnung von entscheidungsrelevanten Daten. Mit der Software sollen rund 250 Vertriebsmitarbeiter überall mobil auf dem Laufenden bleiben.

Schritt 5: Projektskizze verfassen

Zielsetzung, Eckdaten, Prioritäten und Projektzielerklärung sind erarbeitet. Sie bilden das Fundament des Projekts. Dieses Projektfundament lässt sich in Form einer Projektskizze darstellen. Auch wenn die Skizze lediglich zusammenfasst, was wir in den Schritten eins bis vier erarbeitet haben, lohnt sich der Aufwand: Die Projektabenteurer halten nun ihre erste Landkarte in Händen.

Auch für Außenstehende ist die Projektskizze nützlich, weil sie das Vorhaben nachvollziehbar darstellt. Zudem dient sie dem

Projektleiter zur Absicherung: Während man sich an den Inhalt mündlicher Gespräche nach längerer Zeit oft nicht mehr gut erinnern kann oder Gesprächsergebnisse vielleicht auch willentlich neu interpretiert, sind schriftlich festgehaltene Beschlüsse kaum angreifbar. Die schriftliche Dokumentation hilft auch, wenn während des Projekts Ansprechpartner oder Entscheider wechseln und plötzlich neue Anforderungen gestellt werden.

Aus Toms Tagebuch

Dienstag, 15. November

Eine Woche ist es jetzt her, da hat mir unser Vertriebsleiter Hans-Joachim dieses Projekt aufs Auge gedrückt. Wir sollen eine Standardsoftware im Vertrieb einführen. Ich habe einmal gelesen, dass man eine konstruktive Einstellung zu seinem Projekt entwickeln müsse. Das hört sich so einfach an: eine konstruktive Einstellung. Tatsächlich war es das Letzte, woran ich dachte, als ich von dieser Idee hörte.

Konstruktive Einstellung – auf den ersten Blick schien mir die Idee ziemlich hirnrissig. Ich hätte Hans-Joachim ein Dutzend guter Gründe nennen können, warum es nicht geht. Aber ich habe es mir verkniffen. Auch wenn er erst seit zwei Jahren an Bord ist, so kenne ich ihn doch gut genug, um seine Antwort schon vorher zu wissen: »Tom, sag mir nicht, warum es nicht geht. Sag mir, *wie* es geht.«

Das ändert nichts daran, dass die Vorstellungen von Hans-Joachim unrealistisch sind. Doch wie kann ich ihm das schonend beibringen? Als ich mir vor ein paar Tagen diese Frage stellte, wurde mir schlagartig klar, wie wichtig eine positive Einstellung ist. Der Ton macht ja bekanntlich die Musik, und am Ende würde mir ein patziges »Wozu soll das denn gut sein?« nur schaden. Klar ist ja: Aus der Nummer komme ich nicht mehr raus!

Zugegeben: Es hat ein paar Tage gedauert, bis ich meine negative Grundhaltung gegenüber dem Projekt abgelegt habe. Aber gestern, bei der zweiten Besprechung mit Hans-Joachim, hat mich dann doch eine gewisse Neugier gepackt: Was steckt hinter dem Projekt? Was könnte uns eine neue Standardsoftware bringen? Wie könnte sich der Einsatz einer solchen Software zu einer guten Sache entwickeln?

Aus meiner Neugier heraus entwickelte sich zwischen uns beiden ein interessanter Dialog. So erfuhr ich einiges über die Hintergründe – darüber, was die oberen Herrschaften auf ihrer Strategieklausur beschlossen hatten und was der Einsatz einer Standardsoftware dabei bringen soll. Hundertprozentig überzeugt bin ich zwar noch nicht. Immerhin fand ich heraus, was Hans-Joachim mit dem Projekt bezweckt. Und ist das nicht das Hauptziel einer guten Auftragsklärung – herausfinden, was der Auftraggeber eigentlich will?

Es war wirklich gut, dass ich mich zu einer positiven Einstellung zu diesem Projekt durchringen konnte. Dadurch nimmt Hans-Joachim meine Einwände ernst, und ich kann Bedingungen mitbestimmen. Auch hatte ich das Gefühl, mit ihm, dem Vertriebsleiter, auf Augenhöhe zu diskutieren! Das war eine gänzlich neue Erfahrung, denn im Arbeitsalltag kenne ich ihn nur als den autoritären Chef, der seinen Leuten gerne Anweisungen erteilt. In diesem Gespräch gab er mir das Gefühl, gleichberechtigt zu sein. Als sein Sparringspartner konnte ich mit ihm offen kritische Punkte diskutieren und nach Lösungen suchen.

Einige Dinge, die mir klargeworden sind:
- Wenn der Projektauftrag auf den ersten Blick etwas abstrus erscheint, finde heraus, warum er für den Auftraggeber Sinn macht.
- Gute Lösungen entstehen nicht durch Anweisung, sondern immer im Austausch. Gib also deinem Auftraggeber von Anfang an die Chance zum Dialog.
- Im Arbeitsalltag ist der Chef in erster Linie der Vorgesetzte, der von den Mitarbeitern erwartet, dass sie seinen Anweisungen Folge leisten. Im Projekt ist er dagegen Auftraggeber, der eher einen Partner braucht, mit dem er sich auf Augenhöhe austauschen kann.

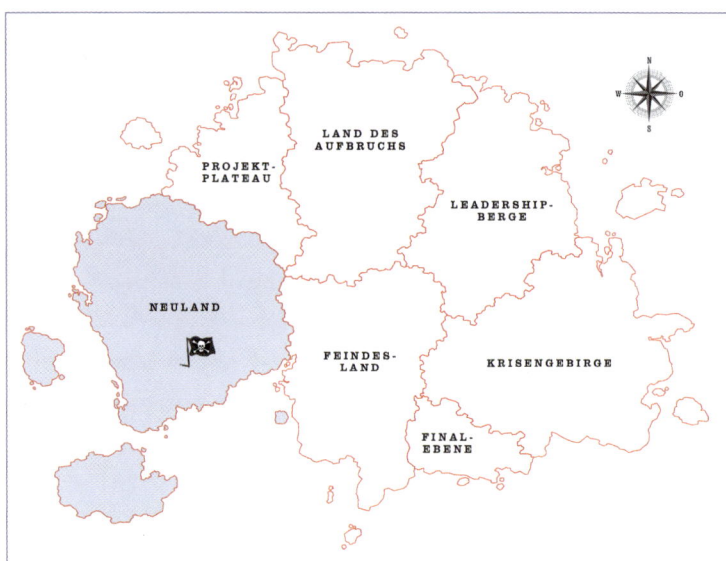

Unklare Zielsetzung

Gehen Sie davon aus, dass Projektideen selten hundertprozentig durchdacht sind. Es ist ein Fehler, darauf zu vertrauen, dass sich der Auftrag im Laufe der Zeit schon klären wird. Meist geschieht dies, wenn überhaupt, viel zu spät – und kostet dann richtig viel Zeit und Geld.

So wappnen Sie sich

- Sorgen Sie dafür, dass Projektauftrag und Projektziele klar sind. Je schneller Sie das beherzigen und umsetzen, desto erfolgreicher wird Ihr Projekt.
- Erraten Sie die Ziele Ihres Auftraggebers nicht, sondern fragen Sie gezielt nach. Beginnen Sie das Projekt nicht ohne die notwendige Zielklarheit.
- Bleiben Sie hartnäckig, und entlocken Sie Ihrem Auftraggeber seine Prioritäten. Geben Sie sich erst zufrieden, wenn zumindest Größenordnungen für Termine und Kosten auf dem Tisch liegen.
- Formulieren Sie den Projektauftrag schriftlich, und lassen Sie diese »Projektskizze« vom Auftraggeber und gegebenenfalls von den anderen Entscheidungsträgern bestätigen.

1.2 Das Abenteuer solide beginnen
Klarheit schaffen über die Projektanforderungen

> Ein Werk erfordert umso mehr Vorarbeit,
> je bedeutender und schwieriger es ist.
> *Henri de Saint-Simon*

Mit der Projektskizze hat sich der designierte Projektleiter erste Klarheit verschafft. Er weiß nun, was der Auftraggeber mit dem Projekt erreichen möchte. Das klingt gut, ist aber bestenfalls die halbe Miete. Einigkeit mit dem Auftraggeber bedeutet noch lange nicht, dass auch die anderen Beteiligten das Projekt verstanden haben – und schon gar nicht, dass sie ihm in der geplanten Form zustimmen.

Damit steht bereits das nächste Abenteuer vor der Tür. Jede Abteilung, die von dem Vorhaben tangiert ist, hat ihre eigenen Interessen. Marketing, Produktion, Controlling, IT – alle wollen mitreden, alle artikulieren ihre Erwartungen und bringen Wünsche ein. Wie können Sie als Projektleiter Ihre Projektskizze gegen dieses Trommelfeuer verteidigen? Wie können Sie verhindern, dass das Projekt zerredet oder mit Sonderwünschen überfrachtet wird? Sollen Sie die diversen Ansinnen einfach ignorieren und sich konsequent an die mit dem Auftraggeber formulierten Ziele halten?

Noch bevor es offiziell begonnen hat, durchläuft das Projekt eine höchst kritische Phase. Das verdeutlicht ein Beispiel aus einem Großkonzern:

In dem Unternehmen existieren zwei unabhängig voneinander agierende Schulungsabteilungen. Da ist auf der einen Seite die Kundenschulung, die eine hohe Anzahl an Standardveranstaltungen für Kunden abwickelt, und auf der anderen Seite die Mitarbeiterschulung, die individuelle Schulungen für die eigene Belegschaft anbietet. Dem Vorstand ist der parallele Betrieb der beiden Schulungsabteilungen ein Dorn im Auge, vermutet er doch hier ein erhebliches Einsparpotenzial. So entsteht die Idee, ein einheitliches »Learning-Management-System« zu schaffen, um die Lernvorgänge künftig besser zu steuern. Damit verbunden ist die Einführung einer sehr komplexen Software.

Zwei Jahre später steht das Projekt kurz vor dem Aus. Das Projektteam hat sich in den teils völlig konträren funktionalen Anforderungen der beiden Abteilungen hoffnungslos verheddert. Allein die Anpassungen der Software haben Millionen verschlungen. Der Vorstand, der dem Treiben nicht länger tatenlos zusehen und seinen eigenen Vorstellungen endlich mehr Nachdruck verleihen möchte, stellt den Projektleiter zur Rede.

Ein Jahr und weitere Millionen später hievt der Projektleiter das Projekt mit letzter Kraft über die Ziellinie. Geschafft! Nun spricht er bei der IT-Abteilung vor, um noch die Einführung und die Betreuung des Produktivsystems zu besprechen. Er fällt aus allen Wolken, als ihm der IT-Leiter die rote Karte zeigt: Die stark modifizierte Standardsoftware entspreche nicht mehr den Anforderungen und Richtlinien der IT-Abteilung. Damit hat der IT-Leiter das Todesurteil über das Projekt

gefällt. Mit dem Projekt ist auch der Projektleiter gescheitert. Er kündigt und verlässt das Unternehmen.

Der Fehler, der diesem Projektleiter zum Verhängnis wurde, liegt auf der Hand: Er hat es versäumt, die IT-Abteilung in die Projektarbeit einzubeziehen. Hätte er von Beginn an Wert auf ein durchgängiges und alle Beteiligten einschließendes Anforderungsmanagement gelegt, wäre ihm die böse Überraschung am Ende erspart geblieben. Seine Aufgabe wäre es gewesen, die unterschiedlichen Anforderungen an das System systematisch zu erheben und zu berücksichtigen. In diese Systematik hätte er nicht nur die Anforderungen der IT aufnehmen müssen, sondern auch die der anderen Beteiligten, insbesondere der beiden Schulungsabteilungen.

Das Beispiel zeigt: Schon bevor die Reise richtig losgeht, können Versäumnisse den späteren Projekttod bedeuten. Doch auch wer versucht, den Wünschen und Anforderungen gerecht zu werden, begibt sich auf gefährliches Terrain. Das fängt schon bei der Anforderungsanalyse an, die manche Tücken in sich birgt.

Die Tücken der Anforderungsanalyse

Es scheint einfach: Vor einem größeren Projekt, etwa der Einführung einer neuen Software, fragt man die Betroffenen – und diese teilen ihre Erwartungen und Anforderungen mit. Die Erfahrung zeigt jedoch, dass man diesen Auskünften nicht trauen darf.

Ein Beispiel: Um die Anforderungen an eine neue Software herauszubekommen, befragte der Projektleiter eine große Zahl von Anwendern. Diese gaben unter anderem an, die Hilfefunktionen seien wichtig und würden von ihnen auch genutzt. Vermutlich dachten die Befragten, sie müssten dies sagen, weil sie die Hilfefunktion ja eigentlich nutzen sollten; der Realität jedenfalls entsprachen die Antworten nicht.

Der Projektleiter verließ sich jedoch auf das Befragungsergebnis – und tappte prompt in die Falle. Die Software, die das Projektteam entwickelte, war nicht selbsterklärend, sondern setzte die Lektüre von Hilfetexten voraus. Da nun kaum ein Anwender diese Texte studieren mochte, liefen die Fachabteilungen Sturm gegen die Software: Sie enthalte viel zu viele schwer verständliche Funktionen.

Der Fall ist typisch. Bewusst oder unbewusst erteilen viele Anwender nicht über ihr tatsächliches Verhalten Auskunft, sondern schildern eher, wie sie sich gerne verhalten würden. Heraus kommt dann ein idealtypischer Verhaltensablauf, der nur wenig mit der Realität zu tun hat. Vergleicht man bei einem Befragten Selbstaussagen und Beobachtungen durch Dritte, ergeben sich oft eklatant unterschiedliche Ergebnisse.

Hinzu kommt, dass die Befragten gern alles benennen, was ihnen einfällt, anstatt sich auf die wenigen Anforderungen zu beschränken, die sie wirklich brauchen. Damit stellen sie dem Projektleiter ungewollt die nächste Falle. In der guten Absicht, den Bedürfnissen der Anwender entgegenzukommen, berücksichtigt er eine Vielzahl an Wünschen. Ergebnis ist dann oft eine viel zu komplizierte Lösung. Eine neue Software zum Beispiel hat eigentlich das Ziel, bestimmte Arbeiten zu erleichtern, erreicht jedoch das Gegenteil, wenn sie mit Anforderungen überfrachtet wird und zahlreiche, im Grunde unnötige Funktionen erfüllt. Heraus kommt dann eine aufgeblähte Lösung, die berühmte »eierlegende Wollmilchsau« – etwa ein Anwendungsprogramm, das fast alles kann, aber vergleichsweise langsam und fehlerträchtig arbeitet, weil es zu komplex und im Detail unausgereift ist.

Bei Softwareentwicklern ist dieses Phänomen unter dem Begriff »Creeping Featuritis« bekannt. Nach und nach werden immer neue Zusatzfunktionen in eine Software eingebaut, um ihre Marktchancen zu halten oder zu steigern. Doch damit erhöhen sich die Anforderungen an die Hardware, die Bedienung wird komplizierter, und die Fehlerwahrscheinlichkeit wächst. Die »Creeping Featuritis« befällt längst nicht mehr nur IT-Projekte. Man denke etwa an die immer umfangreicher werdenden Bedienungsanleitungen von Elektrogeräten. Sie lassen darauf schließen, dass diese Geräte weit mehr Funktionen enthalten, als ein Anwender begreifen oder gar nutzen kann.

Mit einem Projekt verfolgt der Auftraggeber ein bestimmtes Ziel. Er möchte eine Innovation entwickeln, ein neues Geschäftsfeld erschließen oder einen wichtigen Geschäftsprozess systemtechnisch unterstützen. Doch im Projektverlauf schleichen sich immer neue Ideen und Wünsche ein. Spätestens wenn die neu dazukommenden Funktionalitäten nichts mehr mit dem ursprünglichen Projektziel zu tun haben, ist das Projekt an »Creeping Featuritis« erkrankt.

Nicht nur das Projekt droht dann zu scheitern, weil es sich im Wirrwarr der Anforderungen verheddert hat, auch der Projektleiter selbst gerät in Gefahr. Gut möglich, dass er zwar die Ziellinie gerade noch erreicht, aber ein mangelhaftes Ergebnis abliefert. Die Folgen können für das Unternehmen teuer und für ihn persönlich unangenehm sein.

Besonders ungemütlich wird es für einen Projektleiter, wenn plötzlich die Staatsanwaltschaft vor der Tür steht – wie etwa im Fall eines mittelständischen Automobilzulieferers. Der Projektleiter hatte sich allzu blauäugig vor den Karren eines Entwicklungsprojekts für eine neue Generation von Airbags spannen lassen. Eigentlich hätte er spezifische Anforderungen an die Sicherheit identifizieren, entsprechende Prüfungen durchführen und eine abschließende Dokumentation erstellen müssen. Doch er versäumte es, die Anforderungen mit den entsprechenden Fachleuten zu erarbeiten und im Projekt zu berücksichtigen. Als ein Jahr später Probleme mit dem Airbag auftraten, ermittelte die Staatsanwaltschaft am Ende auch gegen ihn.

Der Projektleiter holt sich einen Architekten

Wünsche von allen Seiten, Wirrwarr, drohendes Chaos. Es ist nachvollziehbar, dass mancher Projektleiter lieber nach dem

Motto »Augen zu und durch« verfährt. Dass diese Strategie aber keine Lösung sein kann, hat das Beispiel gezeigt, bei dem der übergangene IT-Leiter dem Projekt im Nachhinein den Todesstoß versetzte.

Sie als Projektleiter müssen aus dem vielstimmigen Wunschkonzert der Abteilungen die wenigen tatsächlich relevanten Töne heraushören und in das Projektdesign einbauen. Das klingt anspruchsvoll – und ist es auch. Niemand verlangt jedoch, dass Sie diese Aufgabe alleine bewältigen. Holen Sie einen Ihrer Mit-Abenteurer ins Spiel: den Lösungsarchitekten.

Beim Bau eines Hauses engagiert der Bauherr ganz selbstverständlich einen Architekten. Nicht anders sollte es bei jedem größeren Projekt sein. Der Projektleiter holt sich für das Design der Projektlösung ebenfalls einen Fachmann an seine Seite – den Lösungsarchitekten.

Gemeinsam arbeiten nun Projektleiter und Architekt an der Lösungsarchitektur des Projekts. Soll zum Beispiel eine Anlage errichtet oder ein Informationssystem installiert werden, greift die Lösungsarchitektur die übergeordneten Projektziele auf und leitet hieraus die Grundzüge einer Lösung ab. Sie berücksichtigt dabei alle wesentlichen Anforderungen. Neben den funktionalen Anforderungen zählen hierzu auch technische Aspekte und organisatorische Fragestellungen.

Eine solche integrierte Lösungsarchitektur ermöglicht die Definition, Entwicklung, Implementierung und zukünftige Erweiterbarkeit eines komplexen Systems. Da sie sowohl die geschäftliche Sicht der Unternehmensleitung als auch die fachliche Sichtweise der Experten einbezieht, bewährt sich die Entwicklung einer Lösungsarchitektur insbesondere in sich schnell verändernden Umgebungen. Sie erweist sich als nützliches Instrument, um beispielsweise den Einsatz von Informationstechnologie effektiv zu steuern.

Der Aufbau einer integrierten Lösungsarchitektur erfolgt in zwei Hauptschritten. Zunächst wird das Fundament gelegt: Die übergeordneten, aus unternehmerischer Sicht relevanten Ziele werden vollständig und präzise dokumentiert. Im zweiten Schritt entwerfen Projektleiter und Lösungsarchitekt eine Architekturskizze. Anhand der Lösungsarchitektur können die Projektbeteiligten in regelmäßigen Abständen überprüfen, ob sich das Projekt auf dem richtigen Weg befindet. So verhindern sie, dass sich Ziele oder Kurs unbemerkt ändern.

Das Fundament: Geschäftstreiber und Geschäftsziele

Um die Lösungsarchitektur auf ein solides Fundament zu stellen, kommt der Projektleiter in vielen Fällen nicht umhin, sich erneut mit den Zielen des Projekts auseinanderzusetzen. Das mag erstaunen. Da hat er gerade erst die Projektskizze abgeschlossen und darin ein klares Projektziel formuliert, und nun soll er das Zielebündel erneut aufschnüren?

Es ist durchaus normal, nach einigen Tagen festzustellen, dass eine Nachjustierung erforderlich ist. Manches Ziel wird erst nach einem weiteren Gespräch mit dem Auftraggeber wirklich klar. Ausgehend von den Geschäftstreibern identifizieren Projektleiter und Auftraggeber zunächst gemeinsam die Geschäftsziele, die mit dem Projekt erreicht werden sollen. Erst jetzt ist der Projektleiter in der Lage, die zielführenden Ideen in das Projekt aufzunehmen, die überflüssigen Ansinnen hingegen abzuwehren. Anhand der nunmehr solide abgesicherten Ziele geht der Projektleiter mit dem Lösungsarchitekten ans Werk und bestimmt die Anforderungen an die Lösungsarchitektur.

Hinter den *Geschäftstreibern* steht die Frage: »Was treibt meinen Auftraggeber dazu, Geld in dieses Projekt zu investieren?« Es geht also darum, die Hintergründe des Projekts auszuleuchten. Im Falle einer Produktinnovation bedeutet das zum Beispiel, die Kundenmotive für den Kauf des neuen Produkts zu ermitteln. Aus den Geschäftstreibern lassen sich wiederum die *Geschäftsziele* ableiten. Sie geben Antwort auf die Frage: Welche geschäftlichen Ziele möchte das Unternehmen mit der Realisierung des Projekts erreichen? Oder: Zu welchen Geschäftszielen soll das Projekt einen Beitrag leisten?

Aus den Antworten ergeben sich die Zielvorgaben für die Lösung, die der Lösungsarchitekt dann erarbeitet. Er weiß nun, was seine Lösung im Hinblick auf die Geschäftstreiber leisten muss. Kommen wir zurück zu Toms Projekt, der Einführung einer neuen Vertriebssoftware. Zusammen mit seinem Auftraggeber hat Tom die folgenden Geschäftstreiber und Geschäftsziele ermittelt:

Geschäftstreiber	• Ineffektivität in der Prozessausführung (z. B. wegen Doppelarbeiten) sowie mangelnde Geschäftsprozessqualität (z. B. durch Duplikate) • ineffiziente Entscheidungsprozesse wegen mühsamer Datenaufbereitung als Entscheidungsgrundlage • mangelnde interne Akzeptanz der vorhandenen Datenbasis • negative Auswirkungen im Vertriebscontrolling durch inkonsistente Umsatzzahlen
Geschäftsziele	• Einführung eines Key-Account-Managements (One Face to the Customer) • aufgabenübergreifende Harmonisierung der Vertriebsprozesse • Aufbau eines zentralen Berichtswesens als »Single Point of Truth« • Standardisierung von Berichten und kundenspezifischen Kennzahlen

Geschäftstreiber und -ziele aus Toms Vertriebsprojekt

Aus den Zielen lassen sich nun konkrete Anforderungen für eine Lösung ableiten. Sie betreffen die geschäftlichen Anforderungen und die Funktionalität genauso wie die technischen Ansprüche und die organisatorischen Bedürfnisse.

Dabei muss der Projektleiter auch unausgesprochene Erwartungen an eine Lösung beachten – etwa dass eine neue Software sich dem Nutzer intuitiv erschließt und ohne große Hilfetexte auskommt.

Als Projektleiter stehen Sie vor der Herausforderung, unrealistische Wünsche zu identifizieren und konsequent abzulehnen. Nur so können Sie Widersprüche oder Enttäuschungen im weiteren Projektverlauf vermeiden. Zum anderen sollten Sie alle sinnvollen Anforderungen in die Projektarchitektur aufnehmen und nachvollziehbar darstellen. Nur so kann das Projektteam sie verstehen und erfolgreich in die Projektarbeit einbeziehen. Das Instrument der Wahl, um diese Herausforderung zu meistern, ist die Architekturskizze.

Die Architekturskizze

Die Architekturskizze baut auf dem Fundament – das heißt, den Geschäftstreibern und Geschäftszielen – auf. Sie stellt sicher, dass das Projektergebnis die geschäftlichen Anforderungen erfüllt, sämtliche Eigenschaften der Lösung also auf geschäftliche Begründungen zurückgehen, und hält diese Begründungen explizit fest.

Während wir in der Projektskizze die wesentlichen Zielsetzungen festgehalten haben, konzentrieren wir uns bei der Architekturskizze auf die Grundzüge der Lösung: Wie sieht das Projektergebnis aus? Was leistet die Lösung? Wie funktioniert sie? Wie ist sie technisch und organisatorisch umgesetzt? Die Architekturskizze bezieht vier Sichtweisen in die Lösungsarchitektur mit ein – nämlich die geschäftliche, die funktionale, die technische und die organisatorische.

Projektbeispiel Hausbau: Die vier Sichten auf eine Lösungsarchitektur

Die vier Sichtweisen einer Lösungsarchitektur lassen sich am Beispiel eines Hausbaus verdeutlichen (siehe Abbildung). Wenn wir entschieden haben, ein eigenes Haus zu bauen, wen kontaktieren wir dann zuerst? Einen Maurer, einen Innenarchitekten, einen Küchenbauer? Natürlich nicht. Wir wenden uns an jemanden, mit dem wir die grundlegenden Dinge besprechen können, der uns hilft, das Projekt von allen Seiten eingehend zu betrachten, und der die notwendigen Schritte veranlassen kann. Wir gehen zu jemandem, der unsere Vorstellungen präzisieren kann, und uns hilft, die richtigen Entscheidungen zu treffen. Kurz: Wir gehen zu einem Architekten.

Der Architekt entwirft ein Konzept für ein Haus. Er kennt die Fragen, die er stellen muss, und weiß die Antworten richtig einzusortieren. Dann legt er uns eine Architekturskizze vor. Sie beschreibt verschiedene Sichten und berücksichtigt dabei die wichtigsten Aspekte des geplanten Hauses. Im nächsten Schritt wird er die einzelnen Sichtweisen weiter detaillieren und die Skizze zu einem Architekturkonzept vervollständigen. Erst jetzt, wenn das Konzept steht, beginnt er mit dem Entwurf des Hauses.

Ein Architekt nimmt also zuerst die Anforderungen auf und fertigt dann einen Entwurf an. Was so selbstverständlich klingt und im Hausbau als einzig sinnvoller Weg gilt, hat sich im klassischen Projektmanagement noch kaum herumgesprochen. Da werden oft schon Lösungen ausgewählt, noch bevor die Anforderungen feststehen.

Typisches Beispiel: Man wählt schon zu Projektbeginn eine Standardsoftware aus, ohne zu wissen, ob diese vermeintliche Ideallösung nicht am Ziel vorbeigeht. Man entscheidet sich für eine Variante, ohne Machbarkeit und Konsequenzen geprüft zu haben. Auf diese Weise stürzt sich das Projektteam blindlings in ein unkalkulierbares Abenteuer. Wenn dann im Verlaufe des Projekts die Anforderungen auf den Tisch kommen, wird die Standardsoftware so lange zurechtgebogen, bis sie ihren Zweck erfüllt. Die Anpassung verschlingt Unsummen – und von den so fantastischen Vorteilen, von denen einmal alle geschwärmt haben, bleibt nichts mehr übrig.

Besser ist es, wie beim Hausbau vorzugehen: Der Lösungsarchitekt erstellt zunächst eine Architekturskizze, indem er die Fragen nach dem Warum, Was, Wie und Womit beantwortet. Jede dieser Fragen vertritt eine andere Sicht auf die Architektur – nämlich die geschäftliche, die funktionale, die technische und die organisatorische. Um der Bedeutung der Antworten mehr Nachdruck zu verleihen, sprechen die Lösungsarchitekten nicht einfach nur von Anforderungen, sondern von *Designprinzipien*. Diese geben an, welchen Forderungen oder Prinzipien das Lösungsdesign gerecht werden muss.

Erst wenn der Architekt alle Designprinzipien ermittelt hat, denkt er über eine Lösung nach. Dann kann er zum Beispiel darüber entscheiden, ob eine Standardsoftware die Ansprüche wirklich erfüllt.

Die vier Bausteine der Lösungsarchitektur

Um eine Architekturskizze zu erstellen, folgen wir am besten den vier genannten Sichtweisen, die sich in jeder integrierten Lösungsarchitektur wiederfinden sollten: der geschäftlichen, der funktionalen, der technischen und der Implementierungssicht. Die folgenden Leitfragen weisen den Weg, um diese vier Bausteine einer Lösungsarchitektur zu erstellen und zusammenzufügen.

Baustein 1: Die geschäftliche Sicht

Kernfrage: Mit welchen Maßnahmen erreichen wir die geschäftlichen Ziele?

Der Auftraggeber, in der Regel der Geschäfts- oder Bereichsleiter, legt zusammen mit dem Projektleiter und dem Lösungsarchitekten fest, auf welche Geschäftsprozesse und Geschäftsgrundsätze es ankommt und welche hieraus abgeleiteten Aspekte die Lösung berücksichtigen muss.

Ref.Nr.	Prio	Geschäftliche Prinzipien
GP.1	1	**Berichtswesen** Der Vertriebsleitung stehen entscheidungsrelevante Daten übersichtlich und zeitnah zur Verfügung.
GP.2	2	**Informationssystem** Dem Vertriebscontrolling stehen in einem zentralen Berichtswesen vielfältige Auswertungsmöglichkeiten zur Verfügung.
GP.3	2	**Workflow-Prozesse** Wir sind in der Lage, mithilfe von persönlichen, teamweiten oder abteilungsweiten Workflows die Produktivität zu verbessern.
GP.4	1	**Account-Management** Wir können alle Aktivitäten und Interaktionen zu unseren Kontakten und Accounts überwachen.
GP.5	2	**Pipeline-Management** Wir können auf einfache Weise die Vertriebspipeline überwachen, um bessere Daten für die Finanzplanung zu erhalten.
usw.		

Geschäftliche Prinzipien aus Toms Vertriebsprojekt

- Welche Strategien werden eingeschlagen?
- Welche Initiativen sollen unterstützt werden?
- Welche Geschäftsmodelle und -prozesse sind betroffen?
- Welche finanziellen Mittel stehen zur Verfügung?
- Wer profitiert von der künftigen Lösung?
- Woran wird der Erfolg der Lösung gemessen?

In Toms Projekt, der Einführung einer neuen Vertriebssoftware, lässt sich die geschäftliche Sicht der Lösungsarchitektur wie in der Tabelle links darstellen.

Baustein 2: Die funktionale Sicht

Kernfrage: Was soll die Lösung leisten? Wie soll sie funktionieren?

Die funktionale Sicht beantwortet die Frage nach dem Funktionsumfang der künftigen Lösung. Systemanwender und Prozessverantwortliche sind nun die Ansprechpartner für den Projektleiter und sein Team. Gemeinsam definieren sie die Designprinzipien aus funktionaler Sicht. Hierbei dienen die Designprinzipien der geschäftlichen Sicht als ständiger Bezugspunkt: In die Architektur dürfen deshalb nur solche funktionalen Anforderungen eingehen, die dazu dienen, die geschäftlichen Ziele zu unterstützen. Streng genommen dürfte es daher am Ende keine funktionalen Anforderungen geben, die nicht auf mindestens eine geschäftliche Anforderung »einzahlen«.

- Was soll die fertige Lösung leisten?
- Wie soll die Lösung genutzt werden?
- Welche Services soll die Lösung bieten?
- Welche Informationen liefert sie? Für wen?
- Von welcher Qualität muss die Lösung sein?

Ref.Nr.	Bezug	Prio	Funktionale Prinzipien (FP)
FP.1	GP.1	1	**Key Performance Indicator (KPI)** Ein Vertriebsleiter kann sich wichtige KPIs in Echtzeit anzeigen lassen.
FP.2	GP.1	2	**Sales Scorecard** Die Vertriebsleitung kann Informationen aus der Finanz-, Kunden-, Prozess- und Produktperspektive abrufen.
FP.3	GP.2	1	**Integrierte Vertriebsberichte** Das Vertriebscontrolling kann detaillierte Analysen durchführen, ohne die IT-Abteilung in Anspruch nehmen zu müssen.
FP.4	GP.2	2	**Trendanalysen** Das Vertriebscontrolling kann Trendanalysen durchführen.
FP.5	GP.2	1	**Vertriebsszenarien** Das Vertriebscontrolling kann Analysen mit Prognosefunktionen nutzen, um wesentliche Vertriebsszenarien zu identifizieren.
usw.			

Funktionale Prinzipien aus Toms Vertriebsprojekt

Die funktionale Sicht der Lösungsarchitektur für Toms Projekt zeigt die Tabelle links.

Baustein 3: Die technische Sicht

Kernfrage: Wie soll die Lösung arbeiten?

Nun werden die Techniker mit den funktionalen Anforderungen konfrontiert. Sie müssen sich Gedanken darüber machen, wie die funktionalen Anforderungen technisch umgesetzt werden können. Neben dem Projektteam, dem meist auch Lösungsentwickler und technische Berater angehören, werden gegebenenfalls weitere Fachexperten hinzugezogen.

Die bereits vorliegenden Designprinzipien aus funktionaler Sicht bilden den Bezugspunkt für die Definition der technischen Sicht. Es werden technische Anforderungen definiert, die dazu dienen, eine oder mehrere funktionale Anforderungen zu realisieren. Gleichzeitig kommen technische Designprinzipien hinzu, die technologische Standards aufgreifen, welche im Unternehmen berücksichtigt werden müssen.

- Wie soll das System strukturiert und konstruiert werden?
- Was sind die Schnittstellen und andere Einschränkungen?
- Welche Applikationen und Daten werden benötigt?
- Wie soll die Infrastruktur aussehen?
- Welche Standards sollen gelten?
- Wie soll die Qualität gewährleistet werden?

Für Toms Projekt ergibt sich folgende technische Sicht der Lösungsarchitektur:

Ref.Nr.	Bezug	Prio	Technische Prinzipien (TP)
TP.1	FP.1–5	1	Data Warehouse Sammeln und Bereitstellen der im operativen System vorhandenen Daten in einer zentralen Datenbank
TP.2	FP.1–3	1	Kennzahlen-Cockpit Visualisierung großer Informationsmengen in verdichteter Form, z. B. als Kennzahlen
TP.3	FP.3–5	2	Reporting-Tool Ein Reporting-Tool erlaubt vielfältige Analysen auf der bestehenden Datenbasis
usw.			

Technische Prinzipien aus Toms Vertriebsprojekt

Baustein 4: Die organisatorische Sicht

Kernfrage: Womit soll die Lösung implementiert werden? Wie organisieren wir uns?

Im letzten Schritt, der Auseinandersetzung mit der organisatorischen Sicht, macht sich das Projektteam Gedanken über die Vorgehensweise bei der späteren Implementierung. Der Projektleiter, der Lösungsarchitekt sowie die Systementwickler definieren organisatorische Designprinzipien. Sie versuchen frühzeitig festzulegen, wie die Lösung »gebaut« und implementiert werden soll.

- Welche Produkte und Komponenten werden für das System benötigt?
- Von welchem Lieferanten bezieht man diese Produkte/Komponenten?
- Wie soll die Lösung entwickelt und ausgeliefert werden?
- Welche Validierungsmethoden sollen zur Anwendung kommen?
- Wie soll die Lösung betrieben werden?
- Wie soll die Lösung finanziert werden?
- Wie soll mit Änderungen umgegangen werden?

Im Falle von Toms Projekt ergibt sich folgende organisatorische Sicht der Lösungsarchitektur:

Ref.Nr.	Bezug	Prio	Organisatorische Prinzipien (OP)
OP.1	u. a. TP.1	1	Standardsoftware ABC Produkt xy als Datenbanklösung
OP.2	TP.1	1	Neue Server-Infrastruktur (Lieferant: Firma XY aus Stuttgart)
OP.3	TP.2	1	Cockpit-Modul der Standardsoftware ABC (Achtung: evtl. zusätzliche Lizenzkosten)
OP.4	TP.3	2	Reportinglösung der Standardsoftware ABC (Hinweis: später evtl. hochwertige Reportinglösung)
usw.			

Organisatorische Prinzipien aus Toms Vertriebsprojekt

Aus Toms Tagebuch

Mittwoch, 23. November

Eigentlich sollten alle Alarmglocken schrillen! Das jedenfalls sagt mir die Erfahrung aus meinem letzten Projekt, damals in der Produktion.

Dort gab es vor zwei Jahren ständig Krach zwischen zwei Standorten. Hier in Stuttgart klagte man über die ständige Überlastung, während man sich am Bodensee über ungenutzte Kapazitäten beschwerte. Auch in diesem Projekt sollte besagte Standardsoftware für eine runderneuerte Auftragssteuerung sorgen. Sechs Monate später hatte ich den Salat. Die neue Software lief zwar, aber erreicht hatten wir nichts. Mit der Lösung sind wir meilenweit am Ziel vorbeigeschossen! Im nächsten Steuerungsausschuss ging's dann rund. Es hat eine Weile gedauert, bis alle endlich begriffen hatten, dass die Lösung, nämlich die neue Standardsoftware, für das Ziel des Projekts völlig ungeeignet war.

Damals ist mir klargeworden: Bevor man eine so sündhaft teure Software einführt, hätte man sich fragen müssen, wo das eigentliche Problem lag. Der Grund war eine typische Pattsituation: Die Stuttgarter waren zwar ständig überlastet, wollten aber keine Aufträge abgeben, weil »die vom Bodensee« angeblich nicht so gut arbeiten. Die Produktion am Bodensee war tatsächlich nicht ausgelastet, aber die Aufträge von den Stuttgartern wollten sie auch nicht – die waren angeblich viel zu speziell. Eine noch so teure Software konnte dieses Problem nicht lösen!

Und jetzt redet der nächste Geschäftsbereich von der Standardsoftware. Nichts gelernt, wieder geht man den zweiten Schritt vor dem ersten! Bevor ich im Vertrieb diese Software einführe, muss ich doch wissen, was mit dem Projekt erreicht werden soll. Erst dann kann ich sagen, ob diese Standardsoftware das Richtige ist.

Ich habe das heute Morgen Hans-Joachim ziemlich klar zu verstehen gegeben. Was er mit der Software erreichen wolle, das sei doch klar, hat er mir etwas unwirsch geantwortet. Ihm mag es ja klar sein, aber er soll es verdammt noch mal auch mir klarmachen! Als ich ihm das genau so sagte, zögerte er. Und da begriff ich: Nichts ist klar. Er hat sich die Zielfrage noch gar nicht selbst gestellt – super!

Freitag, 25. November

Immerhin, heute kam es zu einem intensiven Dreiergespräch Auftraggeber – Projektleiter – Lösungsarchitekt. Endlich haben wir die Zielfrage doch noch geklärt. So, wie es sein sollte!

Meine Lösungsarchitektin Karin und ich haben mit Hans-Joachim die Ziele erarbeitet, die mit dem Projekt erreicht werden sollen. Dabei wurde klar, dass es für ein und dasselbe Ziel (zum Beispiel Umsatzsteigerung um 25 Prozent) mehrere Lösungen geben kann (zum Beispiel neue Produkte oder ein effektiverer Vertrieb). Ob man das mit der Standardsoftware hinbekommt, steht auf einem ganz anderen Blatt – das hat selbst Hans-Joachim eingesehen.

Nachdem wir die Geschäftstreiber und Geschäftsziele dokumentiert hatten, hatte Karin einen ungewöhnlichen Einfall. Sie wollte keine Einzelinterviews führen. Sie halte Einzelinterviews für ungeeignet, um sich Klarheit über die unterschiedlichen Anforderungen zu verschaffen, behauptete sie. Jeder Befragte gehe nach dem Interview davon aus, dass das Produkt genau seinen Erwartungen entsprechen würde. Später sei dann die Enttäuschung groß.

Diese Argumentation ist nicht von der Hand zu weisen. Aber ihrem Ansatz, die Anforderungen im Rahmen eines Workshops zu ermitteln, konnte ich auch nicht viel abgewinnen. Da öffnet man doch die Büchse der Pandora!

Karin lässt sich aber nicht davon abhalten, ihren »Workshop zur Ermittlung der Designprinzipien«, wie sie es nennt, vorzubereiten. Der Vorteil ist natürlich, dass jeder Teilnehmer aus erster Hand erfährt, was andere vom Projekt, also der Einführung einer Standardsoftware erwarten. Durchaus möglich, dass sich zwischen den verschiedenen Beteiligten ein Verständnis dafür entwickelt, dass Kompromisse und Verzicht auf eigene Vorstellungen notwendig sind, um ein so komplexes Projekt erfolgreich zu realisieren. Vielleicht ist Karin doch auf dem richtigen Weg!

Mittwoch, 30. November

Kompliment für Karin! Sie führte heute Morgen souverän durch den Workshop. An jeder Wand des Besprechungsraums hatte sie ein großes Poster aufgehängt, denn jede Wand stand für eine bestimmte Anforderungskategorie – geschäftliche, funktionale, technische und organisatorische Anforderungen. Sie erarbeitete zunächst die geschäftlichen Anforderungen und leitete mit den anwesenden Fachbereichsvertretern die funktionalen Anforderungen daraus ab.

Das Erstaunliche war, dass es erst gar nicht zu einer ausufernden Wunschliste der Fachbereiche kam, weil Karin die funktionalen Anforderungen konsequent auf das reduzierte, was geschäftlich gefordert war. Genauso verfuhr sie mit den technischen und organisatorischen Anforderungen. Auf diese Weise gelang es ihr, die vielfältigen Wünsche der Beteiligten von Anfang an erfolgreich zu orchestrieren.

Manchmal ist es Gold wert, wenn man eine Lösungsarchitektin hat, die nicht nur die Technologie kennt, sondern auch die Anwender führen kann und ihre Sprache spricht. Well done, Karin!

Einige Dinge, die mir klargeworden sind:
- Für ein und dasselbe Ziel kann es mehrere Lösungen geben. Ziele sind deshalb stabiler als Lösungen.
- Nach dem Bedarf an Funktionen und Features befragt, neigen Befragte dazu, alles zu benennen, was sie kennen, nicht aber das, was sie brauchen.
- Gerade bei der Anforderungsanalyse ist ein Lösungsarchitekt wichtig, der das Geschäft und die Technologie gleichermaßen versteht.
- In der Anforderungsanalyse sind Workshops besser als Einzelinterviews. Sie fördern das gegenseitige Verständnis und fördern frühzeitig die Suche nach Kompromissen.
- Geschäftliche, funktionale, technische und organisatorische Anforderungen müssen aufeinander aufbauen. Das führt dazu, dass Lösungen nicht ausufern, sondern schlank bleiben.

| ETAPPE 4 | ETAPPE 5 | ETAPPE 6 | ETAPPE 7 |

Quer: Werkzeughints 3. Projektarchitektur ZOE 2105

So wappnen Sie sich

- Die Anforderungsanalyse ist kein Wunschkonzert. Nicht die Wünsche der Anwender zählen, sondern ihre Bedürfnisse – und diese müssen sich aus den Geschäftszielen ableiten.
- Setzen Sie klare Grenzen, abgeleitet aus eindeutigen Zielen. Ansonsten besteht die Gefahr, dass andere Personen »gute Ideen« haben, welche Funktionalitäten man noch aufnehmen sollte.
- Dokumentieren Sie die Geschäftstreiber und -ziele zu Beginn vollständig und präzise und leiten Sie daraus die geschäftlichen, funktionalen, technischen und organisatorischen Anforderungen ab.
- Die Anforderungen müssen einfach, verständlich und zugleich eindeutig formuliert sein, sodass kein Interpretationsspielraum bleibt.
- Legen Sie fest, inwieweit bestimmte Stakeholder das Projektergebnis beeinflussen dürfen. So darf der Betriebsrat Ansprüche an den Datenschutz oder die Barrierefreiheit stellen, nicht aber zusätzliche Funktionalitäten fordern.

Vielfältige Erwartungen

Die unterschiedlichen Erwartungen der Projektbeteiligten an das Projektergebnis bereiten manche böse Überraschung. Wenn Sie als Projektleiter nicht von Anfang an Struktur in das Stimmengewirr bringen, läuft das Projekt schnell aus dem Ruder.

| Das Umfeld gewinnen | Alles hört auf mein Kommando | Kurs halten in gefährlichen Gewässern | Zum Endspurt ansetzen |

1.3 Den Schiffbruch vermeiden
Frühwarnsignale richtig deuten

Es liegt in der menschlichen Natur, vernünftig zu denken und unlogisch zu handeln.
Anatole France, französischer Erzähler

Wenn ein Projekt gescheitert ist, lassen sich die Ursachen im Nachhinein ausführlich erörtern. Das mag mit Blick auf künftige Vorhaben sinnvoll sein, ist im konkreten Fall aber nur ein schwacher Trost. Besser wäre es, das Unheil schon im Vorfeld zu erkennen und zu verhindern. Es lohnt sich deshalb, vor dem Projektstart zu überlegen: Was lässt sich schon jetzt beachten, damit das Projekt nicht Schiffbruch erleidet?

Warum Projekte häufig ihre Ziele verfehlen, ist eingehend untersucht. Aus Studien wie zum Beispiel den Reports des US-Beratungsunternehmens The Standish Group geht hervor, dass dahinter immer wieder die gleichen Ursachen stehen. Es empfiehlt sich, diese Hindernisse bereits vor dem eigentlichen Projektstart zu identifizieren und aus dem Weg zu räumen.

Wie die Erfahrungen und Analysen gescheiterter Projekte zeigen, sollte der Projektleiter vor allem auf vier Frühwarnsignale achten:

- **Euphorie und Optimismus.** Über das Projekt wird begeistert, fast schon euphorisch gesprochen.
- **Ohne Legitimation.** Es fehlt ein offizieller Projektauftrag der Geschäftsleitung und damit auch der Rückhalt im Management.
- **Halbwissen statt Expertise.** Das Unternehmen betritt mit dem Projekt Neuland, ohne vom Thema wirklich eine Ahnung zu haben.
- **Divergierende Ziele.** Zielsetzung und Nutzen des Projekts sind nicht transparent; beteiligte Abteilungsleiter nutzen Interpretationsspielräume und legen die Projektziele auf ihre Weise aus.

Tritt eine dieser Situationen ein, besteht für den Projektleiter Handlungsbedarf.

Warnsignal 1: Euphorie und Optimismus

Wir alle kennen die spektakulären Beispiele. Der Bau der Elbphilharmonie etwa auf dem ehemaligen Kaispeicher ist ein typisches Projektfiasko. Zu Beginn sollte das neue Wahrzeichen der Stadt Hamburg 114 Millionen Euro kosten, am Ende werden es vermutlich über 500 Millionen Euro sein.

Dieser Fall ist keine Ausnahme. Gerade die besonders innovativen und ambitionierten Projekte erleiden häufig Schiffbruch. Je ehrgeiziger das Projekt, desto blauäugiger scheinen die Beteiligten an die Sache heranzugehen. Anfängliche Euphorie – nicht zu verwechseln mit gesunder Motivation – verleitet dazu, dass alle kollektiv bei Rot über die Ampel fahren:

Da werden unrealistische Ziele angepeilt, unhaltbare Termine verfolgt, sämtliche Risiken ignoriert. Gerade das Top-Management neigt dazu, sich von den Verheißungen einer neuen Idee blenden zu lassen.

So war die Geschäftsführung eines kleinen Automobilzulieferers aus Bayern von ihrer neuesten Idee geradezu elektrisiert: Es sollte ein bahnbrechendes Produkt werden, auf Basis einer neuen Technologie, 20 Prozent günstiger als das Vorgängermodell. Ein Produkt, das den Markt revolutionieren würde!

Der Projektleiter sah das Vorhaben deutlich skeptischer. Nach einer ersten Prüfung war ihm klar, dass weder Kosten noch Termine realistisch angesetzt waren. Nur hören wollte das niemand. Selbst im Projektteam fielen die Aufwandsschätzungen viel zu optimistisch aus; die Mitarbeiter waren von der allgemeinen Euphorie angesteckt und unterschätzten Risiken und Probleme in der Projektdurchführung.

Zwei Jahre später hatte sich das Bild gewandelt. Kaum noch jemand glaubte an den Projekterfolg. Lediglich die Geschäftsführung hielt den Pleitegeier, der über dem Projekt kreiste, für einen stolzen Adler im Aufwind. Gegenüber den Kunden blieb sie bei den Terminzusagen, obwohl jeder Projektbeteiligte wusste, dass der Projektplan obsolet war. Als das Projekt dann mit 24 Monaten Verspätung abgeschlossen wurde, war das Produkt längst keine Innovation mehr, und das Budget hatte alle Grenzen gesprengt. Das Unternehmen stand kurz vor der Insolvenz, Euphorie und Optimismus hatten es an den Rand des finanziellen Ruins gebracht.

Die meisten Unternehmen unterschätzen den Aufwand an Zeit, Geld und Personal, den ein größeres Projekt erfordert. Sie wollen nicht wahrhaben, dass spätestens bei der technischen Umsetzung immer wieder Probleme auftauchen, deren Lösung Zeit kostet. Kommen dann noch Euphorie und übertriebener Optimismus hinzu, lässt sich fast sicher vorhersagen: Je weiter das Projekt fortschreitet, desto mehr werden die Termine überzogen, die Mitarbeiter überfordert und das Budget überschritten.

Wenigstens einer sollte einen kühlen Kopf bewahren: der Projektleiter. An ihm liegt es, Argumente zu sammeln und die Diskussion anhand von Zahlen, Daten und Fakten zu versachlichen. Hierzu kann er Schätzungen und Tests anstellen, die ihm recht zuverlässige Anhaltspunkte liefern. Klar ist aber auch: Je genauere Schätzergebnisse er möchte, desto detaillierter muss die Schätzgrundlage sein – und desto höher wird der Aufwand.

Solange Projektziele und Aufgaben nur vage formuliert sind, fallen auch die Schätzungen nur vage aus. Die Schätzgrundlage verbessert sich deutlich, wenn der Projektleiter mit seinem Team einen ersten groben Projektplan erarbeitet und gemeinsam eine Risikoanalyse durchgeführt hat. Die Beteiligten blicken nun den Gefahren ins Auge – übertriebener Optimismus weicht einer realistischeren Sichtweise.

Vor allem bei größeren IT-Projekten ist es üblich, einen Proof of Concept (PoC) oder einen Livetest durchzuführen. Der Livetest ist eine Art Probefahrt, bei der ein künftiger Anwender die einzelnen Funktionen des geplanten Produkts bereits »live« vorgeführt bekommt. Noch einen Schritt weiter geht der Proof of Concept, bei dem sogar schon ein Prototyp des Produkts vorgestellt wird. Beide Methoden können einen heilsamen Schock auslösen: Die Optimisten im Hause erkennen, dass das Produkt keineswegs so überragend ist, wie allenthalben geglaubt wird. So kann ein fragwürdiges Projekt gestoppt werden, bevor es richtig teuer wird.

Viele Projekte, etwa die Investition in Maschinen und Anlagen, ermöglichen natürlich keine Tests im Vorfeld. In diesem Fall kann der Projektleiter vergleichbare Fälle recherchieren und sich Referenzinstallationen nennen lassen, die in wesentlichen Punkten vergleichbare Anforderungen ausweisen. Warum nicht das genannte Unternehmen aufsuchen und mit den Anwendern sprechen? So lässt sich herausfinden, ob das Produkt hält, was die Optimisten sich davon versprechen.

Eines gilt für alle Methoden: Um zuverlässige Ergebnisse zu erhalten, benötigen die Schätzer Erfahrung und Fingerspitzengefühl. Wenn das Unternehmen mit dem Projekt Neuland betritt, sollte der Projektleiter daher auch Experten von außen zu Rate ziehen. Selbst dann kommt es aber immer wieder zu heftigen Diskussionen, weil Erfahrungswerte und Sichtweisen der Beteiligten unterschiedlich sind.

Wenn die Geschäftsleitung trotz aller Argumente an dem Vorhaben festhält und das Unternehmen mit dem Projekt in ein schwer kalkulierbares Abenteuer stürzt, bleibt dem Projektleiter noch eine wichtige Vorkehrung zu treffen: Er sollte mit dem Auftraggeber klare Ausstiegskriterien vereinbaren. So kann er, wenn die ursprünglich geschätzten Zeit- und Kostenaufwände dann tatsächlich aus dem Ruder laufen, das Projekt konsequent stoppen.

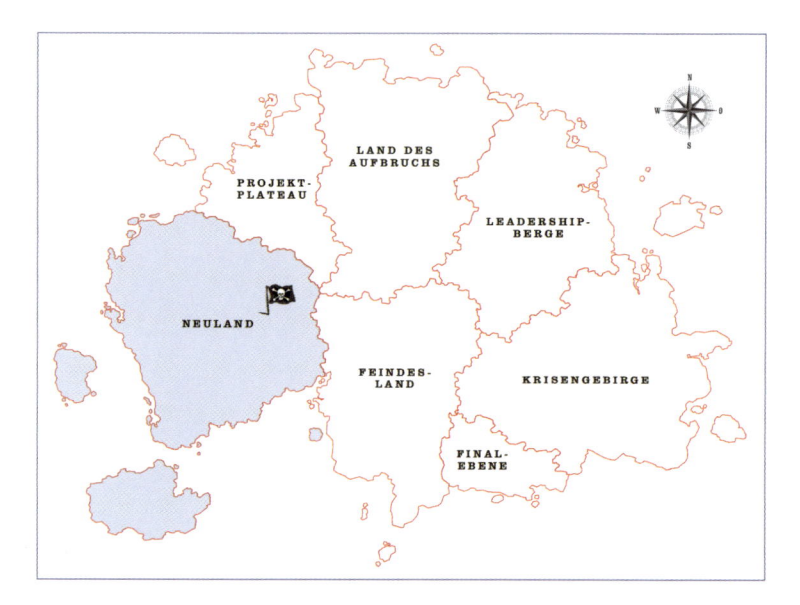

Euphorie und Optimismus

Wenn am Anfang alle optimistisch, ja fast euphorisch klingen, besteht die Gefahr, dass sich die hochfliegenden Pläne bald als Illusion herausstellen. Dem Projektleiter bleibt dann die unangenehme Aufgabe, das Projekt später kräftig abspecken zu müssen.

> **So wappnen Sie sich**
>
> - Konkretisieren Sie Ihre Schätzgrundlage und ziehen Sie Experten zu Rate, um Aufwand, Kosten und Zeiten realistisch abschätzen zu können.
> - Nutzen Sie geeignete Schätzmethoden, um zu realistischen Zahlen zu gelangen. Unterscheiden Sie dabei zwischen optimistischen, realistischen und pessimistischen Zahlen.
> - Umgehen Sie die Optimismusfalle, indem Sie umfangreiche Tests veranstalten. Ein Proof of Concept bewahrt Sie später vor bösen Überraschungen.
> - Legen Sie fest, unter welchen Bedingungen ein Projekt gestoppt wird. So lässt sich der Schaden für das Unternehmen in Grenzen halten.

Warnsignal 2: Ohne Legitimation

Hat das Projekt einen klaren Auftrag? Hat es die Unterstützung durch die Geschäftsleitung? Wenn nicht, ist auch das ein klares Warnsignal. Fehlt die Unterstützung durch das Management, gerät das Projekt schnell in eine Sackgasse. Wenn sich die Entscheidungsträger nicht wirklich für das Projekt interessieren, werden notwendige Entscheidungen verschleppt oder gar nicht erst gefällt. Prioritäten bleiben unklar, der Zeitplan wird zur Makulatur – und keiner weiß mehr so recht, wohin die Reise gehen soll.

Viele Projekte starten sogar ohne Legitimation, sprich: ohne einen offiziellen Projektauftrag. Wenn dann einige Monate später das Projektteam zum ersten Mal die Unterstützung des Managements benötigt, reibt man sich dort verwundert die Augen: Wer um Himmels willen hat eigentlich dieses Projekt begonnen?

Ein Projekt braucht einen Auftraggeber, der das Budget zur Verfügung stellt, den Projektauftrag erteilt und die im Projektverlauf erforderlichen Entscheidungen trifft. Dies kann in einem kleinen Unternehmen der Geschäftsführer selbst sein, in großen Unternehmen handelt es sich um einen Manager, der die Projektinteressen gegenüber der nächst höheren Ebene vertritt.

Erst ein solcher Auftraggeber verleiht einem Projekt im Unternehmen das notwendige Gewicht. Für den Erfolg kann das entscheidend sein: Wird das Projekt nicht für wichtig genug gehalten, hat es der Projektleiter schwer, die erforderliche Einbindung der Fachabteilungen zu erreichen – was früher oder später zu massiven Verzögerungen führt. Dem wirkt der Auftraggeber entgegen, indem er die Fachabteilungen vom Sinn und Mehrwert des Projekts überzeugt. Er stellt das Projekt in Abteilungsversammlungen vor oder sucht das persönliche Gespräch mit den Abteilungsleitern. Auf diese Weise fühlen sich die Abteilungen in das Projekt eingebunden und sind eher bereit, den Projektleiter zu unterstützen und mit ihm zusammenzuarbeiten.

Im Einkauf eines Automobilkonzerns entwarfen einige Mitarbeiter die Idee einer Reportinglösung, die eine deutliche Effizienzsteigerung versprach. Begeistert machten sie sich daran, für ihr Projekt zu werben, und erhielten auch ein Budget für ihr Vorhaben. Was jedoch fehlte, war der Rückhalt im Management. Keine der infrage kommenden Führungskräfte war bereit, die Rolle des Auftraggebers zu übernehmen. Infolgedessen geriet das Projekt ständig ins Stocken – weil niemand aus dem Management die Verantwortung trug, Prioritäten setzte und anstehende Entscheidungen fällte. Das Projekt geriet auf die »Rote Liste gefährdeter Projekte« und wurde nach zwei Jahren ergebnislos eingestellt.

Das Engagement des Top-Managements zählt zu den wichtigsten Erfolgsfaktoren eines Projekts. Vergewissern Sie sich deshalb, dass Ihr Projekt dort den notwendigen Rückhalt erfährt. Als Projektleiter sollten Sie die Key-Player des Projekts kennen und vor allem zum Projektauftraggeber ein offenes und vertrauensvolles Verhältnis aufbauen. So können Sie klare und verbindliche Regeln für die künftige Zusammenarbeit vereinbaren.

Der Auftraggeber bestimmt die strategische Richtung und die geschäftlichen Ziele des Projekts, stellt die finanziellen Mittel zur Verfügung, entscheidet über Änderungen und nimmt die wichtigen Teilergebnisse ab. Gleichzeitig vertritt er die Interessen des Projekts gegenüber der Geschäftsführung oder der nächst höheren Managementebene. Als Projektleiter tragen Sie zwar die Verantwortung für die erfolgreiche Abwicklung des Projekts; doch die Verantwortung dafür, dass der Organisation ein geschäftlicher Nutzen daraus entsteht, liegt beim Auftraggeber. Schon aus diesem Grund ist ein Projekt ohne Auftraggeber eigentlich gar nicht denkbar.

Neben diesen »offiziellen« Aufgaben kommt dem Auftraggeber eine Rolle zu, die nicht hoch genug eingeschätzt werden kann: die des Botschafters für das Projekt. Ein Vortrag auf der Mitarbeiterversammlung oder ein Interview in der Unternehmenszeitschrift machen wichtige Stakeholder auf das Projekt aufmerksam. Damit steigt die Bedeutung, die dem Projekt im Unternehmen beigemessen wird. Dies wiederum erhöht die Chance, dass Sie als Projektleiter die für den Projekterfolg entscheidenden Mitarbeiter bekommen – denn kein Vorgesetzter stellt gerne seine besten Mitarbeiter frei, schon gar nicht für ein vermeintlich unbedeutendes Projekt.

Das persönliche Engagement des Auftraggebers motiviert aber auch die Projektmitarbeiter. Sie spüren, dass ihre Arbeit als wichtig angesehen wird, und fühlen sich dem Projekt verpflichtet.

Der Auftraggeber kann seine Rolle nur dann erfolgreich spielen, wenn er selbst gut informiert ist. Wissen ist Macht. Halten Sie deshalb in regelmäßigen Besprechungen den Auftraggeber über das Projektgeschehen auf dem Laufenden! Ob dies wöchentlich oder monatlich erfolgt, hängt von der Bedeutung des Projekts und vom Projektverlauf ab. In kritischen

| ETAPPE 4 | ETAPPE 5 | ETAPPE 6 | ETAPPE 7 |

Phasen kann es sinnvoll sein, wenn Sie sich sogar täglich mit dem Auftraggeber besprechen. Der regelmäßige Austausch gerade auch über kritische Themen stärkt das gegenseitige Vertrauen.

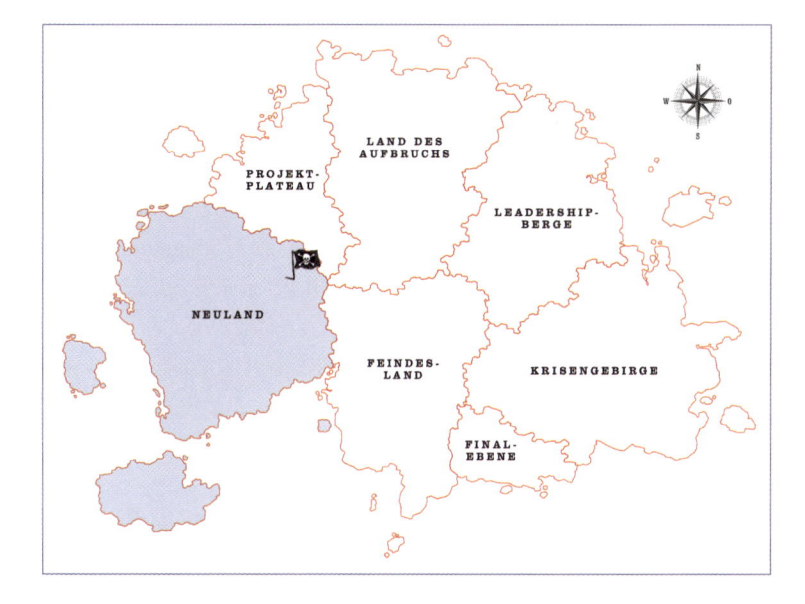

gen, für die Sie eigentlich gar nichts können, die Sie aber verantworten müssen.

So wappnen Sie sich

- Prüfen Sie, ob es einen Auftraggeber gibt, der Ihr Projekt vollständig unterstützt und Ihnen als Ansprechpartner zur Verfügung steht.
- Vereinbaren Sie mit dem Auftraggeber von Anfang an klare und verbindliche Regeln für die künftige Zusammenarbeit. Gerade in kritischen (Entscheidungs-) Situationen müssen Sie mit seiner Unterstützung handlungsfähig bleiben.
- Ihr Verhältnis zum Auftraggeber sollte von Offenheit und gegenseitigem Vertrauen geprägt sein. Wenn das fehlt, nimmt die Gefahr eines Scheiterns stark zu.
- Animieren Sie Ihren Auftraggeber dazu, sich persönlich für das Projekt zu engagieren. Auf diese Weise wird das Umfeld auf das Projekt aufmerksam und misst ihm Bedeutung bei.

☠ Fehlende Managementunterstützung

Wenn Sie als Projektleiter eine Entscheidung brauchen, gerade auch in kritischen Situationen, fehlt plötzlich der Ansprechpartner. Die Folge: Es kommt zu Verzögerun-

Warnsignal 3: Halbwissen statt Expertise

Die wenigsten Projekte scheitern an mangelnder Fachkompetenz, so hört man immer wieder. Diese Feststellung mag zwar

| Das Umfeld gewinnen | Alles hört auf mein Kommando | Kurs halten in gefährlichen Gewässern | Zum Endspurt ansetzen |

stimmen, impliziert aber eine gefährliche Schlussfolgerung – nämlich dass es auf die Fachkompetenz nicht so sehr ankommt. Fehlendes technisches Wissen lässt sich nicht so einfach mal anlesen, wie das manche Manager gerne proklamieren.

Natürlich muss nicht jeder Projektmitarbeiter Experte für die einzelnen Fachgebiete sein, in denen sich das Projekt bewegt. Wenn aber alle Beteiligten Neuland betreten und allenfalls mit Halbwissen ans Werk gehen, ist dies ein klares Warnsignal: Der Projekterfolg steht auf dem Spiel!

Wie schnell es passieren kann, dass sich ein Projektteam ohne die erforderliche Expertise ans Werk macht, illustriert das Beispiel eines Herstellers von Holzbearbeitungsmaschinen. In dem Unternehmen war ein ebenso erfolgreicher wie angesehener Vertriebsmitarbeiter tätig, der eines Tages einen technologisch besonders anspruchsvollen Auftrag an Land zog. Der Kunde wünschte eine innovative, technisch völlig neuartige Lösung. Selbstverständlich werde man den Auftrag übernehmen, versprach der Vertriebsmitarbeiter – und brachte damit sein Unternehmen in Zugzwang.

Der Projektleiter und sein eilends zusammengestelltes Team waren nun gefragt, ein ganzheitliches, optimal aufeinander abgestimmtes System aus Maschinen, Handling, Datenverbund, Informationstechnik und Logistik zu entwerfen. Da sowohl die Entwicklungs- als auch die Produktionsabteilung mit dem Projekt Neuland betraten, bastelte das Team mit unzureichenden Werkzeugen und einem rudimentären Verständnis an einer »perfekten Lösung«, deren Unzulänglichkeit den Projektbeteiligten immer mehr bewusst wurde. Aus Angst, den Kunden zu verlieren, arbeitete man trotzdem weiter und brachte das Projekt auch zum Abschluss.

Allerdings mit einem bitteren Ende: Der Kunde entdeckte schnell die Mängel der neuen Anlage. So kostete die fehlende Kompetenz der Projektmitarbeiter das Unternehmen nicht nur eine Menge Ressourcen, sondern schlussendllich auch einen langjährigen Kunden.

Wenn die Teammitglieder mit Halbwissen operieren, entgleiten die Diskussionen mitunter schnell ins Unsachliche. Es entstehen unterschiedliche Sichtweisen; Anforderungen an das Projekt werden von den Beteiligten unterschiedlich interpretiert. Mehr und mehr bestimmen unklare Kriterien und diffuse Vorstellungen das Handeln.

Für den Projektleiter gibt es daher nur eine Konsequenz: Mit einer gänzlich unerfahrenen Truppe darf er sich nicht ins Abenteuer stürzen! Bevor Sie sich auf eine technologisch neue Herausforderung einlassen, benötigen Sie ein Expertenteam, das in der Lage ist, eine professionelle Lösung auf die Beine zu stellen. Es sollte nicht nur mit dem aktuellen Stand der Entwicklung vertraut sein, sondern die neue Technologie auch überzeugend gegenüber Führungskräften und Mitarbeitern vertreten können.

Lässt sich ein solches Team nicht aus Mitarbeitern des eigenen Unternehmens rekrutieren, gibt es nur zwei Möglichkeiten: Das Team greift auf externes Know-how zurück, etwa indem es fachlich geeignete Beratungspartner engagiert – oder es hat den Mut, auf das Projekt zu verzichten. Im Falle des Holzmaschinenbauers wäre es sicherlich besser gewesen, den Auftrag abzulehnen, anstatt durch Pfusch den langjährigen Kunden zu vertreiben.

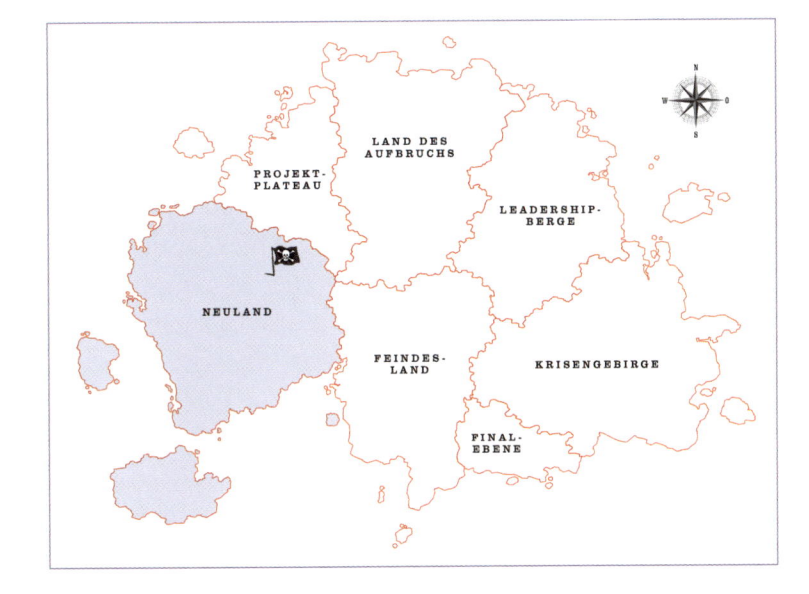

Halbwissen statt Expertise

Wissen lässt sich notfalls aneignen. Dieser Glaube verleitet dazu, mit einem Team loszulegen, dem die notwendige Expertise fehlt. Ein Trugschluss: Fehlendes Know-how lässt sich nicht schnell genug nachholen – und gefährdet den Projekterfolg.

So wappnen Sie sich

- Unterscheiden Sie zwischen Projekten, die sich im Kernbereich des Unternehmens bewegen, und Projekten, die sich auf Neuland vorwagen.
- Prüfen Sie im zweiten Fall, ob die dafür erforderlichen Experten im Unternehmen vorhanden sind. Wenn nicht, besteht Handlungsbedarf: Thematisieren Sie die Situation gegenüber dem Auftraggeber, greifen Sie gegebenenfalls auf externes Know-how zurück.
- Starten Sie das Projekt erst, wenn Sie ein Expertenteam beisammen haben, das über ausreichend Know-how und Erfahrung verfügt, um ein stimmiges Lösungskonzept zu entwickeln.

Warnsignal 4: Unklare und divergierende Ziele

Wir haben es bereits betont: Entscheidend für den Projekterfolg sind klare Ziele. Auftraggeber, Projektleiter und alle weiteren Beteiligten müssen die übergeordneten Ziele und den gewünschten Nutzen des Projekts erkennen und anerkennen. Um hier den notwendigen Konsens herzustellen, verfasst der

Projektleiter zusammen mit seinem Auftraggeber zunächst die Projektskizze. Darauf aufbauend entwickelt er zusammen mit dem Lösungsarchitekten die Designprinzipien und entwirft eine Lösungsskizze, die alle wichtigen Anforderungen an das Projekt enthält.

Im Idealfall herrscht nun Klarheit über die Ziele, und das Projekt ist im Bewusstsein aller Beteiligten verankert. Jeder weiß, welche Bedeutung das Vorhaben hat, wozu es dient – und ist bereit, das Seine dazu beizutragen. Alle ziehen an einem Strang.

Das klingt zu gut, um immer wahr zu sein. Bevor das Projekt startet, sollte der Projektleiter sich noch einmal vergewissern: Gibt es diese Zielklarheit wirklich? Kennen die Beteiligten den Nutzen des Projekts für das Unternehmen, stehen sie voll und ganz dahinter? Jedes große Projekt gerät früher oder später in schwieriges Fahrwasser. Nur wenn Ziele und Nutzen glasklar sind, ist eine sichere Navigation möglich.

Wie fatal es ausgehen kann, wenn der Projektleiter diesen Check versäumt, zeigt der Fall einer Flughafengesellschaft. Projektziel war es, am eigenen Standort eine neue Gepäckförderanlage zu installieren. Zwar hatte die Anlage eine beachtliche Dimension, doch genoss das Projekt bei der Geschäftsführung keine allzu große Aufmerksamkeit. Der Projektleiter hatte es versäumt, den Business-Case zu beschreiben – sprich: der Geschäftsführung den ökonomischen Nutzen des Projekts vor Augen zu führen.

Nun geschah etwas Unerwartetes: Die Flughafengesellschaft erhielt von einem asiatischen Airport den Auftrag, eine weltweit einzigartige Gepäckförderanlage zu realisieren. Die Freude war groß, im Unternehmen knallten die Sektkorken. Nur der Projektleiter stand unvermittelt auf verlorenem Posten: Schon am nächsten Tag kämpfte er verzweifelt darum, sein Team zusammenzuhalten. Nun rächte es sich, dass er den Projektnutzen für das Unternehmen niemals herausgearbeitet und vermittelt hatte. So schwand im Lichte des asiatischen Großauftrags vollends das Interesse an seinem Projekt. Man zog ihm die besten Mitarbeiter ab und schickte sie nach Asien. Das an sich gut laufende Projekt erhielt kaum noch Unterstützung, der Projektplan war so nicht mehr zu halten.

Wenn der Nutzen des Projekts und sein Beitrag zum Unternehmensziel nicht klar kommuniziert werden, droht noch eine andere Gefahr: Die beteiligten Abteilungsleiter verfolgen im Zusammenhang mit dem Projekt zunehmend eigene Ziele, die im Unklaren bleiben und den Projekterfolg gefährden.

Diese Erfahrung musste auch eine noch recht unerfahrene Projektleiterin bei einem international tätigen Beratungsunternehmen machen. Die Frau leitete ein Projekt, das den Kundenbetreuungsprozess über die Bereiche Vertrieb, Beratung und Support hinweg einheitlich strukturieren sollte. Es betraf also mehrere Unternehmensbereiche und Abteilungen. Prompt entbrannte ein Kompetenzgerangel zwischen den verantwortlichen Führungskräften. Jeder versuchte, dem Projekt seinen eigenen Stempel aufzudrücken.

Die Projektleiterin scheute eine Auseinandersetzung mit den Abteilungsleitern und vermied es deshalb, in großer Runde für die notwendige Zielklarheit zu sorgen. Stattdessen brachte sie die divergierenden Ziele durch eine sehr vage Formulierung des Projektauftrags unter einen Hut. Das war ihr auch deshalb lieb, weil sie nun in den bilateralen Gesprächen mit den Abteilungsleitern den Projektinhalt nach Belieben auslegen konnte. Als sie dann aber nach einigen Monaten erste Ergebnisse präsentierte, drehten die Abteilungsleiter den Spieß um: Jeder legte den Projektauftrag nun in seinem Sinne aus – und warf der Projektleiterin vor, dass sie nicht das geliefert hatte, was abgesprochen war.

Bleibt festzuhalten: Die Gefahr ist groß, dass divergierende Ziele zwischen den Entscheidungsträgern das Projekt irgendwann sprengen. Als Projektleiter tun Sie gut daran, diesen Sprengsatz frühzeitig zu entschärfen.

Handlungsbedarf besteht dann in zwei Richtungen: Im ersten Schritt gilt es, dem Auftraggeber die Bedeutung des Projekts bewusst zu machen, damit das Vorhaben bei ihm und damit auch im Unternehmen insgesamt eine hohe Priorität erlangt. Und im zweiten Schritt muss bei den übrigen Entscheidungsträgern Konsens über die Projektziele erreicht werden.

Mit dem Beschluss, ein großes Projekt zu starten, trifft der Auftraggeber eine Investitionsentscheidung, bei der viel Geld auf dem Spiel steht. Eine solche Entscheidung muss gut vorbereitet und geprüft sein, wenn sie sich am Ende rechnen soll. Als Projektleiter handeln Sie daher im Sinne des Auftraggebers, wenn Sie ein Konzept vorlegen, das Aufwand und Nutzen darstellt, Chancen und Risiken beleuchtet und eine Aussage über den Return on Investment trifft. Zugleich rücken Sie mit dieser Aktion das Projekt ins Bewusstsein des Auftraggebers. Ein großes Projekt bindet das Unternehmen für ein bis zwei Jahre und blockiert damit wichtige Ressourcen für andere große Vorhaben. Nur wenn Ihr Projekt höchste Priorität genießt, können Sie der Gefahr begegnen, vom nächsten Großprojekt »überrollt« zu werden.

Wenn Sie mit dem Auftraggeber Ziele, Nutzen und Priorität für das Projekt geklärt haben, gilt es im nächsten Schritt, einen breiten Zielkonsens unter allen Beteiligten herzustellen. Über die grundsätzliche Zielrichtung herrscht meist Einigkeit, sie lässt sich in der Regel schon aus der Projektbezeichnung ableiten.

Die Gefahr liegt in der weiteren Detaillierung. Falsch wäre es, sich wie jene Projektleiterin im Beispiel des Bera_tungsunternehmens mit einem Scheinkonsens zu begnügen, indem Sie sich auf vage Formulierungen einlassen. Damit bliebe unklar, welche strategischen oder technischen Akzente sich hinter der allgemein akzeptierten Zielsetzung verbergen.

Stattdessen sollten Sie divergierende Einzelziele offen diskutieren. Dazu gehört auch, sachfremde Interessen aus dem Projekt fernzuhalten oder Interessenkonflikte – notfalls unter Einbeziehung der Geschäftsleitung – zu lösen. Wenn ein Projekt mehrere Abteilungen oder gar die gesamte Organisation betrifft, berührt es zwangsläufig gegensätzliche Interessen.

Die Herausforderung für den Projektleiter liegt darin, die Projektziele so präzise zu formulieren, dass sie den beteiligten Entscheidungsträgern keinen Interpretationsspielraum lassen. Manchmal kann es sogar sinnvoll sein, explizit festzuhalten, was *nicht* Bestandteil des Projektes ist. Ohne präzise und operabel formulierte Ziele für alle Ebenen und Bereiche des Projekts fehlt eine zuverlässige Navigationsgrundlage, um das Projektschiff erfolgreich zu steuern.

🏴‍☠️ Unklare oder divergierende Ziele

Häufig versäumt es der Projektleiter, Zielsetzung und Nutzen des Projekts für das Gesamtunternehmen deutlich genug herauszuarbeiten. Die Gefahr ist groß, dass dem Projekt dann die notwendige Unterstützung fehlt oder dass es unter divergierenden Einzelinteressen der beteiligten Entscheidungsträger leidet.

🎯 So wappnen Sie sich

- Legen Sie Ihrem Auftraggeber ein Konzept vor, das Aufwand und Nutzen sowie Chancen und Risiken beleuchtet und den Return on Investment darstellt.
- Stellen Sie sicher, dass Ihrem Projekt eine hohe Priorität eingeräumt wird. Anderenfalls werden Sie schnell vom nächsten Großprojekt »überrollt«.
- Beharren Sie auf einer klaren Zielsetzung – und achten Sie darauf, dass alle Beteiligten wissen, warum das Projekt für das Unternehmen wichtig ist.
- Sorgen Sie dafür, dass die Projektziele nur wenig Interpretationsspielraum zulassen. Die Ziele müssen für alle Ebenen und Bereiche des Projekts präzise und operabel formuliert sein.

> - Halten Sie explizit fest, was Bestandteil des Projektes ist, aber auch was nicht zum Projekt gehört.

Aus Toms Tagebuch

Dienstag, 6. Dezember

Heute Mittag nutzte ich die Gelegenheit, mit Hans-Joachim zum Mittagessen zu gehen. Wenn ich nicht in seinen Terminkalender passe, weil er ständig unterwegs ist, muss ich halt unkonventionelle Wege gehen.

Ich habe ihn gefragt, wie er eigentlich auf die Idee kam, im Vertrieb diese Standardsoftware einzuführen. Seine Antwort: Beim Golfspielen. Ich fasse es nicht! Er spielte mit einem befreundeten Vertriebsleiter Golf, und der erzählte ihm am dritten Loch von einer ganz tollen Software in seinem Vertrieb. Am achtzehnten Loch war Hans-Joachim dann so weit, die Software auch bei uns einzuführen. Er ist überzeugt, dass wir damit eine fantastische Produktivitätssteigerung erzielen.

Hans-Joachim ist zwar Vertriebsleiter, aber auf dem Golfplatz hatte er keine Fachleute um sich – weder Vertriebsmitarbeiter noch IT-Spezialisten. Er traf die Entscheidung also nicht, weil er sachkundig war, sondern weil er sich von seinem Kumpel hat mitreißen lassen. Und der hat ihm bestimmt nicht erzählt, wie viel Stress er in seinem Unternehmen mit der Einführung der Software hatte …

Mittwoch, 7. Dezember

Heute sprach ich mit den Abteilungsleitern. Erlebte ich gestern bei Hans-Joachim, ihrem Vorgesetzten, grenzenlosen Optimismus, so erwartete mich heute das Gegenteil – Pessimismus auf der ganzen Linie. Die Abteilungsleiter halten die Idee von der Standardsoftware für einen Schuss in den Ofen. Sie glauben, dass ihr Chef schlicht keine Ahnung hat. Auf welche der beiden Seiten soll ich mich schlagen?

Ich telefonierte daraufhin mit dem Lieferanten der Standardsoftware. Der war aber auch keine wirkliche Hilfe. Wir würden das schon hinbekommen, meinte er. Naja, ist irgendwie auch logisch. Er kann schlecht sagen, dass die Software nicht geeignet ist. Damit wäre für ihn der Auftrag futsch.

Mein Top-Manager ist Optimist, seine Abteilungsleiter sind Pessimisten, und der Lieferant ist ein Zweckoptimist. Was soll ich jetzt machen?

Eine Woche später …

Mittwoch, 14. Dezember

Letzten Freitag habe ich kurzerhand unseren Lieferanten angerufen und ihn gebeten, bei uns eine Testinstallation aufzubauen. Gestern stand das System, und wir fütterten die Software mit unseren Daten. Jetzt stehen Testläufe auf dem Programm. Ich bin gespannt!

Zwei Wochen später …

Donnerstag, 28. Dezember

Weihnachtsstress pur! Gemeinsam mit dem Fachbereich führten wir zwanzig verschiedene Testläufe für wichtige Anwendungsgebiete durch. Das hat sage und schreibe zwei Wochen gedauert und jede Menge Zeit und Ressourcen gefressen. Mein Chef ist fast wahnsinnig geworden. Und auch Hans-Joachim war alles andere als begeistert, dass ich ihm seine Vertriebsmitarbeiter aus dem Tagesgeschäft abgezogen habe, nur um diese »dämlichen Tests« zu veranstalten.

Mit dem Ergebnis bin ich aber voll und ganz zufrieden. Wir haben nicht nur ein Gefühl für die Einsatzmöglichkeiten der Standardsoftware bekommen. Auch die Akzeptanz des Projekts im Fachbereich ist deutlich gestiegen. In meinen bisherigen Projekten war das oft anders: Da stellten wir dann erst nach einigen Wochen Projektlaufzeit fest, dass die ach so tolle Software längst nicht so toll ist, wie die Optimisten uns weisgemacht hatten.

Einige Dinge, die ich daraus lerne:

- Top-Manager wie Hans-Joachim sind von Haus aus Optimisten. Es ist an mir zu klären, wie viel ihres Tatendrangs blanker Optimismus ist und wie viel Innovationsgeist in der Idee steckt.
- Mittelmanager sind meist Pessimisten, die von den Ideen ihrer Chefs oft nur wenig halten. Es ist an mir zu klären, inwieweit der Widerstand berechtigt ist und ernst zu nehmende Bedenken dahinterstecken.
- Als Projektleiter sitze ich zwischen den Stühlen. Um Streit zu vermeiden und den Konflikt zu lösen, benötige ich Fakten. Die Ergebnisse von Testläufen können helfen herauszufinden, wer Recht hat.
- Die Lieferanten packe ich bei ihrem Zweckoptimismus und fordere sie auf, mich bei den Tests zu unterstützen. Schließlich liegt es in deren Interesse zu beweisen, dass ihre Software den Anforderungen gerecht wird.
- Eine weitere Idee, um an Informationen zu kommen: Parallel zu den Tests könnten wir auch Referenzinstallationen in anderen Unternehmen besuchen. Wir bekämen dann wichtige Hinweise und Anregungen zum Einsatz der neuen Software, ohne den doch erheblichen Aufwand für die Testläufe betreiben zu müssen.

Kleine Anekdote am Rande: Offensichtlich ist Hans-Joachim nicht unser einziger Optimist. Heute sollte in der Fertigungshalle C die neue Produktionsmaschine montiert werden. Kaum zu glauben, aber diese Dilettanten hatten vergessen, die Maße zu nehmen! Großzügig war man davon ausgegangen, die Maschine würde schon irgendwie in die Halle reinpassen.

Eine Woche später …

Donnerstag, 5. Januar

Die erste Januarwoche geht zu Ende, und wir stehen immer noch ganz am Anfang des Projekts. Vor allem ein Punkt bereitet mir Sorge: Ich kämpfe ständig damit, Hans-Joachim zu Gesicht zu bekommen. Sein Tagesgeschäft beansprucht ihn derart, dass er einfach keine Zeit hat, sich auch noch um das Projekt zu kümmern. Ich kann zwar nicht behaupten, er stünde nicht voll und ganz dahinter. Aber er ist permanent als Feuerwehrmann unterwegs, sein Schreibtisch derzeit praktisch verwaist. Seine operative Hektik legt im Moment jede vernünftige Projektarbeit lahm. Und wichtige Dinge immer nur beim Mittagessen zu diskutieren kann auf lange Sicht auch keine Lösung sein!

Ich habe ihm deshalb heute – natürlich wieder in der Kantine – vorgeschlagen, dass er das taktische Management an einen seiner Manager delegiert, der ihn im Tagesgeschäft in allen Projektbelangen vertritt und nur bei größeren Entscheidungen hinzuzieht. Die Idee fand er gut. Somit hält sich Hans-Joachim künftig als Projektsponsor eher im Hintergrund, während Eberhard die Rolle des Auftraggebers übernimmt – und für mich greifbar ist!

Etappe 2

DER ABENTEUER-PLAN

Das Geheimnis erfolgreicher Projektplanung

Ein Fehler in der Vorbereitung kann tödlich sein. 1911 kam es zum Duell im ewigen Eis – die Kontrahenten: Robert Falcon Scott und Roald Amundsen. Es ist die Geschichte zweier Männer, die ihr Leben riskierten, um ans Ende der Welt zu gelangen. Zugleich belegt der dramatische Ausgang dieser Geschichte, wie sehr es auf die Planung ankommt. So paradox es klingen mag: Gerade eine Expedition ins Ungewisse verlangt eine kluge Vorbereitung – eine Planung für das Unplanbare.

Der Engländer Robert Falcon Scott sollte dem britischen Empire den Ruhm sichern, als erste Nation den Südpol zu erreichen. Während er an Bord der *Terra Nova* Richtung Süden segelte, erreichte ihn die Nachricht von einer norwegischen Expedition: Der Polarforscher Roald Amundsen, angeblich unterwegs zum Nordpol, war in Wirklichkeit ebenfalls auf dem Weg zum Südpol. Ein dramatischer Wettlauf begann.

Um sein Ziel zu erreichen, setzte Scott auf Ponys und Motorschlitten. Mit Ponys war auch schon der britische Polarforscher Ernest Shackleton aufgebrochen, der es wenige Jahre zuvor bis weit nach Süden geschafft hatte und mit seinen vier Begleitern nur 180 Kilometer vor dem Südpol aufgeben musste. Scott nahm an, dass die Ponys ihm gute Dienste erweisen würden. Besonders stolz war er aber auf die drei Motorschlitten, die er als Trumpf auf dem langen Weg durchs Eis ansah.

Doch schon beim Ausladen brach einer der Motorschlitten durchs Eis und versank im Meer. Auch die beiden anderen waren keine große Hilfe, die Technik erwies sich in der extremen Kälte als anfällig, zudem fehlte es an Ersatzteilen und kundigen Mechanikern. Die Ponys enttäuschten ebenfalls: Ein Expeditionsteilnehmer, der eigentlich nichts von Pferden verstand, hatte sie gekauft. Zunächst beeinträchtigten Probleme mit den Schneeschuhen die Leistung der Ponys. Dann ließ die Kondition der Tiere nach, weil sie zu alt und den Strapazen nicht gewachsen waren. So mussten die Männer über weite Strecken ihre Schlitten selbst ziehen, was an den Kräften zehrte und die Stimmung drückte.

Als Scott dann am 17. Januar 1912 den Südpol erreichte, wehte dort bereits die norwegische Flagge: Roald Amundsen hatte den Wettlauf gewonnen. Die geschlagenen Männer machten sich auf den Rückweg. Mit knappen Vorräten kämpften sie gegen die Stürme des nahenden antarktischen Winters – und bezahlten am Ende mit ihrem Leben. Der britische Forscher starb vermutlich am 29. März 1912, nur 18 Kilometer vom Depot seines Basislagers entfernt.

Der Norweger Roald Amundsen indes war am 9. August 1910 mit der *Fram* in See gestochen. An Bord befanden sich viele Schlittenhunde, die Bauteile für eine Hütte sowie Verpflegung und Vorräte für etwa zwei Jahre. Amundsen hatte sich sämtliche verfügbare Literatur beschafft und erarbeitete in Verbindung mit seinen eigenen Polarerfahrungen einen genauen Plan. Von der Überlegenheit seiner Ausrüstung war er überzeugt: »Die Engländer haben der Welt erzählt, dass Skier und Hunde in diesen Regionen wertlos, Anzüge aus Fell Unfug sind. Wir werden ja sehen.«

Dennoch ließ Amundsen sich zu einem Fehler hinreißen: Weil er die Motorschlitten der Briten fürchtete und einen möglichst großen Vorsprung gewinnen wollte, plante er, das Basislager bereits am 24. August zu verlassen. Das war viel zu früh, da der südliche Frühling zu diesem Zeitpunkt kaum begonnen hatte. Bereits wenige Tage später musste er umkehren. Das Abenteuer kostete ihn viele Schlittenhunde. Am 20. Oktober brach Roald Amundsen mit vier Begleitern zu seinem zweiten Versuch auf – und erreichte am 14. Dezember 1911, gut einen Monat vor Scott, den Südpol.

Bis heute erregt das Duell im ewigen Eis die Gemüter der Historiker. Warum scheiterte Scott? Waren es wirklich allein Schneesturm und Kälte? Als wohl größten Fehler schreibt man ihm zu, dass er sich auf sibirische Ponys als Zugtiere verließ, anstatt mit bewährten Schlittenhunden zum Pol zu ziehen. Demgegenüber handelte der Norweger Amundsen, aufgewachsen auf Skiern in den norwegischen Bergen, im Einklang mit der Natur und war damit auf die extremen Verhältnisse der Antarktis besser vorbereitet.

Wie die beiden Polarforscher Scott und Amundsen stehen auch die »Expeditionsleiter« wichtiger Unternehmensprojekte oft unter enormem Zeitdruck. Ein Konkurrent plant eine ähnliche Innovation, und das eigene Unternehmen darf seinen Vorsprung unter keinen Umständen verspielen. Und doch beginge der Projektleiter einen verhängnisvollen Fehler, das Projekt nun einfach zu starten und aus dem Bauch heraus zu managen – frei nach dem Motto: »Wir kriegen das schon hin!« Er würde schon bald den Überblick verlieren, Termine verpassen und wichtige Details übersehen.

Die reine Lehre des Projektmanagements besagt deshalb: Wir sollen sorgfältig planen und uns hierfür auch Zeit nehmen. Zu diesem Zweck empfiehlt sie oft komplizierte Werkzeuge, in die man sich zunächst einarbeiten muss. Die Realität sagt dem Projektleiter dagegen, dass er mit dem Projekt besser schon vorgestern angefangen hätte. Wie gelingt dieser Spagat zwischen notwendiger Vorbereitung und Termindruck?

Die Antwort gibt uns die zweite Etappe unseres Projektabenteuers. Wir steigen auf den folgenden Seiten nicht in einen langen Planungsprozess ein, sondern zeigen einen kürzeren Weg. In den meisten Projekten lässt sich diese Etappe innerhalb von wenigen Tagen bewältigen! Wir beginnen mit der Projektplanung (Abschnitt 2.1), optimieren diese Planung (Abschnitt 2.2), denken über Risiken nach (Abschnitt 2.3) – und entscheiden schließlich darüber, welche Werkzeuge wir mit auf die Reise nehmen (Abschnitt 2.4).

2.1 Die Etappen werden geplant
Projektplanung mit einfachen Werkzeugen

> Der Plan ist nichts, die Planung ist alles.
> *General Dwight D. Eisenhower*

Ein Fehler bei der Planung kann zu erheblichen Verzögerungen führen. Die Projektziele sind dann nicht mehr zu halten, die

Folgen manchmal verheerend. Diese Erfahrung machte ein Projektleiter, der für die Einführung einer neuen Fertigungsanlage in einem mittelständischen Metallbaubetrieb verantwortlich war. Ein Detail, nämlich die Vorbereitung der Produktionshalle, hatte sich um nur zwei Tage verzögert. Nun ergab eins das andere: Das vom Lieferanten reservierte Montageteam war über Wochen verplant, sodass sich die Installation der Maschinen um einen vollen Monat verspätete. Die Produktion konnte nicht wie geplant anlaufen, wichtige Aufträge gingen verloren, der Wettbewerb gewann Marktanteile.

Probleme und Verzögerungen gibt es fast immer. Das gilt insbesondere für Projekte, bei denen ein Unternehmen Neuland betritt. Dem Projektleiter fällt es dann schwer, den Ressourcenbedarf und die eigene Arbeitsleistung einzuschätzen. Nur das Ziel klar vor Augen zu haben und einen Balkenplan zu erstellen reicht nicht aus.

Wie schnell ein Projekt aus dem Ruder laufen kann, zeigt die Erfahrung eines Baumaschinenherstellers: Eine Mitarbeiterin aus der Entwicklungsabteilung leitete hier die Entwicklung eines neuen Produkts. Zügig hatte sie ihre Vorstellungen des Projektablaufs in einen Terminplan umgesetzt. Ihr war klar, dass die neue Baumaschine am Ende vermarktet werden musste; deshalb plante sie auch eine Werbekampagne als eigenes Arbeitspaket direkt nach dem Produktionsanlauf ein. Sie versäumte es jedoch, sorgfältig genug zu klären, welche Aufgaben wann erledigt werden mussten. So kam es, dass das Produkt zwar marktreif, die Werbekampagne jedoch noch nicht startbereit war. Die Produkteinführung verzögerte sich um mehrere Monate.

Um einen anvisierten Endtermin halten zu können, so zeigt dieses Beispiel, benötigt der Projektleiter einen belastbaren Projektplan. Die Kunst besteht darin, sich nicht in Details zu verlieren, aber dennoch alle wesentlichen Zusammenhänge zu berücksichtigen. Wenden wir uns deshalb einer soliden Projektplanung zu. Ihr Ziel ist es nicht nur, Fehler möglichst zu vermeiden, sondern auch das vorhandene Personal und die verfügbaren Betriebs- und Sachmittel möglichst effektiv einzusetzen.

Regeln, was geregelt werden muss

Je nach Ausgangslage können Sie bereits auf einige Vorarbeiten aus Etappe 1 zurückgreifen. Wenn Sie gegenüber einem externen Auftraggeber ein Angebot erstellen mussten, haben Sie hierfür das Projekt schon grob geplant, um den Zeit- und Kostenaufwand kalkulieren zu können. Anderenfalls verfügen Sie zumindest über eine Projektskizze, in der die Ziele des Projekts dargelegt sind. Davon ausgehend überlegen Sie sich nun die Vorgehensweise: Welcher Weg soll eingeschlagen werden? Welche Aktivitäten sind notwendig, und welcher Aufwand ist damit verbunden?

Um auch in einem umfangreicheren Projekt den Überblick über Inhalt, Ergebnisse, Termine und Kosten zu behalten, helfen verschiedene Planungswerkzeuge. Vermeintliche Experten propagieren gerne aufwändige Projektmanagement-Tools. Wie die Erfahrung zeigt, genügen jedoch fünf einfache Planungswerkzeuge, um auch ein umfangreiches Projekt vollständig in den Griff zu bekommen: Meilensteinplan, Strukturplan, Terminplan, Netzplan und Balkenplan.

Werkzeug 1: Der Meilensteinplan – alle Etappen im Überblick

Der Meilensteinplan bewährt sich bei komplexeren Projekten. Er strukturiert das Vorhaben auf einer oberen Ebene und ermöglicht es allen Beteiligten, jederzeit den aktuellen Projektstand zu verfolgen.

Meilensteine kennzeichnen zeitkritische Ereignisse im Projekt. Gibt es hier Verzögerungen, zieht dies in der Regel Verspätungen bei weiteren wichtigen Terminen nach sich. Der große Vorteil des Meilensteinplans liegt darin, diese Verschiebungen transparent zu machen und allen Beteiligten vor Augen zu führen.

Typische Meilensteine sind Projektstart und Projektende, die Finalisierung der Konzeptionsphase, der Launch eines Piloten, das Go-Live einer Software oder die Entscheidung für ein Produkt. Meilensteine werden am Ende einer Projektphase oder eines Arbeitspaketes gesetzt. Kommen wir zu Toms Projekt der Einführung einer Vertriebssoftware zurück. Dort gliederte sich das Projekt in folgende Meilensteine:

Meilenstein	Plan-Termin	Adaptiert	Ist-Termin
Projektvorbereitung abgeschlossen	31.01.	–	31.01.
Fachkonzept abgenommen	29.03.	05.04.	13.04.
Realisierung abgeschlossen	28.09.	12.10.	
...			

Meilensteinplan aus Toms Vertriebsprojekt (Auszug)

Der Meilensteinplan wird nicht einfach nur einmalig erstellt und verstaubt dann in der Schreibtischschublade des Projektleiters. Im Gegenteil: Er dient vielmehr als Werkzeug, mit dem die Projektbeteiligten während der gesamten Projektlaufzeit arbeiten. Kann ein Termin nicht eingehalten werden, müssen nachfolgende Meilensteintermine möglicherweise verschoben werden.

Die Meilensteine dienen der Übersicht und Kontrolle, aber auch dazu, Erfolgserlebnisse zu feiern. Gerade bei langen Projekten lässt sich das Erreichen eines Meilensteins als motivierendes Ereignis inszenieren.

Aufgabe des Projektleiters ist es, die Meilensteine richtig zu setzen. Sind die Termine realistisch? Sind sie zu knapp oder zu großzügig geplant? Ein zu aggressiver Plan ist für ein Team mindestens ebenso demotivierend wie das Gefühl, ewig Zeit zu haben.

fest (zum Beispiel die Abnahme des Fachkonzepts oder die Verfügbarkeit des Prototyps).
- Legen Sie für jeden Meilenstein fest, welche Aufgaben erfüllt und welche Ergebnisse erreicht sein müssen. Bestimmen Sie einen Meilensteinverantwortlichen, der darauf achtet, dass diese Ergebnisse erreicht werden.
- Wenn sich ein Meilensteintermin nicht einhalten lässt, verschieben Sie – falls notwendig – in aller Transparenz auch die nachfolgenden Meilensteine.
- Nutzen Sie den Meilensteinplan laufend – speziell auch für das Projektcontrolling, um zu überprüfen, ob das Projekt zeitlich noch im Plan liegt oder nicht.
- Nutzen Sie den Meilensteinplan als Möglichkeit, zusammen mit Ihrem Team Erfolgserlebnisse zu feiern. Das motiviert, gerade auch in langen Projekten.

Werkzeug 2: Der Strukturplan – der Plan der Pläne

Nachdem wir uns mit dem Meilensteinplan einen Überblick verschafft haben, gehen wir nun tiefer ins Detail. Wir erfassen jetzt alle Aktivitäten, die zur Erreichung der Projektziele notwendig sind. Der daraus entstehende Projektstrukturplan stellt einen Schlüsselbestandteil des Projekts dar: Er organisiert die Arbeit des Teams in überschaubaren Arbeitspaketen. Die Abbildung auf Seite 61 zeigt das Beispiel eines Strukturplans mit drei definierten Ebenen.

Fehlender Gesamtüberblick

Bei umfangreichen Projekten ist es oft schwierig, den Überblick zu behalten oder sich in der Komplexität der Projektpläne zurechtzufinden.

So wappnen Sie sich

- Legen Sie neben dem Projektstart- und -enddatum auch wichtige Zwischenergebnisse als Meilensteine

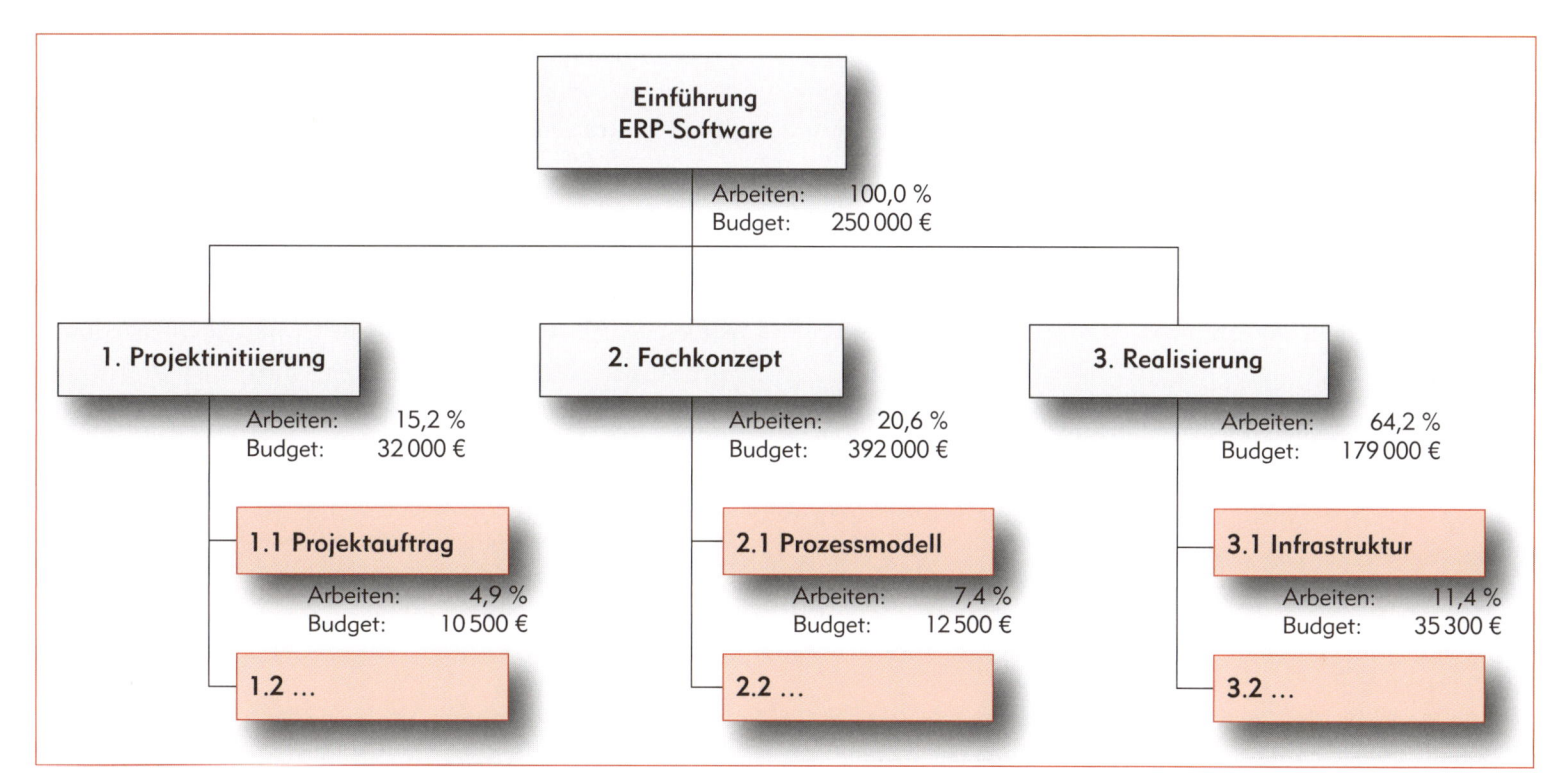

```
                    Einführung
                    ERP-Software

                              Arbeiten:     100,0 %
                              Budget:    250 000 €

    1. Projektinitiierung        2. Fachkonzept           3. Realisierung

    Arbeiten:    15,2 %       Arbeiten:    20,6 %       Arbeiten:    64,2 %
    Budget:   32 000 €        Budget:  392 000 €        Budget:  179 000 €

    1.1 Projektauftrag        2.1 Prozessmodell         3.1 Infrastruktur

    Arbeiten:     4,9 %       Arbeiten:     7,4 %       Arbeiten:    11,4 %
    Budget:   10 500 €        Budget:   12 500 €        Budget:   35 300 €

    1.2 ...                   2.2 ...                   3.2 ...
```

Beispiel eines Projektstrukturplans: Das Projekt wird in Arbeitspakete gegliedert

Im Projektstrukturplan ist auf der obersten Ebene das Projekt als Ganzes zusammengefasst (Ebene 1), darunter folgen die Teilprojekte (Ebene 2) und die Arbeitspakete (Ebene 3). Den einzelnen Teilprojekten und Arbeitspaketen lassen sich Budgets sowie Zeit- und Kostenannahmen zuweisen. So bleibt der Überblick nicht nur auf die organisatorische Struktur beschränkt, sondern erlaubt auch detaillierte Aussagen über andere Rahmenparameter des Projektes.

Erfahrene Projektleiter bezeichnen den Projektstrukturplan gerne als den Plan der Pläne, weil er ihnen in vielerlei Hinsicht nützliche Dienste erweist. Umso mehr verwundert es, dass viele Projektleiter auf ihn verzichten – weil sie den Aufwand scheuen oder nicht recht wissen, wie der Plan aussehen soll. Damit vergeben sie jedoch die Chance, dem Projekt frühzeitig eine Struktur zu geben, die von allen Beteiligten akzeptiert wird.

Um einen Projektstrukturplan aufzustellen, muss der Projektleiter sich entscheiden, nach welcher Systematik er das Projekt gliedert. Hierfür gibt es, wie folgende Vorschläge zeigen, verschiedene Möglichkeiten:

- Gliederung in Teilprojekte. Wenn ein Projekt so groß ist, dass der Projektleiter es in Teilprojekte aufteilen muss, bilden die Teilprojekte automatisch die erste Gliederungsebene seines Projektstrukturplans. Für jedes Teilprojekt entsteht dann ein eigener Projektstrukturplan.
- Gliederung in Projektphasen. Viele Projektleiter entscheiden sich für eine Strukturierung nach Phasen auf der obersten Ebene ihres Projektstrukturplans. Diese Form der Gliederung empfiehlt sich, wenn das Projekt mehrere Projektphasen wie Analyse, Konzeption oder Umsetzung nacheinander durchläuft.
- Gliederung nach Projektzielen. Eher selten anzutreffen sind Gliederungen nach Projektzielen. Diese Systematik kann aber sinnvoll sein, wenn im Rahmen eines Projektes sehr unterschiedliche Ziele erreicht werden müssen. Das kann beispielsweise bei Forschungs- und Entwicklungsprojekten, Marketingprojekten, sozialen oder politischen Projekten der Fall sein.
- Gliederung nach Objekten. Wenn die Realisierung eines materiellen Gegenstands (z. B. ein Produkt) im Mittelpunkt des Projektes steht, entscheiden sich Projektleiter häufig für eine Strukturierung nach Objekten, also Teilobjekten des zu realisierenden Gegenstands.
- Gliederung nach Funktionen. Bei eher abstrakten Projekten, wie beispielsweise Veränderungsprojekten, greifen Projektleiter nicht selten auf eine Gliederung nach Funktionen zurück, wie beispielsweise Vertrieb, Marketing, Projektmanagement oder Controlling.
- Gliederung nach Prozessen. Auch wenn die Fachliteratur die prozessorientierte Struktur nicht kennt, so greifen trotzdem einige Projektleiter hierauf zurück. Denn häufig sind Fertigungsprozesse, Arbeitsabläufe oder Anwendungsfälle Bestandteil der Projekte und bieten sich für eine Gliederung geradezu an.

Es kommt weniger darauf an, nach welcher Systematik Sie vorgehen, ob Sie zum Beispiel eine der genannten Gliederungen oder eine Mischform daraus wählen. Entscheidend ist vielmehr, dass durch eine systematische Strukturierung des Projekts am Ende alle notwendigen Aktivitäten vollständig erfasst sind.

Grundsätzlich gibt es zwei Vorgehensweisen, einen Projektstrukturplan zu erarbeiten: Sie können von den einzelnen Tätigkeiten ausgehen und diese schrittweise zu Teilaspekten zusammenfassen, bis das Projektziel erreicht ist. Dieses Vorgehen eignet sich vor allem für große und schwer überschaubare Projekte. Bei kleineren Projekten oder Teilprojekten können Sie die umgekehrte Vorgehensweise wählen: Sie gehen vom Projektziel aus und überlegen, was im Einzelnen getan werden muss. Daraus ergeben sich die Teilaspekte auf der zweiten Ebene. Der Projektstrukturplan endet schließlich auf der untersten Ebene mit der Definition der Arbeitspakete.

Für den nächsten Schritt der Projektplanung, die Festlegung der Arbeitspakete, müssen der jeweilige Aufwand sowie logische und zeitliche Abhängigkeiten bestimmt werden (siehe Werkzeug 3, der Terminplan). Hierbei kommt es darauf an, wirklich alle Arbeiten zu berücksichtigen. Genau dafür bietet der Projektstrukturplan die Garantie, weil er dazu zwingt, die Anforderungen und Aufgaben des Projekts systematisch zu erfassen. Nicht selten deckt die strukturierte Aufbereitung des Projekts vergessene Aufgaben auf oder macht auf Risiken aufmerksam, die man bislang übersehen hatte.

Ein guter Projektstrukturplan kann nicht im stillen Kämmerlein entstehen. Vielmehr setzt der Projektleiter hierzu einen Workshop an und lädt alle ein, die einen wertvollen Beitrag zu den einzelnen Aufgaben leisten können. Das sind zum einen Mitglieder des Projektteams, vor allem die Lösungsarchitekten, die einen guten Überblick über die Gesamtlösung haben. Teilnehmen sollten aber auch Experten aus den Abteilungen, um das notwendige fachliche Know-how zu einzelnen Teilaspekten zu liefern. Wichtig ist, dass die Workshop-Teilnehmer die Aufgabenbereiche des Projekts möglichst komplett abdecken.

Der Workshop hilft nicht nur, einen stimmigen Projektstrukturplan aufzustellen, sondern hat auch einen willkommenen Nebeneffekt: Indem Teammitglieder und Stakeholder bereits in dieser frühen Projektphase mitarbeiten, lernen sie den »Plan der Pläne« kennen und haben alle den gleichen Wissensstand. Manche Diskussion um Begriffe und Inhalte lässt sich bereits jetzt austragen.

Auch im weiteren Projektverlauf leistet der Projektstrukturplan wertvolle Dienste. Er lässt sich zum Beispiel als Indikator für den Projektfortschritt nutzen, indem man den Arbeitspaketen Farben zuweist. Rot steht dann für verspätete, Gelb für gefährdete, Grün für planmäßig verlaufende und Blau für abgeschlossene Arbeiten. So haben die Projektbeteiligten jederzeit einen »Leuchtturm« vor Augen, der ihnen den Projektfortschritt anzeigt.

In den Händen eines erfahrenen Projektleiters ist der Projektstrukturplan aber noch weit mehr als ein Planungs- und Kontrollwerkzeug. Er nutzt den Plan auch, um das Projekt abzugrenzen und gegen Änderungsversuche zu schützen. Was nicht im Plan steht, ist auch nicht Bestandteil des Projekts! Wer eine zusätzliche Aufgabe im Projekt unterbringen möchte, muss deshalb einen offiziellen Änderungsantrag stellen.

| INHALT | ETAPPE 1 | ETAPPE 2 | ETAPPE 3 |

🏴 Vergessene Aktivitäten

Gerade in großen, komplexen Projekten tauchen oft Arbeiten auf, die man bei der Planung vergessen hat. Folge davon können erhebliche Verzögerungen im Projektablauf sein.

🎯 So wappnen Sie sich

- Bilden Sie alle projektrelevanten Teile in einem Projektstrukturplan ab. Die hierarchische Darstellung liefert einen verständlichen Überblick über alle notwendigen Arbeiten im Projekt.
- Erstellen Sie den Projektstrukturplan in einem Workshop, zu dem Sie alle Personen einladen, die einen wertvollen Input zu den einzelnen Arbeitspaketen geben können. Die Teilnehmer sollten die Aufgabenbereiche des Projekts möglichst komplett abdecken.
- Sobald Sie einen groben Überblick über das Projekt haben, zerlegen Sie es Schritt für Schritt in Teilaspekte und leiten Sie daraus die Arbeitspakete ab.
- Im Falle eines komplexen, besonders schwer überschaubaren Projekts hat es sich bewährt, zunächst die Arbeitspakete zu sammeln – und diese dann erst zu Teilaspekten zusammenzufassen.
- Falls erforderlich, lassen Sie Ihren Projektstrukturplan von Experten begutachten. So erfahren Sie, wo noch Lücken zu schließen sind.

| Inhalt | Lust auf Abenteuer? | Der Abenteuer-Plan | Das Abenteuer beginnt |

Werkzeug 3: Der Terminplan – die hohe Kunst der Schätzung

Das Arbeitspaket im Projektstrukturplan bildet das kleinste Strukturelement im Projekt. Nun fragen wir uns: Wer ist für ein einzelnes Arbeitspaket zuständig? Und wie viel Zeit wird benötigt, um es zu erledigen?

Geht es um die Zuständigkeit für das Arbeitspaket, lassen sich im Projektalltag zwei Phänomene beobachten: Entweder man glaubt, es sei doch klar, wer eine Aktivität übernehme, oder keiner weiß so recht, wer es macht. In beiden Fällen wird nicht weiter darüber geredet. So kommt es, dass es in Projekten immer wieder Arbeitspakete gibt, für die sich kein Mensch verantwortlich fühlt. Sie bleiben unerledigt, im Projektablauf knirscht es.

Ein Projektstrukturplan kann dieses Problem auf elegante Weise lösen: Mit seiner Hilfe kann der Projektleiter die einzelnen Arbeitspakete konkretisieren und unmissverständlich delegieren. Hierzu legt er für jedes Arbeitspaket ein Formular oder eine Tabelle an, in der er alle wichtigen W-Fragen festhält: Wer macht was bis wann und mit welchem Aufwand? Er notiert also die Aufgabe, das erwartete Ergebnis, den Verantwortlichen, den Start- und Endtermin sowie die geschätzte Dauer beziehungsweise den geschätzten Aufwand.

Die große Kunst liegt darin, die Termine für die einzelnen Arbeitspakete realistisch einzuschätzen. Veranschlagt der Projektleiter den Aufwand zu niedrig, droht ein finanzieller Verlust. Mit einer zu hohen Schätzung zieht sich das Projekt unnötig in die Länge, was dem Unternehmen Wettbewerbsnachteile und damit ebenfalls Verluste einbringen kann. Wie schwer eine realistische Aufwandsschätzung fällt, lässt sich nicht zuletzt daran erkennen, dass die meisten Projekte große Probleme mit dem Endtermin haben.

Untersuchungen belegen: Etwa ein Viertel der Terminprobleme resultiert aus zu engen Terminvorgaben, drei Viertel gehen auf eine mangelhafte Terminplanung zurück. Die meisten dieser Terminprobleme haben damit zu tun, dass Dauer und Aufwand leichtfertig geschätzt werden.

Was damit gemeint ist, lässt sich an einem einfachen Beispiel illustrieren. Der Projektleiter fragt den Mitarbeiter einer Fachabteilung, wie viel Zeit er für eine bestimmte Tätigkeit benötigt. Der Mitarbeiter schätzt den Aufwand auf maximal dreißig Stunden. Prompt läuft in seinem Kopf folgende Rechnung ab: »Dreißig Stunden Aufwand – wir haben jetzt Mitte Januar – Fertigstellungstermin ist Ende Februar – das sind sechs Wochen – das sollte kein Problem sein.« Im sicheren Glauben, jede Menge Zeit zu haben, macht er sich erst Anfang Februar an die Arbeit. Übersehen hat er, dass er im Februar für seinen Chef ein wichtiges Konzept erstellen muss und zudem noch eine Woche Skiurlaub hat. Da er nur etwa zwei Stunden pro Tag für das Projekt freigestellt ist, teilt er dem Projektleiter Ende Februar mit, dass er nicht termingerecht liefern kann. Der zeigt keinerlei Verständnis: Wie kann es sein, eine Arbeit von dreißig Stunden in sechs Wochen nicht zustande zu bringen?

Hier wurden Aufwand und Dauer verwechselt – ein sehr häufiger Fehler, auf den die meisten Terminprobleme zurückgehen. Dauer und Aufwand sind nur dann gleich, wenn der Bearbeiter keine anderen Verpflichtungen hat und sich ohne jede Ablenkung der Aufgabe widmet. In der Realität ist das kaum der Fall, die Dauer einer Tätigkeit daher meist viel größer als der kalkulierte Aufwand. Wenn Urlaub, Geschäftsreisen oder Seminare berücksichtigt werden, kann aus dreißig Stunden Aufwand schnell eine Dauer von fünf bis sechs Wochen werden. Jeder Projektmitarbeiter muss sich daher genau überlegen, wann er spätestens mit einer Aufgabe beginnen muss, damit er pünktlich fertig wird.

In der Praxis wird dies oft übersehen. Ehe sie ihre Aufgabe überhaupt anpacken, sind viele Projektmitarbeiter schon im Verzug, ohne es auch nur zu bemerken. Wenn die Termine dann näherrücken, versuchen sie hektisch auf den letzten Drücker noch Ergebnisse zu erzielen. Ein erfahrener Projektleiter weiß um diese Problematik – und weist seine Teammitglieder nicht nur auf den Endtermin einer Aufgabe hin, sondern auch auf den spätestmöglichen Anfangszeitpunkt.

Neben dem Kardinalfehler »Aufwand gleich Dauer« leiden Terminpläne noch unter einer Reihe weiterer Faktoren. So sind Schätzungen häufig politisch bestimmt, um ein Projekt zu verhindern oder zu fördern. Oder der Aufwand wird zu niedrig angesetzt, um den Projektauftrag überhaupt zu bekommen. Gelegentlich gibt der Projektleiter auch aus Angst vor dem Auftraggeber eine Schätzung ab, die diesem gefällt. Ebenso wirken sich mangelnde Fachkenntnisse und menschliche Faktoren wie übertriebener Optimismus oder Pessimismus unweigerlich auf die Qualität der Aufwandsschätzung aus.

Selbst erfahrene Projektleiter, die mit diesen Einflussfaktoren gut umgehen können, müssen bei großen Projekten mit Unwägbarkeiten rechnen. Hierzu zählen beispielsweise die Termintreue von Lieferanten, die Entwicklungszeit technischer Komponenten oder die »Änderungswut« mancher Beteiligter. Auch Konflikte sowie Änderungen in der Teambesetzung oder im Umfeld des Projektes hinterlassen meist deutliche Spuren im Terminplan.

Wie können Sie die Dauer für ein Arbeitspaket einfach und doch zuverlässig ermitteln? Klar ist, dass dies keine Angelegenheit zwischen Tür und Angel sein darf, sondern Einzelgespräche mit Mitarbeitern erfordert, die die jeweilige Tätigkeit wirklich einschätzen können. Die folgende Übersicht beschreibt ausführlich eine in der Praxis bewährte Vorgehensweise der Schätzung, die ein erfahrener Projektleiter innerhalb kürzester Zeit erledigt.

Prozess	Vorgehensweise	Beispiel
Historische Erfahrung	Erfahrungen aus vergangenen Projekten • Wie groß war der Aufwand bei ähnlichen Projekten? • Was sagen Parametermodelle? • Was sagen Experten auf diesem Gebiet?	Im letzten Projekt hat eine vergleichbare Aktivität 10 Tage à 8 Stunden gebraucht (= 80 Std.).
Projektbezogene Variablen	Was ist in unserem Projekt anders? • Längere Projekte erhöhen die Unsicherheit • Höhere Qualitätsanforderungen können den Aufwand stark erhöhen • Teams an verschiedenen Standorten erhöhen den Zeitaufwand für notwendige Absprachen • Mehr Projektmitglieder erhöhen den Kommunikationsaufwand überproportional • Einarbeitung und Trainingsmaßnahmen für neue Mitarbeiter erfordern Zeit • Verfügbarkeit der Ausrüstung beeinflusst die Produktivität • Anzahl der Wechselbeziehungen mit anderen erhöht den Aufwand exponentiell	Die Aktivität ist in diesem Projekt etwas komplizierter geworden als im letzten Projekt. Daher erscheinen 25 % Zuschlag (+ 20 Std.) angemessen.
Aufwand	Schätzung des Zeitaufwands, den ein durchschnittlicher Mitarbeiter braucht, der zu 100 Prozent produktiv nur an dieser einen Aktivität arbeitet.	Insgesamt: 80 Std. + 20 Std. = 100 Std.
Personenbezogene Variablen	Wie wirkt sich der einzelne Mitarbeiter aus? • Erfahrung, Produktivität und Fähigkeiten • Einarbeitungszeiten, bis er voll produktiv ist • Neue Teammitglieder brauchen Zeit zur Integration • Erfahrungsgemäß können im Schnitt nur ca. sechs Stunden eines Arbeitstags für das Projekt verwendet werden, der Rest wird für »Administrivialitäten« gebraucht • Planen Sie keine Überstunden ein, diese Möglichkeit sollten Sie sich für unvorhergesehene Fälle aufheben! • Arbeit an mehreren Aktivitäten gleichzeitig reduziert die Produktivität des Mitarbeiters • Häufige Störungen (z. B. Hotline-Dienst) reduzieren die Produktivität drastisch	Mitarbeiter Max hat eine mittlere Erfahrung, daher kann der Standardwert angenommen werden. Max arbeitet zurzeit jedoch an drei Projekten gleichzeitig. Daher stehen ihm effektiv nur 4 Std./Tag für die Aktivität zur Verfügung.
	Anzahl Arbeitstage für die Erledigung einer Aktivität Diese Zahl gilt für einen definierten Mitarbeiter und wird üblicherweise zur Eingabe in Projektmanagement-Tools verwendet	Mitarbeiter Max braucht 25 Arbeitstage bei 4 Std./Tag.
Umweltbezogene Variablen	Wie wirkt sich der persönliche Kalender aus? • Urlaub, Feiertage, Weiterbildung • Besprechungen – sofern nicht direkt geplant	Mitarbeiter Max hat im Juni 3 Tage Seminar, und es gibt 2 Feiertage. Damit verlängert sich die Dauer um 5 Tage.
Dauer	Anzahl der Arbeitstage im Kalender, die ein bestimmter Mitarbeiter zur Erledigung der Aktivität benötigt Auf dieser Basis muss der Mitarbeiter zusagen, die Aktivität zu erledigen	Mitarbeiter Max erledigt die Aufgabe vom 1. Juni – 15. Juli.

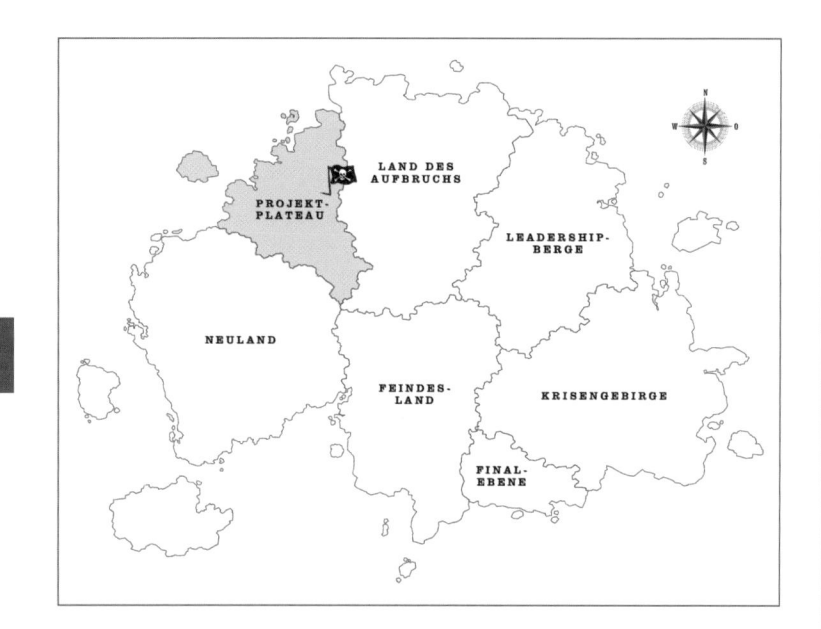

Falsche Aufwandsschätzungen

Terminpläne enthalten häufig falsche Aufwandsschätzungen, auch weil nicht unterschieden wird zwischen Arbeitsaufwand und Dauer einer Tätigkeit. Die Folge sind Terminprobleme im Projekt.

So wappnen Sie sich

- Erfragen Sie Schätzwerte niemals zwischen Tür und Angel, sondern vereinbaren Sie einen Termin, um die Schätzungen im Einzelgespräch mit den Betroffenen zu besprechen.
- Beteiligen Sie Ihre Projektmitarbeiter an der Aufwandsschätzung. Wer selbst mitschätzt, hält das Ergebnis für realistisch und ist motiviert, eine Punktlandung zu schaffen.
- Kalkulieren Sie nicht zu knapp. Kein Mitarbeiter ist zu 100 Prozent in Ihrem Projekt tätig.
- Setzen Sie sich nach jeder Projektphase mit Ihren Projektmitarbeitern zusammen, um die Ursachen für Planabweichungen zu suchen. Vermeiden Sie dabei jede Schuldzuweisung.
- Bleiben Sie hart, wenn Sie Ihre Schätzung abgegeben haben. Wenn man Ihnen Zeiten oder Budget kürzen will, sollten Sie Ihrem Auftraggeber unbedingt Abstriche beim Projektumfang abtrotzen.
- Führen Sie am Ende des Projekts eine Nachkalkulation durch und spüren Sie die Ursachen für Abweichungen auf. So machen Sie Ihre Schätzungen für das nächste Projekt treffsicherer.

Werkzeug 4: Der Netzplan – alle Arbeiten in der Reihenfolge

Im Projektstrukturplan haben Sie das Projekt in einzelne Arbeitspakete zerlegt und alle zur Zielerreichung notwendigen Aktivitäten aufgeführt, im Terminplan dann den Zeitaufwand für die Arbeitspakete festgelegt. Nun betrachten Sie den zeitlichen Zusammenhang zwischen den einzelnen Aktivitäten: Welche Aktivität steht wann an? Was hat vor welcher Aktivität zu geschehen, was kann parallel laufen?

Das Werkzeug, um alle Arbeiten in die richtige Reihenfolge zu bringen, ist der Netzplan. Hierzu recherchiert der Projektleiter in enger Zusammenarbeit mit den Fachleuten die Abhängigkeiten und Randbedingungen der geplanten Arbeiten und überträgt sie dann in den Plan. Auch Tom hat einen solchen Netzplan erstellt (siehe Abbildung).

Ein Netzplan bietet wesentliche Informationen, die Sie im Projektverlauf benötigen. Er ermöglicht zuverlässige Aussagen darüber, wann bestimmte Projektergebnisse vorliegen. Auch können Sie die kritischen Pfade ablesen, also jene Arbeitspakete identifizieren, von denen der Fortgang des ganzen Projekts abhängt. Wird ein solches Arbeitspaket nicht termingerecht abgeschlossen, verzögern sich automatisch alle folgenden Schritte. Schon

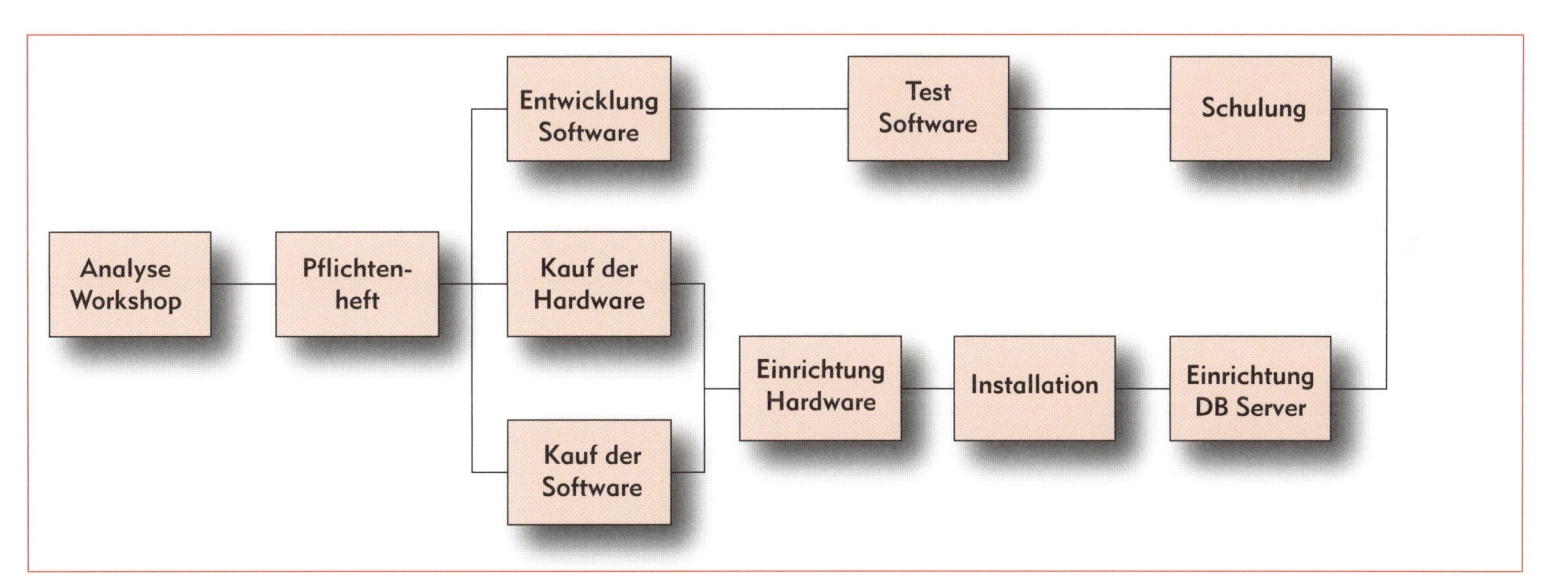

Vereinfachter Netzplan aus Toms Vertriebsprojekt

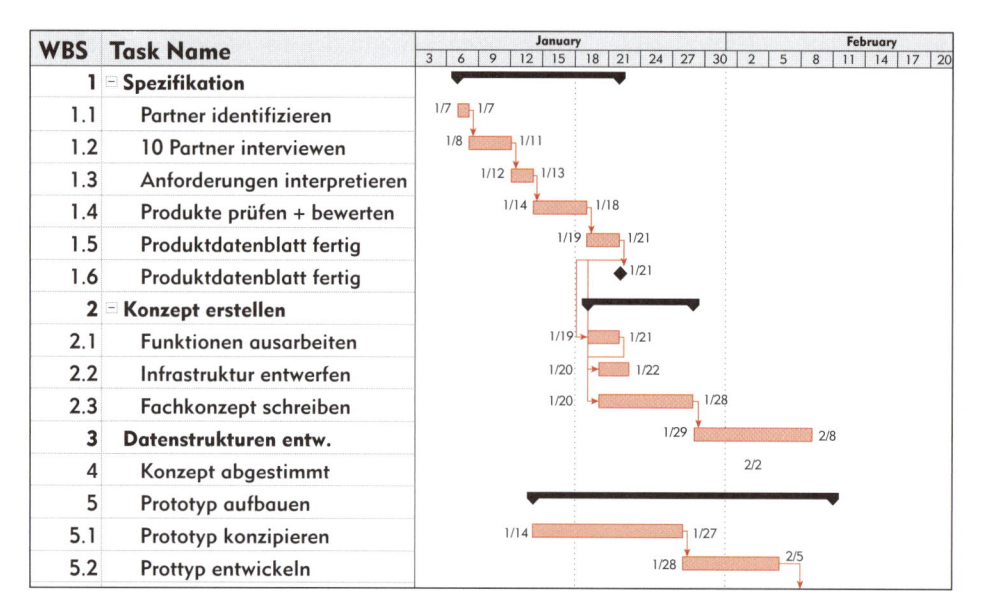

WBS	Task Name		
1	Spezifikation		
1.1	Partner identifizieren		
1.2	10 Partner interviewen		
1.3	Anforderungen interpretieren		
1.4	Produkte prüfen + bewerten		
1.5	Produktdatenblatt fertig		
1.6	Produktdatenblatt fertig		
2	Konzept erstellen		
2.1	Funktionen ausarbeiten		
2.2	Infrastruktur entwerfen		
2.3	Fachkonzept schreiben		
3	Datenstrukturen entw.		
4	Konzept abgestimmt		
5	Prototyp aufbauen		
5.1	Prototyp konzipieren		
5.2	Prottyp entwickeln		

Beispiel eines Balkenplans (Gantt-Diagramm)

eine kleine Verzögerung an einer kritischen Stelle kann den sorgfältig ausgetüftelten Projektablauf zur Makulatur machen.

In der Praxis wird die Erarbeitung von Zeitplan und Netzplan gerne in einem Schritt zusammengefasst. Dies kann beispielsweise im Rahmen eines Planungsworkshops geschehen, zu dem der Projektleiter alle Beteiligten zusammenholt.

Werkzeug 5: Der Balkenplan – die grafische Darstellung

Wenn im Projektmanagement von einem Projektplan gesprochen wird, versteht man darunter meist das Gantt-Diagramm, benannt nach dem US-amerikanischen Unternehmensberater Henry L. Gantt (1861–1919). Es stellt die zeitliche Abfolge von Aktivitäten grafisch in Form von Balken auf einer Zeitachse dar – und wird daher oft einfach nur Balkenplan genannt.

Der Balkenplan visualisiert die Ablaufstruktur des Projekts. Es handelt sich quasi um einen grafischen Zeitplan: Vorgänge werden über einer Zeitlinie als horizontale Balken gezeichnet und können durch Anordnungsbeziehungen, symbolisiert durch Pfeile, verknüpft werden. Die Aktivitäten werden jetzt erstmals in einem Kalender sichtbar; es wird deutlich, was wann zu erledigen ist.

Der Balkenplan ist mit wenig Aufwand zu erstellen und selbst für einen Laien auf den ersten Blick verständlich. Damit eignet er sich hervorragend, wenn es darum geht, das Projekt vor Kunden, Auftraggebern oder der Geschäftsleitung zu präsentieren.

»Der Plan ist nichts, die Planung ist alles«

Wenn wir vom Projektplan sprechen, meinen wir nicht einen bestimmten Plan – auch nicht den berühmten Balkenplan. Vielmehr umfasst der Projektplan alle im Rahmen der Planung erstellten Pläne. Wirklich entscheidend sind jedoch weniger die Pläne selbst als der Vorgang des Planens: Als Projektleiter gewinnen Sie mit der Planung Sicherheit und damit Souveränität. Das Projekt wird handhabbar. Indem Sie die Abhängigkeiten aufspüren, Zeit und Kosten abschätzen und die Reihenfolge der Aktivitäten durchdenken, bekommen Sie ein sehr gutes Gefühl dafür, wie der Plan später funktionieren wird. Und wenn der Plan dann an der einen oder anderen Stelle doch nicht funktioniert, haben Sie sofort eine Idee, welche korrigierenden Maßnahmen Sie ergreifen können.

Ziel der Projektplanung ist es also nicht, einen Plan aufzustellen und diesen dann akribisch abzuarbeiten. Die zentrale Idee ist vielmehr: Wir lernen beim Aufstellen des Plans so viel über das Projekt, dass wir es später aus einer gewissen Intuition heraus managen können. Nicht der Plan ist also das Entscheidende, sondern der Vorgang des Planens. »Der Plan ist nichts, die Planung ist alles«, sagte einst General Dwight D. Eisenhower.

Natürlich ist das Bonmot des Generals überspitzt. Zumindest im Projektmanagement hat auch der Plan selbst eine wichtige Funktion: Er lässt sich dazu verwenden, das Projekt zu steuern. Für alle Beteiligten ist der Plan Referenz und Navigator zugleich. Er zeigt an, wenn das Projektteam von seiner Route abweicht. Zudem bietet er eine wirksame Handhabe, um zusätzliche Anforderungen abzuwehren: Weisen Sie einfach darauf hin, dass für eine neue Anforderung erst der Plan geändert werden muss. Anhand des Plans können Sie dann aufzeigen, welche Folgen dies hätte. Der Plan ist ein gutes Werkzeug, um die Konsequenzen zu verifizieren, zu kalkulieren und rückzuspiegeln.

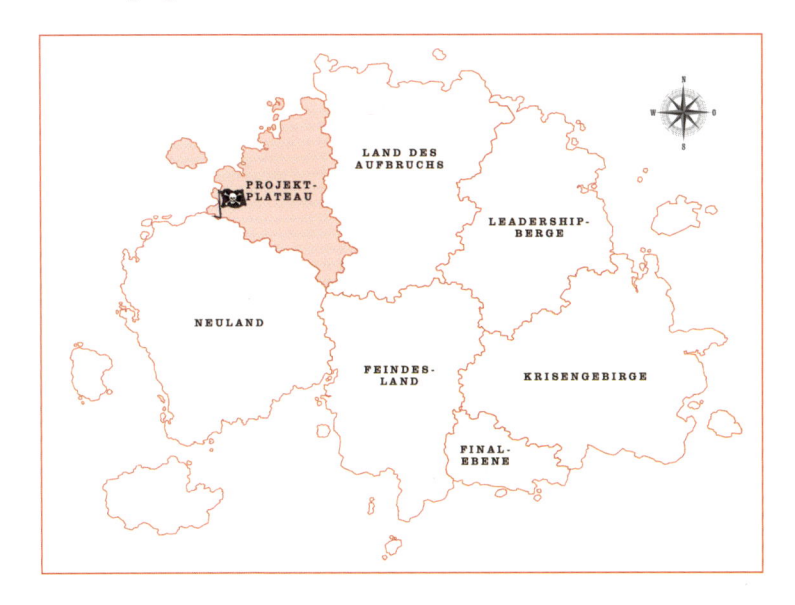

🏴‍☠️ Fehlende Projektplanung

Der Projektleiter und sein Team gehen unvorbereitet in das Projekt. Sie schlagen möglicherweise einen falschen Weg ein und sind auf unvorhergesehene Ereignisse nicht vorbereitet.

🎯 So wappnen Sie sich

- Verschaffen Sie sich frühzeitig einen schnellen und einfachen Überblick über den Projektablauf. Legen Sie bei wichtigen Zwischenergebnissen Meilensteine fest.
- Identifizieren Sie alle notwendigen Arbeitspakete und bilden Sie diese in einem Projektstrukturplan ab Stimmen Sie den Plan mit allen Beteiligten ab und organisieren Sie auf dieser Basis die Arbeit in Ihrem Team.
- Ermitteln Sie die logischen Abhängigkeiten der einzelnen Arbeitspakete und legen Sie im Netzplan eine sachlich und zeitlich korrekte Reihenfolge der Arbeitspakete fest.
- Schätzen Sie für jedes Arbeitspaket die Dauer und den anfallenden Arbeitsaufwand und tragen Sie diese Daten in den Terminplan ein. Bitten Sie bei Bedarf Experten um ihre Einschätzung.
- Visualisieren Sie die Ablaufstruktur des Projektes in einem Balkenplan, hängen Sie diesen über Ihren Schreibtisch und nutzen Sie ihn für die Steuerung Ihres Projektes.
- Machen Sie sich klar, dass die Planung keine Vorhersage ist, denn ein Projektablauf lässt sich nicht vorausberechnen. Die Planung ist vielmehr Ihr wichtigstes Werkzeug.
- Während der Planung ist es Ihre Aufgabe, bei allen Beteiligten ein Verantwortungsgefühl für das Projektziel zu wecken und gemeinsam einen realistischen Plan aufzustellen.
- Wenn die Beteiligten ihren Beitrag zum Projekt in der Planung wiederfinden, hat Ihr Projektplan eine gute Chance, von allen akzeptiert zu werden.

Aus Toms Tagebuch

Mittwoch, 8. Februar

Was für ein Fiasko! Jetzt habe ich mich zwei Tage lang mit meinen Planungswerkzeugen herumgeschlagen, um in diesem etwas unübersichtlichen Projekt nicht schon am Anfang komplett den Überblick zu verlieren. Dann habe ich einige Kollegen eingeladen und ihnen meine Pläne präsentiert.

Anstatt sie zu loben, haben sie sie in der Luft zerrissen. »Viel zu komplex!«, »Völlig unrealistisch!«, »Ich will über meine Arbeitsplanung selbst bestimmen!« und viele andere empörte Bemerkungen prasselten auf mich ein. Als ich nachher mit Karin zusammensaß, wollte sie mir Mut machen: Ich solle doch froh sein, besser lautstarker Widerstand als stillschweigende Sabotage ...

Donnerstag, 9. Februar

Nachdem der erste Versuch so gewaltig in die Hose gegangen ist, habe ich heute einen neuen Anlauf genommen. Ich habe Karin, Andreas, Franz und Matthias zu einem Arbeitstreffen eingeladen. Ich wollte die Projektplanung nochmal mit den wichtigsten Projektmitarbeitern durchführen.

Karin ist in den letzten Tagen zu meiner rechten Hand und engen Vertrauten geworden. Sie ist von meiner Idee ganz angetan, die Projektplanung im Team durchzuführen. Das Team steht zwar noch nicht fest, aber einige Key-Player sind für das Projekt schon jetzt gesetzt. Ich habe deshalb auch Andreas eingeladen. Mein Chef hat ihn für die Softwarearchitektur vorgesehen, das heißt, er soll den Entwurf und die Entwicklung der Softwaremodule des Systems verantworten. Andreas ist ausgewiesener Experte der Standardsoftware, die im Vertrieb eingeführt werden soll. Er steckt voller Ungeduld, lange genug hat er für die Einführung dieser Software gekämpft.

Wenn es nach Karin und Andreas gegangen wäre, dann hätten wir die Projektplanung im kleinen Kreis, also zu dritt gemacht. Aber ich wollte unbedingt auch Fachwissen aus dem Vertrieb mit einbinden. Ich hatte deshalb meinen neuen Auftraggeber Eberhard gebeten, mir noch zwei Personen zur Verfügung zu stellen, die über die notwendige Expertise verfügen. Seine Wahl fiel auf »Professor« Matthias aus dem Vertriebscontrolling und Franz, einen erfahrenen Teamleiter aus dem Vertrieb.

Zunächst habe ich meinem Team erklärt, was einen Meilensteinplan und Strukturplan ausmacht, welche Bedeutung und welchen Nutzen sie für das Projekt haben. Es war mir wichtig, dass alle die gleiche Vorstellung vom Sinn und Zweck haben.

Dann haben wir alle Aktivitäten auf große Post-its geschrieben, und zwar ohne diese gleich zu bewerten. So verschafften wir uns einen schnellen Überblick. Wir konsolidierten die Aktivitäten und sortierten redundante Tätigkeiten aus, dann planten wir weiter. Die Post-its waren hilfreich, auf diese Weise konnten wir nach Herzenslust umsortieren.

Im Laufe der Zeit wurde unser Plan immer konkreter. Immer wieder fragten wir uns, ob die Termine zusammenpassen. Wenn nicht, dann haben wir sofort die Terminplanung der Arbeitspakete nachjustiert oder die Meilensteintermine angepasst – oder beides.

Ich habe nur einen Fehler gemacht: Mit meinen Auftraggebern, also mit Hans-Joachim und Eberhard, hätte ich mich im Vorfeld besser abstimmen sollen. Wir müssen während des Projektes einiges umstellen, und diese Umstellungen können vermutlich nur zu bestimmten Zeitpunkten im Jahr durchgeführt werden. Ich habe nach dem Workshop zwar einen schönen Meilensteinplan, aber jetzt brauche ich noch das Einverständnis der beiden Manager. Im schlimmsten Fall müssen wir noch einmal umplanen. Das hätte nicht sein müssen, wenn ich mir die Terminvorgaben vorher eingeholt hätte.

Einige Dinge, die ich daraus lerne:
- Ich lege von Anfang an fest, wer aus dem Team bei der Erstellung des Projektplans dabei sein soll; damit erhöht sich die Verbindlichkeit der Planung. Es sollten jene Mitarbeiter mitwirken, die später auch die wesentlichsten Arbeitspakete im Projekt verantworten.
- In einem Workshop nehmen wir uns die Zeit, die Arbeitspakete und die Meilensteine im Projekt festzulegen. Je nach Komplexität und

Größe des Projektes und der Anzahl der Teilnehmer kann dieser Workshop ein bis zwei Tage dauern.
- Ich informiere mich bereits im Vorfeld, ob es Meilensteine gibt, die von vornherein feststehen, bereite alle notwendigen Unterlagen vor und stelle sie meinen Mitarbeitern im Vorfeld des Workshops zur Verfügung.
- Letztendlich müssen alle Teilnehmer mit dem Ergebnis zufrieden sein; ich brauche ihre Zusicherung, dass sie diese Termine halten werden – getreu dem Motto: Ja, wir schaffen das!

Vielleicht sollte ich beim nächsten Mal eine symbolische Geste nutzen, um das Commitment noch zu verstärken. Ich lasse mir einfach von allen eine Unterschrift unter die Planungsergebnisse geben.

2.2 Die Reisepläne werden optimiert
Zeiten kürzen und Kosten einsparen

> Je lächerlicher der Termin,
> desto teurer der Versuch, ihn zu halten.
> *Alte Projektleiterweisheit*

Eine junge, ambitionierte Projektleiterin hat die Aufgabe, in der Auftragsabwicklung eines großen Chemiekonzerns eine neue Standardsoftware einzuführen. Zusammen mit ihrem Team erstellt sie einen Projektplan, der eine zwölfmonatige Laufzeit vorsieht. Als sie den Plan dem Management präsentiert, fordert man von ihr, die Projektlaufzeit um zwei Monate zu kürzen – sonst werde die Software nicht rechtzeitig zum Wechsel des Fiskaljahres fertig und die Umstellung erheblich aufwändiger ausfallen. Kein Problem, entgegnet die Projektleiterin, das Projekt lasse sich auch in zehn Monaten schaffen. Ein typischer Anfängerfehler.

Wer realistisch geplant hat, kann die Laufzeit eines Projekts nicht einfach um zwei Monate zusammenstreichen. Auch sollte ein Projektleiter immer damit rechnen, dass das Management den präsentierten Projektplan infrage stellt. Es liegt in der Natur der Sache, dass ein Plan von den Vorstellungen des Auftraggebers, der sich mit den Details niemals befasst hat, abweichen kann. Nur: Der Projektleiter muss dem Auftraggeber klipp und klar sagen, wenn ein Änderungswunsch nicht umsetzbar ist. Wer stattdessen das Unmögliche zusagt, kann seinen mühsam erarbeiteten Projektplan in den Papierkorb werfen.

Ganz abgesehen davon: Welchen Eindruck hinterlässt ein Projektleiter bei seinem Management, wenn er mal eben so wie auf einem türkischen Basar die Projektlaufzeit um 20 Prozent reduziert? Die Projektleiterin des Chemiekonzerns hätte den versammelten Managern vor Augen führen sollen, dass sie realistisch geplant hat und die Laufzeit nicht einfach kürzen kann. Statt kampflos die Straffung des Terminplans hinzunehmen, hätte sie durch Verhandlungen das Optimum für ihr Projekt herausholen müssen: ein höheres Budget, einen geringeren Projektumfang, mehr personelle Ressourcen. Dank ihres solide erarbeiteten, nachvollziehbaren Projektplans hätte sie gute Argumente auf ihrer Seite gehabt – und den anwesenden Managern wäre es schwer gefallen, die Forderungen abzulehnen.

Dem voreiligen Zugeständnis folgt der nächste, nicht weniger typische Fehler. Die Projektleiterin steht nun vor dem Projektplan und fragt sich, wie sie die Laufzeit von zwölf auf zehn Monate kürzen soll. Anhand des Meilensteinplans überlegt sie, wie lange die einzelnen Hauptaufgaben unter den neuen Gegebenheiten dauern dürfen. Kurzerhand notiert sie hinter ihre Meilensteine neue Zeiten und Termine. Zufrieden blickt sie auf ihr Werk: »Super, das geht voll auf! Die Software wird in zehn Monaten eingeführt sein!«

Auf den ersten Blick sieht ein solchermaßen gekürzter Plan nicht weniger plausibel und solide aus als der Ursprungsplan. Die Beteiligten akzeptieren ihn in der Regel, obwohl er sich in einem entscheidenden Punkt geändert hat: Die ursprüngliche Planung hatte auf realistisch geschätzten Zeiten basiert, während sich die Fristen im neuen Plan einer externen Vorgabe unterordnen. Die Projektleiterin gab den Aktivitäten des Meilensteinplans jeweils exakt die Dauer, die den gewünschten Endtermin ermögliche.

Es ist eine weit verbreitete Unsitte: Man macht den Plan bei Terminproblemen kurzerhand passend! Der Projektleiter geht die Hauptaufgaben durch, kürzt Termine und reduziert Aufwände – so lange, bis der Plan die Vorgaben erfüllt. Dabei ist völlig unklar, inwieweit die neuen Zeiten noch realistisch sind. Fast immer rächt sich diese Vorgehensweise und bringt das Projektteam in Teufels Küche.

So auch bei dem Projekt im Chemiekonzern: In den folgenden Wochen und Monaten gerät die Projektleiterin zunehmend in Bedrängnis. Sie reißt einen Meilenstein nach dem anderen, und die Verzögerungen potenzieren sich. In ihrer Not verhängt sie Urlaubssperren, ordnet Überstunden an – und opfert damit endgültig die Motivation ihres Teams, das schon längst nicht mehr an den Endtermin glaubt.

Gleichzeitig verspielt die Projektleiterin ihren Kredit beim Auftraggeber, weil sie hartnäckig jeden Änderungswunsch abwehrt, aber gleichzeitig keine Gelegenheit auslässt, um ihr Projektteam aufzustocken. Bald schon genießt ihr Projekt den Ruf eines »Schwarzen Lochs«, in dem die Ressourcen verschwinden, ohne dass irgendein Effekt sichtbar wird.

Eine solche Situation droht immer dann, wenn ein Projektleiter ohne zeitliche Reserven handeln muss. Je weniger Spielraum er hat, desto aggressiver und verbissener agiert er. Um den Plan halten zu können, setzt er sein Team unter Druck und blockt jeden noch so kleinen Zusatzwunsch seines Auftraggebers rigoros ab. Das lässt ihn unnachgiebig, aggressiv und stur wirken. Die verkorkste Zeitplanung erzwingt von ihm Verhaltensweisen, die ihm selbst zuwiderlaufen und durch die er nicht nur seine Mitarbeiter demotiviert, sondern auch seinen guten Ruf als Projektleiter verspielt.

Pufferzeiten intelligent einsetzen

Eine Planung sollte, wie in Abschnitt 2.1 ausgeführt, stets realistisch und nachvollziehbar sein. Jeder erfahrene Projektleiter weiß aber auch, dass die Dinge nie exakt nach Plan verlaufen werden. Lieferschwierigkeiten, Krankheitsfälle, widrige Bedingungen, menschliches Versagen – das Projektabenteuer birgt jede Menge Überraschungen. In solchen Situationen kann ein gewisser Zeitpuffer Gold wert sein. Es hat sich daher bewährt, insbesondere vor wichtigen Meilensteinen eine Reserve einzuplanen, um Unvorhergesehenes abzufangen und so den Meilenstein trotzdem termingerecht erreichen zu können.

Konkret kann der Projektleiter zum Beispiel einen Puffer in Höhe von 10 Prozent der kalkulierten Zeit entweder dem ganzen Projekt oder – was sinnvoller ist – einzelnen Projektphasen zuordnen. Vor allem empfiehlt es sich, eine solche Reserve vor einem wichtigen Meilenstein wie etwa einer Kundenpräsentation einzuplanen. In diesem Fall »puffert« der Projektleiter im Vorfeld alle Tätigkeiten, die den Präsentationstermin gefährden könnten. Ähnliches gilt für andere kritische Termine, die unbedingt eingehalten werden müssen, zum Beispiel weil bestimmte Experten oder andere notwendige Ressourcen nur zu diesem Zeitpunkt zur Verfügung stehen.

Neben zeitlichen und finanziellen Puffern kann es sinnvoll sein, auch über einen qualitativen Puffer zu verfügen. Der Projektleiter bewegt sich hier auf einem sensiblen Terrain. Ein Beispiel: Der Auftraggeber stellt Nachforderungen, die eigentlich so nicht vorgesehen sind und über das vereinbarte Ergebnis hinausgehen. Andererseits sind diese Forderungen nachvollziehbar und nicht ganz unberechtigt. Kann und soll der Projektleiter für diesen Mehraufwand nun zusätzliche Ressourcen verlangen oder – im Falle eines externen Auftraggebers – den Mehraufwand in Rechnung stellen? Oder soll er darauf beharren, dass das Projektergebnis den vereinbarten Leistungen entspricht? Anstatt lange zu diskutieren, hat ein routinierter Projektleiter mit einem qualitativen Puffer vorgesorgt: Er hat sein Team im Hintergrund längst auf ein 110-prozentiges Ergebnis hinarbeiten lassen – und sorgt auf diese Weise für einen zufriedenen Auftraggeber, der sich über die schnelle Nachlieferung freut.

Ein erfahrener Projektleiter ist ein Meister im Puffern. Er versteht es, in einer außerplanmäßigen Situation eine Notreserve an Zeit oder Geld hervorzuzaubern oder ist in der Lage, schnell auf einen Experten zuzugreifen, der das Team aus seiner Notlage befreit. Im Falle eines Falles gelingt es ihm immer wieder, einen kleinen Trumpf aus dem Ärmel zu schütteln.

Den Projektplan optimieren

Ausreichend Puffer einplanen – das klingt gut, hat aber in der Praxis einen gravierenden Schönheitsfehler. Die Wahrscheinlichkeit ist groß, dass der Auftraggeber die Notwendigkeit einer solchen Reserve nicht einsehen will und dem Projektleiter die Pufferzeiten am Ende wieder abtrotzt. Jetzt verfügt der Projektleiter zwar nach wie vor über einen realistischen Plan, der jedoch auf Kante genäht ist und im Projektverlauf schnell gefährdet sein kann.

Es gibt einen Ausweg, der in der Praxis noch viel zu wenig genutzt wird. Praktisch immer enthält der Projektplan noch verborgene Reserven, die sich durch eine Optimierung der geplanten Abläufe erschließen lassen. Meist genügen einige wenige Maßnahmen, um die – vom Auftraggeber gestrichenen – Pufferzeiten wieder zurückzuholen.

Der Projektleiter diskutiert hierzu mit seinem Team folgende Fragen:

- Gibt es Zeitreserven, die wir kürzen oder ganz herausnehmen können?
- Können wir bestimmte Arbeiten weglassen, ohne das Projektergebnis zu gefährden?
- Lassen sich bestimmte Aufgaben schneller erledigen als ursprünglich vorgesehen?
- Welche Arbeitspakete lassen sich gleichzeitig statt nacheinander erledigen?
- Welche Arbeitsschritte können wir zusammenlegen?
- An welchen Stellen können wir mit Überstunden für eine schnellere Projektabwicklung sorgen?
- Sorgen bessere Arbeitsbedingungen für mehr Effizienz?
- Lässt sich durch den Einsatz von erfahrenen Kollegen Zeit einsparen?

Aus den Antworten ergibt sich ein Bündel an Maßnahmen, die das Team bewertet und priorisiert. Der besondere Charme dieser Maßnahmen liegt darin, dass sie das Projekt beschleunigen, ohne zusätzliche Kosten zu verursachen. Das Team kann sie deshalb umsetzen, ohne viel darüber zu reden oder gar den Auftraggeber einzubeziehen. So lassen sich die Pufferzeiten wiedererlangen, die es dem Projektleiter und seinem Team erlauben, souverän in das Projektabenteuer aufzubrechen.

Nur wenn die »kostenlosen« Maßnahmen nicht ausreichen, um den notwendigen Puffer aufzubauen, sollte der Projektleiter einen Schritt weiter gehen und mit seinem Team auch Maßnahmen erörtern, die zusätzliche Ressourcen erfordern. Hierbei helfen folgende Fragen:

- Können wir mit zusätzlichen Ressourcen unsere Schlagkraft erhöhen?
- Gibt es Arbeitspakete, die wir an externe Dienstleister vergeben können?
- Lassen sich unsere Lieferanten dazu bewegen, früher zu liefern?
- Können wir Experten einkaufen, die uns mit ihrem Know-how weiterhelfen?

Klar ist, dass die hieraus resultierenden Maßnahmen eine Budgeterhöhung nach sich ziehen und deshalb mit dem Auftraggeber abgestimmt werden müssen. Wenn auch das nicht ausreicht, bleibt nur noch eine Möglichkeit: Der Projektleiter verhandelt mit dem Auftraggeber über die Reduzierung des Leistungsumfangs.

Aus Toms Tagebuch

Montag, 13. Februar

Wenn ich mir unseren Projektplan anschaue, wird mir angst und bange. Der weicht völlig von dem ab, was Hans-Joachim eigentlich will: eine lauffähige Software bis Jahresende. Aber das kann ich ihm unmöglich sagen!

Also habe ich mich mal wieder mit Karin beraten.

»Wenn du Hans-Joachim jetzt nicht sagst, dass wir seine Vorstellungen in einigen Punkten nicht umsetzen können, dann trittst du deine eigene Planung in die Tonne«, warnt sie mich, als ich ihr meine Angst vor Hans-Joachim schildere. Wenn ich dann versuchen würde, das Unmögliche möglich zu machen, wäre mein Burn-out ja wohl vorprogrammiert. Ihr Ratschlag: Wir müssen uns Alternativen überlegen. Das gebe zwar auch Ärger, sei aber immer noch besser, als später kläglich zu scheitern.

Sie hat es nicht so direkt gesagt, aber es klang durch: Es wäre auch dem Team gegenüber nicht fair, wenn ich jetzt kneife. »Besser jetzt als später!«

Sie hat ja Recht. Vielleicht sollte ich erst einmal mit Eberhard reden – schließlich ist er mein Auftraggeber. Außerdem kann ich bei ihm auf mehr Verständnis hoffen.

Mittwoch, 15. Februar

Manchmal kommt es ja anders als erwartet! Heute habe ich Eberhard unseren Projektplan vorgestellt. Ich war mitten in meinen Ausführungen, als Hans-Joachim in die Besprechung platzte. Er wollte die Gelegenheit nutzen, sich aus erster Hand über den Stand der Dinge zu erkundigen. So weit, so gut. Nur: Eigentlich wollte er hören, dass wir bis Jahresende fertig werden! Stattdessen erfuhr er nun, dass in meinen Augen und laut meiner Planung eine Einführung der Software bis Jahresende realistisch nicht möglich ist.

Da bekam er einen seiner »Anfälle« – so langsam gewöhne ich mich daran. »Das muss doch gehen!«, hat er sich echauffiert. »Wenn du kein Interesse an dem Projekt hast, dann muss ich mir halt einen anderen Projektleiter suchen, der aggressiver an die Sache rangeht!«

Ich entgegnete ihm, dass ich mit meinem Team alles sorgfältig durchgeplant habe und mich nach wie vor mit dem Projekt identifiziere. Bei der Planung seien uns jedoch einige Dinge aufgefallen, die wir berücksichtigen müssten, um den Projekterfolg nicht zu gefährden. Als Beispiel führte ich die gewünschten CRM-Funktionalitäten an, die so zahlreich sind, dass wir sie unmöglich bis Jahresende abbilden können. Die Anpassung der einzelnen Funktionalitäten an ein Unternehmen unserer Größe würde allein schon sechs bis acht Monate dauern.

Ich habe Hans-Joachim dann vorgeschlagen, im ersten Schritt auf die CRM-Möglichkeiten zu verzichten, ihm aber gleichzeitig versprochen, sie später – in einem Folgeprojekt – nachzuliefern. Damit waren wir mitten in der Verhandlung!

Natürlich musste ich in der Diskussion auch Federn lassen, weil Hans-Joachim doch noch einige Puffer entdeckt hat, die er mir kurzerhand gestrichen hat. Aber vielleicht finden wir im Team ja noch Ansätze, um uns wieder etwas mehr Luft zum Atmen zu verschaffen.

Einige Dinge, die ich daraus lerne:
- An einem einmal verkündeten Endtermin lässt sich kaum mehr rütteln. Und selbst wenn sich Teile des Projektes verzögern, ist der Druck erheblich, diesen Endtermin trotzdem zu halten.
- Erstarre nicht in Angst vor dem Auftraggeber und verschweige ihm nicht, dass seine Vorstellungen in Teilen nicht realistisch sind. Du musst ihm einleuchtend darlegen können, warum deine Detailplanung von seinen Vorstellungen abweicht.
- Jeder Auftraggeber lässt mit sich reden. Du musst ihn nur davon überzeugen, dass er zu dem von ihm geplanten Preis oder in der von ihm geplanten Zeit nicht die Qualität erhält, die er sich eigentlich wünscht.
- Du musst deinem Auftraggeber sofort Alternativen anbieten, damit er nicht auf seinen enttäuschten Erwartungen sitzenbleibt. Hierbei helfen dir die Prioritäten, die du ihm vor einigen Wochen in der Projektskizze abgerungen hast.

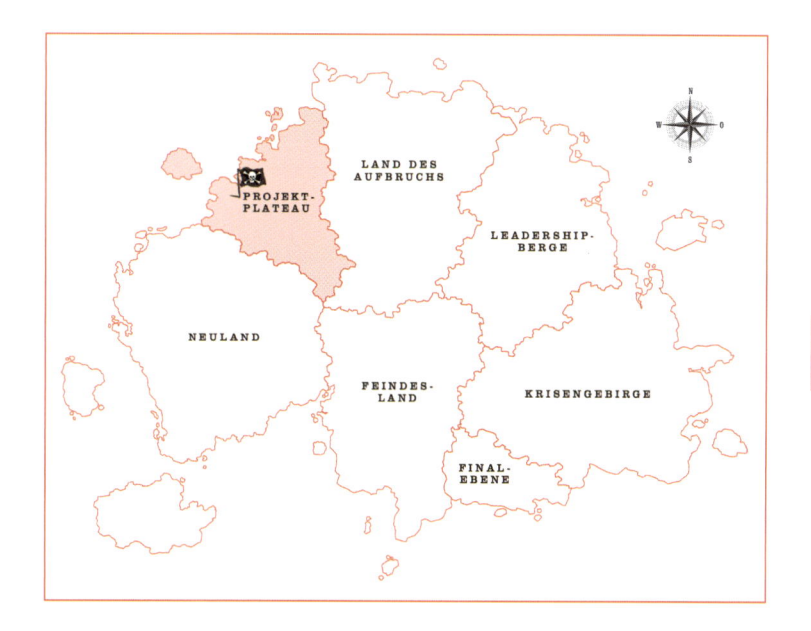

Unmögliches möglich machen

Wenn Sie als Projektleiter Ihre Pläne dem Auftraggeber präsentieren, sehen Sie sich mit einiger Wahrscheinlichkeit mit der Forderung konfrontiert, das Projekt schneller als geplant abzuschließen. Sie gefährden jedoch den Projekterfolg, wenn Sie nun einfach nachgeben und versuchen, das Unmögliche möglich zu machen.

So wappnen Sie sich

- Bedenken Sie: Ihre Planung weicht zwangsläufig von den Vorstellungen Ihres Auftraggebers ab – schließlich haben Sie im Detail geplant und nicht er.
- Bedenken Sie auch: Auf Papier lässt sich ein Projektplan gut kürzen, die Realität ist da weniger flexibel.
- Stehen Sie zu Ihrer Planung – und scheuen Sie sich nicht vor einer Auseinandersetzung mit Ihrem Auftraggeber. Erläutern Sie ihm, warum Ihre Planung von seinen Vorstellungen abweicht.
- Nehmen Sie die Straffung Ihres Terminplans nicht kampflos hin, sondern holen Sie durch geschicktes Verhandeln das Optimum für Ihr Projekt heraus.
- Rufen Sie Ihr Team zusammen und diskutieren Sie Optimierungspotenziale, wenn Sie das Projekt beschleunigen müssen oder zusätzliche Pufferzeiten benötigen.
- Sorgen Sie für ausreichende Puffer, um unvorhergesehene Ereignisse abfangen zu können. Nur so können Sie auch erreichen, dass Fehler da bleiben, wo sie hingehören: hinter den Kulissen.
- Setzen Sie die Puffer gezielt an den Stellen ein, an denen eine Verzögerung im weiteren Projektverlauf am meisten weh tut.

2.3 Die Risiken werden gemanagt
Böse Überraschungen vermeiden

> Ein Problem ist halb gelöst, wenn es klar formuliert ist.
> *John Dewey*

Betriebsstörungen, Feuer, Lieferantenpleiten, Sabotage – die Gefahren, die einem Projekt zum Verhängnis werden können, sind vielfältig. Die meisten Projektleiter halten es für unrealistisch, dass ein solches Ereignis eintritt. Kommt es dann doch dazu, sind sie weder darauf vorbereitet noch in der Lage, einen Notfallplan aus der Schublade zu ziehen.

Das erlebte ein Projektleiter aus einem Beratungsunternehmen, der ein Großprojekt für einen Automobilkonzern leitete. Er stand bereits enorm unter Druck, denn eigentlich hätte das Projekt Ende Januar abgeschlossen sein sollen. Mittlerweile war es fast März, und noch immer arbeitete das Team mit Hochdruck. Als dann der Projektleiter in der wöchentlichen Projektbesprechung mit den Fachbereichen die nächsten Schritte besprechen wollte, eröffneten ihm die Anwesenden, sie seien in den nächsten Wochen in Urlaub. Der Projektleiter, nicht besonders vertraut mit den Gepflogenheiten des Automobilkonzerns, blickte fassungslos in die Runde: »Urlaub? Mitten im Winter? Alle auf einmal!?«

Ja, Urlaub – und zwar Resturlaub. Im Konzern mussten die Mitarbeiter ihren Resturlaub bis Ende März in Anspruch nehmen, wenn er nicht verfallen sollte. Da niemand gewillt schien, auf seine freien Tage zu verzichten, berief der Projektleiter eilends eine Dringlichkeitssitzung des Lenkungsausschusses ein, um eine Urlaubssperre durchzusetzen. Doch der winkte ab: Das würde der Betriebsrat niemals zulassen. So verzögerte sich das Projekt um weitere vier bis sechs Wochen.

Wer Projekte leitet, kennt diese Überraschungen. Wichtige Mitarbeiter fallen aus – sei es durch Unfall, Krankheit oder Kündigung. Oder der Auftraggeber wartet mit immer neuen Anforderungen auf. Oder ein wichtiger Lieferant hält seine Termine nicht ein. Bei den meisten dieser Ereignisse handelt es sich jedoch nicht um böse Überraschungen, sondern schlicht um übersehene oder verdrängte Risiken. Was fehlt, ist ein solides Risikomanagement.

Oft wird schon während der Auftragsklärung deutlich, dass das Projekt einige kritische Aspekte enthält. Die Zuversicht, dass schon alles gut gehen wird, verleitet dazu, das Falsche zu tun: Anstatt genauer hinzusehen, verdrängen wir die Risiken und laufen Gefahr, dass sie uns als böse Überraschungen begegnen werden. Auch Manager, Auftraggeber und Kunden stehen häufig unter einem enormen Druck, Ergebnisse vorzeigen zu müssen. So neigen auch sie dazu, vor möglichen Risiken die Augen zu verschließen.

Erinnern wir uns an das milliardenschwere Desaster des Toll-Collect-Konsortiums, das in Deutschland ein Mautsystem für Lkw einführen sollte. Ein Paradebeispiel! Der Auftraggeber, das Verkehrsministerium, hatte vom Projektkonsortium verlangt, in einer unrealistisch kurzen Zeit das Mautsystem zu entwickeln und einzuführen – und die Unternehmen akzeptierten den Auftrag wider besseres Wissen. Experten veranschlagten die notwendige Projektlaufzeit auf mindestens vierundzwanzig Monate, tatsächlich blieben nur elf Monate Zeit, um das System vertragsgemäß bis zum 31. August 2003 fertigzustellen. Hintergrund für die geradezu aberwitzig kurze Frist war der Bundeshaushalt: Um die Defizitkriterien der EU nicht noch einmal zu verfehlen, benötigte der Finanzminister die Milliardeneinnahmen aus der Lkw-Maut. Also setzte er seinem Kollegen aus dem Verkehrsministerium die Pistole auf die Brust und drohte ihm mit Etatkürzungen.

Sehenden Auges marschierten die Hauptakteure in das Desaster. »Die Politik sah die Probleme – und stellte sich stur, blind und taub«, beschreibt ein *Spiegel*-Bericht die Situation. »Das Verkehrsministerium verlangte bereits im Frühjahr 2002 von den Betreibern der Technik eine schriftliche Festlegung – und bekam sie. In einem ›Last and final offer‹ vom 30. April 2002 akzeptierten die Konzerne Daimler und Telekom eine zwölfmonatige Entwicklungsphase.«

Diese kollektive Realitätsverweigerung richtete am Ende einen Schaden an, der sicherlich in die Milliarden geht. Das neue Mautsystem wurde am 1. Januar 2005 eingeführt, also nach sechsundzwanzig Monaten.

Das Beispiel steht für ein häufig zu beobachtendes Verhalten: Auftraggeber und Manager ignorieren oder verdrängen die Gefahren, lassen sich von unrealistischen Wunschvorstellungen leiten – und bürden damit die Risiken der Projektleitung auf. »Ich weiß, dass der Termin eng ist, aber er ist absolut unverrückbar, weil er für das Unternehmen sehr wichtig ist«, erklärt der Auftraggeber, um dann schnell noch seine Forderung nachzuschieben: »Es wäre mir daher lieb, wenn Sie mir nun nicht erklären, warum das schwierig ist, sondern sich an die Arbeit machen!« Oft sind diese Auftraggeber mit der Materie nicht wirklich vertraut und unterschätzen den Aufwand, der mit dem Projekt verbunden ist: »Das kann doch nicht so schwierig sein!«

Das Fatale ist, dass der Projektleiter in vielen Fällen entweder selbst die Haltung des Managements einnimmt und die Risiken verdrängt – oder im Unternehmen schnell als Bedenkenträger abgestempelt wird. Hier kann auch die offene oder verdeckte Konkurrenz zwischen den Projektleitern im Unternehmen eine verhängnisvolle Rolle spielen: Wer Risiken offen benennt, hat gegenüber den tollkühnen Helden das Nachsehen. Diese wissen zwar auch nicht, wie sie den verlangten Termin halten wollen. Doch sie verstehen es, dem Auftraggeber vorzugaukeln, dass die Einhaltung der Termine nur eine Frage des persönlichen Engagements sei. Ein vernünftiges Risikomanagement bleibt bei solchen Gepflogenheiten allerdings auf der Strecke.

Eine Hitliste übersehener Risiken

Wer ein Projekt übernimmt, weiß im Grunde genommen genau, dass hinter jeder Ecke ein neues Risiko auf ihn wartet. Trotzdem fallen viele Projektleiter aus allen Wolken, wenn ein Problem dann tatsächlich auftritt: »Das hätte ich mir ja eigentlich denken können!«, stöhnen sie. Der Punkt ist nur: Sie haben nicht daran gedacht – und deshalb natürlich auch keine Vorkehrungen getroffen. Dabei sind die meisten Risiken durchaus vorhersehbar.

Betrachten wir zunächst einmal die häufigsten Risiken, die bei Projekten gerne übersehen oder ignoriert werden. Die folgende Auflistung lässt sich auch nutzen, um mit einem Brainstorming in die Risikoanalyse und das Risikomanagement einzusteigen.

Risiken im Projektteam

- **Teammitglieder fallen aus:** Der Ausfall wichtiger Mitarbeiter gehört zu den häufigsten Ursachen für Schwierigkeiten im Projekt. Krankheiten, Unfälle, Schwangerschaft, Urlaub, Arbeitsplatzwechsel, Abzug in andere Projekte bis hin zur Kündigung – die Ursachen sind vielfältig und deshalb auch ein ernstzunehmendes Risiko.
- **Fehlendes Fachwissen:** Im Projektverlauf stellt sich heraus, dass die Mitarbeiter nicht über das notwendige Fachwissen oder ausreichend Erfahrung verfügen. Die Projektarbeit verzögert sich; die Mitarbeiter machen immer wieder Fehler.
- **Konflikte im Team:** Die Arbeit in Projekten ist besonders konfliktträchtig, weil dort verschieden geprägte Menschen

eng zusammenarbeiten müssen, um ein gemeinsames Ziel zu erreichen. Auf Dauer zermürben Konflikte und rauben kostbare Energien.

- Missverständnisse im Team: Eine schlechte Aufgaben- und Kompetenzverteilung provoziert Missverständnisse im Team, die sich negativ auf den Projektfortschritt auswirken. Besonders groß ist diese Gefahr, wenn die Teammitglieder räumlich weit voneinander entfernt sind und vorwiegend virtuell zusammenarbeiten.

Risiken im Projektumfeld

- Unternehmensrisiken: Ein Projekt ist besonders gefährdet, wenn das Unternehmen gegen existenzielle Risiken wie zum Beispiel neue Wettbewerber oder Absatzeinbrüche kämpft und das Management diesen projektfremden Problemen die höchste Priorität einräumt.
- Fehlende Unterstützung: Das Projekt hat aus Sicht der Geschäftsbereiche eine geringe Priorität und unterstützt nicht die Geschäftsstrategie.
- Mangelnde Stabilität: Änderungen in der Struktur der Organisation wirken sich schnell auf das Projekt aus. Besonders hoch ist das Risiko, wenn die Organisationsstruktur unklar ist oder sich im steten Wandel befindet.
- Fehlende Akzeptanz: Dem Projekt fehlt die Akzeptanz im Unternehmen. Zum Beispiel möchte die Geschäftsführung mit dem Projekt Veränderungen durchsetzen, die von den Mitarbeitern nicht mitgetragen werden.

Risiken bei der Projektplanung

- Zu enger Zeitplan: Die Zeitplanung ist übermäßig optimistisch, Aufwand und Komplexität werden unterschätzt. Dies birgt das Risiko, dass später zugesagte Termine nicht eingehalten werden oder Meilensteine in Verzug geraten.
- Vergessene Aktivitäten: Bei der Projektplanung wurden wichtige Aktivitäten übersehen. Die Folge davon können negative Auswirkungen auf die Zeit- und Kostenplanung sein.
- Unklare Zusammenhänge: Ein Projekt ist gefährdet, wenn die Zusammenhänge zwischen Projektphasen, Arbeitsaufwand und Ressourcenverbrauch unklar sind.
- Fehlinterpretationen: Projektziele oder Inhalte und Ziele von Arbeitspaketen lassen Interpretationsspielräume zu. Damit besteht das Risiko, dass die Ziele von den Beteiligten bewusst oder unbewusst unterschiedlich interpretiert werden und die Projektarbeit unter Zielkonflikten leidet.

Risiken bei der Durchführung

- Fatale Abhängigkeiten: Ein großes Projekt steht häufig in Abhängigkeit von anderen Projekten im Unternehmen. Verzögern sich diese Projekte oder fallen sie ganz aus, kann dies fatale Folgen für das eigene Projekt haben.

- **Falsche Anforderungen:** Widersprüchliche, mehrdeutige oder auch vielfältige Anforderungen ohne Priorisierung können zu Konflikten und Verzögerungen führen.
- **Massive Änderungswünsche:** Größere Änderungswünsche des Auftraggebers während der Projektlaufzeit können den Projektplan gefährden.
- **Lange Projektdauer:** Eine sehr lange Projektdauer birgt viele Unwägbarkeiten. Kosten für Materialien, Maschinen oder Ressourcen können steigen. Im schlimmsten Fall ändern sich die Verhältnisse so, dass das Projektergebnis nicht mehr benötigt wird.

Technologische Risiken

- **Neue Technologien:** Bei innovativen Projekten kommen neue Technologien, Verfahren, Produkte oder Werkzeuge zum Einsatz, die noch wenig erprobt sind und häufig an Kinderkrankheiten leiden.
- **Fehlende Machbarkeit:** In Projekten mit komplexen Abhängigkeiten lässt sich nicht wirklich sagen, ob der vorgesehene Lösungsweg überhaupt gangbar ist. Eine geplante Lösung kann sich im Projektverlauf als nicht umsetzbar erweisen.
- **Verfügbarkeit von Ressourcen:** Technische Ressourcen wie Werkzeuge, Maschinen, Infrastruktur, Rechenleistungen oder Test- und Integrationsumgebungen stehen nicht wie geplant zur Verfügung.
- **Eignung von Ressourcen:** Für die Projektarbeit notwendige Ressourcen wie Entwurfs- und Entwicklungswerkzeuge, Entwicklungsumgebungen, Programmiersprachen, Datenbanksysteme, Hardware oder Maschinen können sich im Projektverlauf als nicht geeignet erweisen.

Risikomanagement in vier Schritten

Die Auflistung der häufigsten Risiken macht deutlich: Mit Schwierigkeiten müssen wir immer rechnen. Eben darin liegt ja auch der besondere Nervenkitzel eines Projektabenteuers. Doch lehren uns die großen Abenteurer wie Robert Falcon Scott oder Roald Amundsen: Ein verantwortungsvoller Expeditionsleiter trifft ganz selbstverständlich Vorkehrungen gegen absehbare Gefahren wie Kälte oder Schneestürme. Das Vorhaben bleibt auch dann noch gefährlich genug, ein Absturz ist weiterhin jederzeit möglich.

So sollten auch Sie als Projektleiter sich gegen absehbare Risiken wappnen, anstatt vor ihnen die Augen zu verschließen. Im Folgenden lernen Sie ein einfach handhabbares Risikomanagement kennen, das sich in vier Schritten aufbauen und umsetzen lässt.

Schritt 1: Risiken erkennen

Gutes Risikomanagement beginnt mit einer möglichst vollständigen Sammlung der Risiken. Hierzu beruft der Projektleiter einen »Risiko-Workshop« ein, zu dem er alle einlädt, die im Projekt eine Leitungs- oder Beratungsfunktion innehaben. In einem Brainstorming tragen die Teilnehmer alle Risiken zusammen, die ihnen durch den Kopf gehen.

Dabei stoßen sie auf zwei Arten von Risiken, mit denen erfahrungsgemäß keiner so recht etwas anzufangen weiß: die übergeordneten Katastrophen und die »Show-Stopper«. In die erste Kategorie fallen zum Beispiel Umweltkatastrophen, explodierende Kernkraftwerke oder ein Flugzeugabsturz auf das Firmengelände. Natürlich hätten solche Ereignisse auch Auswirkungen auf das Projekt, aber angesichts ihrer Tragweite für das gesamte Unternehmen wäre dieser Schaden für das Projekt ein eher nachrangiges Problem. Der Projektleiter kann solche Risiken daher aus der Betrachtung einfach ausblenden.

Anders verhält es sich mit den »Show-Stoppern« oder auch »Spielverderbern«, wie der Bestseller-Autor Tom DeMarco sie nennt. Gemeint sind damit Risiken, die ein Projekt zwangsläufig beenden können. Ein internes Veränderungsvorhaben findet zum Beispiel ein jähes Ende, wenn das eigene Unternehmen Opfer einer feindlichen Übernahme wird. Ein Kundenprojekt steht vor dem Aus, wenn der Auftraggeber Pleite macht. Diese Show-Stopper darf man nicht ignorieren, sie können aber letztlich nur von der Geschäftsleitung gemanagt werden.

Sind alle Risiken aufgelistet, nehmen die Workshopteilnehmer sie näher unter die Lupe. Dies geschieht anhand von drei Aspekten: Was ist die *Ursache* für das Risiko? Worin zeigt sich das *Risikoereignis*, wenn es eintritt? Welche *Auswirkungen* hat es auf das Projekt?

Um die Analyse systematisch durchzuführen, hat es sich bewährt, ein »Risiko-Logbuch« anzulegen, das diese Aspekte aufnimmt und dementsprechend in drei Spalten gegliedert ist:

- Ursache: In der Spalte »Ursache« stellen wir die Umstände dar, die dazu führen, dass ein Risiko eintritt. Die Ursache lässt jedoch offen, ob das Risikoereignis tatsächlich eintritt.
- Risiko: In der Spalte »Risiko« beschreiben wir das Ereignis, das dazu führt, dass ein Schaden für das Projekt eintritt. Dabei achten wir darauf, hier nur das Risikoereignis zu schildern – noch nicht seine Auswirkungen.
- Auswirkung: In der Spalte »Auswirkungen« schätzen wir den Schaden, der eintritt, wenn niemand auf das Risiko reagiert und keine Gegenmaßnahmen ergriffen werden.

Kehren wir zurück zu Toms Projekt, der Einführung einer Standardsoftware im Vertrieb. Die folgende Abbildung zeigt einen Auszug aus dem Risiko-Logbuch, das er zusammen mit seinem Team erstellt hat.

Wenn Sie nun mit Eifer und Elan die Risiken beschreiben, darf es Sie nicht irritieren, dass die Liste ziemlich lang wird. Viele Projektleiter lassen sich abschrecken, weil die Aufstellung endlos zu werden droht. Aber keine Sorge, auch eine umfangreiche Liste bekommt man in den Griff, denn nicht alle Risiken gefährden das Projekt gleichermaßen. In einem nächs-

Nr.	Risikoanalyse		
	Ursache	Risiko	Auswirkung
	Was verursacht das Risiko?	Was kann passieren?	Was sind die Auswirkungen?
1	**Allgemeine Risiken**		
1.1	Vertriebsleiter ist häufig unterwegs und daher nur selten für den Projektleiter zu sprechen	Auftraggeber ist in kritischen Situationen nicht verfügbar	Wichtige Entscheidungen werden nicht rechtzeitig getroffen, Projektarbeiten verzögern sich
1.2	…		
2	**Risiken in der Projektplanung**		
2.1	Geringe Erfahrungen mit der neuen Standardsoftware	Dauer und Aufwände sind zu optimistisch geplant	Zugesagte Termine können nicht eingehalten werden
2.2	Geringe Erfahrungen mit der neuen Standardsoftware	Wichtige Aktivitäten werden vergessen oder übersehen	Zeit- und Kostenaufwand steigt
2.3	…		
3	**Risiken (…)**		
3.1	…		

Risikoanalyse: Auszug aus Toms Risiko-Logbuch

ten Schritt müssen Sie die Risiken kategorisieren – sprich: bewerten und nach Gefährlichkeit ordnen.

Schritt 2: Risiken bewerten

Wenn Sie darüber nachdenken, welche Risiken dem Projekt gefährlich werden können, interessieren nur zwei Aspekte:

- Wie wahrscheinlich ist es, dass der Risikofall eintritt?
- Welcher Schaden wird dadurch verursacht?

Ein Risiko ist umso gefährlicher, je wahrscheinlicher es eintritt und je größer der dadurch entstehende Schaden ist. Also teilen Sie, immer im Konsens mit Ihrem Team, jedem Risiko eine Wahrscheinlichkeit und eine Schadensklasse zu. Die Ergebnisse dieser Risikobewertung können Sie wieder im Risiko-Logbuch notieren:

- **Wahrscheinlichkeit:** In der Spalte »Wahrscheinlichkeit« schätzen Sie ab, wie wahrscheinlich es ist, dass das genannte Risiko eintritt.
- **Schaden:** In der Spalte »Schaden« schätzen Sie ab, welchen Schaden die in der Risikoanalyse geschilderten Auswirkungen bei Eintritt des Risikoereignisses anrichten.

Meistens genügt es, den Schaden anhand von fünf Stufen zu klassifizieren: sehr gering – gering – mittel – hoch – sehr hoch. Schon diese grobe Kategorisierung trennt die Spreu vom Weizen. Wenn eine etwas differenziertere Betrachtung sinnvoll erscheint, bietet sich eine zehnstufige Skala mit den Schadensklassen 0 bis 10 und einer Wahrscheinlichkeit von 0 Prozent bis 100 Prozent an. Tom wählte diese zweite Möglichkeit. Hieraus ergab sich dann in seinem Risiko-Logbuch folgendes Bild:

Nr.	Risikobewertung		
	Risiko	Wahrscheinlichkeit	Schaden
	Was kann passieren?	Wie wahrscheinlich ist es?	Wie groß ist der Schaden?
1	Allgemeine Risiken		
1.1	Auftraggeber ist in kritischen Situationen nicht verfügbar	70 %	6
1.2	…		
2	Risiken in der Projektplanung		
2.1	Dauer und Aufwände sind zu optimistisch geplant	30 %	6
2.2	Wichtige Aktivitäten werden vergessen oder übersehen	40 %	4
2.3	…		
3	Risiken (…)		
3.1	…		

Risikobewertung: Auszug aus Toms Risiko-Logbuch

Die Tabellenform wirkt noch recht unübersichtlich. Es fällt schwer, hieraus die richtigen Schlussfolgerungen zu ziehen und geeignete Vorkehrungen abzuleiten. Das ändert sich schlagartig, wenn Sie die Ergebnisse in einer Grafik mit den Achsen Wahrscheinlichkeit und Schaden darstellen (Abbildung).

Anhand der jeweiligen Wahrscheinlichkeiten und Schäden können Sie jedes Risiko in das Schaubild eintragen. Auf einen Blick erkennen Sie nun die wirklich gefährlichen Risiken. Je nach Position auf der Grafik lassen sich folgende Kategorien unterscheiden:

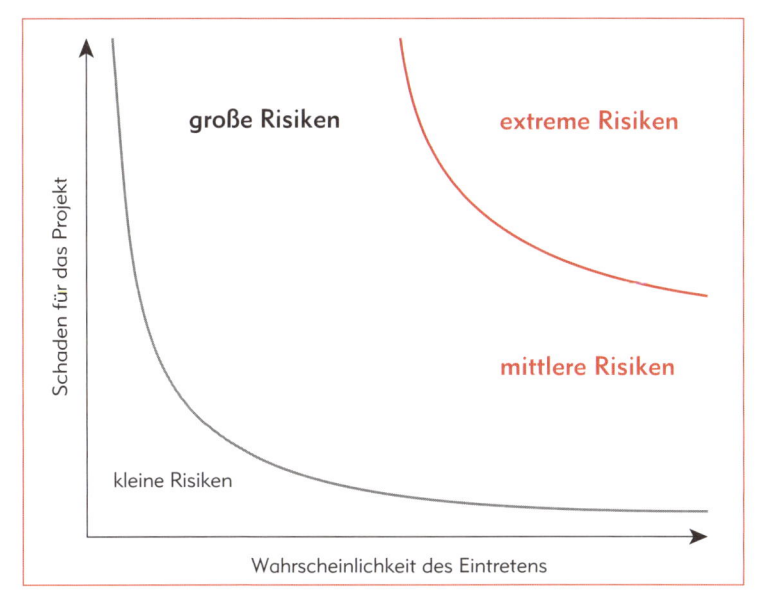

Die Risiken im Blick – Klassifizierung der Projektrisiken als Grafik

- **Extreme Risiken:** Extreme Risiken sind sehr wahrscheinlich und verursachen im Falle ihres Eintretens einen hohen Schaden. Existiert ein solches Risiko, stellt sich die Frage, ob man das Projekt überhaupt in Angriff nimmt. Der Projektleiter sollte dies mit dem Auftraggeber klären.
- **Große Risiken:** Große Risiken verursachen zwar einen großen Schaden, sind aber nicht sehr wahrscheinlich. Meist lohnen sich vorbeugende Maßnahmen nicht, doch sollte ein Notfallplan existieren, um im Falle eines Falles den Schaden zu begrenzen.
- **Mittlere Risiken:** Mittlere Risiken verursachen zwar keinen großen Schaden, ihr Eintritt ist jedoch wahrscheinlich. Der Projektleiter muss mit ihnen rechnen – was bedeutet, dass er sich mit ihnen beschäftigen und meist auch präventive Maßnahmen ergreifen sollte.
- **Kleine Risiken:** Bei kleinen Risiken sind Schaden und Eintrittswahrscheinlichkeit sehr gering. Der Projektleiter kann sie vernachlässigen und sich – sollten sie dann doch eintreten – später um sie kümmern.

Schritt 3: Vorkehrungen treffen

Die Risiken sind analysiert und bewertet. Projektleiter und Team haben sie auf der grafischen Übersicht vor Augen – und stellen nun die Frage: »Welche Vorkehrungen sollen wir treffen, welche Maßnahmen ergreifen?« Für jedes Risiko stehen prinzipiell vier Strategien zur Verfügung:

- Der Projektleiter versucht durch Präventivmaßnahmen das Risiko zu verhindern.
- Der Projektleiter definiert einen Notfallplan, um den möglichen Schaden zu reduzieren, wenn der Risikofall doch eintritt.
- Der Projektleiter überträgt das Risiko per Vertrag an einen Dritten, beispielsweise an einen Lieferanten, der für etwaige Folgen aufkommt.
- Der Projektleiter verzichtet auf Maßnahmen, um das Risiko abzuwenden.

Auf den ersten Blick bestechen die Strategien »Verhindern« und »Übertragen«. In der Praxis erweisen sie sich jedoch oft als teuer oder lösen das Problem am Ende doch nicht. Die meisten Risiken lassen sich mit vertretbaren Maßnahmen jedoch auf ein akzeptables Maß reduzieren. Mit der Strategie »Akzeptieren« sollte der Projektleiter hingegen zurückhaltend umgehen. Schließlich gibt es ja auch noch die Risiken, die er bei der Analyse nicht erkannt hat – und damit zwangsläufig akzeptiert.

Kommen wir noch einmal auf die Positionierung der Risiken in der Abbildung auf Seite 87 zurück: Vernachlässigen können wir die kleinen Risiken. Doch wie sollten wir die extremen, großen und mittleren Risiken managen?

Extreme Risiken stellen, wie gesagt, das Projekt an sich infrage. Als Projektleiter sollten Sie hier ehrlich zu sich selbst sein. Wenn Sie nach eingehender Prüfung zu dem Ergebnis kommen, dass das Projekt zu riskant ist, sollten Sie den Mut aufbringen und das Thema mit dem Auftraggeber besprechen. Das gilt natürlich in besonderem Maße für Kundenprojekte, bei denen ein Scheitern schnell das Unternehmen insgesamt schädigen kann.

Entscheidet sich der Auftraggeber, das Projekt dennoch zu realisieren, stellt sich die Frage, wie Sie mit dem extrem großen Risiko umgehen. Die Antwort: Sie definieren es um!

Ein Risiko, bei dessen Eintreten das gesamte Projekt zu scheitern droht, ist auf der anderen Seite auch ein entscheidender Erfolgsfaktor. Liegt das Risiko zum Beispiel in einem extrem knappen Zeitplan, also letztlich darin, den Endtermin zu überschreiten, lässt es sich zum Erfolgsfaktor »absolute Termintreue von Anfang an« umdeuten. Diesen Erfolgsfaktor können Sie nun in den Mittelpunkt rücken, notfalls indem Sie sich täglich mit dem Auftraggeber abstimmen.

Große Risiken treten zwar nur selten ein, verursachen aber einen großen Schaden. Während Sie sich privat ganz selbstverständlich gegen Sturm, Hagel, Unfälle und andere Schäden versichern, vernachlässigen Sie als Projektleiter allzu leicht solche Versicherungen – und gefährden damit auf fahrlässige Weise den Projekterfolg.

Die Möglichkeiten, ein Projekt gegen Risiken zu versichern, sind vielfältig. So können Sie bei Lieferverzug eine Konventionalstrafe vereinbaren, um die entstehenden Mehrkosten aufzufangen. Andere Möglichkeiten sind Alternativlieferanten, Backup-Systeme, Outsourcing von Projektarbeiten oder Vertretungsregelungen für wichtige Projektmitarbeiter. Alle diese Maßnahmen lassen sich nur zu Beginn des Projektes ergreifen. Wenn es brennt, ist es hierfür zu spät. Auch im Privatleben können Sie schließlich keine Gebäudebrandversicherung mehr abschließen, wenn die Flammen schon aus den Fenstern schlagen.

Fehlt für ein Risiko eine geeignete Versicherungsmöglichkeit, sorgen Sie für *Notfallpläne*. Damit lässt sich der Schaden zwar nur begrenzen, aber mit etwas Glück das Projekt noch retten. Ein Notfallplan verschafft zumindest den Spielraum, im Eintrittsfall auf die neue Situation einzugehen und sich bei Bedarf weitere Maßnahmen zu überlegen. Selbst wenn Sie ihn nicht benötigen, vermittelt er doch ein beruhigendes Gefühl: Sie wissen, er liegt in der Schublade – und Sie sind handlungsfähig, wenn die unerwartete Situation doch eintritt.

Mittlere Risiken sind wie ein plötzlicher Regenguss. Wenn der Wetterbericht Regen ankündigt, greifen Sie ganz selbstverständlich zum Schirm. Diese »Präventionsmaßnahme« erfordert kaum Aufwand, doch Sie bleiben trocken, wenn es dann tatsächlich regnet. Umso mehr verwundert es, dass Projektleiter dazu neigen, den Regenschirm nicht mit auf die Reise zu nehmen. So kommt es, dass sie irgendwann mit ihrem Team im Regen stehen.

Es gibt im Projektverlauf praktisch immer eine Reihe mittelgroßer Risiken, die sehr wahrscheinlich eintreten. Als Projektleiter sollten Sie dagegen Vorkehrungen treffen. Dabei hilft der

Blick ins Risiko-Logbuch, in dem Sie die Risikoursachen ja bereits notiert haben.

Zum Beispiel kann das Risiko darin liegen, dass ein unersetzbarer Projektmitarbeiter ausfällt. Eine Lösung kann darin liegen, Kollegen zu schulen oder externe Unterstützung einzukaufen – denn je mehr Arbeiten dieses Mitarbeiters auch von anderen übernommen werden können, desto unwahrscheinlicher wird es, dass sein Ausfall den Projektfortgang behindert. Solche *Präventivmaßnahmen* reduzieren die Eintrittswahrscheinlichkeit eines Risikos.

Die Übergänge zwischen den verschiedenen Risikoklassen sind fließend. Im Zweifel lohnt es sich nicht, darüber zu streiten, wo genau man ein Risiko nun einordnet. Entscheidend ist, jedem mit einer geeigneten Maßnahme zu begegnen. Aus diesem Grund hat es sich bewährt, das Risiko-Logbuch um einen Maßnahmenteil zu ergänzen.

Stellen Sie für jedes Risiko die Fragen:

- Was können Sie vorbeugend tun (Präventivmaßnahmen)?
- Welche Sofortmaßnahmen können Sie im Notfall ergreifen (Notfallpläne)?

Im Falle von Toms Projekt ergibt sich daraus folgende Ergänzung im Risiko-Logbuch:

Nr.	Risikomaßnahmen		
	Präventivmaßnahmen	Verantwortlichkeiten	Notfallpläne
	Vorbeugende Maßnahmen?	Wer überwacht das Risiko?	Welche Sofortmaßnahmen?
1	Allgemeine Risiken		
1.1	Operativen Auftraggeber bestimmen	Projektleiter/in	Notruf-SMS durch Sekretärin absetzen lassen
1.2	…		
2	Risiken in der Projektplanung		
2.1	Schulung der wichtigsten Mitarbeiter	Lösungsarchitekt/in	Projektplan überarbeiten
2.2	Schulung der wichtigsten Mitarbeiter	Lösungsarchitekt/in	Auswirkungen auf Projektplan prüfen
2.3	…		
3	Risiken (…)		
3.1	…		

Risikomaßnahmen – Auszug aus Toms Risiko-Logbuch

Am Ende sollte der Projektleiter die vereinbarten Maßnahmen und Notfallpläne noch einmal kritisch durchgehen und auf ihre Plausibilität prüfen. Allzu gerne schleichen sich nämlich »Mogelmaßnahmen« ein, die ein lästiges Risiko aus der Welt schaffen, dem Ernstfall jedoch nicht standhalten. Typisches Beispiel: Bei einem bestimmten ziemlich großen Risiko legt das Projektteam die Notfallmaßnahme »Unterstützung vom Management einholen« fest. Fragt sich nur, wie realistisch das ist: Wird das Management im Ernstfall wirklich kurzerhand den Karren aus dem Dreck ziehen? Meistens wohl nicht.

Schritt 4: Risiken überwachen

Viele Projektleiter absolvieren die ersten drei Schritte mit großem Elan, lassen die Unterlagen dann aber in der Schublade verschwinden. Wenn der Projektalltag seinen Tribut fordert und die ersten kritischen Meilensteine näherrücken, fehlt ihnen die Zeit, sich noch einmal das Thema »Risikomanagement« vorzunehmen. Eine gefährliche Nachlässigkeit: Die Risiken geraten so ausgerechnet dann aus dem Blickfeld, wenn sie besondere Aufmerksamkeit verdienen – nämlich während der Ausführung des Projektes.

Das Thema »Risiken« sollte während der gesamten Projektlaufzeit präsent bleiben. Machen Sie es als Projektleiter zum festen Tagesordnungspunkt in Projektbesprechungen und im Lenkungsausschuss. Es geht nicht darum, dass sich dieses Gremium mit jedem Bagatellrisiko beschäftigt. Aber Sie tun gut daran, die Mitglieder über die wesentlichen Projektrisiken und die getroffenen Vorkehrungen fortlaufend zu unterrichten.

Hinzu kommt: Risiken verändern sich während der Projektlaufzeit. Einige vergrößern sich, andere spielen ab einem bestimmten Zeitpunkt keine Rolle mehr. Sobald etwa ein Modul, das durch ein Risiko gefährdet war, erfolgreich fertiggestellt ist, verliert das betreffende Risiko seine Bedeutung und kann aus der Liste gestrichen werden.

Um während des Projektverlaufs den Überblick zu bewahren, hat es sich bewährt, die Risiken routinemäßig bei der wöchentlichen Projektsitzung zu checken:

- Ist das Risiko noch existent? Kann es gestrichen werden?
- Ist die Eintrittswahrscheinlichkeit noch die gleiche?
- Entspricht der erwartete Schaden noch der bisherigen Einschätzung?
- Gibt es neue Risiken, die wir am Anfang noch gar nicht bedacht haben?
- Sind die Präventivmaßnahmen ausgeführt worden? Haben die Verantwortlichen die Maßnahmen umgesetzt?
- Passen die Notfallpläne noch? Werden sie wie vereinbart abgearbeitet?

Als Projektleiter sind Sie für das Risikomanagement verantwortlich. Sie sollten deutlich machen, dass Ihnen das Thema wichtig ist, und es auch in hektischen Projektphasen nicht vernachlässigen. Sinnvoll kann es sein, für einzelne Risiken jeweils einen Verantwortlichen zu bestimmen, der sie einschätzt und überwacht – und sofort darüber informiert, sollte das Problem akut werden. Einen Teil der Risiken behalten Sie selbst im Auge, andere delegieren Sie an das Team, besonders wenn sie bestimmte fachliche Themen betreffen. Die jeweiligen Experten erkennen auch als Erste, wenn sich auf ihrem Gebiet ein Problem anbahnt.

Ein professionelles Risikomanagement gibt es nicht zum Nulltarif – es kostet Zeit, Geld und Nerven. Die eigentliche Schwierigkeit liegt dabei nicht in der methodischen Umsetzung der vier genannten Schritte, sondern in der Bereitschaft aller Beteiligten, unangenehmen Tatsachen ins Auge zu blicken. Das Problem stellt sich umso mehr, wenn das Management sich querstellt und die Risiken auf die leichte Schulter nimmt. Man denke nur an Katastrophen wie das Mautprojekt des Toll-Collect-Konsortiums.

Im Normalfall tritt immer das eine oder andere Risiko ein und entwickelt sich zum real existierenden Problem, das viel Zeit und Geld kostet. Der Aufwand für ein professionelles Risikomanagement rechnet sich deshalb auf jeden Fall. Ihre Aufgabe als Projektleiter ist es, hiervon auch den Auftraggeber zu überzeugen – was manchmal viel Geschick und Überzeugungskraft erfordert.

Projektleiter, die das Risikomanagement ernst nehmen, stellen immer wieder erstaunt fest, dass viele Risiken im Verlauf des Projekts wie von Geisterhand verschwinden. Dieser Effekt ist nicht verwunderlich, denn allein der Prozess der Risikoanalyse sorgt dafür, dass alle Beteiligten aufmerksamer werden, Probleme früher erkennen und rechtzeitig handeln – also lange bevor Risiken zum echten Problem für das Projekt werden.

Aus Toms Tagebuch

Montag, 20. Februar

Heute fand unser Risiko-Workshop statt. Ich habe alle wichtigen Teammitglieder eingeladen, dazu die Kollegen aus dem Fachbereich. Auch mein neuer Auftraggeber Eberhard war dabei. Ich hatte mir lange überlegt, ob ich ihn einladen soll oder nicht ...

»Was will der denn hier?«, wollte Karin von mir wissen. »Bist du von allen guten Geistern verlassen? Wir können doch nicht alle Risiken vor ihm ausbreiten.« Warum nicht!? Je früher er ein realistisches Bild davon bekommt, was das hier für ein Himmelfahrtskommando ist, umso besser! Das wollte Karin nicht einsehen. Kopfschüttelnd drehte sie mir den Rücken zu und setzte sich hin.

Als ich die Anwesenden begrüßt und kurz erklärt hatte, worum es in dem Workshop ging, wollte ich mit dem Brainstorming beginnen. Doch keiner rührte sich. Offensichtlich wagte sich in Anwesenheit von Eberhard keiner aus der Deckung, um mit der Wahrheit rauszurücken. Zum Glück hatte ich eine Idee in petto ...

Ich forderte die Anwesenden dazu auf, einmal besonders destruktiv zu denken. Sie sollten mich als Anwalt des Teufels sehen, der daran interessiert ist, dass das Projekt scheitert. Ich wüsste deshalb gerne die besten Tipps, wie man das Projekt zu Fall bringt. Drei Fragen schrieb ich an die Tafel:

- *Was müsste man tun, um das Projekt zu sabotieren?*
- *Was müsste passieren, damit wichtige Dinge nicht funktionieren?*
- *Was könnte man tun, um das Projekt zu verzögern oder zu verteuern?*

| ETAPPE 4 | ETAPPE 5 | ETAPPE 6 | ETAPPE 7 |

Nun kam Stimmung in die Bude. Besonders die ewigen Pessimisten und Schwarzseher erwiesen sich als höchst aktiv. Was denen alles einfiel! Ich kam kaum nach, die zahlreichen destruktiven Ideen aufzuschreiben.

Der Trick dabei: Hinter jeder Sabotageaktion, die mir die Teilnehmer nannten, steckte ein potenzielles Risiko. Mit ein wenig Umformulieren erarbeiteten wir auf diese Weise eine ansehnliche Risikoliste.

Jetzt zahlte sich die Anwesenheit von Eberhard in zweierlei Hinsicht aus. Zum einen war er sichtlich beeindruckt von den zahlreichen Risiken, die in dem Projekt stecken, für das er ja nun einmal mit verantwortlich ist. Ich glaube, er wurde sich erst heute seiner Verantwortung bewusst, die er als operativer Auftraggeber für die nächsten zwölf Monate trägt. Zum anderen beteiligte er sich selbst an der Diskussion. Da er die Gegebenheiten im Vertrieb viel besser kennt als wir, machte er mich auf einige Risiken aufmerksam, die mich später völlig unvorbereitet getroffen hätten.

Einige Dinge, die ich daraus lerne:
- Frage dich direkt nach der Auftragsklärung, worauf du auf jeden Fall achten musst! Schon jetzt werden wichtige Risiken sichtbar, die später unbedingt ins Risikomanagement einbezogen werden müssen.
- Nutze die Schwarzseher im und ums Team für die Risikoanalyse! Sie haben eine besondere Gabe, Risiken zu erkennen und vorauszusehen, wo im Projekt Schwierigkeiten auftauchen könnten.
- Schaffe eine vertrauensvolle und offene Kultur und ermutige dein Team, Risiken offen anzusprechen. Keiner darf den anderen kritisieren, wenn er ein Risiko vorträgt.
- Wenige Risiken deuten keineswegs auf ein stabiles und sicheres Projekt hin. Ganz im Gegenteil! Stabil ist ein Projekt mit vielen identifizierten Risiken – denn nur wenn ich die relevanten Risiken kenne, kann ich Vorkehrungen treffen und die Risiken im Auge behalten.
- Es empfiehlt sich, den Auftraggeber frühzeitig mit den Risiken des Projekts zu konfrontieren, anstatt ihm die Wahrheit scheibchenweise in homöopathischen Dosen zu verabreichen.

Bei alldem ist mir klar: Es lassen sich niemals alle Risiken erfassen, geschweige denn beseitigen. Ich darf deshalb nicht meine Zeit damit vergeuden, auch noch das letzte Risiko aufspüren zu wollen. Es kommt der Punkt, an dem man den Sprung ins Ungewisse wagen muss. Das Projekt bleibt ein Abenteuer!

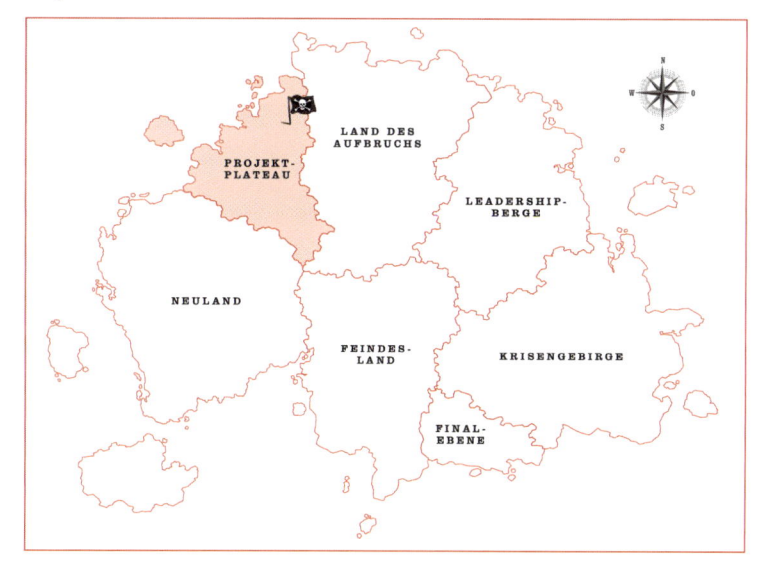

| Das Umfeld gewinnen | Alles hört auf mein Kommando | Kurs halten in gefährlichen Gewässern | Zum Endspurt ansetzen |

🏴‍☠️ Böse Überraschungen

Projektarbeit ist spannend, weil sie sich jenseits der täglichen Routine bewegt. Man weiß nie, welche Überraschung hinter der nächsten Ecke wartet. Bei allem Nervenkitzel darf es aber nicht zur großen Katastrophe kommen, an der das gesamte Projekt zerbricht. Dies erfordert einen systematischen Umgang mit Risiken.

🎯 So wappnen Sie sich

- Risiken zu verdrängen oder kollektiv zu ignorieren bringt nichts. Die Realität schert sich nicht um Wunschdenken oder haltlosen Optimismus nach dem Motto: »Das wird schon alles irgendwie gut gehen.«
- Überlegen Sie zu Beginn, welche Risiken überhaupt existieren. Ein Problem ist halb gelöst, wenn es nur klar formuliert wird.
- Prüfen Sie, wie wahrscheinlich es ist, dass die von Ihnen genannten Risiken eintreten, und bewerten Sie, wie groß der Schaden für das Projekt wäre.
- Führen Sie geeignete Maßnahmen durch, um die Risiken zu senken. Legen Sie dabei ein besonderes Augenmerk auf Risiken, die schwerwiegende Folgen haben können.
- Setzen Sie Ihren Auftraggeber über die bestehenden Risiken in Kenntnis. Der Auftraggeber ist gemeinsam mit Ihnen für das Projekt verantwortlich
- Bagatellisieren Sie ein Risiko nicht. Nur wenn Sie die Gefahrenpotenziale ehrlich analysieren, können Sie dem Risiko erfolgreich begegnen.
- Seien Sie ehrlich zu sich selbst. Falls Sie nach eingehender Prüfung feststellen, dass das Projekt zu risikoreich ist, sollten Sie den Mut haben, es abzulehnen.

2.4 Der Rucksack wird gepackt
Einfache Tools erleichtern die Projektarbeit

> Es genügt nicht zu wissen,
> man muss es auch anwenden.
> Es genügt nicht zu wollen,
> man muss es auch tun.
>
> *Johann Wolfgang v. Goethe*

Wie heikel die Frage nach der richtigen Ausrüstung ist, haben die Ponys und Motorschlitten gezeigt, mit denen der Engländer Robert Falcon Scott zum Südpol aufbrach. Auch jeder

Bergsteiger steht vor der Frage, was er auf eine bevorstehende Tour mitnehmen soll. Packt er zu wenig Proviant ein, leidet er Hunger. Fehlen Kletterseil und Steigeisen, kommt er an einer Steilwand nicht weiter. Soll ihm andererseits nicht schon bald die Puste ausgehen, darf der Rucksack nicht zu schwer sein.

Dem Projektleiter ergeht es wie einem Expeditionsleiter oder Bergsteiger: Auch er muss entscheiden, welches Werkzeug er mit auf die Reise nimmt. Und auch für ihn kann ein zu leichtes Gepäck ebenso zum Verhängnis werden wie eine scheinbar perfekte, am Ende jedoch viel zu sperrige Ausrüstung. Beides gefährdet den Projekterfolg – und beides kommt in der Realität gar nicht so selten vor.

Da gibt es auf der einen Seite den leicht bepackten Projektleiter, der glaubt, er könne allein mit einem schön gemalten Balkendiagramm ans Ziel marschieren. Das Gantt-Chart hat er schnell aus einem groben Projektplan erstellt. Großformatig ausgedruckt und an die Wand gehängt, macht es einen sehr professionellen Eindruck. Jeder spürt: Hier wird Projektmanagement aus dem Lehrbuch praktiziert!

Der große Rest des Projektes verläuft dann allerdings eher chaotisch. Es wird improvisiert und mit Notbehelfen reagiert. Der Projektleiter versendet Aufgaben per E-Mail oder gar als handgeschriebene Notiz. Er ignoriert Risiken oder befasst sich erst dann damit, wenn das Unglück schon geschehen ist. Anstatt das Projekt voranzubringen, vergeudet er seine Zeit mit Organisieren, Umorganisieren und Feuerwehreinsätzen. Er verliert den Überblick und versucht verzweifelt herauszufinden, welche Meilensteine noch zu halten sind. Spätestens jetzt vermisst er ein brauchbares Werkzeug, mit dem er die Projektabläufe systematisieren und in den Griff bekommen kann.

Auf der anderen Seite gibt es den schwer bepackten Projektleiter. Seine Leidensgeschichte hört sich nicht besser an. So hatte es die Geschäftsleitung eines Software-Systemhauses eigentlich gut gemeint, als sie eine teure Projektmanagement-Software genehmigte. Der Projektleiter sollte damit eine Hilfe bekommen, aber auch die Geschäftsleitung erhoffte sich Vorteile: Das Tool sollte detaillierte Zahlen liefern, um den Stand des Projektes jederzeit zu verfolgen. Da ein wichtiges Kundenprojekt anstand, erschien die Investition in ein professionelles Werkzeug sinnvoll.

Ein Trugschluss. Als wäre er nicht schon genug mit dem Projekt selbst beschäftigt, musste der Projektleiter jetzt auch noch eine komplexe Software bedienen. Verzweifelt fütterte er das Programm mit jener Unmenge an Daten, die es benötigte, um die versprochenen Auswertungen zu erstellen. Wozu dieser bürokratische Aufwand, wozu diese vielen Überstunden? Nur um dem Management einige halbwegs zuverlässige Kennzahlen zu liefern?

Als der Projektleiter sein Projekt endlich in der Software abgebildet hatte, änderten sich einige Anforderungen. Eigentlich ist das im Projektalltag nichts Ungewöhnliches. In früheren Projekten hatte der Projektleiter den Plan dann eben an die neuen Vorgaben angepasst. Doch nun galt es, die Änderungen auch in der Projektmanagement-Software umzusetzen. Nach einigen

Versuchen hatte der Projektleiter sich hoffnungslos in den Details des Programms verstrickt. Frustriert löschte er schließlich das Programm von seinem Computer. Dumm nur, dass damit auch die Dokumentation der letzten Wochen verloren war.

Große Softwarepakete für das Projektmanagement bewähren sich in der Regel nur in zwei Ausnahmefällen: bei sehr großen und komplexen Projekten – und bei Unternehmen, für die Projekte zum täglichen Geschäft gehören. Der erste Fall betrifft beispielsweise Großbauten, bei denen viele Gewerke und Subunternehmer gemanagt werden müssen. Zum zweiten Fall zählen Systemhäuser, die ihre Projektplanung und Projektsteuerung mit der Finanzbuchhaltung verknüpfen, weil Ausgaben und Umsätze des Projekts zuverlässig erfasst werden sollen.

Insgesamt lässt sich jedoch festhalten: Wenn die Planung ordentlich gemacht ist, genügen ein paar einfache, aber wirkungsvolle Werkzeuge, um das Projekt im Griff zu behalten. Es kommt nur auf die richtigen Instrumente an.

Was also in den Rucksack packen, um das Projekt mit möglichst wenig Aufwand im Griff zu behalten? Auf welche Werkzeuge kommt es an?

Mit einfachen Mitteln das Projekt auf Kurs halten

Wenn Sie im Projektverlauf stets den Überblick behalten und das Projekt erfolgreich managen wollen, kommt es auf fünf Fragen an, denen Sie sich immer wieder stellen müssen:

- Wie können Sie den Projektfortschritt überwachen und Terminverzögerungen im Projekt frühzeitig erkennen?
- Wie können Sie den vollständigen Überblick über alle durchzuführenden Aufgaben im Projekt bewahren?
- Wie können Sie mit Änderungswünschen umgehen und vermeiden, dass sich vermeintlich kleine Abweichungen im Nachhinein als aufwändig herausstellen?
- Wie können Sie die identifizierten Risiken in den Griff bekommen und unangenehme Überraschungen vermeiden?
- Wie können Sie alle wichtigen Projektereignisse und Entscheidungen so festhalten, dass Sie sie in strittigen Situationen parat haben und nachvollziehen können?

Um die Fragen zu beantworten, stehen fünf einfache Methoden und Werkzeuge zur Verfügung, die Sie im Folgenden kennenlernen: Meilenstein-Trendanalyse, Aufgabenliste, Änderungsantrag, Risiko-Logbuch und Projekttagebuch. Mit diesen Tools im Rucksack können Sie gut und gerne 80 Prozent der im Projektverlauf anfallenden Steuerungsaufgaben bewältigen.

Werkzeug 1: Die Meilenstein-Trendanalyse

Wie ein Kapitän benötigt auch der Projektleiter eine Navigationshilfe, die ihm anzeigt, ob er mit seinem »Projektschiff« noch auf Kurs liegt. Im Projektmanagement übernimmt die

Meilenstein-Trendanalyse diese Funktion. Mit ihrer Hilfe ist es möglich, den Projektfortschritt zu überwachen und Terminabweichungen frühzeitig zu erkennen. Die Methode ist verblüffend einfach und überaus nützlich, da sie die wesentlichen Entwicklungslinien im Projekt ziemlich genau vorhersagen kann. Der Projektleiter erkennt, wenn wichtige Termine gefährdet sind, und kann die Situation mit dem Team besprechen.

Wie bereits ihr Name besagt, baut die Methode auf den Meilensteinen auf, die im Zuge der Projektplanung bereits definiert und terminiert wurden. Kernstück der Analyse ist ein wöchentliches Statusmeeting, bei dem das Projektteam mit Blick auf die einzelnen Meilensteine den Aufgabenstand klärt: Welche Aufgaben sind bereits erledigt? Welche Probleme sind seit dem letzten Meeting aufgetreten? Was ist noch zu erledigen? Sind Terminverschiebungen absehbar?

Lässt sich ein Meilenstein nicht halten, legt das Team einen neuen Termin fest, der in die Meilenstein-Trendanalyse eingetragen wird. Je mehr Statusmeetings im Verlauf des Projektes stattfinden, desto klarer zeichnet sich für jeden einzelnen Meilenstein ein Trend ab.

Die Meilenstein-Trendanalyse lässt sich visualisieren, indem man die Trends der einzelnen Meilensteine in einem Diagramm darstellt (siehe Abbildung). Hierzu tragen Sie auf der vertikalen y-Achse die Meilensteintermine in ihrem zeitlichen Ablauf ein. Die x-Achse enthält eine Zeitskala in Kalenderwochen, auf der Sie (am oberen Rand der Grafik) die Berichtszeitpunkte eintra-

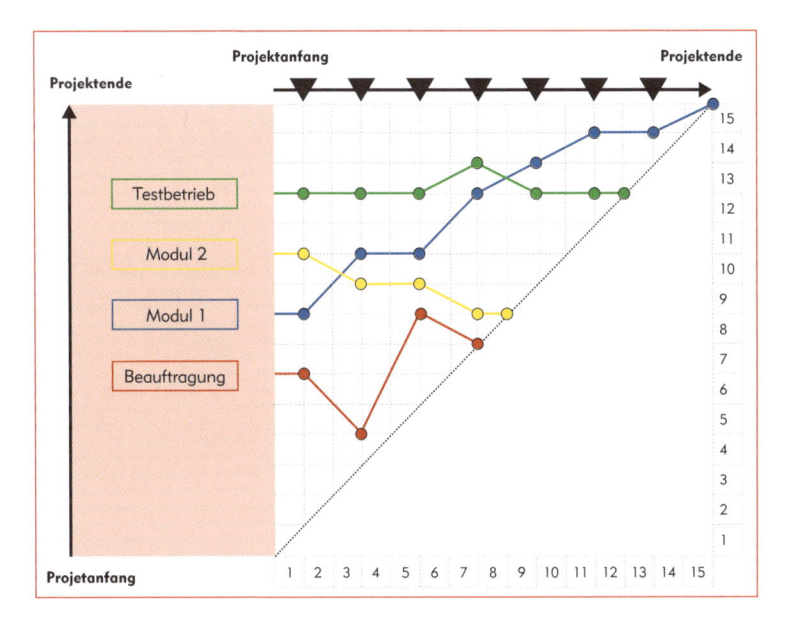

Meilenstein-Trendanalyse – Navigationsinstrument für den Projektleiter

gen, zu denen sich das Projektteam zur Statuserhebung trifft. Auf der y-Achse tragen Sie für jeden Meilenstein das Ergebnis des Meetings ein:

- Wenn das Team den geplanten Termin halten kann, tragen Sie den ursprünglichen Termin in die Meilenstein-Trendanalyse ein; die Kurve bleibt eine horizontale Linie.
- Verschiebt sich ein Termin, tragen Sie den neuen Termin ein. Die Kurve verlässt nun den waagrechten Verlauf: Wenn das Team den Termin verschieben muss, knickt sie nach oben;

erreicht das Team schneller als geplant den Meilenstein, weist die Kurve nach unten.

Auf diese Weise entstehen Trendlinien, die eine Aussage über die Termintreue im Projekt ermöglichen. Beispielhaft lässt sich das anhand der Grafik (siehe Abbildung auf Seite 97) zeigen: Demnach erreicht das Teilprojekt »Modul 2« sein Ziel deutlich früher als geplant – was auf zu hohe Sicherheitspuffer hinweist. Ganz anders beim Teilprojekt »Modul 1«: Hier steigt die Linie steil an, das heißt, die Terminplanung war viel zu optimistisch, und die Termine müssen immer wieder nach hinten verschoben werden. Die Kurve für den Meilenstein »Beauftragung« weist auf große Terminunsicherheiten hin, wie das ständige Zickzack belegt. Lediglich beim »Testbetrieb« bestätigt das Team bei seinen Statusbesprechungen die geplanten Termine jede Woche aufs Neue – ein offensichtlich perfekt geplantes Teilprojekt.

Aus der Meilenstein-Trendanalyse lassen sich kritische Projektsituationen auf einen Blick erkennen. Das zeigt das folgende Beispiel (Abbildung Seite 99): Die Meilensteine verbleiben zunächst über längere Zeit auf ihrem Termin, um dann plötzlich nach oben auszubrechen und an der Diagonalen nach oben zu wandern. Dies deutet darauf hin, dass der Projektleiter sich in den Statusmeetings regelmäßig vertrösten lässt. Wie die Grafik zeigt, verdichten sich die Meilensteinlinien – der große Knall, meist verbunden mit einem Projektabbruch, ist absehbar.

So weit muss es jedoch nicht kommen. Die Meilenstein-Trendanalyse gibt die Chance, eine solche Fehlentwicklung noch rechtzeitig zu erkennen. Sobald der erste Meilenstein deutlich nach oben rutscht, ist das ein Alarmzeichen. Als Projektleiter sollten Sie sofort das Gespräch mit den Meilenstein-Verantwortlichen suchen, um festzustellen, ob sich das Team nur mit einigen Anfangsschwierigkeiten herumschlägt oder ob das Projekt bereits in eine Schieflage geraten ist.

Vor allem in zeitkritischen Projekten ist die Meilenstein-Trendanalyse sehr hilfreich. Sie ist eine ausgezeichnete Methode, um Verbindlichkeit und Termintreue zu schaffen – vor allem wenn sich der Projektleiter von allen Beteiligten persönliche Terminzusagen einholt. Zudem zeigt die grafische Darstellung auf einen Blick, welche Termine sich verschieben, und informiert daher auch das Management einfach und schnell über den Projektfortschritt.

Werkzeug 2: Die Aufgabenliste

Standardwerke über Projektmanagement verlieren kein Wort über sie. Dabei dürfte sie die am häufigsten eingesetzte Methode sein, um ein Projekt zu überwachen und zu steuern. Die Rede ist von der Aufgaben- oder To-do-Liste.

Zwar stellen der Projektstrukturplan und die Aufgabenpakete das Gerüst dar, an dem sich der weitere Verlauf des Projekts ausrichtet. Für die tägliche Projektarbeit reicht das aber nicht aus. Um die Aufgaben auch wirklich erledigen zu können, benötigen die Projektmitarbeiter konkrete Arbeitsanweisungen, während der Projektleiter einen Weg finden muss, sein Team aktiv in die Projektsteuerung einzubinden. Beides leistet eine diszipliniert geführte Aufgabenliste. Anstatt sie zu belächeln, wie es Theoretiker des Projektmanagements gerne tun, wollen wir sie deshalb in die kleine Reihe der wichtigsten Arbeitswerkzeuge des Projektleiters aufnehmen.

Ein Beispiel für eine Aufgabenliste zeigt die Tabelle auf Seite 100. Das Dokument besteht aus fünf Spalten: Jede Aufgabe erhält eine laufende Nummer und wird in einem Satz kurz beschrieben. Es folgen das erwartete Ergebnis, Zuständigkeit und Fälligkeitsdatum. Entscheidend ist, die Aufgabe zwar kurz, aber doch klar und unmissverständlich zu beschreiben. Nehmen wir Aufgabe 1.1 aus dem Beispiel: Notieren Sie in der zweiten Spalte dann nicht einfach nur das Stichwort »Change Request«, sondern formulieren Sie die Aufgabe als konkrete Arbeitsanweisung: »Erstelle eine Vorlage für einen Change Request und stimme diese mit dem Auftraggeber ab.« In der nächsten Spalte nennen Sie das erwartete Ergebnis: » Abgestimmte Word-Vorlage«.

Die Funktionen einer Tabellenkalkulation wie Excel erlauben es, eine Aufgabenliste nach bestimmten Kriterien zu filtern und zu sortieren. Jeder Teammitarbeiter kann die Aufgabenliste deshalb so ordnen, dass er sofort erkennt, welche Aufgaben er bis wann zu erledigen hat. Der Projektleiter hat die Möglichkeit, für jedes Arbeitspaket eine komplette Aufgabenliste zu erstellen, was in den bisherigen Planungsdokumenten nicht möglich war und auch nicht sinnvoll gewesen wäre.

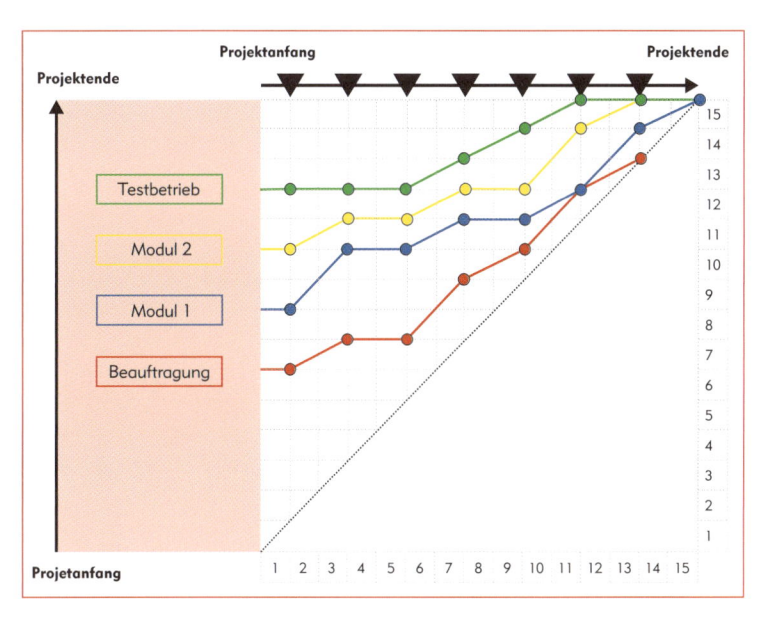

Meilenstein-Trendanalyse – ein Projekt kurz vor dem Scheitern

In die Liste werden alle relevanten Aufgaben aufgenommen. Hierzu zählen nicht nur die Tätigkeiten, die sich aus den Arbeitspaketen ableiten. Auch offene Fragen, ungelöste Probleme oder drohende Risiken können einbezogen und als Aufgaben formuliert werden. Bei Bedarf lässt sich die Liste um weitere Spalten erweitern – beispielsweise um das Erfassungsdatum, eine Referenz zum Arbeitspaket, ein Status- oder ein Kommentarfeld. Doch Vorsicht: Damit erhöht sich zwar der Informationsgehalt, aber auch der Dokumentationsaufwand. Die Devise lautet daher: So wenig wie möglich, aber so viel

Aufgabenliste				
Nr.	Aufgaben	Ergebnis	Wer?	Bis wann?
1	**Allgemeine Punkte**			
1.1	Erstelle eine Vorlage für einen Change Request und stimme diese mit dem Auftraggeber ab.	Abgestimmte Word-Vorlage	Tom	09.03.
1.2	…			
2	**Projektplanung**			
2.1	Kläre mit dem Auftraggeber, welche Mitarbeiter aus dem Vertrieb das Projekt als Key-User unterstützen.	Namensliste als E-Mail	Tom	29.02.
2.2	Kläre mit dem Softwarelieferanten, ob die Software schon zwei Wochen früher installiert werden kann.	Schriftliche Zusage des Lieferanten	Karin	02.03.
2.3	…			
3	**Risikomanagement**			
3.1	…			

Einfache Handhabung – Die Aufgabenliste als Werkzeug des Projektmanagements

wie nötig. Nur dann bleibt die Liste handhabbar, findet im Team die notwendige Akzeptanz und wird zu einem wirklich effektiven Managementinstrument.

Werkzeug 3: Der Änderungsantrag

Das »Change Request Management« genießt den Ruf, die Königsdisziplin des Projektmanagements zu sein. Gemeint ist damit der richtige und vor allem disziplinierte Umgang mit Änderungsanträgen. Tatsächlich trägt ein Projektleiter, der diese Kunst beherrscht, entscheidend zum Erfolg des Projekts bei.

Auch wenn Sie bei Beginn des Projekts sämtliche Anforderungen sorgfältig klären, entsteht im Projektverlauf immer wieder ein Änderungsbedarf. Neue Erkenntnisse, veränderte Rahmenbedingungen, Kundenwünsche – all das kann dazu führen, dass Sie als Projektleiter Ziele oder Funktionalitäten ändern, oft auch erweitern müssen.

Viele Projektleiter begehen in dieser Situation einen Kardinalfehler: Ohne groß darüber nachzudenken, akzeptieren sie die neuen Anforderungen. Oder, schlimmer noch, sie überlassen es ihren Projektmitarbeitern, über die Änderungen zu entscheiden. Oft gerät das Projekt dadurch in ernsthafte Schwierigkeiten, weil den meisten Beteiligten der Überblick fehlt, wie sich ihre Entscheidung auf das Projekt auswirkt.

Zunächst sind die Folgen kaum spürbar, meist handelt es sich ja um kleine Veränderungen. Früher oder später treten dann aber Terminverschiebungen und Widersprüchlichkeiten auf. Plötzlich erweist sich, dass der Projektumfang erheblich größer geworden ist.

Wie können Sie dieses unsanfte Erwachen vermeiden und Ihr Projekt vor unkoordinierten Veränderungen bewahren?

Das Zauberwort lautet: Change Request Management. Jede neue Anforderung wird systematisch daraufhin überprüft, welche Folgen sie hat und ob sie im Rahmen des bestehenden Projekts umgesetzt werden kann. Die Prüfung umfasst fünf wesentliche Schritte:

- Änderungsantrag: Schon zu Beginn des Projekts stellt der Projektleiter allen Beteiligten ein Formular für einen Änderungsantrag (Change Request) zur Verfügung. Das mag etwas bürokratisch wirken, setzt aber an dieser Stelle ein wichtiges Signal: Alle Beteiligten, vom Auftraggeber über die Anwender bis hin zu den Teammitgliedern, wissen nun, dass Änderungen einem formalen Freigabeprozess unterliegen – ganz gleich, wer eine Änderung für notwendig hält.
- Analyse: Wird ein Änderungsantrag gestellt, prüft der Projektleiter zusammen mit seinem Team, wie sich die Änderungen auf sein Projekt auswirken: Welcher Aufwand wird dadurch verursacht? In welchem Umfang müssen bisherige Ergebnisse angepasst oder ergänzt werden? Was folgt hieraus für die Terminplanung?
- Bewertung: Wenn es sich wirklich nur um eine kleine Änderung handelt, die dem Projektplan nicht weiter schadet, stimmt der Projektleiter dem Änderungsantrag zu. Meistens jedoch sprengt der Aufwand den Kulanzrahmen des Projekts. In diesem Fall leitet der Projektleiter ein offizielles Change-Request-Verfahren ein, in dem systematisch die Auswirkungen auf Qualität, Budget und Terminplanung untersucht werden. Die Ergebnisse legt er zusammen mit dem Änderungsantrag dem Auftraggeber vor.
- Genehmigung: Sind die Auswirkungen überschaubar, verhandelt der Projektleiter direkt mit dem Auftraggeber über die anfallenden Zusatzkosten und einigt sich mit ihm über mögliche Terminverschiebungen. Bei größeren Auswirkungen auf Qualität, Kosten und Termine entscheidet der Lenkungsausschuss über den Änderungsantrag. Stimmt er zu, muss er auch die notwendigen Ressourcen zur Verfügung stellen.
- Umsetzung: Wird der Änderungsantrag genehmigt, überarbeitet der Projektleiter gegebenenfalls die Projektplanung und informiert die Betroffenen über die Auswirkungen.

Beim Change-Request-Verfahren handelt es sich also um einen formalen Prozess mit klar definierten Abläufen. Um diese Abläufe im Projektalltag tatsächlich einzuhalten, hat es sich bewährt, mit einem Change-Request-Formular zu arbeiten. Das Dokument kann wie folgt aufgebaut sein:

- Änderungsantrag: Beschreibung der Änderung, Grund für die Änderung, geforderte Antwort
- Analyse der Auswirkungen: Auswirkungen auf Umfang, Qualität, Anforderungen, Zeitplan, Preis, Risiken

- **Bewertung der Änderung:** Empfehlungen ausgewählter Stakeholder
- **Zustimmung:** Notwendige Unterschriften

Vor allem bei Kundenprojekten sollte der Projektleiter auf ein konsequentes Change Request Management achten. Hier wirken sich Änderungsanträge auch auf den Projektvertrag aus und erlangen damit juristische Bedeutung. Es kommt deshalb nicht nur darauf an, jede Veränderung der Leistung akribisch zu dokumentieren. Auftraggeber und Kunde müssen sich auch darüber einigen, wie sich die Veränderung auf Vergütung und Ausführungsfristen auswirkt – und diese Einigung schriftlich festhalten. Geschieht das nicht, läuft ein Kundenprojekt schnell aus dem Ruder und landet womöglich später vor Gericht.

Werkzeug 4: Das Risiko-Logbuch

Das Risiko-Logbuch haben wir bereits ausführlich kennengelernt. Es ist Bestandteil des Risikomanagements, das den Projektleiter während des gesamten Projekts begleitet. Mithilfe des Risiko-Logbuchs behält das Projektteam die relevanten Projektrisiken im Auge und kann gegebenenfalls rechtzeitig die notwendigen Maßnahmen treffen.

Das Risiko-Logbuch zählt damit ganz klar zu den Grundwerkzeugen, die für die Steuerung des Projekts erforderlich sind. Der Projektleiter sollte es unbedingt mit in den Rucksack packen.

Werkzeug 5: Das Projekttagebuch

Projekte ziehen sich manchmal über viele Monate hin. Es fallen zahlreiche Entscheidungen, immer wieder auch außerhalb des Protokolls der offiziellen Besprechungen. Problematisch wird das, wenn der Auftraggeber dann Wochen später bekundet: »Das habe ich doch nie zugesagt!« Glücklich der Projektleiter, der nun entgegnen kann: »Vielleicht irre ich mich ja, aber hatten wir nicht am 6. Dezember ein Gespräch, bei dem auch Herr Westermann mit dabei war und in dem es um genau dieses Thema ging? Fragen wir ihn doch mal.«

Wie schaffen Sie es, derart souverän zu reagieren? Ganz einfach: Sie führen ein Projekttagebuch. Darin können Sie, wie einst Scott und Amundsen, die großen Erlebnisse und kleinen Anekdoten des Projektabenteuers schildern und Reflexionen und Erkenntnisse sowie Hinweise für künftige Projekte festhalten. Vor allem aber notieren Sie Entscheidungen, Zusagen und »geheime Informationen«, die im weiteren Projektverlauf wichtig werden könnten. Genau das verschafft Ihnen die Souveränität und Schlagfertigkeit, die Sie im Gespräch mit dem Auftraggeber benötigen.

Noch ein weiterer Grund spricht für ein Projekttagebuch. In den meisten großen Projekten gibt es wichtige Informationen und Entscheidungen, die nur einem bestimmten Personenkreis zugänglich sein dürfen und deshalb nicht in der allgemeinen Projektdokumentation auftauchen. Wohin damit? Genau: ins Projekttagebuch!

Die meisten Projektleiter finden die Idee eines Projekttagebuchs im Prinzip gut, verzichten dann aber doch darauf, weil sie in der Hektik des Projektalltags nicht die Zeit dafür finden. Ein Projekttagebuch ist eine zusätzliche Aufgabe. Auch stellt sich ständig die Frage, was eigentlich erwähnenswert ist. Oft sehen die Notizen banal aus. Nicht zuletzt ist das Tagebuchschreiben eine sehr persönliche Angelegenheit, und es fällt schwer, diese Idee nun auf die berufliche Situation eines Projekts zu übertragen. So kommt es, dass viele Projektleiter es gar nicht erst versuchen.

Das ist schade, denn das Tagebuch erweist sich als sehr nützlich. Hat man sich erst einmal daran gewöhnt, regelmäßig einige Zeilen über das Projekt zu schreiben, ist auch der Aufwand sehr überschaubar. Ein paar Minuten am Tag genügen. Einige einfache Fragen können über die Anfangshürden hinweghelfen: Was ist heute passiert? Mit wem wurde was besprochen? Gibt es ein größeres Problem? Welche wichtigen Entscheidungen wurden getroffen?

Aus dem Tagebuch soll kein Roman werden, doch sollte es mehr sein als nur ein sachliches Protokoll. Entscheidungen und Reaktionen werden erst im Lichte der Ereignisse, Zusammenhänge und Bewertungen nachvollziehbar. Notieren Sie deshalb auch Meinungen und persönliche Eindrücke.

Konsequenz und Disziplin gehören dazu

Es kommt nicht auf das große Projektmanagement-Tool an, das eine perfekte Projektsteuerung verspricht. Ebenso wäre es verfehlt, nun einen großen und schweren Werkzeugkasten mitzuschleppen. Das Erfolgsgeheimnis liegt an ganz anderer Stelle: Entscheidend sind Konsequenz und Disziplin. Dann genügt es, die fünf beschriebenen Werkzeuge auf die Reise mitzunehmen.

Konkret heißt das:

- Nehmen Sie sich mithilfe der *Meilenstein-Trendanalyse* nicht nur vor, den Projektfortschritt zu überwachen. Betrachten Sie regelmäßig Ihre Meilensteine und besprechen Sie Terminverzögerungen im Team mit der notwendigen Ernsthaftigkeit.
- Setzen Sie die *Aufgabenliste* nicht nur ein, um die Aufgaben an Ihre Mitarbeiter zu verteilen. Gehen Sie regelmäßig auch die Liste der offenen Punkte durch. Und vor allem: Geben Sie konsequent Feedback.
- Fordern Sie nicht einfach, Änderungen zu dokumentieren, sondern arbeiten Sie konsequent mit *Änderungsanträgen*. Erstellen Sie eine entsprechende Vorlage, und gewöhnen Sie Ihren Auftraggeber frühzeitig an einen klar definierten Änderungsprozess.
- Belegen Sie anhand des *Risiko-Logbuchs*, dass Sie das Risikomanagement ernstnehmen. Halten Sie regelmäßig Besprechungen oder Workshops dazu ab.

- Tragen Sie wichtige Informationen zum Projekt in Ihr *Projekttagebuch* ein. Führen Sie das Tagebuch regelmäßig, damit Sie die Informationen jederzeit parat haben.

Konsequenz und Disziplin im Einsatz der Steuerungswerkzeuge – das klingt einfach, zählt aber zu den echten Herausforderungen, die ein Projektleiter zu meistern hat. Wenn es hektisch zugeht, liegt die Versuchung nahe, die Aufgabenliste liegenzulassen, auf einen Änderungsantrag zu verzichten oder den Tagebucheintrag zu verschieben. Dadurch jedoch wird das Werkzeug schnell stumpf und unbrauchbar. Das liegt dann nicht am Werkzeug selbst, sondern am Anwender – sprich: am Projektleiter, der es nicht konsequent einsetzt und dadurch bei den Projektmitarbeitern an Vertrauen verliert. Was soll ein Mitarbeiter von Ihnen als Projektleiter noch halten, wenn Sie die Aufgabenliste nicht nachhalten und nicht auf die Einhaltung der darin festgelegten Termine bestehen?

Der Einsatz der Projektmanagement-Werkzeuge ist für den Projektleiter eine gute Möglichkeit, seine Glaubwürdigkeit kontinuierlich unter Beweis zu stellen. Das verlangt allerdings Konsequenz und Disziplin. Erinnern wir uns an die besondere Eigenheit des guten Vorsatzes: Das Gegenteil von »gut« ist eben nicht unbedingt »schlecht«, sondern »gut gemeint und nicht gehandelt«. An der Konsequenz des Handelns können alle guten Vorsätze scheitern.

Aus Toms Tagebuch

Donnerstag, 1. März

Gestern habe ich einige wichtige Projektdokumente und Vorlagen erstellt und sie heute mit Eberhard besprochen. Wie sich zeigte, eine gute Idee: Auf diese Weise musste er zum Beispiel zur Kenntnis nehmen, dass es ein Change-Request-Formular geben würde, um Änderungen zu initiieren. Er schaute mich etwas zweifelnd an: Ob das denn notwendig sei, fragte er. Mit einigen eindrucksvollen Beispielen konnte ich ihn dann doch überzeugen, dass es besser ist, Anträge auf Änderungen einheitlich zu dokumentieren und koordiniert abzuarbeiten. »So verhindern wir redundante Arbeiten und unnötige Kosten« – ein Argument, das ihn überzeugte.

Einige Dinge, die ich daraus lerne:
- In Projekten gibt es wichtige Dokumente. Spreche ich die Vorlage dafür mit dem Auftraggeber ab, kann er sich bereits darauf einstellen, dass es später Vorgänge wie beispielsweise einen Change Request geben wird.
- Wenn sich beide Seiten an einen klaren Änderungsprozess halten, bewahren wir das Projekt vor unkoordinierten Veränderungen – das hilft auch dem Auftraggeber.
- Ein klar strukturierter Änderungsprozess lässt erwarten, dass neue Anforderungen zügig geklärt werden.

Was mich immer wieder aufregt, ist die Tatsache, dass niemand in unserem Laden für eine einheitliche Projektdokumentation sorgt. Jeder Projektleiter erfindet das Rad wieder neu, wenn er eine Vorlage für Change Requests, Meeting-Protokolle etc. benötigt. Eigentlich könnte das ja auch mal meinem Chef selbst auffallen. Wenn ich ihm das jetzt sage, bleibt es wieder an mir hängen. Mit dem Projekt habe ich schon genug um die Ohren, da brauche ich nicht auch noch so eine Arbeitsmaßnahme …

Freitag, 2. März

Das Thema Änderungsmanagement beschäftigt mich immer noch. In meinen bisherigen Projekten habe ich das Handling von Änderungen selbst übernommen, aber das waren ja meist auch eher kleinere Projekte. Jetzt ist mir nicht wohl dabei. Wie soll ich das leisten? Es wird jede Menge Anforderungen um neue Funktionalitäten und Ähnliches geben. Und ich habe ja keine Ahnung von der neuen Standardsoftware.

Dass Eberhard bereits das Change-Request-Formular kennt, ist ein wichtiger erster Schritt. Damit das Anforderungsmanagement gut läuft, brauche ich aber noch Unterstützung. Wie wäre es mit der Rolle eines Anforderungsmanagers? Wer außer Karin könnte so etwas leisten? Sie wird wohl meine Allzweckwaffe!?

Montag, 5. März

Karin war nicht gerade begeistert, als ich ihr eröffnete, dass sie die »Anforderungsmanagerin« spielen sollte. Aber sie sah ein: Jemand muss dafür sorgen, dass wir mit neuen Anforderungen diszipliniert und einheitlich umgehen. Ich habe ihr angeboten, dass wir gemeinsam die neuen Anforderungen im Gesamtkontext des Projekts bewerten, Empfehlungen aussprechen und notfalls auch die Entscheidungen für den Lenkungsausschuss vorbereiten.

Ich bin froh, dass sie mitspielt. Das ist eine riesige Unterstützung für mich: Alle Change Requests gehen über Karins Schreibtisch. Niemand außer ihr bearbeitet die Änderungsanträge, alle Änderungen werden direkt an sie weitergegeben.

Die Aktivitäten werden bei Karin gebündelt, weil sie die Auswirkungen auf das Projekt am ehesten überblicken und deshalb beurteilen kann, ob eine scheinbar kleine Änderung möglicherweise schwerwiegende Konsequenzen nach sich zieht.

Wir verhindern auf diese Weise, dass neue Anforderungen an unterschiedlichen Stellen unkoordiniert und womöglich redundant bearbeitet werden.

Alle Change Requests durchlaufen einen klaren Prozess, das heißt, sie werden rechtzeitig und koordiniert umgesetzt.

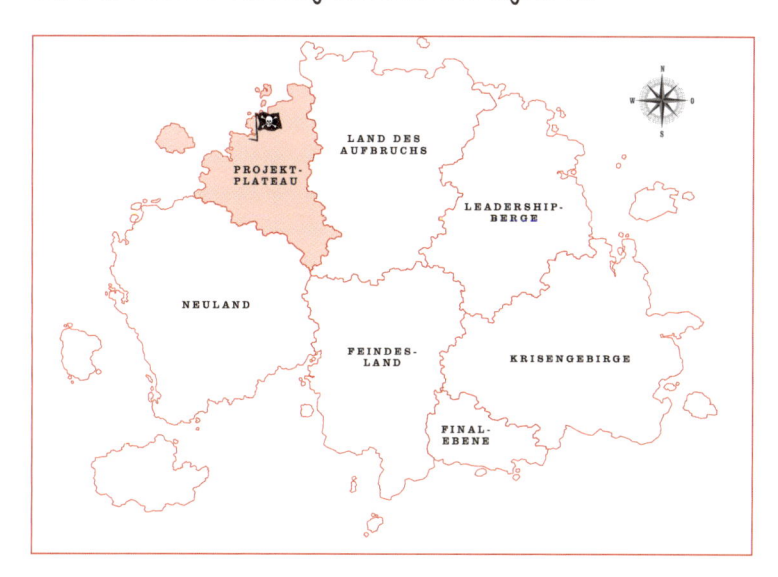

🏴‍☠️ Der Überblick geht verloren

Wenn ein Projekt in die Umsetzung geht und an Fahrt aufnimmt, arbeitet das Team an mehreren Arbeitspaketen gleichzeitig. Die Gefahr ist groß, dass der Projektleiter den Überblick verliert. Schnell können größere Schwierigkeiten auftreten, Termine und Meilensteine lassen sich nicht mehr halten.

🎯 So wappnen Sie sich

- Nutzen Sie die *Meilenstein-Trendanalyse*, um Meilensteine einzuhalten und rechtzeitig zu erkennen, ob Projekttermine aus dem Ruder laufen.
- Steuern Sie die operative Projektarbeit mithilfe einer *Aufgabenliste*. So können Sie den Fortschritt der Arbeiten zuverlässig abschätzen.
- Führen Sie ein *Change-Request-Verfahren* ein. So lässt sich systematisch überprüfen, wie sich Änderungen auswirken – und ob sie im Rahmen des Projektauftrags durchgeführt werden können oder nicht.
- Führen Sie ein *Risiko-Logbuch*. So behalten Sie während des Projektverlaufs die Risiken im Auge und können rechtzeitig reagieren, wenn ein Risikofall eintritt.
- Machen Sie sich – am besten täglich – Notizen. Halten Sie wichtige Vorkommnisse in einem *Projekttagebuch* fest, so dass Sie jederzeit bei Bedarf auf Ihre Notizen zurückgreifen können.

Etappe 3

DAS ABENTEUER BEGINNT

Einen Fehlstart vermeiden

Bei einer Katastrophe am Mount Everest kamen im Frühjahr 1996 zwölf Männer und Frauen ums Leben. Der amerikanische Autor Jon Krakauer hat an der Expedition teilgenommen und sich über die Ursachen der Katastrophe Gedanken gemacht. Seine Schlussfolgerungen sind auch deshalb so interessant, weil sie sich auf jedes große Projekt übertragen lassen.

Jon Krakauer hatte sich einer kommerziell geführten Expedition des Höhenbergsteigers Rob Hall angeschlossen, um für die Zeitschrift *Outside* einen Bericht über die »Kommerzialisierung des Everest« zu schreiben. Rob Hall wollte gegen eine Bezahlung von bis zu 65 000 US-Dollar pro Person eine Gruppe mehr oder weniger erfahrener Bergsteiger auf den höchsten Punkt der Welt bringen.

Die Expedition war durchaus professionell geplant. Nach dem Aufstieg zum Basislager mussten die Mitglieder der Expedition einige Wochen lang zwischen dem Basislager und den Höhencamps pendeln, um die Route zu erkunden und sich an die Höhe zu gewöhnen. Die Akklimatisierung verlief größtenteils planmäßig, wenn auch am Ende alle Mitglieder des Teams gesundheitlich angeschlagen waren. Dennoch startete Rob Hall am 10. Mai 1996 den Gipfelversuch. Er gab die strikte Direktive aus, dass jeder Teilnehmer um 14 Uhr den Abstieg anzutreten habe, gleichgültig, wo er sich am Berg befinde – anderenfalls könne es lebensgefährlich werden.

Auch das Umfeld hatte Rob Hall in seine Vorbereitungen einbezogen. Bereits lange vor dem Gipfelversuch stimmte er sich mit den anderen Expeditionen ab, um zu verhindern, dass zu viele Menschen zur gleichen Zeit den höchsten Berg der Erde stürmten. Doch nicht alle hielten sich an die Vereinbarungen: An jenem 10. Mai machten sich dann doch dreiunddreißig Bergsteiger aus drei verschiedenen Expeditionen auf den Weg zum 8848 Meter hohen Gipfel. Erste Probleme waren die Folge. Die begleitenden Sherpas konnten die erforderlichen Fixseile nicht wie geplant anbringen, weil sie mit der Betreuung unerfahrener Expeditionsteilnehmer beschäftigt waren. Zudem stauten sich die Menschen an verschiedenen Engstellen, weil zu viele Bergsteiger unterwegs waren.

Als einer von sechs Expeditionsteilnehmern erreichte Jon Krakauer kurz nach 13 Uhr den Gipfel. Beim Abstieg begegnete er seinem Expeditionsleiter Hall, der den zahlenden Kunden Doug Hansen auf den Gipfel begleitete – und dabei seine eigene 14-Uhr-Anweisung ignorierte: Es war bereits 14.45 Uhr, und Doug Hansen kam nur sehr langsam voran. Auch die meisten anderen nahmen die Absprache nicht ernst. Anstatt um 14 Uhr umzukehren, setzten sie den Aufstieg fort. Gegen Abend schlug das Wetter um, und ein Gewittersturm zog auf. Die verspäteten Bergsteiger gerieten in die Nacht; Unwetter und die Dunkelheit verhinderten jede Rettungsmöglichkeit. Sauerstoffmangel, Entkräftung, Erfrierungen, Abstürze – zwölf Bergsteiger bezahlten das Drama am Mount Everest mit dem Leben.

Wie konnte es dazu kommen? Immerhin galten Rob Hall ebenso wie die anderen beteiligten Expeditionsleiter und Bergführer als sehr erfahren. Alles in allem war das Vorhaben auch gut geplant und professionell vorbereitet. Und doch musste etwas auf schreckliche Weise schiefgegangen sein. In seinem Buch *In eisigen Höhen* versucht Jon Krakauer, den Gründen für den tödlichen Ausgang der Expedition auf die Spur zu kommen. Sein Fazit: Eine Verkettung vieler kleiner falscher Entscheidungen, gepaart mit unzureichender Fitness und mangelnder bergsteigerischer Erfahrung einiger Teilnehmer, führte in die Katastrophe.

Eine Erkenntnis, aus der auch Projektleiter eine Lehre ziehen können. Wie bei Rob Halls Expedition bleiben scheinbar kleine Fehlentscheidungen zu Projektbeginn unbemerkt, bringen das Vorhaben jedoch spätestens dann aus der Spur, wenn das erste Unwetter aufzieht. Der Ausgang ist zwar nicht tödlich, aber bitter genug.

Es scheint, als könne man beim Start eines Projekts nicht allzu viel falsch machen. Unterlaufen Ihnen dennoch Fehler, ist das deshalb so fatal, weil der Auftakt sowohl die Erwartungen der Teammitglieder als auch die der interessierten Beobachter prägt. Hier entscheidet jeder Einzelne, welche Erfolgschancen er dem Projekt gibt, welche Bedeutung er dem ganzen Unternehmen beimisst und wie sehr er sich engagieren wird.

Ganz gleich, ob es sich nun um eine Expedition in die eisigen Höhen eines Achttausenders oder um die unternehmensweite Einführung eines IT-Systems handelt: Um das Vorhaben von Anfang an solide aufzusetzen, sollte der Leiter der Unternehmung auf vier Aspekte achten.

- Erstens gilt es, die richtigen Teilnehmer auszuwählen.
- Zweitens müssen die Teammitglieder zusammenfinden und zu Höchstleistungen bereit sein.
- Drittens kommt es auf einen gelungenen Start an: Der Expeditionsleiter hat dafür zu sorgen, dass seine Leute motiviert sind, ihn respektieren und die Regeln kennen.
- Viertens muss sichergestellt sein, dass die Kommunikation auch unterwegs funktioniert und die Teammitglieder sich abstimmen, wenn zum Beispiel unerwartete Hindernisse auftauchen.

Übersetzt in die Sprache des Projektmanagements bedeutet das: Der Projektleiter muss sich um die Teamauswahl (Abschnitt 3.1), die Teamentwicklung (Abschnitt 3.2), ein gelungenes Projekt-Kick-off (Abschnitt 3.3) und eine funktionsfähige Projektorganisation (Abschnitt 3.4) kümmern. All das sind Aufgaben, die er im »Basislager« erledigen sollte – also noch vor dem eigentlichen Aufbruch.

3.1 Wer hat das Zeug für ein Abenteuer?
Die richtigen Projektmitarbeiter auswählen

> Zusammenkunft ist ein Anfang.
> Zusammenhalt ist ein Fortschritt.
> Zusammenarbeit ist ein Erfolg.
>
> *Henry Ford*

Unzureichende Fitness, mangelnde bergsteigerische Erfahrung – am Mount Everest kam es im Frühjahr 1996 auch deshalb zur Katastrophe, weil einige Expeditionsteilnehmer den Anforderungen nicht gewachsen waren. Was uns Rob Hall mit seiner Expedition so drastisch vor Augen führt, gilt im Kleinen für jeden Projektleiter. Bricht er mit den falschen Leuten zu seinem Projektabenteuer auf, droht der Absturz.

Dennoch sind Fehlbesetzungen von Projektteams gar nicht so selten. Das hat vor allem zwei Gründe: Entweder fehlt das Wissen, um ein Team richtig zusammenzustellen – oder der Projektleiter versäumt es, seine Interessen durchzusetzen.

In die erste Kategorie fällt ein Prestigeprojekt in einem großen Chemiekonzern. Da die Geschäftsleitung am Projekterfolg besonders stark interessiert war, forderte sie die beteiligten Bereichs- und Abteilungsleiter auf, ihre fachlich besten Mitarbeiter zu entsenden. Das war gut gemeint, doch waren die Arbeitsergebnisse dieses Teams geradezu unterirdisch; das Projekt blieb weit hinter den Erwartungen zurück. Anstatt produktiv zu arbeiten, hatte die Gruppe sich aufs Debattieren verlegt. Die Experten waren unter sich und versuchten einander mit wohlfeilen Argumenten zu überzeugen. Jeder wollte recht behalten – das war Ehrensache.

Zugeschlagen hat hier ein Phänomen, das auch als »Apollo-Syndrom« bekannt ist. Der Begriff geht auf einen Versuch zurück, bei dem die Leistungsfähigkeit unterschiedlicher Teams untersucht wurde. Eines davon, das sogenannte Apollo-Team, setzte sich aus den fachlich fähigsten Mitarbeitern zusammen. Von diesem Team erwartete man die beste Leistung. Zum Erstaunen der Beteiligten erzielte es jedoch die schlechtesten Ergebnisse. Wie im Falle des Chemiekonzerns hatten die Teammitglieder eifrig debattiert und wenig gearbeitet. Ein Projektteam, so lässt sich folgern, benötigt zwar fachliches Wissen, doch das allein macht es nicht erfolgreich.

Der zweite Grund für viele Fehlbesetzungen liegt darin, sie wider besseren Wissens hinzunehmen und zu glauben: »Irgendwie wird es schon funktionieren.« Das Problem liegt darin, dass ein Projektleiter sein Team nur selten eigenständig zusammenstellen kann. Häufig stehen die Teammitglieder bereits weitgehend fest, wenn er den Projektauftrag erhält. Das wäre nicht weiter schlimm, wenn das Team aus den richtigen Leuten bestünde. Doch welcher Vorgesetzte entsendet aus freien Stücken seine beste Frau oder seinen besten Mann in ein Projekt? Viel leichter fällt es, stattdessen eine Weile auf einen eher unfähigen, unangenehmen oder frustrierten Zeitgenossen zu verzichten. Mag sein, dass sich das bei der Projektarbeit nicht gleich bemerkbar macht, aber im Laufe der Zeit mehren sich die Probleme mit solchen Kandidaten.

Hier ist Mut gefordert. Lassen Sie sich als Projektleiter das Team nicht einfach vorsetzen. Hören Sie auf Ihre Intuition, wenn Sie glauben, ein Mitarbeiter passt nicht in die Gruppe. Je später Sie einen ungeeigneten Mitarbeiter aus dem Team entfernen, desto mehr Schaden richtet er an. Zudem bringt ein Austausch mitten in der Projektarbeit viel Unruhe und Reibungsverluste. Und das Wissen, das Sie an den Nachfolger übertragen müssen, wird umso umfangreicher, je später Sie den Mitarbeiter auswechseln.

Ein Projektteam ist in der Regel eine Zwangsgemeinschaft. Die Mitglieder arbeiten nicht freiwillig zusammen, sondern weil sie gemeinsam eine bestimmte Aufgabe lösen sollen. Fühlt sich ein Mitarbeiter hier unwohl, kann er nicht ausbrechen. Demotivation, Frust und Konflikte sind die Folge. Manchmal genügt ein Meinungsunterschied zwischen zwei Dickköpfen, um einen endlosen Streit auszulösen. Die übrigen Teammitglieder ducken sich weg, um nicht zwischen die Fronten zu geraten. Die ständig schwelende Auseinandersetzung beansprucht das Team immer mehr; die Projektarbeit kommt zum Erliegen.

Der Mythos des perfekten Teams

Einer Sage zufolge musste der antike griechische Held Jason eine schlagkräftige Truppe zusammenstellen, um das Goldene Vlies zu finden. Er engagierte sehr unterschiedliche Freunde, die als Argonauten bekannt geworden sind – benannt nach dem Schiff *Argo,* mit dem er zu seinem Abenteuer aufbrach.

Jeder Argonaut zeichnete sich durch eine besondere Fähigkeit aus. Herakles war stark wie tausend Männer. Orpheus war der Erfinder des Gesangs und betörte damit sogar die Götter. Nestor war ein betagter Mann, weise und beredt. Der Seher Idmon konnte in die Zukunft blicken. Mit der amazonenhaften Atalante war die schnellste Läuferin der damaligen Welt und zudem eine sehr erfolgreiche Jägerin mit an Bord. Jason selbst war der Organisator und Ansprechpartner für alle. Er war gegenüber seinem Onkel Pelias, dem Auftraggeber, verantwortlich.

Ein solches Idealteam dürfte für einen Projektleiter unserer Tage wohl ein Traum bleiben. Kaum ein Unternehmen wird alle Wünsche berücksichtigen können. Dennoch kann ein Projektleiter die Zusammensetzung des Teams beeinflussen und Fehlbesetzungen korrigieren. Auch wenn das perfekte Team ein Mythos bleibt: Versuchen Sie trotzdem, Ihre »Argonauten« mit Sorgfalt auszuwählen.

Was heißt das konkret? Wie das erwähnte Apollo-Experiment belegt, kommt es nicht allein auf das Fachwissen der Mitglieder an. Eine ebenso wichtige Rolle spielen die Charaktere. Zudem muss die Chemie zwischen den einzelnen Mitarbeitern stimmen, wenn die Zusammenarbeit erfolgreich sein soll. Alles in allem ein hoher Anspruch. Eine wertvolle Hilfe, um ihn einzulösen, bietet das Rollenmodell des britischen Psychologen Professor Meredith Belbin.

Die Teamrollen des Professor Belbin

Wie lässt sich ein Team angesichts der Verschiedenheit menschlicher Charaktere richtig zusammenstellen? Um hierauf eine Antwort zu finden, analysierte Meredith Belbin in den siebziger Jahren die Teamergebnisse von Kursteilnehmern am Henley

Acht Mitglieder, acht Charaktere – Die Teamzusammensetzung nach dem Belbin-Modell

Co-Ordinator: Führt ein Team auf ein gemeinsames Ziel hin, indem er den besten Nutzen aus den vorhandenen Ressourcen zieht.

Completer Finisher: Macht sich Sorgen um alles, was schieflaufen könnte und prüft nach, dass nichts vergessen wurde.

Shaper: Ersetzt Projekte in die Tat um. Er übt Druck aus und drängt auf schnelle Entscheidungen und Aktionen.

Resource Investigator: Knüpft externe Kontakte, die dem Team nützlich sein könnten und führt anschließende Verhandlungen.

Plant: Ein kreativer und fantasievoller Kopf, der mit seinem unorthodoxen Denken neue Strategien und Ansätze liefert.

Team Worker: Geht auf die Leute ein, verbessert die Kommunikation zwischen den Teammitgliedern und fördert den Teamgeist.

Monitor Evaluator: Ein Analyst mit gutem Urteilsvermögen, der mal besonnen, mal stur die Ideen anderer untersucht.

Company Worker: Ein praktischer Organisator, der effizient, systematisch und methodisch arbeitet, dem das Machbare am Herzen liegt.

Management College. Er fragte danach, wie sich verschiedene Persönlichkeitstypen im Team auf die Effektivität der Teamarbeit auswirken.

Der Wissenschaftler identifizierte acht verschiedene Teamrollen, die sogenannten »Belbin Team Roles«. Sein Fazit: Ein Team ist dann ideal besetzt, wenn es aus acht Mitgliedern besteht, von denen jedes eine andere Teamrolle einnimmt. Dahinter steht die Vorstellung, dass sich in dieser Kombination die Teammitglieder aufgrund ihrer verschiedenen Fähigkeiten gegenseitig optimal unterstützen. Jedes Teammitglied weiß, in welcher Projektsituation es besonders zur Teamleistung beitragen kann und wann es auf den Stärken der anderen aufbauen kann.

Acht Mitglieder, acht unterschiedliche Teamrollen – so lässt sich demnach die ideale Teamzusammensetzung erreichen. Fragt sich natürlich, welche Menschentypen hinter diesen acht Rollen stehen. Denn der Projektleiter kann die Rollen in seinem Team nur dann richtig besetzen, wenn er die acht verschiedenen Typen in der Praxis auch erkennt.

Einen Überblick über die acht Belbin-Rollen und die dazugehörigen Charaktere gibt die Abbildung.

In wenigen Worten zusammengefasst lassen sich die Rollen in der Teamzusammensetzung nach dem Belbin-Modell wie folgt beschreiben:

- Der *Koordinator* (Co-Ordinator) ist selbstsicher, entschlusskräftig und kommunikativ, auch ein guter Zuhörer. Menschen mit den Eigenschaften eines Koordinators sind vor allem als Teamleiter geeignet, deren Aufgaben in der Koordination und Zuweisung der Sachbereiche liegen sollten.
- Der *Macher* (Shaper) ist dynamisch, energiegeladen und steht ständig unter Druck; er lehnt unklare und ungenaue Angaben und Aussagen ab und konzentriert sich auf die wesentlichen Kernprobleme. Macher fühlen sich in einem Team von Gleichgestellten am wohlsten. Sobald sie eine Führungsposition übernehmen müssen, sind verstärkte Kontrolle und Koordination notwendig.
- Der *Erfinder* (Plant) ist introvertiert, kreativ, fantasievoll und verfügt über ein unorthodoxes Denken. Er bringt neue Ideen und Strategien in die Diskussion ein und sucht nach alternativen Lösungen. Im Team sollten sich Erfinder auf ihr hohes Problemlösungspotenzial und die Fähigkeit der Strategieentwicklung konzentrieren – und dabei auch die Ideen der übrigen Teammitglieder berücksichtigen.
- Der *Beobachter* (Monitor Evaluator) ist nüchtern, strategisch, analytisch. Er verschafft sich aus der Distanz einen guten Überblick, ist eher introvertiert und ergreift selten ohne Aufforderung das Wort. Im Team kommt es darauf an, dass die Meinung des Beobachters gehört wird.
- Der *Umsetzer* (Company Worker) ist zuverlässig, konservativ und diszipliniert. Er arbeitet effizient, systematisch und methodisch. Umsetzer sollten für die Definition einer klaren Zielsetzung, praktische Ansätze und das Strukturieren der Vorgehensweise verantwortlich sein.
- Der *Teamarbeiter* (Team Worker) ist sympathisch, beliebt, kommunikativ, diplomatisch und kennt oft die privaten Hintergründe seiner Kollegen. Die Anwesenheit von Teamarbeitern ist besonders in Konfliktsituationen bedeutend, da sie hier ihre diplomatischen Fähigkeiten zur Bereinigung von Meinungsverschiedenheiten einsetzen können. Sie agieren oft helfend aus dem Hintergrund und sind für den Beitrag sozialer Leistungen verantwortlich.
- Der *Wegbereiter* (Resource Investigator) ist extrovertiert, enthusiastisch und kommunikativ. Er schließt schnell Freundschaften, ist sozial und gesellig. Wegbereiter sollten die Kontakte zur Welt außerhalb des Teams intensiv pflegen und die so gefundenen Quellen für ihre Ideenfindung nutzen.
- Der *Perfektionist* (Completer-Finisher) ist perfektionistisch, genau, pünktlich, zuverlässig und ängstlich. Er leistet vor allem dann einen wichtigen Beitrag, wenn das Team Gefahr läuft, zu oberflächlich zu arbeiten oder Zeitvorgaben nicht einzuhalten.

Belbins Modell der Teamrollen hat viel zum Verständnis effektiver Teamarbeit beigetragen. Die Kenntnis der

Teamrolle	Aufgabe im Team	Eigenschaften	Schwächen
Koordinator	Kontrolle und Organisation der Teamaktivitäten, optimale Ausnutzung der vorhandenen Ressourcen, motiviert andere	Selbstsicher, guter Leiter, Charisma, stellt Ziele dar, fördert die Entscheidungsfindung, gute Delegationsfähigkeiten, extrovertiert	Kann als manipulierend verstanden werden, Tendenz zur Delegation persönlicher Aufgaben, nicht besonders kreativ
Macher	Formt die Teamaktivitäten, Diskussionen und Ergebnisse, hinterfragt, macht Druck	Dynamisch, zielstrebig, arbeitet gut unter Druck, hat den Antrieb und Mut, Probleme zu überwinden	Neigt zu Provokationen, nimmt zu wenig Rücksicht auf die Gefühle anderer, Temperamentsausbrüche
Erfinder	Bringt neue Ideen und Strategien ein, sucht nach Lösungen	Kreativ, fantasievoll, unorthodox, vertrauensvoll, gute Problemlösungsfähigkeiten	Ignoriert Nebensächlichkeiten, tendiert zur Konzentration auf persönliche Interessen
Beobachter	Untersucht Ideen und Vorschläge auf ihre Machbarkeit und ihren praktischen Nutzen, schätzt Folgen richtig ein	Nüchtern, intelligent, strategisch, kritisch, objektiv, berücksichtigt Optionen, gutes Urteilsvermögen	Wenig Temperament, geringer Antrieb, mangelnde Fähigkeit zur Inspiration des Teams
Umsetzer	Setzt allgemeine Konzepte und Pläne in praktikable Arbeitspläne um und führt diese systematisch aus	Diszipliniert, verlässlich, konservativ, effizient, setzt Ideen in Aktionen um	Etwas unflexibel, reagiert langsam auf Veränderungen und neue Möglichkeiten
Teamarbeiter	Hört zu, schlichtet, hilft dem Team, effektiv zu arbeiten, verbessert Kommunikation und Teamgeist	Kooperativ, sozial, gütig, einfühlsam, diplomatisch, hört gut zu, baut Spannungen ab	Unentschlossen in kritischen Situationen
Wegbereiter	Untersucht Quellen außerhalb des Teams, knüpft nützliche Kontakte	Extrovertiert, enthusiastisch, kommunikativ, findet neue Optionen, knüpft Kontakte	Überoptimistisch, verliert leicht das Interesse, nachdem sich die erste Begeisterung gelegt hat
Perfektionist	Vermeidet Fehler und Versäumnisse, stellt optimale Ergebnisse sicher	Sorgfältig, gewissenhaft, ängstlich, findet Fehler und Versäumnisse, hält Fristen ein	Neigt zu übertriebener Besorgnis, delegiert nicht gern

Überblick über die acht Teamrollen des Belbin-Modells

eigenen Teamrolle und der besonderen Fähigkeiten der Kollegen ermöglicht es, die künftigen Beiträge einzelner Teammitglieder realistisch einzuschätzen und sie mit den Anforderungen der Teamaufgaben abzugleichen. Zudem lassen sich typische Muster im Teamverhalten erkennen, nutzen oder auch gezielt beeinflussen. Die Tabelle (links) gibt Ihnen die Möglichkeit, sich mit den acht Teamrollen näher auseinanderzusetzen.

Auf die Mischung kommt es an. Wie Belbins Untersuchungen zeigen, verspricht ein vollständiges und ausgewogenes Team die besten Ergebnisse. Bereits wenn eine der acht Rollen fehlt, lässt die Leistungskraft deutlich nach. Nachteile entstehen aber auch, wenn mehrere Vertreter des gleichen Typs im Team vertreten sind.

Sind in einer Gruppe zum Beispiel vorwiegend Erfinder tätig, entstehen zwar viele gute Ideen, doch es fehlt dann meist die Initiative, diese Ideen aufzugreifen und umzusetzen. Ein Team, das nur aus Erfindern und Machern besteht, mag brillant wirken – die besseren Ergebnisse erzielen jedoch Gruppen, in denen auch die weniger auffälligen Rollen besetzt sind.

Belbins Modell darf uns nicht dazu verleiten, allein auf die Charaktere zu achten. Selbstverständlich entscheidet auch die fachliche Kompetenz über den Erfolg. Mangelndes Fachwissen im Team lässt sich nicht dadurch kompensieren, dass wir die Projektmitarbeiter anhand ihrer Teamrollen auswählen. Und selbst ein optimal zusammengesetztes Team kann nur dann wirklich effektiv arbeiten, wenn eine positive, von gegenseitigem Respekt geprägte Atmosphäre besteht und funktionsfähige Prozesse zur Kommunikation und Konfliktbewältigung entwickelt werden können.

Nicht einfach alles hinnehmen

Der Projektleiter sollte sich das Team, das man ihm vorschlägt, genau ansehen: Was sind das für Leute, mit denen ich arbeiten soll? Welche Kompetenzen bringen sie in das Team ein? Wo liegen ihre Stärken, wo ihre Schwächen? Gibt es wichtige Aspekte, die von ihnen nicht abgedeckt werden? Wenn ein Projekt zum Beispiel verschiedene Unternehmensbereiche betrifft, benötigt das Team einen guten Netzwerker, der alle Bereiche kennt und weiß, wen er ansprechen muss, um die richtigen Informationen zu bekommen.

Ganz gleich, ob Sie als Projektleiter die Teamauswahl beeinflussen können oder nicht: In jedem Fall lohnt es sich, mit jedem künftigen Projektmitarbeiter ein Vorstellungsgespräch zu führen. Auf diese Weise können Sie nicht nur Ihre Informationen über Person, Qualifikation und Einsatzfähigkeit vervollständigen, sondern erhalten auch einen persönlichen Eindruck vom Auftreten und von der Kompetenz der einzelnen Teammitglieder. So verschaffen Sie sich ein eigenes Bild von Ihren Leuten und können der Gefahr, dass der Kandidat nicht ins Team passt, rechtzeitig begegnen. Ein Sprichwort besagt: »Es gibt keine zweite Chance für einen ersten guten Eindruck.« Das gilt beim Vorstellungsgespräch für beide Seiten. Wenn die Chemie zwischen Projektleiter und Projektmitarbeiter nicht stimmt, wird eine vertrauensvolle und erfolgreiche Zusammenarbeit nur schwer möglich sein.

Deshalb sind auch Fragen zum persönlichen Umfeld des Projektmitarbeiters erlaubt: Hobbys und Freizeitengagement können wichtige Hinweise geben, um den Charakter und damit die Teamrolle einzuschätzen. Im Mittelpunkt stehen jedoch Fragen, die sich mit den Zielen und Aufgaben des Projekts befassen. Es kann sinnvoll sein, auch schon gewisse Aufgabenstellungen, die zur künftigen Projektarbeit des Kandidaten gehören, in den Fragenkatalog aufzunehmen.

Wie schon betont: Wenn der Projektleiter ein Team vorgesetzt bekommt, besteht die große Gefahr, dass Teamzusammensetzung und Verteilung der Teamrollen nicht optimal sind. Nehmen Sie diese Defizite dann nicht hin, sondern versuchen Sie, die Besetzung des Teams nachzuverhandeln. Zeigen Sie präzise auf, welche Änderungen Sie für notwendig halten – etwa in dem Tenor: »An dieser Stelle fehlt Expertise, da habe ich eine Lücke, dort benötige ich jemanden, der wesentlich kreativer ist …«

Rechnen Sie damit, dass Ihr Verlangen nach den besten Teammitgliedern auch bei den betroffenen Linienorganisationen Ärger heraufbeschwört. Kommt es zu einem ernsthaften Konflikt, kann dieser nur von einem übergeordneten Gremium wie dem Lenkungsausschuss gelöst werden. Machen Sie Ihrem Auftraggeber deutlich, dass es jetzt auf die richtige Auswahl der Teammitglieder ankommt – weil es später richtig teuer wird, ein Teammitglied noch auszutauschen.

Aus Toms Tagebuch

Dienstag, 6. März

Wenn ich ein Projektteam zusammenstelle, lasse ich mich von meiner Intuition leiten – und bin damit bislang eigentlich ganz gut gefahren. Vor einigen Tagen habe ich nun einen Artikel über das Belbin-Modell gelesen. Das brachte mich auf die Idee, die Zusammenstellung meines Teams daran zu überprüfen. Mal sehen, was mein neues Team so zu bieten hat …

- Karin ist ein typischer Company Worker. Das hat man schon in ihrem ersten Workshop gemerkt. Sie arbeitet effizient, systematisch und ist vor allem methodisch sehr stark. Trotz ihrer guten Organisation und praktischen Veranlagung fehlen ihr aber meist die wirklich guten Ideen. Ein kreativer Kopf sieht anders aus. Sie arbeitet hart und neigt dazu, in erster Linie das richtige Vorgehen zu finden. Sie steht voll und ganz hinter dem, was sie tut, und lässt sich auch nicht so leicht bremsen oder entmutigen. Leider ist sie aber auch nicht die Flexibelste. Dass ich Eberhard zum Risiko-Workshop eingeladen habe, nimmt sie mir immer noch ein wenig krumm …

- Unser Fachbereichskoordinator Franz ist in meinen Augen ein Shaper. Franz steckt im Hinblick auf das Projekt voll unruhiger Energie, er geht auf die Leute zu, ist impulsiv und ungeduldig, manchmal auch leicht reizbar, und gibt schnell auf, wenn er nicht weiterkommt. Eberhard (sein Chef) hat mich gewarnt, dass mit ihm nicht immer gut Kirschen essen ist. Ich schätze an ihm, dass er die Dinge vorantreibt. Aber ich werde aufpassen müssen, dass sein forsches Vorgehen mir nicht den Teamzusammenhalt zerstört.
- Unser »Professor« Matthias ist ein klassischer Monitor-Evaluator – passt irgendwie auch zu seinem Job als Vertriebscontroller. Er ist manchmal etwas kleinlich, wenn er auch noch in den letzten Details nach Fehlern sucht. Zudem scheint er immun zu sein gegen jede Form von Euphorie – wirklich bemerkenswert. Aber er versteht es, sich jederzeit ein Bild von der Lage zu verschaffen und dann ein messerscharfes Urteil zu fällen. Das ist zwar manchmal schwer zu ertragen, aber ich bin mir sicher, dass uns das in einigen Situationen helfen wird.
- Mit Andreas habe ich leider noch einen Shaper an Bord. Ich schätze Andreas sehr für seine wirklich tollen Beiträge, gerade wenn es um die Entwicklung der Softwaremodule geht. Er ist ein wirklicher »Macher«. Aber er kann auch zu einem Störfaktor im Team werden. Und ich habe mit Franz ja schon einen Shaper im Team – zwei von der Sorte sind sicher eine Herausforderung für mich und das gesamte Team.
- Ich selbst komplettiere das Bild als Co-Ordinator. Das soll ja angeblich die perfekte Teamrolle für einen Projektleiter sein. Die Tatsache, dass ich hier mein Team mit seinen Stärken und Schwächen Revue passieren lasse, bestätigt wohl meine Vermutung, selbst ein Co-Ordinator zu sein.
- Bleiben noch Hans-Joachim und Eberhard. Sie gehören zwar nicht direkt zum Team, es kann aber nicht schaden, die beiden ebenfalls unter die Lupe zu nehmen: Hans-Joachim ist ein klassischer Shaper – der dritte im Bunde! Vor diesem Hintergrund bin ich froh, dass er sich zurückgezogen und die Rolle des Auftraggebers an Eberhard delegiert hat. Eberhard ist eher ein Resource Investigator. Er verfügt über ein unglaubliches Netzwerk. Und wenn man ihn trifft, dann hängt er meist am Telefon – ein typisches Merkmal für einen Resource Investigator.

Einige Dinge, die ich daraus lerne:

- Auf einen Company Worker wie Karin kann ich mich jederzeit verlassen. Sie ist engagiert, gut organisiert und methodisch sattelfest. Wenn ich sie stärke, wird sie die Pläne systematisch und effizient umsetzen.
- Bei einem Shaper wie Franz muss ich aufpassen, dass er mir das Heft nicht aus der Hand nimmt. Gleichzeitig sollte ich ihn nutzen, um wichtige Arbeitspakete im Fachbereich voranzutreiben.
- Matthias ist als Monitor Evaluator der Mann für kritische Situationen. Mit seiner angeborenen Immunität gegen jede Form von Euphorie ist er für mich der perfekte Ratgeber, wenn es im

Projekt mal wirklich heikel wird. Er bewahrt bestimmt einen kühlen Kopf.
- Mit Andreas habe ich einen zweiten Shaper an Bord. Damit sind Auseinandersetzungen mit Franz eigentlich schon vorprogrammiert. Ich sollte die beiden mit möglichst unterschiedlichen Aufgaben betrauen, damit sie sich nicht zu sehr ins Gehege kommen.
- Eberhard ist in meinen Augen ein Resource Investigator. Sein Netzwerk und seine vielfältigen Kontakte werden uns im Projekt noch so manch wichtigen Dienst erweisen. Er kennt die richtigen Leute. Er weiß, wen man fragen muss, wenn wir mal nicht mehr weiterwissen.
- Ich muss darauf gefasst sein, dass Hans-Joachim manche Entscheidungen von Eberhard überstimmen wird – nicht nur weil er Eberhards Chef ist, sondern auch weil er ein Shaper ist. Ich sollte ihn also in sehr wichtige Entscheidungen mit einbinden.
- Ich habe keinen Completer-Finisher im Team. Entweder finde ich noch einen guten Quality-Manager für das Projekt, oder wir müssen uns mit Checklisten behelfen, um das Projekt am Ende auch wirklich konsequent abzuschließen.
- Ich habe auch keinen Plant im Team, das heißt, ich muss davon ausgehen, dass wir nicht besonders kreativ sein werden. Da wir ja noch ein bis zwei externe IT-Berater als Unterstützung engagieren wollen, könnte das ein Einstellungskriterium sein.
- Ich hätte gerne noch einen Team Worker, weil so etwas der Stimmung im Team sicher guttut. Ich habe da auch schon jemanden im Hinterkopf ... Vielleicht kann ich meinen Chef davon überzeugen, dass er mir seine Assistentin Bettina als Projektassistenz ausleiht. Wenigstens in Teilzeit.

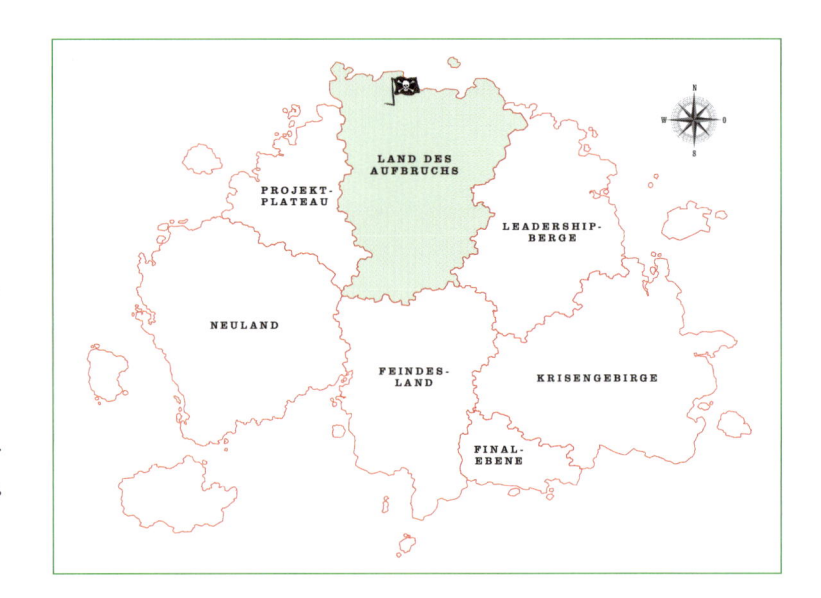

Fehlbesetzung im Team

Ein fehlbesetztes Team kann den Projekterfolg gefährden. Die Gefahr ist besonders groß, wenn Sie als Projektleiter bereits ein Team vorgesetzt bekommen.

So wappnen Sie sich

- Nehmen Sie den griechischen Helden Jason zum Vorbild. Wählen Sie Ihre Teammitglieder ebenso umsichtig aus wie er seine Argonauten. Das bedeutet vor allem: Holen Sie die notwendigen Spezialisten an Bord, um die relevanten Aufgabenbereiche abzudecken.

- Prüfen Sie Ihre Projektmitarbeiter eingehend: Nicht die Fachspezialisten sind die besten Projektmitarbeiter, sondern die Teamspezialisten. Wenn sich Expertise und Teamrolle ideal ergänzen – umso besser.
- Berücksichtigen Sie die unterschiedlichen Teamrollen – und achten Sie auf ein vollständiges und ausgewogenes Team, in dem sich die Mitglieder durch ihre verschiedenen Fähigkeiten gegenseitig unterstützen.
- Nehmen Sie es nicht hin, wenn Ihr Team Fehlbesetzungen oder Defizite aufweist. Versuchen Sie dann, die Besetzung Ihres Teams nachzuverhandeln.
- Bleiben Defizite bestehen, sollten Sie methodisch vorsorgen. Setzen Sie beispielsweise Kreativmethoden ein, wenn dem Team ein kreativer Kopf fehlt. Arbeiten Sie mit Checklisten, wenn im Team der Perfektionist fehlt, der das Projekt sauber dokumentiert und abschließt.

3.2 Von null auf hundert
Das Team zur Höchstleistung entwickeln

Ganz gleich was für ein großer Krieger er ist, ein Häuptling kann die Schlacht nicht gewinnen ohne seine Indianer.
Autor unbekannt

Nehmen wir an, die Mitglieder eines Projektteams sind ausgewählt. Die Zusammensetzung der Gruppe entspricht tatsächlich den Wunschvorstellungen des Projektleiters. Das ideale Team also. Der Gedanke liegt nahe, dass sich nun ein gutes Teamwork mehr oder weniger von selbst einstellt. Hat die Arbeit erst einmal richtig begonnen, so der weit verbreitete Glaube, werden die Mitglieder zueinanderfinden, und die Zusammenarbeit wird sich einspielen.

Ein gefährlicher Trugschluss. Das musste auch die Projektleiterin eines Automobilkonzerns feststellen, die mit viel Elan in ein wichtiges Großprojekt startete. Erste Anzeichen, dass einzelne Teammitglieder einander misstrauen, schlug sie leichthin in den Wind. Das würde sich alles mit der Zeit geben, glaubte sie. Doch die vermeintlich harmlosen Dispute eskalierten innerhalb von wenigen Wochen. Anstatt fair miteinander zu streiten, verlegten sich einige Mitarbeiter auf Grabenkämpfe. Andere nutzten die Gunst der Stunde, um innerhalb des Projekts eigene Ziele zu verfolgen. Der furiose, von viel Lob begleitete Projektstart lässt sich im Nachhinein auf eine einfache Formel bringen: mit Vollgas ins Chaos. Bald war die Lage so verfahren, dass der zuständige Bereichsleiter das gesamte Projekt stoppte und unter anderer Leitung neu aufsetzte. Der Autokonzern hatte einen sechsstelligen Euro-Betrag in den Sand gesetzt, hinzu kam ein schmerzlicher Zeitverlust auf einem umkämpften Markt.

Selbstverständlich kann und soll ein Projektleiter mit Vollgas loslegen. Doch genügt es nicht, sich alleine auf die Projektarbeit zu konzentrieren. Noch wichtiger ist es, erst einmal dafür zu sorgen, dass die Gruppenmitglieder zueinanderfinden und das Team insgesamt möglichst schnell seine volle Leistungsfähigkeit erreicht. Worauf es jetzt ankommt, lässt sich in einem Wort zusammenfassen: Teamentwicklung. Die gescheiterte Projektleiterin hätte also gut daran getan, hierzu einige Überlegungen anzustellen, noch bevor ihr Team im Kick-off zum ersten Mal zusammenkam.

Ziel der Teamentwicklung ist es, die Leistungsfähigkeit der Gruppe voll zur Entfaltung zu bringen. Es handelt sich um einen permanenten Prozess, der den Projektleiter immer wieder fordert. Das ist zum Beispiel dann der Fall, wenn die Regeln für die Zusammenarbeit nicht ausreichend besprochen sind, wenn ein neuer Mitarbeiter ins Team aufgenommen wird oder wenn Vereinbarungen nicht mehr tragfähig sind, weil sich bestimmte Arbeitsbedingungen geändert haben. Besonders kritisch ist die Situation, wenn sich Teilgruppen herausbilden, die sich zwar untereinander verbunden fühlen, nicht aber mit dem Team als Ganzem.

Eine solche Konstellation geriet dem Projektleiter eines namhaften Schmuckherstellers zum Verhängnis. Im seinem Team trafen zwei Lager aufeinander. Auf der einen Seite waren die »jungen Wilden«, die alles verändern wollten; ihnen standen auf der anderen Seite einige verdiente Mitarbeiter gegenüber, die sich alten Traditionen verpflichtet fühlten. Der Projektleiter verpasste die Gelegenheit, die Gruppen schon zu Projektbeginn wenigstens halbwegs miteinander zu versöhnen. Die Folge war eine zähe und konfliktreiche Projektarbeit, die an den Kräften aller Beteiligten zehrte. Nach einigen Monaten warf der Projektleiter entnervt das Handtuch.

Als Projektleiter haben Sie in der Hand, ob Ihr Team sich positiv entwickelt. Ein olympischer Mannschaftssieg lässt sich nur erringen, wenn die Mannschaft als Team funktioniert und eine besondere Form von Identifikation und Motivation entwickelt: den Teamgeist. Incentive-Maßnahmen greifen da in aller Regel zu kurz. Gemeinsam im Hochseilgarten klettern, im Schlauchboot einen wilden Fluss hinunterfahren oder um ein romantisches Lagerfeuer sitzen – all das hat sicherlich einen gewissen teambildenden Effekt. Um ein starkes Team zu schaffen, braucht es jedoch eine systematische Teamentwicklung.

In vier Stufen zum High-Performance-Team

Um die Entwicklung eines Teams zu beschreiben, gibt es verschiedene Phasenmodelle. Das wohl bekannteste stammt vom amerikanischen Psychologen Bruce W. Tuckman, der vier Phasen der Teamentwicklung unterscheidet: Forming, Storming, Norming und Performing. Die Kenntnis dieser Phasen bietet eine gute Hilfestellung, um als Projektleiter zur richtigen Zeit die richtigen Teamentwicklungsmaßnahmen zu ergreifen.

Gewiss, das Modell vereinfacht ziemlich stark. Auch suggeriert es durch seine vier Entwicklungsstufen eine Art automatischen Ablauf, den es in der Realität so nicht gibt. Tatsächlich dauern die gruppendynamischen Phasen unterschiedlich lange. Wenn sich die Aufgabenstellung ändert oder ein neues Teammitglied hinzukommt, können sie sich auch wiederholen. Zudem kann ein Team scheitern, bevor es die nächste Stufe erreicht. In seinen Grundzügen beschreibt Tuckmans Modell jedoch wesentliche Entwicklungsaspekte, wie sie in jedem Projektteam vorkommen.

Forming: Das Team lernt sich kennen

In der ersten Entwicklungsstufe, dem *Forming*, lernen sich die Teammitglieder kennen. Man kann noch nicht wirklich von einem Team sprechen – eher von einer Ansammlung von Einzelkämpfern, die noch nicht zusammengefunden haben. Jedes Mitglied hegt bestimmte Erwartungen und sucht nach seiner Rolle innerhalb der Gruppe.

Gespannte Erwartung, aber auch Bedenken, Vorsicht, Angst und Unsicherheit prägen die Stimmung. Der Einzelne weiß noch nicht genau, wie er die anderen zu nehmen hat – und wie

Kennzeichen der Forming-Phase	Aufgaben des Projektleiters
• Die Situation der neuen Teammitglieder ist von Unsicherheit geprägt: Wo ist mein Platz im Team? Was wird von mir erwartet? Was denken die anderen von mir?	• Die Leitungsaufgabe ist zunächst die einzige vergebene Rolle im Projektteam. Als Projektleiter sind Sie gefordert, diese Rolle aktiv wahrzunehmen.
• Die Teammitglieder tasten sich an die Situation heran, gehen freundlich aufeinander zu und knüpfen erste Kontakte untereinander.	• Fördern Sie das gegenseitige Kennenlernen, damit die Teammitglieder zueinander Vertrauen fassen.
• Die Teammitglieder beobachten einander und versuchen festzustellen, welches Verhalten im Team akzeptiert wird.	• Nehmen Sie Ängste ernst, klären Sie Erwartungen – und treffen Sie notwendige Vereinbarungen.
• Die Teammitglieder sind stark vom Projektleiter abhängig; sie versprechen sich von ihm Orientierung und akzeptieren seine Autorität.	• Geben Sie die notwendige Orientierung, indem Sie das Team über Projektziele und Projektaufgaben informieren.
• Die Teammitglieder haben das Bedürfnis, sich ins Team einzugliedern und dort eine bestimmte Position einzunehmen.	• Zeigen Sie klare Strukturen (Zeiten, Grenzen etc.) auf, an denen sich die Teammitglieder orientieren können.

Die Forming-Phase – Aufgaben des Projektleiters

er selbst von den anderen gesehen wird. Es besteht deshalb der dringende Wunsch, die anderen Teammitglieder und den Projektleiter kennenzulernen und sich mit den Projektaufgaben vertraut zu machen. Typisch für diese Phase ist ein höflicher Umgang. Die Teammitglieder tasten einander vorsichtig ab.

Als Projektleiter sollten Sie in dieser Phase das Team aktiv führen und das gegenseitige Kennenlernen fördern. So helfen Sie über anfängliche Spannungen hinweg und unterstützen die Teammitglieder dabei, Sicherheit für ihre Rolle und ihre Aufgaben zu gewinnen. Die Übersicht auf Seite 121 fasst die Kennzeichen der Forming-Phase zusammen und hilft Ihnen, die richtigen Maßnahmen zur Teamentwicklung zu ergreifen.

Denken Sie daran: Die Startphase ist das Fundament, auf dem die weitere Zusammenarbeit im Team aufbaut. Neben dem Kick-off-Meeting können Sie Workshops und andere gemeinsame Unternehmungen nutzen, damit bereits jetzt Vertrauen entsteht und sich erste Strukturen bilden.

Storming: Das Team probt den Aufstand

Unerfahrene Projektleiter erwischt es kalt, wenn die scheinbare Harmonie der ersten Phase plötzlich umschlägt: In der nun folgenden *Storming*-Phase probt das Team den Aufstand. Dass es jetzt zu Konflikten kommt, ist absolut normal. Jedes größere Projektteam durchläuft diese Entwicklungsstufe.

Nach der Sondierungs- und Kennenlernphase beginnen die Teammitglieder, sich auf das Projekt und die Aufgaben zu konzentrieren. Die Anfangseuphorie verfliegt, Schwachstellen und Unzulänglichkeiten im Projekt offenbaren sich. Unweigerlich entstehen Diskussionen; Meinungsverschiedenheiten treten zutage, Interessengegensätze brechen auf. Wenn wir uns Belbins Rollenmodell vergegenwärtigen, überrascht es nicht, dass bald erste Konflikte zwischen den forschen »Machern« und den gründlichen »Beobachtern« auftreten.

Die Streitenden suchen sich Verbündete für den eigenen Standpunkt. Unversehens beherrschen Reibereien den Projektalltag. Anstatt Ursachen zu analysieren, werden Schuldige ausgemacht. Man zankt sich um Vorgehensweisen, Kompetenzen und viele andere Dinge, von denen man eigentlich meinen sollte, dass vernünftige Menschen sie friedlich klären können. Man kämpft um Meinungen und Machtpositionen. Persönliche Differenzen der Teammitglieder untereinander treten zutage, Cliquen bilden sich. Auch der Projektleiter wird unversehens infrage gestellt oder gar zur Zielscheibe.

Lassen Sie sich als Projektleiter durch das aufziehende Gewitter nicht irritieren, sondern setzen Sie auf dessen reinigende Wirkung. Beobachten Sie genau die Verhaltensweisen der einzelnen Mitarbeiter, denn nun treten ihre verschiedenen Charaktere besonders augenfällig zutage. Das gibt Ihnen die Chance, sie mithilfe von Belbins Teamrollen-Modell einzuordnen und im weiteren Projektverlauf richtig einzusetzen. Auch den Mitarbeitern öffnen die Konflikte die Augen: Sie erkennen, dass Regeln und Normen für eine konstruktive Zusammenarbeit notwendig sind.

Kennzeichen der Storming-Phase	Aufgaben des Projektleiters
• Im Team kommt es zu Konflikten um Ziele, Aufgaben und Aktionspläne. Aufgaben werden diskutiert und bisweilen auch emotional abgelehnt.	• Begrüßen Sie diese stürmische Phase, denn sie ist ein gutes Zeichen. Die Entwicklung Ihres Teams schreitet voran.
• Bei Schwierigkeiten wird die Autorität des Projektleiters angezweifelt; Unzufriedenheit macht sich breit wegen der Abhängigkeit vom Projektleiter.	• Konzentrieren Sie sich in dieser Phase ganz besonders auf Ihr Team. Nun kommt es darauf an, dass Sie als Projektleiter präsent sind und das Team erfolgreich durch die kritischen Wochen bringen.
• Mitunter kommt es zum Aufstand gegen den Projektleiter. In schwiergen Situationen wird alles bei ihm abgeladen.	• Achten Sie darauf, die Teamleitung fest in der Hand zu behalten.
• Die Teammitglieder ringen um Machtpositionen; es geht um die Hackordnung im Team.	• Nutzen Sie die Chance, um die Verhaltensweisen Ihrer Mitarbeiter zu beobachten. Es hilft Ihnen, die Teamrollen richtig zu verteilen.
• Ernüchterungen, Reibereien und Frust prägen die Stimmung.	• Reagieren Sie mit einer gewissen Gelassenheit. Lassen Sie Kontroversen zu, hören Sie sich Kritik an, wägen Sie ab.
• Konfrontationen und Cliquenbildung behindern den Projektfortschritt.	• Stellen Sie sich der Auseinandersetzung. Stoppen Sie destruktive Entwicklungen, greifen Sie dagegen konstruktive Alternativen auf.

Die Storming-Phase – Aufgaben des Projektleiters

Ein Fehler wäre es, in dieser Phase jeden Konflikt gleich im Keim zu ersticken. Die verschiedenen Standpunkte sollten Gehör finden, nicht nur um den Selbstfindungsprozess im Team zu fördern. Das Ringen um Positionen, Vorgehensweisen oder Regeln kann die Projektarbeit auch bereichern und Entscheidungen absichern.

Für die Teamentwicklung ist die Storming-Phase eine entscheidende Entwicklungsstufe. Ein Projektteam, das in dieser Phase keinen allgemeinen Grundkonsens finden, ist meist zum Scheitern verurteilt.

Norming: Die Spielregeln werden gesetzt

Ist der Gewittersturm überstanden, beginnt eine konstruktive Entwicklungsstufe: das *Norming*. Die Wogen glätten sich langsam. Erste Projektfortschritte fördern den Teamgeist, ein Wir-Gefühl entsteht. Damit steigen Motivation und Identifikation des Einzelnen mit dem Projekt. Meinungsverschiedenheiten können immer noch auftreten und die Arbeit behindern, doch die Mitarbeiter bemühen sich erkennbar, in den Diskussionen zu Ergebnissen zu kommen.

Nun klären sich Rollen und Aufgaben; Regeln für die Zusammenarbeit werden gefunden. Das Klima verbessert sich spürbar. Statt gegeneinander wird jetzt miteinander gearbeitet. Gedanken, Informationen und Ideen werden offen ausgetauscht, diskutiert und bewertet. Man hört einander zu und fängt an, die Leistungen des anderen zu respektieren. Die

Teammitglieder lernen die Fähigkeiten der anderen schätzen – und erkennen auch die Vorteile der verschiedenen Teamrollen. Das schafft Sicherheit in der eigenen Rolle und stärkt das Selbstvertrauen.

Aufgabe des Projektleiters ist es, diesen Prozess zu steuern und in Gang zu halten. Worauf es hierbei ankommt, beschreibt die folgende Übersicht.

Kennzeichen der Norming-Phase	Aufgabe des Projektleiters
Die Teammitglieder beginnen zu kooperieren und sich gegenseitig zu unterstützen. Ein Wir-Gefühl entsteht.	Unerstützen Sie diesen Prozess. Während es bei der Storming-Phase vor allem auf Führung ankam, steht jetzt die Begleitung im Vordergrund.
Vertrauen, Hilfsbereitschaft und gegenseitiger Respekt entstehen. Selbstvertrauen und Zuversicht entwickeln sich.	Legen Sie die Teamrollen fest, um so jedes Teammitglied entsprechend seiner Stärken und Fähigkeiten einzusetzen.
Das Team entwickelt neue Umgangsformen, Teamnormen und Spielregeln.	Vereinbaren Sie mit Ihrem Team verbindliche Regeln für die Zusammenarbeit. Achten Sie darauf, dass die Flexibilität im Team nicht verloren geht: Manchmal neigen Teams in dieser Phase dazu, sich übermäßig selbst zu regulieren.

Die Norming-Phase – Aufgabe des Projektleiters

Auch in der Norming-Phase durchläuft das Projektteam eine entscheidende Entwicklungsstufe: Es lernt, mit Problemen kreativ, flexibel und effektiv umzugehen. Misslingt dieser Entwicklungsprozess, wird das Team im Mittelmaß hängenbleiben. Die für den Projekterfolg notwendigen Höchstleistungen wird es niemals erreichen.

Performing: Das Team entfaltet Höchstleistung

Nun ist es so weit: Das Team startet durch, die Norming-Phase geht in die *Performing*-Phase über. Die personellen Probleme sind gelöst, die Rollen verteilt. Jedes Mitglied kennt seinen Platz im Team und seine Aufgabe. Alle arbeiten weitgehend reibungslos zusammen und sind daran interessiert, gemeinsam die Projektziele zu erreichen. Konflikte und andere Probleme werden in Projektbesprechungen diskutiert und in der Regel zügig gelöst.

Ein High-Performance-Team ist entstanden. Die Mitglieder pflegen engen Kontakt untereinander; manchmal entstehen daraus sogar echte Freundschaften. Der Umgang miteinander ist zwanglos, selbst in stressigen Situationen wird gescherzt und gelacht. Alle sind bereit, sich für ihre Kollegen einzusetzen. Das Team arbeitet weitgehend selbstständig, was den Projektleiter stark entlastet. Nun sind wirklich Spitzenleistungen möglich!

Wie die folgende Zusammenfassung der Performing-Phase zeigt, kann der Projektleiter das Team nun weitgehend sich selbst überlassen und muss nur noch gelegentlich steuernd eingreifen.

Kennzeichen der Performing-Phase	Aufgaben des Projektleiters
• Die Teammitglieder arbeiten konstruktiv zusammen. Probleme werden gemeinsam gelöst. Jeder ist bereit einzuspringen, wenn Not am Mann ist.	• Genießen Sie Ihr High-Performance-Team! Sie haben Ihr Team erfolgreich entwickelt, es arbeitet aus sich heraus.
• Das Team ist kreativ, flexibel, offen und leistungsfähig. Die Energie konzentriert sich darauf, das Projektziel zu erreichen.	• Es genügt, die Teamprozesse zu moderieren. Als Projektleiter müssen Sie kaum noch steuern, sondern lediglich Impulse geben, um die Prozesse weiter zu optimieren.
• Das Team arbeitet zuverlässig und ist stolz auf erfolgreich gelöste Aufgaben. Alle Teammitglieder freuen sich darüber, im Team mitarbeiten zu können.	• Nun können Sie es sich vielleicht sogar erlauben, Führungsfunktionen teilweise an Teammitglieder zu übertragen.
• Es herrscht das Motto: Gemeinsam sind wir stark. Entsprechend selbstbewusst treten die Teammitglieder auf.	• Als Projektleiter sind Sie nicht mehr länger als »Innenminister« gefordert. Nutzen Sie den Spielraum, um das Projekt stärker nach außen zu vertreten.

Die Performing-Phase – Aufgaben des Projektleiters

Auf alle vier Stufen kommt es an

Jeder Teambildungsprozess durchläuft diese Stufen – zwar unterschiedlich schnell und intensiv, aber eben doch stets in allen vier Stufen. Jede Phase hat eine wichtige Funktion für den Gesamtprozess der Teambildung. Versuchen Sie deshalb nicht, eine der Stufen zu überspringen. Ein anfänglicher Zeitgewinn kann im Nachhinein teuer zu stehen kommen.

Das gilt ganz besonders für die zweite Stufe, das Storming. Man kann ja verstehen, dass selbst erfahrene Projektleiter auf diese Phase gerne verzichten würden. Wer jedoch versucht, sie »glattzubügeln« oder zu ignorieren, läuft Gefahr, dass das Team seine volle Leistung niemals entfaltet. Denn erst durch den schmerzhaften Selbstfindungsprozess wird es Rollen und Spielregeln akzeptieren und die Folgephasen erreichen. Um den begehrten Teamgeist zu entwickeln, muss ein Team die ersten drei Teamphasen durchstehen – und überleben.

Aus Toms Tagebuch

Donnerstag, 8. März

Bald ist es so weit – das Kick-off-Meeting steht an. Zum ersten Mal treffen sich die Teammitglieder. Ein heißer Termin, von dem viel abhängt: Wir müssen als Gruppe zusammenfinden! Nur dann können wir auch gemeinsam auf die Reise gehen und unsere Abenteuer bestehen.

Konflikte wird es geben, klar. Aber jetzt wird die gemeinsame Basis gelegt, von der aus wir starten.

Wenn ich den Kick-off selbst moderiere, gerate ich in ein Dilemma: Ich bin einerseits derjenige, der das Meeting leiten soll – und damit gefangen im Korsett des neutralen Moderators. Andererseits bin ich der Leiter dieses Projekts und muss mich in dieser Funktion positionieren. Das passt nicht zusammen!

Sollte ich nicht besser einen externen Moderator engagieren? Dann könnte ich meine Rolle als Projektleiter spielen und in den entscheidenden Momenten mit meinen Themen, Zielen und Vorgehensweisen präsent sein. Ich könnte dann als Projektleiter klare Signale setzen, während der Moderator dafür sorgt, dass der Start insgesamt für das Team stimmig wird.

Hinzu kommt: Ein guter Moderator beobachtet das Team und kann mir Feedback geben. Was denkt er über mein Team? Gibt es Problemfälle? Welche Charaktere kommen vermutlich nicht klar miteinander? Mit welchen kritischen Themen muss ich rechnen? Diese Rückmeldungen dürften viel wert sein, um mein Team künftig erfolgreich zu entwickeln. Schließlich wollen wir ja möglichst schnell und reibungslos in die Gänge kommen!

Ich werde versuchen, den externen Moderator für das Kick-off-Meeting bei Hans-Joachim durchzudrücken. Hoffentlich gelingt es mir, ihn davon zu überzeugen, dass sich diese Investition lohnt!

Einige Dinge, die ich mir für die Entwicklung meines Teams vornehme:

- Ich informiere jedes Teammitglied über das Ziel bzw. das gewünschte Ergebnis des Projektes. Jeder soll eine klare Zielvorgabe von mir bekommen.
- Ich vermittle jedem Teammitglied, worin genau sein Beitrag liegt, um das Projektziel zu erreichen. Jeder bekommt klare Aufgaben und Rollen.
- Ich setze jedes Teammitglied so ein, wie es seinen fachlichen Fähigkeiten und seinen Stärken gemäß der Belbin-Teamrolle entspricht.
- Ich stärke das Wir-Gefühl des Teams durch gemeinsame Unternehmungen. Der Kick-off-Workshop soll nur ein Anfang sein.
- Ich lege großen Wert auf klare Kommunikation und Transparenz.
- Ich achte auf Konfliktpotenziale und suche nach Möglichkeiten, Konflikte von vornherein zu reduzieren.
- Ich gebe jedem Teammitglied regelmäßig Feedback und spreche ehrlich Anerkennung und Lob aus.

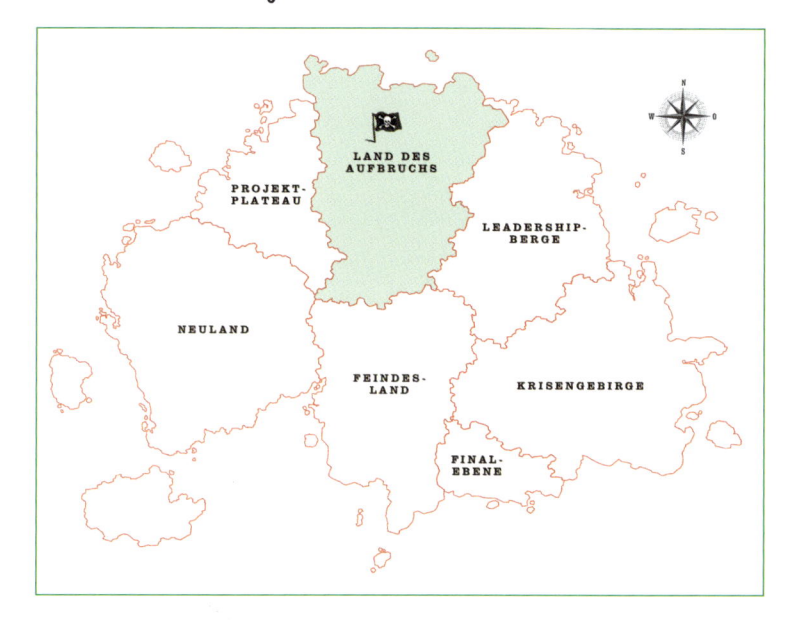

> **☠ Schlechtes Teamwork**
>
> Das Projektteam nimmt zu Beginn des Projektes nicht wirklich Fahrt auf. Anstatt seine volle Leistungsfähigkeit zu entfalten, löst es Verzögerungen und Konflikte aus.
>
> **⌖ So wappnen Sie sich**
>
> - Sorgen Sie für Zielklarheit, denn ein Team braucht Ziele, die von allen Mitgliedern getragen werden. Ansonsten läuft jedes Teammitglied in seine eigene Richtung. Nur mit gemeinsamen Zielen funktioniert Teamarbeit.
> - Sorgen Sie für klare Strukturen. Klären Sie Rollen und Aufgaben im Team, denn unklare Verantwortlichkeiten führen zwangsläufig zu Reibungsverlusten.
> - Fördern Sie Offenheit und Vertrauen im Team. Nichts behindert die Teamarbeit so sehr wie unausgesprochene Probleme und Konflikte.
> - Ermutigen Sie Ihre Teammitglieder, sich gegenseitig zu unterstützen. Ein Team kann nur dann sein Potenzial ausschöpfen, wenn Probleme gemeinsam gelöst werden und man sich gegenseitig hilft.
> - Machen Sie Ihrem Team klar, dass jedes Mitglied Verantwortung für das gemeinsame Projektergebnis trägt – und sorgen Sie dafür, dass es keine »Eigenbrötler« gibt.
> - Geben Sie Ihrem Team genügend Zeit, um sich selbst zu finden. Führen Sie Ihr Team aktiv durch die verschiedenen Phasen der Teamentwicklung.
> - Fördern Sie die Kommunikation im Team, und sorgen Sie dafür, dass sich die Gruppe mindestens einmal pro Woche trifft.

3.3 Erfolgreich starten
Das gelungene Kick-off-Meeting

> Sage mir, wie ein Projekt beginnt,
> und ich sage dir, wie es endet.
> *Alte Projektleiterweisheit*

Der Begriff »Kick-off« kommt aus der Welt des Sports und bezeichnet dort den Anstoß eines Spiels. Im Projektmanagement steht er für den Auftakt des Projekts – das Kick-off-Meeting, auch »Projekt-Kick-off« genannt. An ihm nehmen alle Projektbeteiligten teil. Hier werden für den Erfolg des Projekts entscheidende Weichen gestellt. Dementsprechend vielfältig sind die Möglichkeiten, etwas falsch zu machen.

Viele Kick-off-Veranstaltungen verunglücken, weil Geschäftsführer oder Vorstände mit ihrem Auftritt ungewollt eher demotivieren, als für Aufbruchstimmung zu sorgen. Aber auch mancher Projektleiter schafft es, sein Projekt bei dieser Gelegenheit zielsicher ins Abseits zu manövrieren. Die folgenden vier Fälle stehen repräsentativ für viele andere Varianten, wie man die Chancen des Kick-offs verspielen kann:

- **Fall 1: Der gehetzte Vorstand.** Mit einer flammenden Rede eröffnet ein Vorstandsmitglied eines Chemiekonzerns das Kick-off-Meeting. Der Top-Manager betont die strategische Bedeutung des Projekts für die Zukunft des Unternehmens. Die Anwesenden sind sichtlich stolz, Auserwählte für ein solches Prestigeprojekt zu sein. Der Redner verspricht, sich alle Zeit für das Projekt nehmen zu wollen, beendet seine Ansprache dann aber mit dem Hinweis, dass er wegen wichtiger Termine jetzt leider schon gehen müsse. Enttäuschung und ungläubiges Erstaunen machen sich breit – ein verheerendes Signal für das Team.
- **Fall 2: Die gelangweilten Juniorchefs.** Ein großer Familienbetrieb legt ein Projekt zur Produktionsoptimierung auf. Dem Projekt-Kick-off wohnen die beiden Juniorchefs bei, die mit ihrer Anwesenheit dafür sorgen sollen, dass das Projekt Fahrt aufnimmt. So jedenfalls hofft der Projektleiter. Tatsächlich gibt der eine Junior unkonzentriert und völlig unvorbereitet einige Plattitüden von sich, während sein Bruder lustlos dabeisitzt und signalisiert, dass ihm das Projekt ziemlich egal ist. Die Gleichgültigkeit überträgt sich auf die Teilnehmer. Gleich nach dem Meeting setzen sich die ersten Teammitglieder aus dem Projekt ab, die anderen beschränken sich auf »Dienst nach Vorschrift«. Der Projektleiter braucht Wochen, bis sein verkleinertes Rumpfteam dann doch noch Fahrt aufnimmt.
- **Fall 3: An der Moderatorenrolle gescheitert.** »Nun kann ja nichts mehr passieren«, so glaubt ein Projektleiter, nachdem er extra ein Moderatorenseminar besucht hat. Im Kick-off-Meeting setzt er sogleich eine der erlernten Moderationsmethoden ein, indem er versucht, sein Projektteam in eine gewünschte Richtung zu lenken, getreu dem Motto: Das Team wird viel motivierter arbeiten, wenn es selbst die Lösung erarbeitet hat. Er hofft also, dass in der Diskussion genau das herauskommen wird, was er bereits mit seinem Auftraggeber vereinbart hat. Notfalls kann er ja als Moderator korrigierend eingreifen. Dumm nur, dass der Manipulationsversuch schnell auffliegt. Der Projektleiter hat doppelt verloren: Nicht nur seinen Erfolg als Moderator, sondern auch seine Glaubwürdigkeit als Projektleiter.
- **Fall 4: Verloren in den Details.** Ein Projektleiter vergisst im Eifer des Gefechts seine Moderationsaufgabe und verliert die Ziele des Meetings aus den Augen. Das Team verstrickt sich in endlose Detaildiskussionen und geht am Ende ohne nennenswerte Ergebnisse auseinander. Es herrscht Ratlosigkeit statt Aufbruchstimmung.

Die beiden letzten Beispiele zeigen, wie riskant die Doppelrolle von Moderator und Projektleiter ist. Es sollte zumindest eine Überlegung wert sein, für das Kick-off-Meeting einen externen Moderator zu engagieren. Der Projektleiter kann sich dann voll auf seine eigentliche Rolle konzentrieren.

Das Projekt nimmt Fahrt auf

Ein gelungener Projekt-Kick-off ist wie der Start eines Flugzeugs: Das Projekt nimmt Fahrt auf und hebt für alle Beteiligten wahrnehmbar ab. Um diesen Effekt zu erzielen, reicht es nicht aus, die Projektziele zu verkünden, die Rollen im Team zu verteilen und die Mitarbeiter in ihre Arbeit einzuweisen. Solche Schnell-Kick-offs, die sich in zwei bis drei Stunden absolvieren lassen, sind zwar durchaus üblich. Sie vergeben jedoch eine einmalige Chance – nämlich das Team von Anfang an auf Touren zu bringen.

Ein Kick-off, bei dem das Team wirklich abhebt, geht deutlich weiter. Er entscheidet bereits über zentrale Eckpunkte des weiteren Projektverlaufs. Er klopft Risiken ab, erwägt Vorgehensweisen und legt Marschrouten fest. Die Spezialisten aus den unterschiedlichen Bereichen erfahren ihre Rolle im Team und werden aufeinander eingestimmt. Natürlich birgt ein so groß angelegter Kick-off auch Gefahren: Jeder Einzelne entscheidet während dieses Meetings, welche Bedeutung er persönlich dem Projekt beimisst und wie sehr er sich engagieren wird. Wie sich Projekt, Projektleiter und Projektteam in diesen ersten Stunden darstellen, wirkt sich auf den gesamten zukünftigen Projektverlauf aus.

Planen Sie daher den Projektauftakt mit großer Sorgfalt. Legen Sie das Kick-off-Meeting so an, dass es das Projekt wirklich in Gang bringt. Nicht drei Stunden, sondern mindestens einen ganzen Tag, besser noch zwei Tage sollten Sie hierfür veranschlagen.

Kick-off – gleich zweimal?

Vorab eine Klarstellung: In manchen Projekten geht dem Kick-off-Meeting, das wir in diesem Abschnitt beschreiben, bereits ein erstes Zusammentreffen des Teams voraus. In diesen Fällen könnte man davon sprechen, dass zwei Projekt-Kick-offs stattfinden:

- Das erste Treffen erfolgt *ganz zu Beginn des Projekts*, als offizieller Startschuss für den Kunden oder Auftraggeber. Ziel ist es, den Projektauftrag offiziell an den Projektleiter und die beteiligten Bereiche zu übergeben. Dieser »kleine Kick-off« wird üblicherweise vom Auftraggeber des Projektes initiiert und dauert zwei bis drei Stunden. Er soll die beteiligten Personen ins Bild setzen und den Projektleiter in seine Funktion einführen.
- Das zweite Treffen findet *nach der groben Projektplanung* statt, wenn die inhaltliche Projektarbeit beginnt. Jetzt geht

es darum, ein Team zu bilden und Einigkeit über Ziel, Vorgehensweise und Rollenverteilung zu erhalten. Dieser »große Kick-off« wird üblicherweise vom Projektleiter initiiert und dauert je nach Teamgröße und Projektumfang etwa ein bis zwei Tage.

Viele Unternehmen glauben, es sei mit dem »kleinen Kick-off« getan. Für kleinere Projekte, die in ähnlicher Form schon öfter durchgeführt wurden, mag das auch zutreffen. Ein wichtiges Projekt, womöglich sogar für einen neuen Kunden, erfordert jedoch die große Variante. Auch wenn Sie das Projektteam bereits aus früheren Projekten kennen, sollten Sie auf ein großes Kick-off-Meeting nicht verzichten.

Ranghohe Unterstützung

Ein Auftakt, bei dem das Projektteam abhebt: Nichts kann so beflügeln wie die ehrlich gemeinte Rückendeckung durch das Management. Eine junge Projektleiterin bei einem Automobilzulieferer verblüffte ihre Projektteams immer wieder mit dem Auftritt hochrangiger Führungskräfte in ihren Kick-off-Veranstaltungen. Keiner der hohen Herren schlug je die Bitte ab, das Projekt persönlich zu unterstützen. Ob Vorstandsmitglied oder Aufsichtsrat, alle kamen – und verstanden es, die Teams wirklich zu begeistern. Die Mitarbeiter wussten nun, wie sehr das Projekt der Unternehmensleitung am Herzen lag, und gaben sich entsprechend viel Mühe.

Machen Sie es wie diese Projektleiterin. Gewinnen Sie Ihren Geschäftsführer, Vorstand oder Bereichsleiter dafür, am Kick-off-Meeting persönlich teilzunehmen. Je ranghöher die Unterstützung ausfällt, desto besser für das Projekt. Eines ist jedoch entscheidend: Der Unterstützer muss verstehen, worum es geht. Machen Sie ihm klar, wie wichtig sein Auftritt für den Projekterfolg ist. Ein Geschäftsführer, der diesen Termin nur abhakt und nach einer halben Stunde wieder geht, hinterlässt den Eindruck, dass ihm das Projekt gleichgültig ist. Ein solcher Auftritt motiviert nicht, sondern erzeugt Frust und Ablehnung.

Das Kick-off-Meeting vorbereiten

Beim Kick-off-Meeting steht für den Projektleiter vor allem ein Thema im Mittelpunkt: die Teamentwicklung. Das Meeting ist der entscheidende Augenblick, um den Teamentwicklungsprozess in Gang zu bringen. Hierbei kommt es ganz besonders auf gute Moderation, Gespür für Gruppendynamik und souveränen Umgang mit Widerständen, Emotionen und Konflikten an. Wie bereits angedeutet, empfiehlt es sich im Falle von größeren oder schwierigeren Projekten, einen erfahrenen Moderator für das Kick-off-Meeting hinzuzuziehen. Der Projektleiter kann sich dann verstärkt inhaltlich engagieren.

Eine gute Hilfe, um den Entwicklungsprozess erfolgreich zu managen, bietet Tuckmanns Vier-Stufen-Modell (Abschnitt 3.2), auf das wir im Folgenden zurückgreifen wollen.

Bei einem intensiven, breit angelegten Kick-off können Sie davon ausgehen, dass das Team zumindest teilweise die ersten drei Entwicklungsstufen durchläuft: Forming, Storming und Norming. Dementsprechend sorgfältig sollten Sie diese drei Phasen planen.

Entwicklungsphase 1: Kennenlernen und Vertrauen gewinnen

Eine gelungene Forming-Phase zählt eindeutig zu den Kernfunktionen des Kick-off-Meetings. Wann, wenn nicht jetzt, sollen die Teilnehmer einander kennenlernen? Ziel ist es, dass die Teammitglieder unter sich, aber auch mit dem Projektleiter warm werden. Hierzu genügt oft eine einfache Vorstellungsrunde. Manchmal ist es auch sinnvoll, das Kennenlernen zu vertiefen, um so gegenseitiges Vertrauen zu schaffen.

Versetzen Sie sich in die Situation eines Teammitarbeiters: Am Tag des Meetings trifft er auf Menschen, die er teilweise gar nicht oder nur flüchtig kennt, und soll nun mit diesen zusammen ein Projekt beginnen. Vielleicht ist er freiwillig gekommen und gespannt auf das, was ihn erwartet. Vielleicht wurde er aber auch mit sanfter Gewalt hierher beordert und hadert nun mit sich, dass er sich nicht genügend gewehrt hat. Auf jeden Fall wünscht er sich, erst einmal in der neuen Situation anzukommen.

Allenthalben besteht Unsicherheit. Keiner der Anwesenden weiß, was genau auf ihn zukommt und wie »das hier abläuft«. Jeder möchte wissen, worauf er sich einlässt, welche Gefahren auf ihn lauern, auf wen oder worauf er besonders achten muss. Auch möchte man sich ungern blamieren, weiß aber gleichzeitig, dass man vom einen oder anderen Thema, um das es im Projekt geht, wenig Ahnung hat.

Sich das alles klarzumachen kann helfen, den Einstieg in den Kick-off-Workshop zu planen. Achten Sie vor allem auf folgende Aspekte:

- Geben Sie Orientierung, um die Sicherheit des Einzelnen zu stärken.
- Unterstützen Sie das Kennenlernen, damit die Teammitglieder Vertrauen zueinander gewinnen.
- Fördern Sie Begegnungen, bringen Sie die Gruppe in Bewegung.
- Geben Sie Hintergrundinformationen über das Projekt.
- Besprechen Sie Projektauftrag, Rollen und Projektaufbauorganisation.

Entwicklungsphase 2: Konflikte und Machtspiele

Wenn die erste Phase erfolgreich war, haben sich die Teilnehmer kennengelernt; auch sind sie über die Projektziele und Grundzüge der bevorstehenden Aufgaben informiert. In Ansätzen existiert ein gewisses Verständnis für die gemeinsame Aufgabe. Nun entsteht im Team meist eine neue, mitunter heftige Dynamik: Die Teammitglieder wollen ihren Platz im Miteinander bestimmen, Grenzen abstecken und Freiräume schaffen. Sie artikulieren ihre Wünsche und Interessen. Damit lassen sie die eher abwartende Haltung der ersten Phase hinter sich; ihr wahres Gesicht kommt zum Vorschein.

Es beginnt die Storming-Phase: Gegensätzliche Meinungen brechen auf, Widerstände und Blockaden werden sichtbar. Untergruppen bilden sich, die gegeneinander zu Felde ziehen. Gegen die Wortführer im Team, sogar gegen den Projektleiter wird rebelliert. Die Auslöser hierfür können ebenso vielfältig wie unbedeutend sein: Mal geht es um eine Rahmenbedingung des Projekts, mal um einen Kollegen im Team. Eine anfänglich sachliche Diskussion eskaliert ohne erkennbaren Grund.

Wie wir aus Tuckmans Entwicklungsmodell wissen, sind diese Konflikte normal und haben ihr Gutes. Sie lassen das Team zu den Spielregeln finden, die für die künftige Zusammenarbeit notwendig sind. Die Machterprobungen, Konfrontationen und Auseinandersetzungen sind »Störungen«, die den Gruppenprozess fördern. Sie sollten daher nicht unterdrückt, wohl aber geschickt gemanagt werden.

Das leuchtet in der Theorie ein, stellt Sie als Projektleiter aber ganz praktisch vor das Problem, diese Phase heil zu überstehen. Im Kern stehen Sie vor einer doppelten Herausforderung:

- Als Moderator müssen Sie das Kick-off-Meeting geschickt leiten, für Transparenz sorgen und die aufbrechenden Konflikte aus einer möglichst neutralen Position heraus bearbeiten.
- Als Projektleiter kommt es darauf an, sich klar zu positionieren und zum Beispiel gegen rebellierende Teammitglieder Stellung zu beziehen. In dieser Rolle können und dürfen Sie gerade nicht neutral sein!

Ein Projektleiter, dessen Kick-off an einem heftigen Storming scheiterte, hat es einmal so formuliert: »Wenn du selbst auf dem Schlachtfeld kämpfst, hast du keine Chance, den Überblick zu behalten und den Verlauf des Gefechts zu beeinflussen.« Vermutlich hätte dieser Projektleiter nicht nur die Schlacht gewonnen, sondern wäre auch aus dem ganzen Kick-off-Meeting siegreich hervorgegangen, wenn er die Moderation einem externen Profi überlassen hätte.

Überlegen Sie deshalb, ob Sie die Doppelrolle als Moderator und Projektleiter wirklich übernehmen wollen. Beachten Sie zudem folgende Aspekte:

- Schaffen Sie Klarheit darüber, welche Schwierigkeiten zu bewältigen sind.
- Machen Sie das Meinungsspektrum in der Gruppe sichtbar.
- Fördern Sie Auseinandersetzungen, wenn Sie sich auf konkrete Problemstellungen beziehen.
- Bringen Sie Diskussionsprozesse in Gang, arbeiten Sie mögliche Konflikte heraus.
- Machen Sie Blockaden deutlich und entwickeln Sie erste Lösungsansätze.

Entwicklungsphase 3: Die Spielregeln finden

Wer mag schon Konflikte? Auch Projektleiter sind nur Menschen. Die einen versuchen, den Konflikt kleinzureden oder zu verdrängen, andere versteifen sich darauf, gegen die Rebellen in der Gruppe anzukämpfen und ihre Macht zu beweisen. Beides bringt das Team nicht weiter. Die Alternative liegt darin, sich bewusst auf Konflikte einzulassen und diese als »Energiespender« für die gemeinsame Arbeit zu begreifen. Es geht darum, einen Konflikt produktiv umzusetzen, also die Kraft zu nutzen, die in ihm steckt.

Der konstruktive Umgang mit Konflikten ist ein vorrangiges Ziel des Normings, der dritten Teamentwicklungsphase während des Kick-off-Meetings. Grundsätzlich gilt die Regel, dass Konflikte Vorrang vor der sachlichen Diskussion haben. Solange sie nicht verarbeitet sind, bleibt der Blick für die inhaltlichen Probleme des Projekts verstellt.

Während der Norming-Phase bilden sich die zunächst noch unausgesprochenen Regeln für die weitere Zusammenarbeit heraus. Auch Fragen nach Normen und Werten werden gestellt. Gemeinsam mit Ihrem Team können Sie auf dieser Basis nun die Spielregeln und Umgangsformen für das Miteinander im Projektteam herausarbeiten und für alle verbindlich festlegen. Diese von der Gruppe selbst bestimmten Regeln haben den großen Vorteil, dass die Teammitglieder sie ganz selbstverständlich einhalten – im Unterschied zu extern vorgegebenen Normen.

Werden die Konflikte ausgetragen und konstruktiv gelöst, beginnen die Teammitglieder Vertrauen zueinander zu fassen. Langsam bildet sich ein Wir-Gefühl heraus. Die unterschiedlichen Fähigkeiten werden anerkannt, ebenso die Verteilung von Rollen und Funktionen. Das Team orientiert sich an einer gemeinsamen Zielsetzung – und entwickelt ein gemeinsames Verständnis für Vorgehensweise und Ergebnisse der Teamarbeit.

Damit die Norming-Phase erfolgreich verläuft, sind folgende Aspekte wesentlich:

- Vereinbaren Sie Spielregeln für die Zusammenarbeit.
- Geben Sie Werkzeuge an die Hand, um die Zusammenarbeit zu erleichtern.
- Halten Sie vereinbarte Ergebnisse, Aktivitäten und Tätigkeiten fest.
- Führen Sie Rituale ein, die für die Projektlaufzeit gelten.
- Fördern Sie das Entstehen eines Wir-Gefühls, bevor die Teilnehmer auseinandergehen.

Ablauf eines Projekt-Kick-offs

Die Vorbereitungen sind getroffen. Der gelungene Ablauf eines Kick-off-Meetings könnte wie folgt aussehen:

- **Einstieg in den Workshop.** Als Projektleiter eröffnen Sie den Workshop und stellen sich kurz selbst vor. Dann informieren Sie über die Ziele und den Ablauf des Meetings.

- **Vorstellungsrunde.** Jedes Teammitglied stellt sich kurz vor und schildert seine Erfahrungen, die es ins Team einbringen kann. Außerdem darf jeder Teilnehmer seine Wünsche und Befürchtungen äußern, die Sie zunächst kommentarlos aufnehmen. Zum Ende der Vorstellungsrunde wissen alle, welche Funktion die Beteiligten in ihren Bereichen haben, welchen fachlichen Background und welche Erfahrungen sie mitbringen und warum sie zum Projektteam gehören.
- **Projektauftrag klären.** Um effektiv zusammenzuarbeiten, benötigen die Beteiligten einige grundsätzliche Informationen über das Projekt und seine Ziele. Diesen Part sollte der Auftraggeber oder ein Vertreter des Managements übernehmen, der nun den Projekthintergrund erläutert, die Ausgangssituation schildert und die mit dem Projekt verbundenen Ideen, Anliegen und Erwartungen beschreibt. Mit seinen Ausführungen verdeutlicht er die strategische Dimension des Projekts und fördert so die Motivation der Projektbeteiligten. Die Teammitglieder erhalten anschließend ausreichend Gelegenheit, dem Unternehmensvertreter Fragen zu stellen, auch bestimmte Aspekte zu hinterfragen, um so das Projekt und seine Hintergründe wirklich zu verstehen.
- **Projektorganisation vorstellen.** Nun informieren Sie über weitere Details zum Projekt und gehen dabei auch auf die Wünsche und Befürchtungen der Teammitglieder ein. Hierzu zählen vor allem Informationen über die Projektorganisation: Welche Entscheidungsgremien gibt es? Welche Aufgaben und Befugnisse haben sie? Wie sind die Rollen im Projekt mit ihren Verantwortlichkeiten und Kompetenzen verteilt? Ergänzend kann jedes Teammitglied dann seinen Beitrag zum Projekterfolg vorstellen.
- **Risiken und Chancen des Projekts.** Um ein echtes Wir-Gefühl im Team zu erreichen, müssen die unterschiedlichen Sichtweisen auf den Tisch. Die Chancen des Projekts kommen dabei ebenso zur Sprache wie Risiken, offene Fragen und Bedenken. Es wird kontrovers diskutiert. Vielleicht ermuntern Sie die Teammitglieder sogar, ihre Einwände offen anzusprechen. Das setzt natürlich voraus, dass Sie selbst die kritischen Punkte bereits kennen und schon bei der Projektvorbereitung mit dem Auftraggeber ausdiskutiert haben.
- **Grobplanung des Projekts.** Nun führen Sie einen Schritt tiefer ins Projekt: Das Projektteam präzisiert seine Aufgaben und erstellt eine Grobplanung für das Projekt. Hierzu stellen Sie zunächst den zeitlichen Rahmen und die Meilensteine vor, die Sie dann mit dem Team diskutieren. Gemeinsam prüfen Sie, ob die Vorgaben und die geplante Ausführung realistisch zusammenpassen.
- **Zusammenarbeit regeln.** Wie wird das Team künftig zusammenarbeiten? Ein wesentlicher Punkt ist die formale Organisation der Projektarbeit mit den dazugehörenden Spielregeln. Themen sind Projektarbeitszeiten, Meetings, Absprachen, Entscheidungsverfahren, Methoden und Tools.

Es wird geregelt, was geregelt werden muss. Dies betrifft insbesondere auch die Kommunikation, die gut und vor allem effektiv gestaltet werden muss.
- Dokumentation des Workshops. Bleibt noch die Dokumentation: Indem Sie die Ergebnisse schriftlich festhalten und dokumentieren, müssen die Teammitglieder Farbe bekennen. Jetzt zeigt sich, ob alle hinter den Entscheidungen der vergangenen beiden Tage stehen und die Ergebnisse des Projekt-Kick-offs mittragen.

Vielleicht beziehen Sie gemeinsame Aktionen in den Projekt-Kick-off mit ein. Bei einem Event unter freiem Himmel und beim abendlichen Plausch am flackernden Kamin findet ein Projektteam wie von selbst zusammen. Auf fast natürlichem Wege entwickelt sich so ein gemeinsames Projektverständnis. Sicher: Eine zweitägige Veranstaltung inklusive Event und Abendessen ist eine beträchtliche Investition. Zeit und Geld zahlen sich jedoch aus – denn ein gut eingespieltes Team hat weniger Konflikte und erreicht sein Ziel schneller.

Aus Toms Tagebuch

Freitag, 9. März

Karin hat mich heute gefragt, ob ich nicht endlich ein Kick-off-Meeting organisieren würde, schließlich stehe das Projekt in den Startlöchern.

Das stimmt natürlich, ein ausführlicher Projekt-Kick-off wäre mehr als wünschenswert. Aber ich kenne auch meine Grenzen – und bin mir nicht sicher, ob mir wirklich ein guter Kick-off gelingen wird.

Hans-Joachim gegenüber habe ich angedeutet, dass ich gerne einen zweitägigen Kick-off-Workshop mit externer Unterstützung durchführen würde. Die Idee stieß bei ihm erwartungsgemäß auf wenig Gegenliebe – allein schon, weil sie Geld kostet. Ob man das denn nicht einfach im Büro und ohne großartige Moderation machen könnte, meinte er, zwei bis drei Stunden sollten doch eigentlich ausreichen. Typisch Hans-Joachim! Es war ein hartes Stück Arbeit, ihn zu überzeugen. Ich musste wirklich jedes Argument ins Feld führen, um ihm eine vernünftige Kick-off-Veranstaltung aus den Rippen zu leiern.

Und so habe ich ihn von der Notwendigkeit eines externen Moderators überzeugt:

- Im Projekt-Kick-off werden wichtige Weichen für das Projekt gestellt. Ein Moderator wird zu verhindern wissen, dass wir uns allzu euphorisch oder gar betriebsblind ins Projektgeschehen stürzen.
- Wir alle sind meist viel zu sehr im Thema und verlieren uns schnell in Detaildiskussionen. Einem Moderator wird es gelingen, uns zu disziplinieren und das Meeting an sein Ziel zu führen.
- Der Verlauf des Kick-offs prägt Arbeitsstil und Kultur für das gesamte Projekt. Deshalb gehört die Moderation in die Hände eines Profis, der für eine professionelle Vorbereitung sorgt und straff durch die Agenda führt.

- Der Projekt-Kick-off ist wichtig für die künftige Zusammenarbeit im Team. Wir brauchen Zeit und Gelegenheit für das sogenannte Forming, also um uns als Team zu finden. Ein erfahrener Moderator kann uns für diesen Prozess wichtige Impulse geben.
- Als Projektleiter kommt mir im Projekt eine besondere Rolle zu. Wenn ich jetzt auch noch den Moderator gebe und bestimme, was besprochen wird, laufe ich Gefahr, die Veranstaltung zu dominieren. Ein Moderator wird das zu verhindern wissen.
- Als Projektleiter bin ich viel zu sehr mit den Inhalten meines Projektes beschäftigt, sodass mir wichtige Signale aus dem Team vielleicht entgehen. Ein Moderator wird Hinweise auf Schwierigkeiten, Probleme und Konflikte erkennen und bearbeiten, bevor sie für mich zum Problem werden.

Freitag, 16. März

Die beiden Tage waren anstrengend, aber ein voller Erfolg. Wieder einmal hat sich bewahrheitet, dass ein Kick-off kein normales Arbeitsmeeting ist. Es war auch gut, dass wir uns zwei volle Tage Zeit genommen und eine Offsite-Location gesucht haben. Vor allem aber: Ich bin heilfroh, dass ich mich durchsetzen konnte – und mit Konstantin einen echt guten Moderator an meiner Seite hatte.

Hans-Joachim war den ganzen ersten Tag mit dabei und hat zu Beginn der Sitzung die Ziele und Hintergründe des Projekts erläutert, seine Erwartungen formuliert – und stand dann für Fragen zur Verfügung. Ich war angenehm überrascht und habe mich darüber gefreut, dass er sich so viel Zeit genommen hat. Wir hatten uns im Vorfeld abgestimmt, wann er welche Themen ansprechen sollte. Er war super vorbereitet, und alles lief wie am Schnürchen! Eberhard war sogar die vollen zwei Tage anwesend. Damit war jedem klar, welche Bedeutung unser Vertriebschef dem Projekt beimisst. Mehr Rückenwind kann man als Projektleiter wirklich nicht erwarten.

Am zweiten Tag diskutierten wir bereits konkrete Dinge – wie wir uns im Projekt organisieren, wann wir Meetings machen, welche Regeln wir uns setzen. Auch inhaltlich stiegen wir schon ein, wobei es mir noch weniger auf Ergebnisse ankam, sondern eher auf das Kennenlernen und das Zusammenspiel.

Der Moderator hat sich wirklich bewährt, vor allem wenn die Diskussion besonders hitzig wurde. Ich konnte dann voll und ganz in meiner Rolle als Projektleiter bleiben und mich inhaltlich einbringen. Auf diese Weise erlebten mich die Teilnehmer auch gleich als Projektleiter – und nicht als Moderator, in dessen Rolle ich gerade am zweiten Tag wohl eher eine klägliche Figur abgegeben hätte. Dieser Eindruck wäre dann bei allen Beteiligten hängengeblieben. Ich darf gar nicht daran denken!

Einige Dinge, die ich daraus lerne:

- Plane genügend Zeit für den Kick-off-Workshop ein. Die Beteiligten brauchen eine Weile, um sich persönlich und fachlich kennenzulernen. Ein zweitägiges Meeting ermöglicht es, auf Fragen und Bedenken wirklich einzugehen.
- Setze dich dafür ein, dass du Unterstützung durch einen externen Moderator bekommst. Das gibt dir die Chance, dich fachlich und

persönlich zu positionieren. Und das Team lernt dich als Projektleiter kennen.
- Stelle sicher, dass der Auftraggeber vor versammelter Mannschaft die Bedeutung des Projekts für das Unternehmen hervorhebt. Mit seiner durchgängigen Anwesenheit dokumentiert er, welche Bedeutung er selbst dem Projekt beimisst und mit wie viel Engagement er bei der Sache ist.
- Nutze den Elan aus dem Kick-off und verbinde ihn gleich mit der ersten Arbeitssitzung. Es wäre doch schade um die schöne Motivation, sofort wieder auseinanderzugehen und sich erst wieder zwei Wochen später zu treffen.

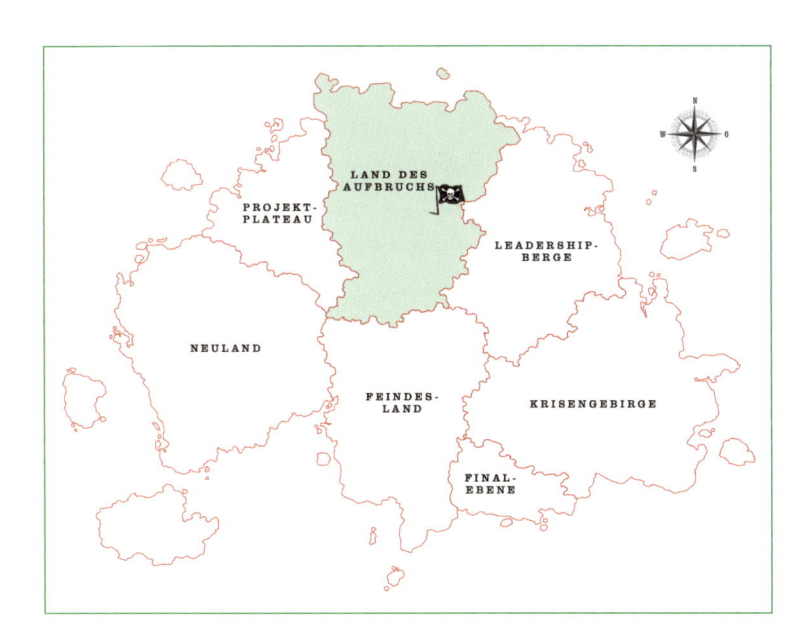

🏴‍☠️ Fehler beim Projekt-Kick-off

Auftraggeber und Projektleiter haben die Aufgabe, beim Kick-off-Meeting für einen guten Projektstart zu sorgen. Immer wieder misslingt dieser wichtige Auftakt jedoch – was sich, wenn überhaupt, nur mit viel Zeit und Mühe korrigieren lässt.

🎯 So wappnen Sie sich

- Nehmen Sie den Kick-off ernst. Es geht darum, die Bedeutung des Projekts zu vermitteln und das Team für das Projekt zu motivieren.
- Ein Kick-off-Meeting, das ein High-Performance-Team an den Start bringt, lässt sich nicht aus dem Ärmel schütteln. Es erfordert Vorarbeit und Vorbereitung. Denken Sie daran: Der erste Eindruck bleibt allen Beteiligten in Erinnerung.
- Sorgen Sie dafür, dass ein möglichst ranghoher Top-Manager anwesend ist und eine motivierende Rede hält. So signalisieren Sie, dass die Unternehmensführung voll hinter dem Projekt steht.
- Erzeugen Sie eine positive Stimmung – vermitteln Sie aber auch ein Gefühl für Dringlichkeit, um so auf den Ernst der Lage hinzuweisen.

> - Beschränken Sie den Kick-off nicht auf eine Frontalbeschallung des Projektteams, sondern suchen Sie den Dialog und die Interaktion mit Ihren Teammitgliedern.
> - Thematisieren Sie Zweifel, Einwände und Ängste bezüglich des Projekts und versuchen Sie, diese zu entkräften.
> - Nehmen Sie sich Zeit! Führen Sie den Kick-off-Workshop entlang der Phasen der Teamentwicklung durch, und nehmen Sie sich genügend Zeit für Aspekte des Formings, Stormings und Normings. Nur so haben Sie die Chance auf ein schnelles Performing.

3.4 Schlagkräftig aufgestellt
Eine effektive Projektorganisation schaffen

> Wer die Spielregeln aufstellt, gewinnt auch.
> Das ist der Sinn der Spielregeln.
> *Aurel Schmidt, Schweizer Publizist*

Tom DeMarco beschreibt in seinem Buch *Der Termin* vier Grundsätze guten Managements: Ein Projektleiter müsse erstens die richtigen Leute auswählen, zweitens die richtigen Mitarbeiter mit den richtigen Aufgaben betrauen, drittens die Mitarbeiter motivieren und viertens dem Team dazu verhelfen, durchzustarten und abzuheben. Alles andere seien »Administrivialitäten«.

Richtig! Das Problem ist nur: Diese Administrivialitäten können Ihnen im Projektalltag ganz schön zusetzen. Wenn Sie die administrativen Vorgänge nicht in den Griff bekommen, können hieraus Schwierigkeiten erwachsen, die alles andere als trivial sind. Unversehens lähmen überbordende Meetings, komplizierte Abstimmungen oder endlose Freigabeprozesse die Projektarbeit. Die Gefahr ist groß, dass Sie in diesen nichtproduktiven Tätigkeiten regelrecht ertrinken.

Erfahrungsgemäß verwendet ein Projektleiter knapp ein Drittel seiner Zeit für Organisation und Verwaltung. Das ist schon ziemlich viel, besonders wenn das Projekt in heißen Phasen schnelles Handeln verlangt. Spätestens jetzt schwindet der notwendige Spielraum, um das Team gut zu führen und Entscheidungen schnell genug zu treffen. Es kommt also auf eine verlässliche Projektorganisation an, die den administrativen Aufwand auf ein Minimum begrenzt. Ohne sie gerät die Situation schnell außer Kontrolle – bis hin zum Scheitern des gesamten Projekts.

Diese Erfahrung machte die Projektleiterin eines Medienkonzerns. Es war ein großes Projekt, an dem drei verschiedene Fachbereiche und mehrere Subunternehmen beteiligt waren. Dementsprechend groß war die Anzahl der Schnittstellen, die koordiniert werden mussten. Zudem musste die Projektleiterin zahlreiche Stakeholder bei Laune halten. Kein Wunder, dass ihre Verwaltungs- und Kommunikationsaufgaben explodierten. Die Projektleiterin geriet immer stärker in operative Hektik, die allmählich das ganze Team erfasste. Mehr und mehr verlor sie den Überblick.

Dass sie schließlich ihrem Auftraggeber »Land unter« signalisierte, machte die Sache nicht besser. Nun geriet das Projekt in den Fokus des Managements. Um die drohende Katastrophe noch abzuwenden, widmete sich die halbe Geschäftsführung der Angelegenheit. Anstatt die Krise zu managen, war die Projektleiterin nun tagein, tagaus damit beschäftigt, die großen Bosse auf dem Laufenden zu halten. Geschäftsführer und Auftraggeber trieben sie regelrecht vor sich her …

Was hatte die Frau falsch gemacht? Der Fehler lag sicher nicht darin, den Auftraggeber über die beginnende Schieflage zu informieren. Wenn die Warnlichter rot blinken, ist dies das Gebot der Stunde. Die Ursache für das Debakel liegt vielmehr bereits in der Projektvorbereitung: Die Projektleiterin hatte es versäumt, eine schlagkräftige Projektorganisation zu schaffen. Dadurch fehlten ihr die Strukturen, die sie in kritischen Situationen hätten entlasten können.

Es wäre leichtfertig, die »Administrivialiäten« zu unterschätzen. Werden sie nicht klar geregelt, kann das Projekt aus dem Ruder geraten. Erinnern wir uns an das eisige Abenteuer am Mount Everest: Bevor der Aufstieg begann, hatte Rob Hall klare Regeln festgelegt und seine Leute über Wochen im Basislager eingehend instruiert. Nur unter dieser Voraussetzung war es verantwortbar, den Gipfelsturm zu wagen. Dass dann die Spielregeln gebrochen wurden, steht auf einem anderen Blatt.

Die Projektadministration reduzieren

Ist das Projekt erst einmal gestartet, sieht sich der Projektleiter mit einer Fülle von Aufgaben konfrontiert. Es gilt, Informationen zu sammeln und zu verteilen, Teilergebnisse zu kontrollieren oder Besprechungen, Workshops und Telefonkonferenzen zu organisieren. Das alles verschlingt viel Zeit, zählt aber weitgehend auch zu den Aufgaben des Projektleiters. Er sollte sie auf ein Minimum beschränken, denn jede administrative Tätigkeit bindet Ressourcen, die für die produktive Arbeit, also die Wertschöpfung im Projekt fehlen.

Einiges lässt sich bereits im Vorfeld, bei der Projektplanung, machen. Richten Sie Ihr Augenmerk vor allem auf zwei Komplexitätstreiber, die den administrativen Aufwand explodieren lassen: überdimensionierte Projektmanagement-Werkzeuge und die Zahl der Schnittstellen.

Auf den ersten Aspekt sind wir schon eingegangen, als es darum ging, unseren Rucksack für das Projektabenteuer zu packen (Abschnitt 2.4). An dieser Stelle genügt daher ein kurzer Hinweis: Lassen Sie sich nicht von den Versprechungen mächtiger Softwarewerkzeuge blenden, die mit einer Vielzahl von Funktionen den Administrationsaufwand reduzieren wollen. Selbst wenn Sie die langwierige und kostspielige Einführung eines solchen Tools in Kauf nehmen, aufwändige Schulungsmaßnahmen durchstehen und das System mit den notwendigen Daten gefüttert haben, muss die Projektarbeit dadurch nicht unbedingt leichter werden. Warum kompliziert, wenn es auch schnell und einfach geht?

Der andere »Administrationstreiber« lässt sich weniger leicht vermeiden. Die Zahl der Schnittstellen hängt von der Größe und Eigenart des Projektes ab und lässt sich deshalb nicht beliebig reduzieren. Wenn an einem Projekt mehrere Unternehmensbereiche und eine Reihe von Subunternehmern, Lieferanten und Dienstleistern beteiligt sind, bleibt nichts anderes übrig, als alle diese Schnittstellen auch zu bedienen. Dennoch sollten Sie sich der Tatsache bewusst sein: Je mehr Schnittstellen ein Projekt hat, desto größer ist der administrative Aufwand. Wirken Sie bereits bei der Planung darauf hin, die Zahl der Schnittstellen zu begrenzen, oder drängen Sie zumindest darauf, dass die notwendigen Ressourcen eingeplant werden. In den Verhandlungen mit dem Auftraggeber können Sie dann auch schon die Notwendigkeit einer Projektassistenz ins Spiel bringen.

Viel überflüssige Administration lässt sich also von vornherein vermeiden, indem Sie einfache Planungstools verwenden und mit möglichst wenigen Schnittstellen auskommen. Nun benötigen Sie noch eine effektive Projektorganisation, um die verbleibenden administrativen Tätigkeiten auf ein Minimum zu beschränken. Konkret lässt sich das durch ein Maßnahmenbündel erreichen, das aus folgenden fünf Komponenten besteht:

- Halten Sie die Projektabläufe einfach.
- Vereinbaren Sie verbindliche Spielregeln.
- Halten Sie eine tägliche Einsatzbesprechung ab.
- Legen Sie Regeln für Projektbesprechungen fest.
- Richten Sie ein Projektbüro ein.

Die Projektabläufe einfach halten

Kann man Software genauso produzieren wie Toyota-Autos? Diese Frage, gestellt von Softwareentwicklern, brachte den Ansatz des Lean Project Management hervor. Dahinter steht die Idee, ähnlich wie beim Lean Management in der Autoproduktion das Projektumfeld »schlank« zu gestalten – also von allem abzusehen, was nicht den Projektzielen dient. Der Ansatz gewinnt zunehmend auch für Projekte außerhalb des Softwarebereichs an Bedeutung.

Mit Blick auf vereinfachte Projektabläufe ist ein Aspekt dieses Konzeptes besonders interessant: das Zusammenspiel zwischen einem Kernteam und sogenannten Mandatsträgern.

Das *Kernteam* trägt die Verantwortung für die Projektdurchführung und hat die Aufgabe, das Projekt zu realisieren. Das Know-how seiner Mitglieder deckt idealerweise alle fachlichen und technischen Aspekte des Projektgegenstands ab. Zudem verfügt das Team über alle Kompetenzen und Befugnisse, um die Lösung zu gestalten – es ist also nicht nur in der Lage, die Lösung zu konzipieren, sondern kann auch die dafür notwendigen Entscheidungen selbst treffen. Dank dieser Kombination aus Kompetenz und Befugnis entfallen zeitaufwändige und arbeitsintensive Freigaberunden, die ein Projektleiter üblicherweise mit Personen außerhalb der Projektorganisation organisieren muss.

Schlank und schlagkräftig bedeutet auch: Die Besetzung des Kernteams ist so klein wie möglich und so groß wie nötig. Einerseits ist sie klein, um den Abstimmungsaufwand untereinander auf ein Minimum zu begrenzen, andererseits ist sie groß genug, um die für die Lösung erforderlichen Aspekte ausreichend abzudecken. Wie die Praxis zeigt, liegt Belbin mit seiner Forderung nach acht Teammitgliedern genau richtig. In einem Softwareprojekt besteht ein Kernteam zum Beispiel aus Vertretern der Fachbereiche, der IT-Abteilung und des Implementierungspartners. Unabhängig von ihrer Herkunft arbeiten die Mitglieder des Kernteams gleichberechtigt zusammen; im Mittelpunkt steht die gemeinsame Arbeit an der optimalen Lösung.

Dem Kernteam steht die Gruppe der *Mandatsträger* gegenüber. Sie vertreten die Anwender, Betreiber und Nutznießer einer späteren Lösung. Ihre Aufgabe ist es, die Ergebnisse des Kernteams auf ihre Umsetzbarkeit zu prüfen. Die Mandatsträger sind weder an der Konzeption beteiligt noch ist es ihre Aufgabe, die Lösung zu begutachten oder zu optimieren. Vielmehr sollen sie prüfen, ob und warum eine Lösung nicht funktionieren kann. Wenn sie tatsächlich einen »Show-Stopper« ausmachen, informieren sie das Kernteam. Anderenfalls setzt das Kernteam das Konzept um. Ob und auf welche Weise das Kernteam Änderungswünsche berücksichtigt, liegt allein in seinem Ermessen.

Diese Regelung mag trivial klingen. Doch in dem so ausgestalteten Zusammenspiel zwischen Kernteam und Mandatsträgern liegt ein entscheidender Unterschied zu herkömmlichen Projektorganisationen: Der Projektleiter und sein Team müssen sich nicht mit ständigen Änderungswünschen und langwierigen Freigabeprozeduren herumschlagen. Die Prozesse sind hier wesentlich vereinfacht – und der Projektleiter erspart sich viel Abstimmungs- und Koordinationsaufwand.

Verbindliche Spielregeln vereinbaren

Ein neues Team entwickelt schnell eine eigene Dynamik. Diese bestimmt das kommunikative Zusammenspiel, beeinflusst die Erfolgschancen – und hält nicht zuletzt den Projektleiter auf Trab. Ins Negative umschlagen kann die Teamdynamik, wenn Teammitglieder verunsichert sind, etwa weil Informationen fehlen, Entscheidungen nicht nachvollziehbar oder Absprachen unklar sind. Die Energie fließt dann nicht mehr in eine produktive Zusammenarbeit, sondern schürt Konflikte oder wird in verborgene Absichten gesteckt, die dem Projektziel zuwiderlaufen.

Es ist ratsam, einer solchen Entwicklung von vornherein einen Riegel vorzuschieben. Vereinbaren Sie deshalb gleich zu Beginn, am besten schon während des Kick-off-Meetings, mit Ihrem Team verbindliche Spielregeln, die eine transparente und effektive Kommunikation sicherstellen. Damit schaffen Sie nicht nur Sicherheit im täglichen Umgang, sondern reduzieren auch den künftigen Abstimmungs- und Koordinationsaufwand.

Wie die Spielregeln für ein Projektteam lauten können, zeigt das folgende Beispiel:

- Es gilt das Prinzip von Bring- und Holschuld: Wer über Informationen verfügt, teilt sie von sich aus mit – wer Informationen benötigt, holt sie aktiv ein.
- Wer Probleme hat und erkennt, dass ein Termin nicht zu halten ist, meldet sich von selbst.
- Niemand beklagt sich bei Dritten über Interna des Projekts. Es gilt: »Keep it in the family.«
- Die Diskussion verschiedener Standpunkte ist wertvoll, am Ende einigen wir uns aber auf eine gemeinsame Strategie.
- Wir sind keine Bedenkenträger, sondern stehen für eine zupackende »Can-do«-Mentalität.
- Jeder ist für das, was er tut, selbst verantwortlich. Gemeinsame Entscheidungen werden von allen nach außen hin vertreten.

Wenn Sie sich die Spielregeln besonders erfolgreicher Teams näher ansehen, entdecken Sie dahinter wenige einfache, aber sehr wirkungsvolle Prinzipien. Diese können Ihnen eine gute Orientierung geben, wenn es darum geht, die wirklich effektiven Regeln zu formulieren. Möchten Sie also ein High-Performance-Team aufstellen, das Überdurchschnittliches leistet, sollten Sie auf folgende drei Prinzipien achten: das Sofort-Prinzip, das Direkt-Prinzip und das Vertragsprinzip.

- Das Sofort-Prinzip besagt: Jedes Teammitglied meldet sich sofort, wenn es Informationen benötigt oder ein Problem auftaucht. So lassen sich Verzögerungen vermeiden – und der Aufwand, das Problem zu beseitigen, hält sich meist noch in Grenzen.
- Mit dem Direkt-Prinzip ist gemeint, dass jedes Teammitglied sich selbst um alle Informationen und Vorleistungen kümmert, die es für seine Arbeit benötigt. Dies schließt ein, direkt auf die jeweiligen Zulieferer zuzugehen. Das Direkt-Prinzip führt zu kurzen Dienstwegen, entlastet den Projektleiter und beugt Missverständnissen vor.
- Hinter dem Vertragsprinzip steht das Verständnis, dass jede Interaktion innerhalb des Projektteams ein Vertrag ist. Der Auftraggeber beschreibt darin möglichst präzise das erwartete Ergebnis (das »Was«), der Auftragnehmer möglichst nachvollziehbar die Lösung (das »Wie«). Auf dieser Grundlage führt der Auftragnehmer eigenverantwortlich das Arbeitspaket aus, meldet sich aber sofort, wenn er eine Zusage nicht einhalten kann.

Grundsätzlich hat der Auftragnehmer drei Möglichkeiten, auf eine Anfrage zu reagieren:

- Er nimmt den Vertrag an und nennt einen Termin.
- Er lehnt den Vertrag mit einer nachvollziehbaren Begründung ab, sodass der Projektleiter hierauf reagieren kann.
- Er nennt einen zeitnahen Termin, wenn er im Moment noch nicht entscheiden kann, ob er den Vertrag annimmt oder ablehnt.

Das Vertragsprinzip zwingt die Beteiligten, ihren Teil der Verantwortung am Prozess zu klären. So entstehen Verbindlichkeit, Einbeziehung, Wertschätzung und damit Eigenverantwortung. Der Projektleiter wird entscheidend entlastet, weil die Teammitglieder eigenständig das Was und Wie ihrer Aufgaben definieren und sich hierfür auch verantwortlich fühlen.

Tägliche Einsatzbesprechung abhalten

Die tägliche Kurzbesprechung ist ein wichtiger Bestandteil agiler Softwareentwicklungsmethoden. Dort gilt sie als ein Grundstein für den Projekterfolg. In konservativer geführten Projekten sind tägliche Besprechungen oft höchst umstritten. Die Teammitglieder halten sie für überflüssig, da man ja sowieso zusammensitze – und den Managern ist das ständige »Meeten« ein Dorn im Auge.

Lassen Sie sich als Projektleiter von solchen Einwänden nicht aus der Ruhe bringen. Wenn Sie sich selbst entlasten wollen und dabei auf die Selbstorganisationskräfte Ihres Teams setzen, benötigen Sie eine tägliche Einsatzbesprechung. Nur dann sind die Teammitglieder in der Lage, bei ihrer Arbeit die richtigen Prioritäten zu setzen und Verantwortung zu übernehmen.

Fester Termin, fester Zeitrahmen

Die Besprechung sollte zu einer festen Uhrzeit stattfinden und maximal 15 Minuten dauern. Detaildiskussionen oder ausschweifende Ausführungen sind tabu – schließlich ist das Daily-Standup-Meeting keine Statusbesprechung, sondern eine Einsatzplanung für den aktuellen Tag. Details lassen sich bei Bedarf im Anschluss klären. Wichtig ist, dass der Projektleiter das Meeting straff durchführt und niemand das Gefühl hat, seine Zeit zu verschwenden. Der Name ist Programm: »Stand-up« – die Besprechung findet im Stehen statt. Der schlichte Grund hierfür liegt darin, dass Besprechungen im Sitzen zur Länge neigen.

Einsatzplanung am Task Board

Das Standup-Meeting findet vor einer Tafel statt, dem sogenannten Task Board. An der Tafel hängen Zettel mit den einzelnen Aufgaben. So kann sich jeder auf einen Blick einen Überblick über den Stand des Projekts und die anstehenden Aufgaben verschaffen. Indem der Projektleiter während der Besprechung einzelne Zettel als »erledigt« markiert oder abhängt, verdeutlicht er den Anwesenden den Projektfortschritt – und verschafft ihnen täglich ein Erfolgserlebnis.

Die Teammitglieder unterrichten sich gegenseitig der Reihe nach und mit festgesetzten Redezeiten. Hierbei beantwortet jedes Teammitglied reihum folgende drei Fragen:

- Was habe ich gestern erledigt?
- Was nehme ich mir bis morgen vor?
- Was behindert mich in meiner Arbeit?

Der Projektleiter notiert sich die Probleme und greift – wenn nötig – vermittelnd ein. Eine kurze Diskussion der anstehenden Arbeiten bewirkt, dass eine gemeinsame Verantwortung für die Erledigung der wichtigsten Aufgaben entsteht.

Die eigentliche Kunst der Einsatzplanung besteht darin, den Umfang der einzelnen Aufgaben klein genug zu halten. Sind die Aufgabenpakete zu groß, verliert die tägliche Besprechung ihren Sinn: Wenn jeder nur vermeldet, dass er an der Aufgabe des Vortags weiterarbeitet, verpufft das Meeting wirkungslos. Unterteilen Sie die Aufgabenpakete deshalb in Portionen, die nicht mehr als acht Stunden in Anspruch nehmen.

Regeln für Projektbesprechungen festlegen

Ein wesentliches Instrument für die Projektorganisation sind feste Projektbesprechungen. Wenn Sie als Projektleiter bereits die Daily-Standup-Meetings abhalten, verlieren die regulären Projektbesprechungen zwar etwas an Bedeutung; darauf verzichten lässt sich jedoch nicht. Zu unterscheiden sind zwei Typen von Besprechungen: der *Jour fixe*, bei dem der Stand des Projekts besprochen wird, und die *Teamsitzung*, die ein inhaltliches Ergebnis erarbeitet.

Der Jour fixe: eine Diskussionsrunde zum Stand der Dinge

Der Jour fixe findet regelmäßig, aber nicht zu oft statt und dauert etwa zwei Stunden. Bei langfristigen Projekten reicht in der Regel ein Treffen pro Monat, um alle Beteiligten auf den neuesten Informationsstand zu bringen. Zu häufige Meetings können die Mitarbeiter langweilen, womöglich sogar kontraproduktiv wirken, weil ihre Zweckmäßigkeit angezweifelt wird. Ist der Projektablauf allerdings sehr schnell oder prägen häufige Änderungen das Geschehen, sollte das Intervall kürzer gewählt sein.

Der Vorteil des Jour fixe ist sein offener Charakter. Er ermöglicht es, alle Beteiligten – also nicht nur das Kernteam – in das Projekt einzubeziehen und sie am Projektfortschritt teilnehmen zu lassen. Der Jour fixe informiert über aktuelle Vorgänge und bringt alle Beteiligten auf denselben Wissensstand; zudem werden Probleme besprochen und Arbeitsschritte geplant. Der typische Ablauf lässt sich wie folgt skizzieren:

- So steht das Projekt derzeit da, und daran arbeiten wir (ca. 15 Minuten)
- Zu diesen Fragen brauchen wir euren Input (ca. 30 bis 60 Minuten)
- Welche Fragen habt ihr an uns als Projektteam? (ca. 30 Minuten)
- Welche Themen müssen wir sonst noch diskutieren? (ca. 15 Minuten)

Für den Erfolg des Jour fixe ist weniger entscheidend, was der Projektleiter alles über den aktuellen Stand der Dinge zu berichten weiß, sondern wie es ihm gelingt, die Fragen und Probleme der Teilnehmer aufzugreifen. Im Anschluss sollte sich das Kernteam noch einmal zusammensetzen und reflektieren: Welche neuen Erkenntnisse haben wir gewonnen? Was hat uns überrascht? Welche Anregungen sollten wir berücksichtigen? Wie wirkt sich das auf unsere Arbeit aus?

Die Teamsitzung: Zusammenkunft für Ergebnisse und Entscheidungen

Neben dem Jour fixe gibt es Projektbesprechungen, bei denen bestimmte inhaltliche Ergebnisse erarbeitet werden sollen. Dieser Besprechungstyp hat unter Projektteams oft keinen guten Ruf, weil an seiner Effektivität gezweifelt wird. Tatsächlich sind Teamsitzungen häufig schlecht vorbereitet. Es fehlt eine strukturierte Tagesordnung, dementsprechend unbefriedigend sind Moderation und Ergebnisse.

Dabei sind gute Teamsitzungen weder Zufall noch Zauberei. Wenn Ergebnisse erarbeitet und Entscheidungen getroffen werden, muss die Sitzung gut vorbereitet und geleitet werden – am besten vom Projektleiter selbst oder einem in Moderationstechniken geschulten Teilnehmer. Die Besprechung beginnt mit dem Ziel des Meetings, danach ruft der Sitzungsleiter die Themen in der Reihenfolge der Tagesordnung auf. Die Ergebnisse münden in Maßnahmen und konkrete Aufgaben, für die Verantwortliche und Termine festgelegt werden.

Keine Frage, solche Teamsitzungen sind für den Projektleiter ein heißes Pflaster. Sie erfordern einiges Geschick. Reißt er das Gespräch zu sehr an sich oder setzt er sich in einer Frage kraft seiner Autorität durch, kann es leicht passieren, dass sich die Teilnehmer zurückziehen und nicht mehr voll einbringen. Eine Ausbildung als Moderator kann in solchen Situationen viel wert sein.

Ein Projektbüro einrichten

In vielen Projekten wird die Arbeitskapazität des Projektleiters zu einem kritischen Engpass, weil er im Projektverlauf immer mehr administrative Tätigkeiten bewältigen muss. Nur wenige Unternehmen denken jedoch daran, ihm deshalb eine gute Projektassistenz zur Seite zu stellen. Deshalb verrichten hoch bezahlte Projektleiter administrative Aufgaben, für die sie schlicht überqualifiziert sind, und geraten dadurch in Überlastung und Stress. Die bekannten Folgen sind Überstunden, Verzögerungen, Versäumnisse und Fehlentscheidungen.

Ein »Projektbüro« oder eine qualifizierte Projektassistenz kann den Projektleiter entscheidend entlasten, so dass er seine Arbeitskapazität für die eigentlichen Projektaufgaben einsetzen kann. Die Assistenz kümmert sich um die organisatorischen Aufgaben des Projekts, kann aber auch bei anspruchsvollen

Aufgaben wie dem Risikomanagement, der Verwaltung von Verträgen oder dem Genehmigungsprozess von Änderungsanträgen mitwirken. Eine Studie des Münchner Projektmanagement-Spezialisten PLU kommt zu dem Ergebnis, dass eine gut ausgebildete Assistenz 44 Prozent der Arbeitszeit eines Projektleiters einspart. Dieser hohe Wert kommt zustande, weil die meisten Projektleiter viele administrative Aufgaben selbst erledigen, anstatt sie zu delegieren.

Aus Toms Tagebuch

Donnerstag, 22. März

Bettina ist mit an Bord! Sie ist künftig meine Assistentin. Erwartungsgemäß war es ein hartes Stück Arbeit, Hans-Joachim davon zu überzeugen, eine weitere Person im Projekt zu beschäftigen. Aber ich habe ja schon von Anfang an deutlich gemacht, dass wir bei diesem Projekt eine Reihe von Schnittstellen und deshalb einen großen Koordinationsaufwand haben werden. Mein Ansinnen kam also nicht wirklich überraschend.

Jetzt habe ich ihm noch einmal erklärt, dass ich einerseits in einer Vielzahl von administrativen Tätigkeiten regelrecht absaufe, aber andererseits für diesen Kram doch eigentlich überqualifiziert bin. Das hat ihn dann überzeugt. Er hat mir sogar geholfen, Bettina beim IT-Leiter, also bei meinem Chef, loszueisen. Sie bleibt zwar weiterhin dessen eigene Assistentin, wird aber immerhin in Teilzeit für mich arbeiten.

Freitag, 23. März

Wie schaffe ich es, dass die Projektarbeit reibungslos läuft? Meine neue Assistentin Bettina wird mir vieles abnehmen. Es gibt da aber eine Sache, die mich nicht loslässt: Wir wollen eine Vertriebssoftware einführen – doch der Vertrieb ist mit allem beschäftigt, nur nicht mit unserem Projekt!

Hier habe ich eine Regelung gefunden, die hoffentlich funktioniert: Wenn es zu einem ernsthaften Problem kommt, muss die Sache innerhalb eines Arbeitstages bei Eberhard als Auftraggeber oder bei Hans-Joachim als Projektsponsor vorliegen. Beiden habe ich eine 24-Stunden-Garantie abgetrotzt. Und beide haben zugesagt, innerhalb von 24 Stunden eine Antwort zu geben. Die Vorzimmerdamen sind entsprechend eingeweiht und haben dafür zu sorgen, dass die beiden Herren diese Garantie einhalten.

Im Gegenzug habe ich mich verpflichtet, Hans-Joachim und Eberhard nicht mit jeder Kleinigkeit zu behelligen, sondern mich auf die Eskalation von wirklich dringenden Fragen, Problemen oder Entscheidungen zu beschränken.

Ein paar Mal haben wir das Verfahren schon durchexerziert – mit Erfolg! Es ist erstaunlich zu sehen, welche Beschleunigung im Projekt möglich ist, wenn offene Punkte unverzüglich geklärt werden.

Etwas Ähnliches habe ich mir für unseren Softwarelieferanten ausgedacht. Dem habe ich so lange die Pistole auf die Brust gesetzt, bis er mir ein »rotes Telefon« zugesagt hat. Es garantiert mir eine direkte Verbindung zum Abteilungsleiter aus der Softwareentwicklung. So kann ich Fehler in der Software direkt adressieren und eine Lösung einfordern. Mal sehen, wie das funktioniert!

ETAPPE 4	ETAPPE 5	ETAPPE 6	ETAPPE 7

Einige Dinge, die ich daraus lerne:
- Kämpfe für eine gute Projektassistenz. Sie kann dir den Rücken freihalten und einen großen Teil der organisatorischen Aufgaben abnehmen.
- Nimm dir wöchentlich 1-2 Stunden Zeit für ein Briefing der Projektassistenz, damit sie eigenständig und effektiv agiert.
- Achte darauf, dass die Projektassistenz ein guter Teamworker ist. So kann sie auch ihre Rolle als »gute Seele« im Team spielen und den Teammitgliedern mit Rat und Tat zur Seite stehen.
- Sorge dafür, dass offene Punkte im Projekt schnell gelöst werden – denn nur so lässt sich der Projektfluss in Gang halten. Garantien und der direkte Draht zu Entscheidern können da oft Wunder bewirken.

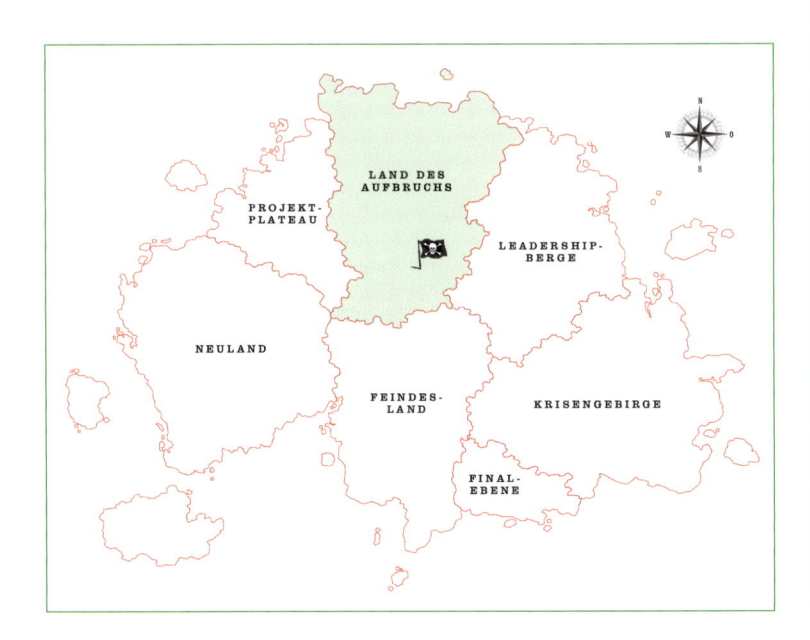

☠ Ineffiziente Projektorganisation

Eine ineffiziente Projektorganisation lässt die administrativen Aufgaben überborden. Unklarheiten, Fehlentwicklungen und Reibungsverluste beanspruchen den Projektleiter immer mehr, die eigentlichen Projektaufgaben kommen zu kurz.

🎯 So wappnen Sie sich

- Vereinbaren Sie grundlegende Spielregeln, wie Sie im Team miteinander umgehen wollen. Formulieren Sie diese gemeinsamen Grundsätze präzise – und achten Sie auf deren Einhaltung.
- Setzen Sie auf eine schlanke Projektorganisation mit einem schlagkräftigen Kernteam sowie ausgewählten Mandatsträgern, die die Interessen der Anwender vertreten.
- Beschleunigen Sie Ihr Projekt, indem Sie offene Punkte unverzüglich klären. Lassen Sie sich von Ihrem Auftraggeber deshalb eine 24-Stunden-Garantie geben, in der dieser zusichert, jede offene Frage innerhalb von 24 Stunden zu klären.

Das Umfeld gewinnen	Alles hört auf mein Kommando	Kurs halten in gefährlichen Gewässern	Zum Endspurt ansetzen

- Halten Sie täglich eine Einsatzbesprechung ab. So bekommen Sie ein selbstorganisiertes Team, das Verantwortung übernimmt und eigenständig seine Arbeit priorisieren kann.
- Bilden Sie mindestens einen Projektmitarbeiter zum Moderator aus. So müssen Sie nicht jede Besprechung selbst moderieren. Außerdem können Sie sich bei schwierigen Besprechungen gegenseitig unterstützen.
- Legen Sie sich eine Projektassistenz zu, die Ihnen den Rücken freihält und sich im Hintergrund um alle organisatorischen Aspekte des Projekts kümmert. Ein hohes Maß an Vertrauen ist Voraussetzung für ein selbstständiges Arbeiten der Projektassistenz.

Etappe 4
DAS UMFELD GEWINNEN
Widerstände managen

Daniel Shechtman traute seinen Augen nicht. Der israelische Chemiker malte drei Fragezeichen auf seinen Notizblock. Die Kristallstrukturen, die er durch das Mikroskop betrachtete, waren in einer chaotischen Weise angeordnet – ganz gegen die herrschende Lehrmeinung. Und doch ließen die Ergebnisse nur einen Schluss zu: Die Muster dieses Kristalls widersprachen dem bekannten Ordnungsprinzip, wonach sich Strukturen von Kristallen stets in sich selbst wiederholen. Grundlegende Annahmen der Wissenschaft über den Aufbau von Feststoffen mussten falsch sein. Eine weitreichende Entdeckung, ein sensationeller Erfolg!

Die Sache hatte jedoch einen Haken: Die Kollegen konnten oder wollten dieses Ergebnis nicht anerkennen. Die Fachwelt stand gegen Daniel Shechtman. Als er seine Arbeit zusammenfasste und zur Veröffentlichung bei einer Fachzeitschrift einreichte, kassierte er prompt eine Absage.

Das war im Jahr 1982. Die Entdeckung hätte Daniel Shechtman damals beinahe seinen Ruf als Wissenschafter gekostet. »Go home, Daniel, das ist Blödsinn«, soll ein etablierter Kollege zu ihm gesagt haben. Als Shechtman die Ergebnisse dem Leiter seiner Arbeitsgruppe vortrug, legte dieser ihm ein Lehrbuch der Kristallografie auf den Schreibtisch: »Lesen Sie gefälligst, was hier drinsteht.« Doch Daniel Shechtman widersprach weiterhin, woraufhin sein Chef ihn aufforderte, das Forscherteam zu verlassen. Zu groß war die Angst, der unbequeme Wissenschaftler könnte mit seiner abwegigen Meinung die ganze Arbeitsgruppe blamieren.

Fast 30 Jahre später, 2011, wurde dem inzwischen 78-jährigen Daniel Shechtman der Nobelpreis für Chemie verliehen – für ebenjene Entdeckung der sogenannten Quasikristalle. »Nur mit großer Geschicktheit und hoher Datenqualität konnte er die Forscherwelt letztlich überzeugen«, heißt es in der Begründung der Jury.

Selbst wenn wir ein Projekt mit einem sensationellen Erfolg abschließen, kann dieser Erfolg wertlos sein – nämlich wenn das Ergebnis nicht akzeptiert wird oder gar auf Ablehnung stößt. Überzeugungsarbeit im Nachhinein ist, sofern sie überhaupt gelingt, mühsam und langwierig.

In Etappe 4 machen wir uns deshalb mit dem Projektumfeld vertraut. Wir werden Skeptiker und Quertreiber identifizieren, Widerstände gegen das Projekt rechtzeitig erkennen und managen. Ziel ist es, einem »Shechtman-Debakel« vorbeugen, indem wir für das Projekt schon in der Anlaufphase breite Akzeptanz schaffen.

Da einem Projektleiter normalerweise die Befugnisse fehlen, um alle Beteiligten einfach per Anweisung »auf Projektlinie« zu bringen, ist hierfür einiges Geschick nötig. Wie Sie erreichen, dass am Ende der Projekterfolg auch als Erfolg für das Unternehmen gefeiert wird, ist Thema dieser Etappe.

Im Kern geht es darum, dass Sie als Projektleiter sich selbst genügend Macht und Einfluss sichern (Abschnitt 4.1), die Stakeholder analysieren und managen (Abschnitt 4.2) sowie klare Kommunikationsstrukturen schaffen (Abschnitt 4.3).

4.1 Macht – der unsichtbare Helfer
Wie der Projektleiter sich Einfluss verschafft

> Gebrauche deine Macht wie ein Paar Zügel,
> nicht wie eine Peitsche.
> *Mongolisches Sprichwort*

Im Zentrum der Stadt sollte ein neuer Bürohauskomplex entstehen – ein gigantisches Bauprojekt. Die am Konsortium beteiligten Firmen hatten sich über ihren jeweiligen Part unterhalten und auch vereinbart, wer die Projektleitung übernehmen sollte. Dennoch misslang die Koordination. Termine konnten nicht gehalten werden, immense Kosten entstanden.

Was war geschehen? Der Projektleiter kam aus einem der fünf am Projekt beteiligten Unternehmen. Waren nun die Mitarbeiter eines bestimmten Gewerks anderer Meinung als der Projektleiter, holten sie sich kurzerhand Schützenhilfe aus der eigenen Firma – wandten sich also an ihren Vorgesetzten, anstatt das Problem mit dem Projektleiter zu klären und dessen Entscheidung zu akzeptieren. Der Vorgesetzte dieser Firma fackelte dann nicht lange und regelte die Angelegenheit auf Chefebene, über den Kopf des Projektleiters hinweg.

Dieses Vorgehen beschädigte die Autorität des Projektleiters. Der vermeintlich kleine Dienstweg, um wichtige Entscheidungen zu klären, degradierte ihn zum zahnlosen Tiger, der mal vom eigenen Vorgesetzten, mal vom Linienmanager einer beteiligten Firma Druck bekam. Das blieb auch den Teammitgliedern nicht verborgen. Während der Einfluss des Projektleiters bröckelte, kam es innerhalb des Teams immer häufiger zu Machtkämpfen. Baumängel, Terminverzug und explodierende Kosten waren die Folge. Nur das Eingreifen des Top-Managements, das den Linienmanagern die Einmischung ins Projekt untersagte, konnte das Projekt schließlich noch retten.

Der Fall weist auf einen besonders heiklen Punkt hin: Im Unterschied zu einem Linienvorgesetzten verfügt der Projektleiter in der Regel über keine disziplinarische Macht, um seine Mitarbeiter zu führen. Aus dem Blickwinkel eines Mitarbeiters ist deshalb nicht immer klar, wer der Boss ist: der disziplinarische Vorgesetzte oder der Projektleiter? Kritisch wird die Situation, wenn sich – wie im Falle des Bürohauses – die Linienmanager in das Projekt einmischen. Im Zweifel wird ein Mitarbeiter dann seinem Linienvorgesetzten folgen; der Projektleiter hat das Nachsehen.

Als Projektleiter stehen Sie vor der Herausforderung, Ihre Mitarbeiter zu führen, auch wenn Sie nicht deren direkter Vorgesetzter sind, also über keine disziplinarischen Befugnisse verfügen. Spätestens in kritischen Situationen, wenn die ersten ernsthaften Meinungsverschiedenheiten auftreten, benötigen Sie jedoch ein Mindestmaß an Autorität, um Ihre Vorstellungen durchsetzen und das Projekt voranbringen zu können.

Macht lässt sich organisieren

In Projekten verbindet sich »Macht« einerseits mit Begriffen wie Unterdrückung, Einschränkung oder Willkür – beispielsweise dann, wenn der Lenkungsausschuss aus Rücksicht auf firmenpolitische Ränkespiele berechtigte Bedenken des Projektleiters beiseite schiebt und notwendige Entscheidungen verweigert. Andererseits fördert Macht die Projektarbeit. Richtig eingesetzt beeinflusst sie den Projektverlauf positiv – etwa dann, wenn der Auftraggeber kraft seiner Rolle und persönlichen Autorität das Projekt in einer schwierigen Phase unterstützt.

Macht kann ein entscheidender Helfer sein, auf den Sie als Projektleiter nicht verzichten sollten. Vermeiden Sie es, mangels disziplinarischer Befugnisse als zahnloser Tiger in das Projektabenteuer aufzubrechen. Mit ein wenig Geschick lässt sich Macht organisieren. Wenn Sie sich beispielsweise vom Auftraggeber formal als Projektleiter ernennen lassen, stärkt das Ihre Autorität in den Fachbereichen. Nur ein Detail – aber äußerst wirkungsvoll.

Für einen Projektleiter gibt es verschiedene Wege, sich Macht und Einfluss zu verschaffen. Wir wollen diese Möglichkeiten im Folgenden anhand verschiedener Machtquellen systematisieren und herausstellen. In Anlehnung an ein Modell der US-amerikanischen Sozialpsychologen John R. P. French und Bertram H. Raven lassen sich Belohnungsmacht, Zwangsmacht, legitime Macht, Identifikationsmacht und Expertenmacht unterscheiden; darüber hinaus lässt sich auch ein Informationsvorsprung durchaus als eine Form von Macht interpretieren.

Variante 1: Belohnungsmacht

Belohnungsmacht resultiert aus der Fähigkeit, Belohnungen zu vergeben, beispielsweise für gute Leistungen. Meist denken wir dabei an materielle oder finanzielle Belohnungen in Form von Incentives, Prämien, Gehaltserhöhungen oder Beförderungen. In der Regel hat ein Projektleiter hier wenig Spielraum. Aber warum sollte er es nicht doch einmal versuchen und mit dem Auftraggeber über die Möglichkeit einer Erfolgsprämie für sein Projektteam verhandeln?

Es gibt noch andere Möglichkeiten, die Teammitglieder zu belohnen. Zum Beispiel kann ein Projektleiter ihnen interessante Aufgaben geben, sie kollegial unterstützen oder ihren Verantwortungsbereich vergrößern. Neben Aufmerksamkeit, Lob und Zuwendung bietet auch das Arbeitsumfeld Gestaltungsmöglichkeiten, die das Team als Belohnung empfinden kann. Eine besondere Chance liegt darin, dass sich ein Projekt außerhalb der Linienorganisation bewegt, sich also ein Stück weit aus dem Unternehmenskontext herauslöst: Ein Projektleiter kann mit seinem Team wie auf einer Insel agieren und eine Projektkultur schaffen, die sich deutlich von der Unternehmenskultur unterscheidet. Er kann – überspitzt formuliert – Basisdemokratie einführen, während sonst im Unternehmen hierarchische Strukturen herrschen. Für gute Mitarbeiter kann das sehr attraktiv sein.

Variante 2: Zwangsmacht

Das Gegenteil der Belohnungsmacht ist die Fähigkeit, einen Mitarbeiter zu bestrafen. Die Zwangsmacht versetzt den Projektleiter in die Lage, Sanktionen zu veranlassen. Der Mitarbeiter erhält zum Beispiel eine unangenehme Aufgabe, wird abgemahnt, versetzt oder entlassen.

Mitunter fällt es schwer, zwischen den beiden Machttypen zu unterscheiden: Ist der Entzug einer Belohnung tatsächlich schon eine Bestrafung? Oder umgekehrt: Ist die Aufhebung einer Bestrafung bereits eine Belohnung? Auch wenn die Frage philosophisch anmutet, ist sie für die Praxis doch relevant: Es macht einen Unterschied, wie der Mitarbeiter eine solche Maßnahme empfindet. Sieht er sie als Belohnung, steigt der Projektleiter im Ansehen des Mitarbeiters, erkennt er darin eine Bestrafung, drückt es die Stimmung und kann sogar Widerstand provozieren.

Bei der Zwangsmacht geht es im Kern darum, dass Sie als Projektleiter in der Lage sind, einem Mitarbeiter zu drohen und die angedrohten Konsequenzen notfalls auch durchzusetzen.

Eine ebenso einfache wie wirkungsvolle Maßnahme zu ihrer Erlangung liegt darin, dass Sie sich offiziell zum Projektleiter ernennen lassen. Es genügt eine E-Mail an alle Beteiligten, in der Ihr Auftraggeber das Projekt ankündigt und in etwa Folgendes hinzufügt: »Herr X wurde von mir zum Projektleiter bestimmt. Ich gehe davon aus, dass Sie ihn bestmöglich unterstützen und jeder von dem Projekt betroffene Fachbereich eng mit ihm zusammenarbeitet. Um das Gelingen des Projekts sicherzustellen, werde ich mich regelmäßig mit ihm abstimmen.«

Auf diese Weise überträgt der Auftraggeber seine Bestrafungsmacht ein Stück weit auf den Projektleiter. Formal verfügt dieser zwar nach wie vor über keine disziplinarischen Befugnisse. Jeder weiß jedoch, dass der Auftraggeber hinter dem Projektleiter steht und die beiden sich austauschen. Damit ist auch jedem klar, dass der Projektleiter beim Auftraggeber jederzeit einen Verweis oder eine Abmahnung bewirken kann.

Doch nicht nur vom Auftraggeber können Sie sich für Ihr Projekt Zwangsmacht »ausleihen«, sondern auch von den Vorgesetzten der einzelnen Teammitglieder. Dies funktioniert wie folgt:

- Zu Beginn des Projekts treffen Sie sich mit dem Vorgesetzten eines Teammitglieds und vereinbaren, dass Sie ihn regelmäßig über die Projektleistungen des Mitarbeiters unterrichten werden.
- Weiter vereinbaren Sie, dass der Vorgesetzte die Projektleistungen des Mitarbeiters in die Mitarbeiterbeurteilung eingehen lässt.
- Vielleicht lassen Sie sich sogar das Recht einräumen, beim Mitarbeitergespräch anwesend zu sein; immerhin erleben Sie den Mitarbeiter im Projekt und können seine Projektarbeit besser beurteilen als der Vorgesetzte.
- Dann sorgen Sie dafür, dass der Mitarbeiter über diese Vereinbarung zwischen Ihnen und seinem Vorgesetzten informiert wird.

Der Mitarbeiter ist nun gewarnt, denn ihm wird signalisiert: »Vorsicht, der Projektleiter informiert meinen Chef. Er sitzt beim Mitarbeitergespräch mit am Tisch – und kann erzählen, dass ich in diesem Projekt nur Müll gemacht habe.« Der Mitarbeiter weiß, dass der Projektleiter Einfluss auf Karriere, Beförderungschancen und Gehaltserhöhungen nehmen kann. Er wird sich deshalb ins Zeug legen und den Anweisungen des Projektleiters Folge leisten.

Ziel ist es nicht, die Zwangs- und Bestrafungsmacht tatsächlich zu nutzen. Wenn Sie diese letzte Karte ziehen müssen, dürfte im Projekt schon vieles schiefgelaufen sein. Gut ist jedoch, sie zu haben. Entscheidend ist das Wissen der Projektmitarbeiter um die Macht des Projektleiters.

Variante 3: Legitime Macht

Legitime Macht resultiert aus den Vereinbarungen, die in einer Organisation gelten. In jedem Unternehmen existieren Regeln, die festlegen, wer sich wem unterzuordnen hat. In der Linienorganisation sind diese Regeln selbstverständlich und von allen akzeptiert: Da gibt es den Vorgesetzten, der seine Mitarbeiter disziplinarisch führt – und damit über legitime Macht verfügt.

Weniger eindeutig sind die Regeln bei Projekten. In vielen Unternehmen ist der Projektleiter Gleicher unter Gleichen – und verfügt somit über keine legitime Macht. Das muss nicht so sein: Ein Unternehmen kann auch festlegen, dass die Mitglieder eines Projektteams den Weisungen des Projektleiters Folge zu leisten haben. Damit stattet es den Projektleiter mit legitimer Macht aus. Sind in einem Unternehmen Aufgaben, Befugnisse und Verantwortlichkeiten bei Projekten in einem Regelwerk klar definiert, weiß jeder Teammitarbeiter: »Der Projektleiter trägt die Verantwortung, er hat auch die Befugnis, bestimmte Entscheidungen zu treffen – und ich habe mich ihm unterzuordnen.«

Ein solches Regelwerk lässt sich relativ leicht schaffen, ist jedoch noch immer die Ausnahme. In den meisten Unternehmen werden Projekte so organisiert, dass die Position des Projektleiters keine legitime Macht vorsieht.

Fällt auch Ihr Unternehmen in diese Kategorie? In diesem Fall können Sie, ähnlich wie schon bei der Zwangsmacht, zur Selbsthilfe greifen. Auch legitime Macht lässt sich organisieren. Dies geschieht dadurch, dass Sie im Rahmen Ihres Teams Vereinbarungen treffen. Auf diese Weise können Sie sich selbst, aber auch einzelne Teammitglieder mit legitimer Macht ausstatten. Eine solche Vereinbarung kann zum Beispiel vorsehen, dass der Technikexperte im Team Entscheidungen stoppen darf, wenn er eine technische Fehlentwicklung befürchtet. Mit dieser Befugnis beggnen Sie der Gefahr, dass der Techniker im Team seine Ansicht zurückhält und so die Projektgruppe in eine falsche Richtung marschiert.

Überlegen Sie also, mit welchen Vereinbarungen Sie legitime Macht schaffen und innerhalb des Teams verteilen wollen. Was entscheiden Sie selbst als Projektleiter? Was sollen andere

Teammitglieder – bestimmte Fachexperten, der Lösungsarchitekt, gegebenenfalls die Teilprojektleiter – entscheiden? Indem Sie Entscheidungsbefugnisse und Regeln festlegen, schaffen Sie eine Struktur, die Ihnen und den Teammitgliedern legitime Macht verleiht.

Variante 4: Identifikationsmacht

Auch wer keine formale Machtposition innehat, kann über großen Einfluss verfügen – allein durch seine Reputation. Eine Person mit hohem Ansehen gilt als ehrlich, pflichtbewusst, freundlich, hilfsbereit und effektiv. Zu ihr hat man Vertrauen, mit ihr identifiziert man sich.

Aus dieser besonderen Form der Verbundenheit resultiert eine weitere Variante der Macht, die ein Projektleiter für sich nutzen kann: die Identifikationsmacht. Je stärker sich die Mitarbeiter mit dem Projektleiter identifizieren, desto größer ist ihre Bereitschaft, sein Verhalten gut zu finden und seine Anweisungen und Entscheidungen zu akzeptieren.

Identifikationsmacht liegt in der Person selbst, in ihrem Charakter begründet. Sie lässt sich als eine Art natürliche Autorität beschreiben, die der Projektleiter als Führungskraft mitbringt. Zu ihr gehören Eigenschaften wie Ausstrahlung und Charisma, Authentizität und Souveränität. Damit ist auch klar, dass sich Identifikationsmacht nur langfristig entwickelt.

Überlegen Sie, wie Sie kraft Ihrer natürlichen Autorität überzeugen können. Wie gestalten Sie Ihr Auftreten, damit das Team Ihnen freiwillig folgt? Beachten Sie auch, dass Sie eine Vorbildfunktion einnehmen und die Erwartungen dementsprechend hoch sind. Ein Fehler im Auftritt ist dann wie ein Kratzer, der sich nicht so einfach wieder entfernen lässt. Wenn Sie zum Beispiel bei einer Teamsitzung komplett ausrasten, werden Sie es schwer haben, Ihre frühere Akzeptanz wiederzuerlangen.

Variante 5: Expertenmacht

Expertenmacht heißt: mit Sachkenntnis und Expertise Einfluss nehmen. Im Unterschied zu den anderen Machtbasen ist die Expertenmacht hochspezifisch und auf den Bereich beschränkt, auf dem der Experte erfahren und qualifiziert ist. Hat nun ein Projektleiter auf einem Gebiet sehr viel Wissen, kann er hieraus Macht und Einfluss gewinnen. Die Teammitarbeiter akzeptieren ihn, weil er auf diesem Gebiet über besondere Erfahrungen und Fähigkeiten verfügt. Sie vertrauen darauf, dass er das Richtige tut – und folgen ihm deshalb auch.

Ein Projektleiter kann auf unterschiedlichen Feldern Experte sein. Im Idealfall bezieht sich sein Know-how auf das Projektmanagement selbst, das heißt, er gilt als Profi im Abwickeln von Projekten. Bezieht sich seine Expertise dagegen auf fachliche Inhalte, steht er vor der diffizilen Aufgabe, den Eindruck der Besserwisserei zu vermeiden. Dominiert er das Team mit seinem Wissen, wirkt das schnell demotivierend. Die

Eigeninitiative der Mitarbeiter erlahmt, eine Haltung des Zuwartens breitet sich aus, etwa in dem Tenor: »Wenn er eh alles besser weiß, kann ich ja gleich warten, bis er mir sagt, was ich tun soll.«

Die Kunst liegt darin, Besserwisserei zu vermeiden, aber sein Expertenwissen dennoch auszuspielen – nämlich so, dass es den Mitarbeitern ein Gefühl der Sicherheit gibt. Das bedeutet, dass Sie als Projektleiter zum Beispiel dann eingreifen, wenn das Projekt inhaltlich eine falsche Richtung einschlägt.

Auch Expertenmacht lässt sich gestalten und teilen. Angenommen, Sie sind Experte im Projektmanagement, verstehen auch genug von der kaufmännischen Seite des Projekts, sind aber im Technischen nicht wirklich bewandert: Warum sollten Sie dann nicht das Expertenwissen eines Teammitarbeiters nutzen und diesem offiziell die Verantwortung für das technische Feld übertragen? Konkret kann das bedeuten, dass dieser Technikexperte mit Ihnen zusammen auch an den Sitzungen des Lenkungsausschusses teilnimmt.

Expertenmacht auf einzelne Teammitglieder zu verteilen bedeutet letztlich nichts anderes, als für Teilbereiche Aufgaben und Verantwortung zu delegieren. Das entlastet Sie nicht nur, sondern stärkt auch Ihre Position gegenüber Ihrem Auftraggeber. Wenn Sie zum Beispiel ein Projektergebnis präsentieren, können Sie die Expertenmacht Ihres technischen Teammitglieds für sich »ausleihen«. Man wird Sie kaum angreifen oder Ihnen technischen Blödsinn vorwerfen, wenn Sie jederzeit darauf verweisen können, dass Sie die Lösung mit dem anerkannten Experten des Hauses abgestimmt haben. Im Falle eines Widerspruchs können Sie ihn souverän ins Spiel bringen, etwa indem Sie sagen: »Dann fragen wir doch einmal Herrn X.«

Bleibt festzuhalten: Es ist eine durchaus bedenkenswerte Strategie, die Expertenmacht auf unterschiedliche Schultern zu verteilen. Voraussetzung ist jedoch ein gegenseitiges Vertrauen in die Arbeit der anderen Teammitglieder. Sie müssen sich darauf verlassen können, dass die Teilergebnisse, die von den anderen erzielt werden, tatsächlich funktionieren. Machtteilung braucht Vertrauen.

Variante 6: Informationsvorsprung

Besser informiert sein – auch das bedeutet Macht. Wer einen Informationsvorsprung hat, verfügt automatisch über Macht gegenüber den weniger gut Informierten. Er ermöglicht es, die überzeugenderen Argumente anzuführen, aber auch Informationen gezielt einzusetzen und so auf die Informationsempfänger Einfluss zu nehmen.

Verschaffen Sie sich deshalb als Projektleiter einen Informationsvorsprung – denn Wissen ist Macht. Sorgen Sie dafür, dass Sie über alle Aspekte, die das Projekt tangieren, stets gut unterrichtet sind. Das setzt voraus, dass Sie Zugang zu wichtigen Informationsquellen haben und die wesentlichen Kommunikationskanäle kontrollieren.

Einflussreich ohne formale Macht

Viele Projektleiter beklagen sich über fehlende Einflussmöglichkeiten. Die Hände seien ihnen gebunden. Weder könnten sie ihre Teammitglieder vernünftig belohnen noch gar bestrafen, weder könnten sie Prämien vergeben noch einen Mitarbeiter abmahnen.

Diese Klagen sind nicht wirklich berechtigt. Es stimmt zwar: Soweit Macht auf Belohnung, Bestrafung und Legitimation beruht, hängt sie nicht von der Person ab, sondern von der Position im System – und in vielen Unternehmen ist die Position des Projektleiters tatsächlich ohne formale Macht ausgestattet. Ein Projektleiter kann sich jedoch, wie wir gesehen haben, diese Machtformen zum Teil selbst organisieren.

Wie mächtig eine Person ist, hängt auch davon ab, wie viel Macht ihr zugeschrieben wird. Hier kommt die Identifikations- und Expertenmacht zum Zuge, die bestimmt wird von den individuellen Charakteristika und Fähigkeiten der Person. Beide Varianten sind besonders starke Machtquellen, weil sie auf der Anerkennung der Person beruhen – und nicht auf äußeren Umständen. Ein Mitarbeiter wird nicht durch Belohnung oder Zwang dazu veranlasst, einer Person zu folgen, sondern er tut es aus eigenem Antrieb. Er selbst entscheidet, ob er sie so attraktiv findet, dass er ihr aus eigenem Willen heraus folgt.

Mehr noch als ein mit formaler Macht ausgestatteter Linienmanager ist ein Projektleiter auf eine solche persönliche Machtbasis angewiesen. Im Idealfall verfügt er über ein hohes Maß an Identifikationsmacht – denn wenn sich das Team mit seiner Person identifiziert, hat er es sehr einfach, Einfluss auszuüben. Dahin zu kommen, ist für jede Führungskraft jedoch ein längerer Prozess, der viel mit Ausstrahlung und Charisma zu tun hat.

Oft bleibt deshalb die Möglichkeit der Expertenmacht: Wer Projektleiter wird, sollte auf mindestens einem Gebiet so fit sein, dass ihm keiner dreinreden kann. Ein völliger Newcomer ohne jedes Expertenwissen hat es schwer, im Team die notwendige Akzeptanz zu finden. Man merkt ihm an, dass er als Projektleiter unsicher ist und die Methodik des Projektmanagements nicht beherrscht. Gleichzeitig kann er technisch nicht mithalten und hat deshalb immer Leute um sich, die es inhaltlich besser wissen. Ist er zudem noch in kaufmännischen Fragen unerfahren, fehlt ihm schlicht die Basis zum Projektleiter. Allein mit den drei formalen Machtformen – Belohnungs-, Zwangs- und Legitimationsmacht – zu agieren, dürfte unter diesen Umständen kaum ausreichen.

Aus Toms Tagebuch

Freitag, 23. März

Mit der legitimen Macht ist es in unserem Unternehmen wirklich nicht weit her. Wenn ich sage, dass ich der neue Projektleiter bin, dann habe ich nicht den Eindruck, dass ich aus dieser Position heraus etwas bewegen könnte. Für die meisten Kollegen ist ein Projektleiter nichts anderes als ein besseres »Mädchen für alles«, das im Hintergrund für einen reibungslosen Projektverlauf zu sorgen hat.

Wie soll ich aber meine Projektaufgaben erfolgreich erledigen, wenn ich nicht die Erlaubnis habe, die Dinge voranzutreiben? Befugnisse habe ich keine – aber die Verantwortung für das Projekt soll ich natürlich übernehmen. Da stimmt doch was nicht! In meinem heutigen Abstimmungsgespräch mit Eberhard habe ich ihm das deutlich zu verstehen gegeben: Aufgabe, Kompetenzen und Verantwortung müssen in einer Hand liegen!

Das hat er dann auch eingesehen. Gemeinsam formulierten wir ein offizielles Ernennungsschreiben, in dem ich als Projektleiter ins Amt gehoben und mit Befugnissen ausgestattet werde. Gleichzeitig enthält das Schreiben die Erwartung des Managements, man möge mich aus den Fachbereichen heraus bestmöglich unterstützen. Wir haben dann beschlossen, dass Hans-Joachim das Schreiben verschicken soll – denn wenn es von ihm kommt, erhält meine »Ernennung« noch mehr Nachdruck.

Was ich mich für künftige Projekte frage: Könnten wir legitime Macht nicht standardmäßig in die Projektorganisation mit einbeziehen? Am Ende des Projekts werde ich anregen, dass wir die Aufgaben, Kompetenzen und Verantwortungen der verschiedenen Rollen im Projekt aufschreiben und festlegen. Dann kämpft nicht jeder Projektleiter jedes Mal neu mit den gleichen Schwierigkeiten und Akzeptanzproblemen.

🏴‍☠️ Machtkämpfe

Ein Projektleiter hat von Haus aus keine Weisungsbefugnis gegenüber seinen Projektmitarbeitern. Er läuft deshalb Gefahr, bei Machtkämpfen als zahnloser Tiger dazustehen.

> **So wappnen Sie sich**
>
> - Verschaffen Sie sich Möglichkeiten, Ihre Mitarbeiter durch Belohnung für gute Leistung zu motivieren (Belohnungsmacht). Stellen Sie zum Beispiel ein motivierendes Umfeld in Aussicht, oder handeln Sie bei Ihrem Auftraggeber die Möglichkeit aus, eine Teamprämie zu vergeben.
> - Verschaffen Sie sich Bestrafungsmacht, indem Sie sich für alle sichtbar mit dem Auftraggeber und den Vorgesetzten der Teammitglieder verbünden. Die Mitarbeiter wissen dann: Fehlverhalten im Projekt hat Konsequenzen, weil der Chef es erfährt.
> - Organisieren Sie legitime Macht, indem Sie im Team Regeln vereinbaren und Entscheidungsbefugnisse festlegen.
> - Führen Sie kraft Ihrer persönlichen Autorität. Bauen Sie Identifikationsmacht auf, indem Sie dafür sorgen, dass die Teammitglieder Sie schätzen und sich mit Ihnen verbunden fühlen.
> - Nutzen Sie einen Wissens-, Fähigkeits- oder Erfahrungsvorsprung, um Expertenmacht aufzubauen. Je größer Ihre Expertise ist, desto mehr vertrauen Ihnen die Mitarbeiter – und desto größer ist Ihr Einfluss.
> - Achten Sie auf einen Informationsvorsprung. Wissen ist Macht!

4.2 Freund oder Feind?
Stakeholder erkennen und managen

Die Straße des geringsten Widerstandes ist nur am Anfang asphaltiert.
Hans Kasper, deutscher Schriftsteller

Fast immer gibt es Spielverderber. Besonders großes Unheil können sie anrichten, wenn man sie zu spät erkennt und ihnen nicht rechtzeitig den Wind aus den Segeln nimmt. Das musste seinerzeit der Kristallforscher Daniel Shechtman erkennen, dessen unbequemes Projektergebnis von den wissenschaftlichen Kollegen hintertrieben wurde. Davon können aber auch viele Projektleiter in den Unternehmen ein Lied singen.

So wie der Projektleiter eines Biotechnologie-Unternehmens in der Schweiz. Sein Fehler: Er unterschätzte den Einfluss eines »Abteilungsfürsten«, der im Hintergrund die Fäden zog und den Projektfortgang boykottierte. Der Projektleiter war fest davon überzeugt, dass sein Projekt im Unternehmen absolute Priorität hatte. Deshalb schenkte er den verschiedenen Stakeholdern im Projektumfeld nur wenig Beachtung – und übersah lange Zeit das Unheil, das sich über seinem Projekt zusammenbraute: Der Leiter der Forschung und Entwicklung hielt absolut nichts von dem Vorhaben. Es brachte seinem Ressort keinen erkennbaren Vorteil, wohl aber eine Menge zusätzlichen Arbeitsaufwand. Deshalb ließ er keine Gelegenheit aus, das Projekt auszubremsen.

Nun handelte es sich bei dem Abteilungsleiter um einen gestandenen »Reichsfürsten«. Langjährige Berufserfahrung, große persönliche wie fachliche Autorität und ein weit reichendes informelles Netzwerk machten ihn zu einem der mächtigsten Männer im Unternehmen. Gegenüber dem Projektleiter saß er am längeren Hebel: Er blockierte wichtige Ressourcen, verzögerte Entscheidungen und diskreditierte das Projekt mithilfe seiner zahlreichen Beziehungen.

Schon nach einigen Wochen geriet das Vorhaben derart in Verzug, dass es gestoppt wurde. Der Fürst hatte das Projekt zu Fall gebracht – und mit ihm dessen Leiter, dem fortan der Makel des Scheiterns anhaftete.

Dass die Zusammenarbeit von Menschen den Projekterfolg in hohem Maße bestimmt, ist keine neue Erkenntnis. Meist denkt man dabei jedoch an die Teammitglieder – und achtet zu wenig auf die Personen oder Personengruppen außerhalb des Projektteams. Das kann sich rächen.

Wie die Deutsche Gesellschaft für Projektmanagement in einer Analyse feststellte, scheitert mehr als die Hälfte aller erfolglosen IT-Projekte an Widerständen aus dem Projektumfeld. Meist sind es die zukünftigen Nutzer, die dem Projektleiter und seinem Team das Leben schwer machen. Aber auch einflussreiche Linienmanager regieren gerne in Projekte hinein, setzen sich über Projektvereinbarungen hinweg und lassen sich Extrawürste braten.

Der Mensch im Fokus: Die Stakeholderanalyse

Im Grunde haben wir es mit einem Teilaspekt des Risikomanagements zu tun – geht es doch darum, die Widersacher zu erkennen, die mit ihnen verbundenen Risiken zu bewerten und gegebenenfalls Maßnahmen zu ergreifen. Doch lohnt es sich, diesen Aspekt eigens aufzugreifen, nicht nur weil Gegenspieler eines Projekts zu den größten Projektrisiken zählen können. Hinzu kommt, dass viele Projektleiter sich zwar eingehend den technischen oder finanziellen Risiken widmen, dem »Faktor Mensch« jedoch nicht genügend Aufmerksamkeit schenken. Deshalb scheitern viele Projekte an überraschenden Widerständen von außen.

Um ein Projekt auch gegen diese menschlichen Risiken abzusichern, ist eine Stakeholderanalyse das Mittel der Wahl. Mit ihr lässt sich klären, welche Personen auf welche Weise und wie stark das Projekt beeinflussen können. Sie verschafft dem Projektleiter einen Überblick darüber, wer ihn unterstützt, wer sich neutral verhält und wer ihm das Leben schwer machen dürfte. So kann er sich gezielt gegen Projektgegner wappnen.

Die im Folgenden beschriebene Vorgehensweise besteht aus vier Schritten. Es geht darum, zunächst sämtliche Spieler auf dem Projektspielfeld zu identifizieren, sie richtig einzuschätzen, die Gesamtsituation zu erfassen und schließlich Maßnahmen zu ergreifen.

Schritt 1: Die Spieler identifizieren

Welche Stakeholder im Umfeld des Projekts haben ihre Finger im Spiel? Das festzustellen fällt zu Beginn des Projekts nicht immer leicht, weil die Lage für den Projektleiter meist noch recht unübersichtlich ist. Hilfreich ist es deshalb, das Projektteam einzubeziehen. Eine gemeinsam geführte Diskussion reduziert die Gefahr, einzelne Stakeholder zu übersehen.

Als Projektleiter sind Sie zudem meist sehr stark ins Unternehmen involviert, sodass es Ihnen schwer fällt, eine objektive Abgrenzung und Einschätzung der Stakeholder vorzunehmen. Hier hilft es, die Meinung der Teammitglieder zu hören. Um eine möglichst neutrale Sichtweise auf die Projektsituation zu bekommen, kann es sinnvoll sein, eine externe neutrale Person in die Analyse der Stakeholder einzubeziehen.

Treffen Sie sich also mit Ihrem Team, um die Stakeholder ausfindig zu machen. Überlegen Sie gemeinsam, welche Interessen das Projekt berührt, welche Personen, Personengruppen oder Organisationen im Spiel sind – wer das Projekt und seine Ergebnisse beeinflussen kann. Hierbei können folgende Leitfragen helfen:

- Welche Abteilungen sind durch das Projekt betroffen?
- Welche Prozesse werden völlig neu aufgesetzt?
- Welche Anwender und Endkunden gibt es für das Projektergebnis?
- Welche Linienmanager und Stabsstellen sind in das Projekt involviert?
- Welche Kunden und/oder Lieferanten haben mit dem Projekt zu tun?
- Welche Rolle spielen gesetzliche, markttechnische oder politische Bedingungen?

Schritt 2: Die Spieler einschätzen

Wie viel Einfluss hat dieser Stakeholder? Ist er ein Freund oder Feind des Projektes? Um hierauf eine Antwort zu finden, sollten Sie sich nicht allein auf das Wissen Dritter verlassen. Bei einem Treffen unter vier Augen können Sie viel eher beurteilen, wie Ihr Gegenüber zu dem Projekt steht und wie gefährlich er für die Projektarbeit werden könnte. Nach einem persönlichen Kennenlernen fällt es auch leichter, die Informationen von Dritten über die Person einzuordnen.

Suchen Sie Antworten auf folgende Fragen:

- Ist er Gegner oder Befürworter des Projekts?
- In welcher Weise und wie stark ist er vom Projekt betroffen?
- Welche Erwartungen und Anforderungen hat er an mich, mein Projekt und die Projektergebnisse?
- Welche Einflussmöglichkeiten hat er – und wie kann er diesen Einfluss geltend machen?

Für eine systematische Einschätzung der einzelnen Spieler hat es sich bewährt, die Ergebnisse der Analyse nach vier Kriterien auszuwerten: Betroffenheit, Einfluss, Einstellung und Beeinflussungsmöglichkeit.

Betroffenheit: Wer ist vom Projekt besonders betroffen? Es leuchtet ein, dass die einzelnen Stakeholder unterschiedlich stark vom Projekt betroffen sind. Im Falle einer Reorganisation zum Beispiel wird es Mitarbeiter geben, die sich umorientieren oder womöglich sogar um ihren Arbeitsplatz fürchten müssen, und andere, für die sich kaum etwas ändert.

Die Betroffenheit eines Stakeholders lässt sich bewerten, indem Sie danach fragen, was sich für ihn durch das Projekt ändert. Hat er es künftig mit neuen Prozessen oder Werkzeugen zu tun? Ändert sich das Arbeitsumfeld? Ändert sich sogar seine Position? Nutzen Sie eine einfache Skala, um das Ergebnis festzuhalten:

Wie sehr ist dieser Stakeholder durch das Projekt betroffen?

- (1) sehr gering | (2) gering | (3) mittel | (4) hoch | (5) sehr hoch

Da es sich um subjektive Einschätzungen handelt, reicht diese grobe Einteilung völlig aus. Eine feinere Skala würde nur einen Anschein von Genauigkeit erwecken, die tatsächlich nicht gegeben ist.

Einfluss: Wer kann Macht und Einfluss ausüben? Damit ein Stakeholder das Projektergebnis beeinflussen kann, benötigt er Macht. So haben Linienmanager und Stabsstellen eine starke Position, während einzelne Mitarbeiter den Projektverlauf und das spätere Projektergebnis nur wenig stören können. Stellen Sie deshalb die Machtfrage: Wer hat einen großen, wer eher einen geringen Einfluss? Notieren Sie dann die Ergebnisse für jeden einzelnen Protagonisten wieder auf einer einfachen Skala:

Wie groß ist der Einfluss dieses Stakeholders auf das Projekt?

- (1) sehr gering | (2) gering | (3) mittel | (4) hoch | (5) sehr hoch

Einstellung: Mit welchen Reaktionen ist zu rechnen? Je nach Position und Situation sehen die Stakeholder das Projekt ganz unterschiedlich. Der eine verspricht sich davon einen Karrieresprung, während der andere es kategorisch ablehnt. Die Einstellung eines Stakeholders hängt davon ab, wie stark er vom Projekt betroffen ist und welche eigenen Interessen er verfolgt. Überlegen Sie vor diesem Hintergrund: Wird er den Veränderungen eher positiv oder negativ gegenübertreten? Stellen die Auswirkungen des Projekts für ihn eine so starke Bedrohung dar, dass mit seinem Widerstand zu rechnen ist? Bewerten Sie die Reaktion jedes Stakeholders auf das Projekt, wiederum anhand einer einfachen Skala:

Wie ist die Einstellung dieses Stakeholders zum Projekt?

- (1) sehr positiv | (2) positiv | (3) neutral | (4) negativ | (5) sehr negativ

Die Einstellungen der Stakeholder lassen sich am ehesten in persönlichen Gesprächen, Workshops oder schriftlichen Befragungen gewinnen.

Beeinflussungsmöglichkeit: Welchen Einfluss kann ich nehmen? Wenn die Einflussmöglichkeit groß ist, lässt sich möglicherweise aus einem Skeptiker noch ein Befürworter des Projekts machen. Es geht also um die Frage, welche Stakeholder sich bezüglich des Projekts noch nicht endgültig festgelegt haben. Wer dürfte für Argumente offen sein und könnte zum Beispiel durch ein Gespräch noch für das Projekt gewonnen werden? Das Beeinflussungspotenzial hängt dabei stark vom Charakter der Person ab.

Schätzen Sie also ab, wie beeinflussbar die einzelnen Stakeholder sind – und tragen Sie das Ergebnis jeweils auf einer Bewertungsskala ein:

Wie sehr ist dieser Stakeholder (noch) zu beeinflussen?

- (1) sehr gering | (2) gering | (3) mittel | (4) hoch | (5) sehr hoch

Schritt 3: Die Situation darstellen

Sinn und Zweck der Stakeholderanalyse ist es, sich auf das vermutliche Verhalten der Stakeholder einzustellen und geeignete Maßnahmen zu entwickeln. Hierbei hilft uns eine übersichtliche Darstellung der in Schritt 2 erarbeiteten Ergebnisse.

Betrachten wir zunächst die Kriterien »Macht und Einfluss« sowie »Betroffenheit« in Kombination mit der Einstellung zum Projekt (siehe Abbildung). Ein Stakeholder, der über viel Macht verfügt, von dem Projekt stark betroffen und zudem negativ eingestellt ist, kann Ihnen besonders gefährlich werden. In der grafischen Darstellung sind diese Kandidaten im oberen rechten Quadranten positioniert und rot (»sehr negativ eingestellt«) oder rosa (»negativ eingestellt«) markiert.

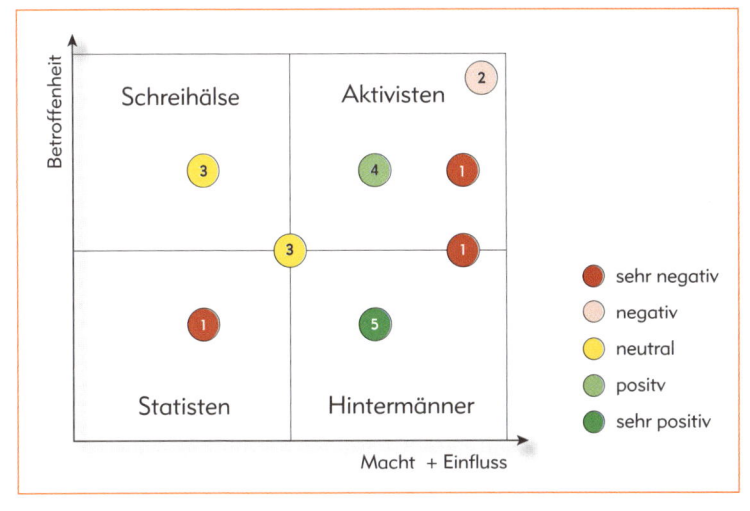

Ergebnis der Stakeholderanalyse

Wie das Diagramm zeigt, lassen sich die Stakeholder in Aktivisten, Hintermänner, Schreihälse und Statisten einteilen:

- Aktivisten sind Stakeholder, die über viel Macht und Einfluss verfügen. Zudem sind sie in hohem Maß von dem Projekt betroffen und werden sich deshalb vermutlich aktiv in das Geschehen einschalten. Wenn sie dem Projekt gegenüber negativ eingestellt sind, stellen sie eine ernsthafte Gefahr für

dessen Erfolg dar. Im Falle einer positiven Einstellung (in der Abbildung grün markiert) können Sie leicht ihre Unterstützung gewinnen. Weil sie einflussreich sind, können sie viel zum Projekterfolg beitragen.
- Hintermänner sind Personen, die über viel Macht und Einfluss verfügen. Allerdings sind sie vom Projekt kaum betroffen und halten sich deshalb meist im Hintergrund.
- Schreihälse sind vom Projekt stark betroffen und machen deshalb meist lautstark auf sich aufmerksam. Sie besitzen aber nur wenig Einfluss auf das Projekt.
- Statisten haben nur wenig Einfluss auf das Projekt und sind auch kaum davon betroffen. Hierbei handelt es sich meist um Mitarbeiter anderer Abteilungen, die zeitweise und in begrenztem Umfang für das Projekt tätig sind.

Es liegt auf der Hand, dass Sie Ihr Augenmerk vor allem auf den Quadranten oben rechts richten, also auf die Aktivisten. Macht und Einfluss sowie ein hohes Maß an Betroffenheit verleihen ihnen eine Schlüsselposition für den Projekterfolg. Sie setzen sich sehr intensiv mit dem Projekt auseinander und versuchen, ihre Interessen im Projekt zu wahren. Gelingt es dem Projektleiter, ihre positive Einstellung zu steigern und zu nutzen, kann er mit viel Rückenwind rechnen. Im Falle einer negativen Einstellung muss er damit rechnen, dass die Aktivisten gegen ihn und das Projekt mobil machen.

Überlegen Sie nun noch, welche Stakeholder Sie am ehesten dazu bewegen können, zum Befürworter des Projekts zu werden oder zumindest ihre negative Einstellung zu revidieren. Hierzu greifen Sie auf das vierte in der Stakeholderanalyse erhobene Kriterium zurück, die Beeinflussbarkeit. In Kombination mit den bisherigen Analyseergebnissen lassen sich die Stakeholder nun weiter unterteilen. Besonders interessant sind dann folgende Typen:

- Negativ eingestellte Aktivisten, die Sie nur schwer beeinflussen können. Sie stellen für das Projekt die größte Gefahr dar. Im schlimmsten Fall muss man mit Sabotage rechnen.
- Negativ eingestellte Aktivisten, die Sie beeinflussen können: Sie sind für das Projekt sehr gefährlich. Sie sollten Ihren Einfluss deshalb unbedingt nutzen, um sie doch noch auf Ihre Seite zu ziehen.
- Positiv eingestellte Aktivisten, die Sie leicht beeinflussen können: Sie spielen für den Projekterfolg eine große Rolle. Es lohnt sich deshalb, sie in ihrer positiven Einstellung zum Projekt zu bestärken.
- Positiv eingestellte Hintermänner, die Sie leicht beeinflussen können: Möglicherweise lohnt es sich, ihre Unterstützung für das Projekt zu gewinnen – denn sie haben großen Einfluss im Unternehmen.
- Negativ eingestellte Schreihälse, die Sie leicht beeinflussen können: Auch wenn sie dem Projekt nicht gefährlich werden können, sollten Sie Ihren Einfluss nutzen, um sie versöhnlich zu stimmen.

Schritt 4: Maßnahmen ergreifen

Anhand der Ergebnisse der Stakeholderanalyse können Sie nun eine Strategie entwickeln, wie Sie mit den einzelnen Personen umgehen. Erst wenn Sie geeignete Maßnahmen ergreifen, kommt das erarbeitete Wissen über die Stakeholder dem Projekt zugute. Klar ist auch, dass Sie sich auf die besonders einflussreichen Stakeholder konzentrieren. Die anderen sollten Sie zwar nicht ignorieren, doch hier genügen einige wenig aufwändige Maßnahmen.

Um den Überblick zu behalten und die Maßnahmen zu steuern, bietet es sich an, die relevanten Stakeholder in einer Tabelle aufzulisten. Darin notieren Sie neben den Ergebnissen der Stakeholderanalyse die Erwartungen, die der jeweilige Stakeholder an das Projekt hat und – hieraus abgeleitet – die Maßnahmen, mit denen Sie ihn beeinflussen wollen.

Stakeholder	Betroffenheit	Einfluss/Macht	Einstellung	Erwartungen	Maßnahmen
Auftraggeber	(5) sehr hoch	(5) sehr hoch	(5) sehr positiv	Reibungsloser Projektablauf	Statusberichte
Betriebsrat	(3) mittel	(3) mittel	(3) neutral	Arbeitsplatzabbau	Besprechungen Kapazitätsplan
...					

Dokumentation einer Stakeholderanalyse

Zum Beispiel erwartet der Auftraggeber einen reibungslosen Projektablauf. Um seine positive Einstellung zum Projekt aufrechtzuerhalten, können Sie beschließen, ihn regelmäßig über Statusberichte auf dem Laufenden zu halten. Der Betriebsrat – ein Stakeholder, den Sie nicht übergehen sollten – befürchtet möglicherweise, dass mit dem Projekt Arbeitsplätze abgebaut werden. Dem können Sie entgegentreten, indem Sie einen Kapazitätsplan aufstellen, den Sie dem Betriebsrat in einem persönlichen Gespräch erläutern.

Doch was tun, wenn der Projektleiter es mit einem einflussreichen Gegner zu tun hat, der das Projekt ernsthaft gefährden kann? Nehmen wir ein Beispiel aus Toms Unternehmen, jenem mittelständischen Elektrogeräteherstellter, der eine neue Software im Vertrieb einführen möchte. Hier stellte sich ein Abteilungsleiter quer, in dessen Abteilung alle Vertriebsprozesse dokumentiert wurden. Er war der »Hüter der Abläufe«, stemmte sich gegen jede Veränderung – und versuchte alles, um das Projekt zu blockieren.

Anfangs bemühte sich Tom, dem Abteilungsleiter entgegenzukommen. Er erläuterte ihm das Projekt, legte ihm Methoden und Modelle dar und versorgte ihn mit zusätzlichen Informationen. Endlose Meetings fanden statt, die alle nichts fruchteten. Schließlich sah Tom nur noch eine Möglichkeit: die Politik. Er wandte sich an den Chef des Abteilungsleiters und besprach mit ihm die Situation bei einer Tasse Kaffee.

Es war kein einfaches Gespräch, denn der Chef stand zu

seinem Abteilungsleiter und fing an, die Hintergründe für dessen Bedenken zu erläutern. Tom hörte geduldig zu, fuhr dann aber schwere Geschütze auf: Er machte seinem Gesprächspartner klar, dass die neue Standardsoftware in jedem Fall eingeführt werde und auch ein Vorstandsmitglied, Hans-Joachim, voll hinter dem Projekt stehe. Indem der Abteilungsleiter das Projekt blockiere, stelle er sich gegen den Vertriebsvorstand. Dieser werde das auf Dauer nicht hinnehmen.

Mag sein, dass der Chef des renitenten Abteilungsleiters diese Einlassung zunächst als Drohung empfand. Nach kurzem Nachdenken musste er aber einsehen, dass Tom ihm nur die Situation dargelegt hatte. Ihm wurde klar, dass er sich den Fakten beugen und seinen Abteilungsleiter dazu bewegen musste, das Projekt zu akzeptieren.

Das Beispiel zeigt: Wenn Sie bei Ihren Versuchen, einen einflussreichen Gegner des Projekts zu überzeugen, auf Granit beißen, bleibt letztlich nur der Weg über dessen Chef. Es geht nicht darum, sich zu beschweren, sondern die Schwierigkeiten anzusprechen und auf eine Lösung zu drängen. Notfalls können Sie den Chef des Skeptikers auch zu einer wichtigen Projektbesprechung einladen, um ihm die Bedeutung des Vorhabens zu verdeutlichen.

Bitten Sie den Vorgesetzten des Projektgegners, sich öffentlich zum Projekt zu bekennen. Schon das wird den Widerständler nachdenklich stimmen. Besonders irritieren wird es ihn, wenn Sie sich dann auch noch mit seinem Vorgesetzten häufiger in der Öffentlichkeit zeigen – in der Kantine, am Kaffeeautomaten, auf dem Flur. Auf diese Weise signalisieren Sie, dass Sie Einfluss haben.

Aus Toms Tagebuch

Dienstag, 27. März

Schon so manches Projekt ist von Stakeholdern zu Fall gebracht worden! Um uns dieses Schicksal zu ersparen, führte ich heute mit meinem Kernteam eine Stakeholderanalyse durch. Ich wollte sicherstellen, dass wir als Team unsere Widersacher von Anfang an kennen.

Zunächst identifizierten wir die wirklich kritischen Kandidaten, um die wir uns umgehend kümmern sollten. Dazu gehören vor allem die Vertriebsleiter einiger europäischer Niederlassungen; sie könnten uns beim Roll-out das Leben schwer machen. Wir entdeckten aber noch einen weiteren, ausgesprochen mächtigen Gegner unseres Projekts: unseren Finanzvorstand!

Im Anschluss unterhielt ich mich mit Eberhard über die Ergebnisse der Stakeholderanalyse und bat ihn um seine Meinung. Er bestätigte nur zu deutlich, dass der Finanzvorstand uns wohl noch einige schlaflose Nächte bereiten würde. Immerhin: Eberhard möchte Hans-Joachim darauf ansprechen, ob er nicht mal mit seinem Vorstandskollegen reden kann. Schließlich gehen die beiden ja regelmäßig zusammen zum Golf.

Einige Dinge, die ich daraus lerne:
- *Nimm dir die Zeit, dich mit all jenen auseinanderzusetzen, die*

glauben, ein Mitspracherecht im Projekt zu haben. Diese Zeit ist gut investiert.
- Vergiss keinen Stakeholder! Denn irgendwann wird er aus dem Nichts auftauchen und dich auf dem falschen Fuß erwischen.
- Ermittle die Stakeholder im Team. Dadurch reduziert sich die Gefahr, jemanden zu übersehen.
- Lerne deine Stakeholder persönlich kennen. Nur dann kannst du einschätzen, wie sie gegenüber deinem Projekt wirklich eingestellt sind.
- Von nun an gilt die Devise: Kümmere dich um deine Stakeholder! Damit verringert sich die Gefahr, dass das Projekt aus dem Ruder läuft.

Anmerkung: Ich habe heute Abend einen neuen Mitarbeiter ins Projekt eingewiesen. Da die Ergebnisse der Stakeholderanalyse noch in meinem Projektbüro hingen, habe ich sie genutzt, um dem Neuling alle Beteiligten vorzustellen. Insbesondere das Beziehungsdiagramm war dabei sehr nützlich. An diesen Nebeneffekt habe ich noch nie gedacht: Die Stakeholderanalyse lässt sich ausgezeichnet nutzen, um neue Projektbeteiligte mit den Gegebenheiten des Projekts, gerade auch den informellen Beziehungen, vertraut zu machen.

Mittwoch, 4. April

Heute habe ich mich in die Höhle des Löwen gewagt: Eberhard hatte im Vertrieb eine Mitarbeiterversammlung angesetzt, und ich sollte das Projekt vorstellen. Mir war klar, dass die künftigen Nutzer der Standardsoftware ein besonders kritisches Publikum sein würden – schließlich sehen die Vertriebsmitarbeiter in der neuen Software keinen Nutzen für sich, sondern allenfalls einen Haufen Probleme.

Also war erst einmal Überzeugungsarbeit angesagt. Ich habe versucht, ehrlich zu sein und nichts schönzureden – denn die Vertriebsleute müssen sich umstellen, da hilft alles nichts! Ebenso machte ich aber auch deutlich, dass sich durch die neue Software die Arbeitsabläufe beschleunigen und der Umsatz steigern lassen. Anschließend gab ich einen groben Überblick über die wesentlichen Schritte und Meilensteine im Projekt – und erklärte, an welchen Stellen ich auf die Zusammenarbeit der Mitarbeiter angewiesen bin. Jetzt wird sich, hoffe ich, jeder rechtzeitig darauf einstellen. Natürlich habe ich betont, wie wichtig jeder einzelne Mitarbeiter für mich und für den Projekterfolg ist.

Alles in allem ist die Versammlung gut gelaufen. Hier noch einmal in Stichworten der Aufbau meiner Präsentation:
- Das sind die Ziele unseres Projekts ...
- Das Projektergebnis wird so aussehen ...
- Die Entscheidungen fielen so aus, weil ...
- Das wird der Nutzen des Projekts sein ...
- Mit folgenden Einschränkungen müssen Sie rechnen ...
- Durch unser Projekt ändert sich für Sie ...
- Folgende Projektphasen sind vorgesehen ...
- Zu den Meilensteinen ... sind folgende Zwischenergebnisse erreicht ...
- Ihre Unterstützung brauchen wir, wenn ...
- Ihr Ansprechpartner in unserem Team ist ...

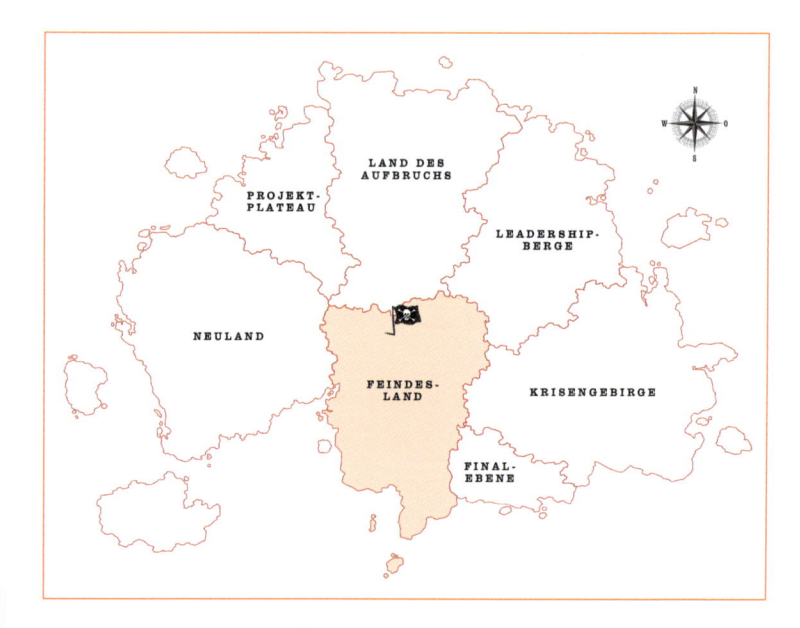

🏴‍☠️ Unentdeckte Widersacher

Projektleiter verzichten häufig darauf, frühzeitig die wichtigen Mitspieler im Umfeld des Projekts zu identifizieren. Widersacher bleiben ihnen dadurch verborgen – und können zu einer ernsten Gefahr für den Projektleiter und das Projekt werden.

🎯 So wappnen Sie sich

- Identifizieren Sie gemeinsam mit Ihrem Team alle Mitspieler im Projektumfeld (Stakeholder).
- Ermitteln Sie für jeden Stakeholder, wie einflussreich er ist, wie sehr ihn das Projekt betrifft, wie er dem Projekt gegenüber eingestellt ist – und welche Möglichkeiten es gibt, ihn zu beeinflussen.
- Erarbeiten Sie eine Strategie und Maßnahmen, um die Stakeholder zu steuern. Setzen Sie diese Maßnahmen im Projektmarketing um.
- Ermitteln Sie für die einzelnen Stakeholder, zu welchen Zeitpunkten sich ihre Einstellung am ehesten verändern dürfte – und legen Sie fest, wann Sie mit ihnen Kontakt aufnehmen sollten.
- Erstellen Sie hieraus einen Kommunikationsplan, der Art, Inhalt und Termine für die Kontakte mit den Stakeholdern enthält.

4.3 Erfolgsfaktor Kommunikation
Das Umfeld in das Projekt einbinden

Kommunikation ist die Antwort auf Komplexität.
Markus Miller, Geopolitical

»Ja, warum dauert das so lange?«, donnert nach sechs Wochen der Auftraggeber eines Entwicklungsprojekts bei einem Automobilzulieferer. Die Projektleiterin ist verzweifelt. Um mit ihrem Team loszulegen, benötigt sie die Zustimmung aller betroffenen Fachbereiche für das Fachkonzept. Der Vorgang hängt jedoch irgendwo in der Hierarchie fest. Wochenlang wartet sie auf die Unterschriften …

In eine ähnlich unangenehme Situation gerät ein Projektleiter in einem Medienunternehmen. Nachdem ein wichtiger Lieferant wegen Insolvenz ausgefallen ist, findet er zwar schnell einen Ersatz, doch ist dessen Angebot deutlich teurer und sprengt den Budgetrahmen. Der Projektleiter ist daher nicht berechtigt, die neue Bestellung selbst aufzugeben. Weil die Zeit drängt, eilt er ins Büro seines Auftraggebers. Dort herrscht gähnende Leere. Die Assistentin erklärt ihm lapidar, der »Herr Direktor« sei für vier Wochen im Urlaub und nur schwer zu erreichen. Das Projekt steckt fest, denn keiner traut sich, stellvertretend die Entscheidung zu treffen. In seiner Verzweiflung unterschreibt der Projektleiter schließlich selbst die Bestellung – was ihm später richtig Ärger einbringt.

Die Beispiele weisen auf ein Grundproblem hin: Es fehlen klare Kommunikationsstrukturen. Weil das Projekt organisatorisch nicht in sein Umfeld eingebunden ist, ziehen sich Abstimmungen schier endlos hin, und notwendige Entscheidungen bleiben aus. Der Projektleiter kämpft mit der Trägheit der Hierarchie und einer überbordenden Bürokratie. Das Projekt leidet, wie es der Heidelberger Berater Klaus Tumuscheit ausgedrückt hat, an »Entscheidungsarthrose«.

Man kann sogar festhalten: Mangelhafte Kommunikation ist mit Abstand die häufigste Ursache für das Scheitern von Projekten. Drei Aspekte kommen zusammen, die das Thema so brisant machen: Ohne eine klare Kommunikationsstruktur

- sind die Abstimmungsprozesse ineffizient, was dazu führt, dass wichtige Entscheidungen liegenbleiben;
- ist nicht gewährleistet, dass die Projektbeteiligten Zugriff auf alle Informationen haben, die sie für die erfolgreiche Durchführung des Projektes brauchen;
- fehlt dem Projekt häufig die notwendige breite Unterstützung, insbesondere bei den Stakeholdern.

Der dritte Aspekt führt uns zu Daniel Shechtman zurück, dem Revolutionär der Kristallwelt, der für sein erfolgreiches Projektergebnis nur Spott und Ablehnung erntete. Möglicherweise hätte auch hier eine bessere kommunikative Einbettung des Projekts in das Umfeld die negativen Reaktionen verhindert.

Viele Projektleiter konzentrieren sich auf die fachlichen und technischen Herausforderungen und versäumen es, eine effektive Entscheidungs- und Kommunikationsstruktur aufzubauen. Diese ist jedoch erforderlich, um das Projektumfeld zu managen und gerade auch in kritischen Situationen handlungsfähig zu sein.

Kommunikationskonzept aus vier Bausteinen

In Projekten hat sich ein Kommunikationskonzept aus vier Bausteinen bewährt: Kommunikationsplan, Lenkungsausschuss, Statusbericht und Delegationsregeln.

Mit dem *Kommunikationsplan* regelt der Projektleiter, wer welche Informationen braucht. Er folgt dem Grundprinzip einer effektiven Kommunikation: Aufgaben und Verantwortlichkeiten werden einander eindeutig zugeordnet.

Der *Lenkungsausschuss* bindet das Projekt organisatorisch in das Unternehmensumfeld ein. Über ihn sind die Entscheider fest ins Projektgeschehen einbezogen. Das Projekt verfügt damit über ein Gremium, um in kritischen Situationen schnell Entscheidungen herbeizuführen.

Der *Statusbericht* ist, richtig eingesetzt, ein machtvolles Kommunikationsinstrument. Gerade in kritischen Situationen kann der Projektleiter mithilfe des Statusberichts das Projekt steuern und alle Beteiligten zu effektivem Handeln veranlassen.

In manchen Situationen kann der Projektleiter ein Problem oder einen Konflikt nicht selbst lösen. Klare *Eskalationsregeln* stellen dann sicher, dass das Problem schnell an die Stelle im Unternehmen gelangt, an der es gelöst werden kann.

Sehen wir uns die vier Bausteine einer effektiven Kommunikationsstruktur im Projekt näher an.

Baustein 1: Der Kommunikationsplan

Wird der Informationsaustausch im Projekt nicht systematisch organisiert, entsteht früher oder später ein kommunikatives Durcheinander. Jeder Beteiligte muss wichtigen Informationen hinterherlaufen, was Zeit und Energie kostet. Oder, schlimmer noch, bestimmte Informationen geraten in die falschen Hände. Dabei ist es gar nicht so schwierig, einen systematischen Kommunikationsplan zu erstellen. Die sogenannte RACI-Matrix, auch Zuständigkeits- oder Verantwortlichkeitsmatrix genannt, eignet sich hierfür besonders gut (siehe Abbildung auf Seite 171).

Die RACI-Matrix führt Personen und Verantwortlichkeiten zusammen: Sie stellt dar, wer bei einer bestimmten Aufgabe welche Verantwortlichkeit hat. Die eindeutige Zuordnung von Projektaufgaben zu Personen und Organisationseinheiten schafft zugleich auch Klarheit für die Kommunikation im Projekt.

Die Zuständigkeiten lassen sich unterschiedlich einteilen. So ist ein Mitarbeiter für die Ausführung des Arbeitspaketes verantwortlich, ein anderer hat für das Arbeitspaket beratende Funktion. Ein weiterer Mitarbeiter verantwortet das Budget, während der nächste lediglich über das Arbeitspaket informiert sein muss. Dementsprechend werden die Zuständigkeiten wie folgt angegeben:

- R wie Responsible: Diese Person ist zuständig für die Durchführung der Aufgabe, das heißt, sie ist verantwortlich im disziplinarischen Sinne. Sie ordnet entweder deren Ausführung an oder führt sie selbst aus.
- A wie Accountable: Diese Person trägt als Auftraggeber die kaufmännische Verantwortung, das heißt, sie genehmigt oder billigt die Aufgaben. Sie nimmt das Ergebnis ab und trägt die Kosten.
- C wie Consulted: Diese Person trägt die fachliche Verantwortung, das heißt, sie muss konsultiert und in Entscheidungen mit einbezogen werden.
- I wie Informed: Diese Person benötigt die Informationen für eigene Arbeiten, das heißt, sie muss über alle Ergebnisse und Entscheidungen informiert werden.

Die Darstellung erlaubt es dem Projektleiter, alle mit einer bestimmten Person verknüpften Aufgaben und Verantwortlichkeiten auf den ersten Blick zu erkennen. Es bietet sich an, die Erstellung der RACI-Matrix mit dem Projektstrukturplan zu verknüpfen – spätestens jetzt wird jedes Arbeitspaket einem verantwortlichen Projektmitarbeiter zugeordnet.

Die RACI-Matrix regelt nicht nur Zuständigkeiten und Verantwortlichkeiten, sondern beschreibt auch auf einfache Art und Weise den Informationsaustausch zwischen den Projektbeteiligten. Sie ist für die Kommunikationsplanung deutlich besser geeignet als genormte Kommunikationspläne, die den Austausch von Dokumenten, Protokollen und Berichten standardmäßig regeln, weil die Projektbeteiligten typischerweise in Arbeitspaketen denken und ihnen eine an dieser Denkweise orientierte Kommunikationsplanung entgegenkommt.

Baustein 2: Der Lenkungsausschuss

Mit Baustein 1, dem Kommunikationsplan, haben wir erreicht, dass der Informationsaustausch im Projekt gut organisiert ist

Aufgabenbeschreibung	Projektsponsor	Auftraggeber	Projektleiter	Teilprojektleiter 1	Mitarbeiter A	Mitarbeiter B	Teilprojektleiter 2	Mitarbeiter C	Mitarbeiter D	Fachbereichsleiter	Prozessverantw.
Meilenstein 1											
Aufgabe 1	I		A	I	R	C		I		C	
Aufgabe 2				A		C					
Aufgabe 3		I	I	R	C						C
Aufgabe 4						R					
Meilenstein 2											
Aufgabe 5					C	C	A			R	I
Aufgabe 6				A	R		R			I	C
Aufgabe 7		I	I	R			R	A			
Aufgabe 8		I	I	R			A			C	C
Aufgabe 9			I	A			R		I	I	
Aufgabe 10			A	R	C		C	R			

Beispiel einer RACI-Matrix

und reibungslos funktioniert. Trotzdem können die vorhandenen Unternehmensstrukturen den Projektfortschritt ausbremsen. Wenn der Projektleiter zum Beispiel eine wichtige Grundsatzentscheidung benötigt, steht er möglicherweise allein auf weiter Flur.

Der zweite Baustein des Kommunikationskonzeptes setzt deshalb bei der Projektorganisation an: Ein gut funktionierender, von allen Beteiligten akzeptierter Lenkungsausschuss bindet die relevanten Entscheider fest in das Projektgeschehen ein und stellt dadurch sicher, dass wichtige Entscheidungen zügig getroffen werden.

Der Lenkungsausschuss ist das oberste beschlussfassende Gremium, in dem alle wichtigen Entscheidungen für das Projekt fallen. Er teilt Ressourcen zu, gibt Budgets frei, überwacht die Projektergebnisse, ermittelt und bespricht Abweichungen von der Planung, entscheidet über Änderungsanträge und nimmt die Projektergebnisse ab. Seine Aufgabe ist es zudem, den Projektleiter zu unterstützen und zu beraten, falls größere Probleme auftreten.

In der Regel wird der Lenkungsausschuss von der Geschäftsleitung eingesetzt. Mitglieder sind die Leiter der Fachabteilungen, in wichtigen Projekten auch ein Vertreter der Geschäftsleitung. Dadurch haben alle Unternehmensbereiche die Möglichkeit, Forderungen und Wünsche in den Entscheidungsprozess einfließen zu lassen. Zudem sollte genügend »hierarchische Macht« mit am Tisch sitzen, sodass Entscheidungen sofort getroffen und respektiert werden.

Vorsitzender des Lenkungsausschusses ist der Auftraggeber. Sofern nicht ausdrücklich andere Entscheidungsregeln definiert sind oder sich aus den Kräfteverhältnissen ergeben, trifft der Auftraggeber die an den Lenkungsausschuss herangetragenen Entscheidungen. Er hat das letzte Wort, während die anderen Mitglieder lediglich beratende Funktion haben. Um die Handlungsfähigkeit des Lenkungsausschusses jederzeit zu gewährleisten, sollten unbedingt Vertreter benannt und gegebenenfalls mit den notwendigen Entscheidungsbefugnissen ausgestattet werden.

Seinen Mitgliedern ist häufig gar nicht bewusst, wie wichtig der Lenkungsausschuss für den Projekterfolg ist. Das fordert einerseits den Projektleiter heraus, weil er seine Chefs explizit auf ihre Verantwortung und die besondere Rolle des Gremiums für das Gelingen des Projekts hinweisen muss. Andererseits bietet sich dem Projektleiter dadurch die Möglichkeit, den Lenkungsausschuss von Anfang an nach seinen Vorstellungen mitzugestalten.

Wie oft der Lenkungsausschuss tagt, hängt davon ab, wie häufig der Projektleiter Entscheidungen des Gremiums benötigt, um seinen Projektplan einzuhalten. In den meisten Projekten kommt der Lenkungsausschuss alle vier bis sechs Wochen zusammen; in heißen Projektphasen kann aber auch eine wöchentliche Sitzung sinnvoll sein.

Das Vorgehen bei sehr kurzfristigem Entscheidungsbedarf kann wie folgt geregelt sein: Im Falle einer wichtigen Entscheidung, die keinen Aufschub duldet, kann sowohl der Projektleiter als auch der Auftraggeber eine außerordentliche Sitzung des Lenkungsausschusses einberufen. Das signalisiert dann: Die Projektsituation ist ernst! Darüber hinaus können sich Projektleiter und Auftraggeber auch zwischen den Sitzungen treffen, um eine Ad-hoc-Entscheidung zu fällen.

Für die Sitzung des Lenkungsausschusses gibt der Projektleiter die Agenda vor, die sich – von Ausnahmen abgesehen – an folgenden Tagesordnungspunkten orientiert:

- **Gesamtstatus:** Der Projektleiter stellt den Gesamtstatus des Projekts dar. Er weist auf kleinere und größere Abweichungen hin – und erläutert, welche Maßnahmen ergriffen werden.
- **Meilensteinplan:** Der Projektleiter präsentiert den Meilensteinplan und prognostiziert die voraussichtlichen Fertigstellungstermine.
- **Projektrisiken:** Der Projektleiter geht auf die derzeit wichtigsten Projektrisiken ein und lässt sich – falls erforderlich – notwendige Präventivmaßnahmen und Notfallpläne genehmigen.
- **Entscheidungen:** Der Projektleiter legt dar, welche Projektentscheidungen vom Lenkungsausschuss zu fällen sind, und gibt Handlungsempfehlungen.
- **Änderungen:** Der Projektleiter berät mit dem Lenkungsausschuss über die Genehmigung von Änderungsanträgen und die daraus resultierenden Konsequenzen.

Ob der Lenkungsausschuss seine Funktion gut wahrnimmt, hängt in erster Linie vom Projektleiter ab. Er sollte ein Interesse daran haben, das Gremium zu nutzen. Nur dann spüren die Mitglieder, dass dieses Meeting für den Projekterfolg wichtig ist. Das setzt voraus, dass der Projektleiter die Sitzungen gründlich vorbereitet.

Wie die Praxis zeigt, machen sich viele Projektleiter – selbst bei großen Projekten – ohne Lenkungsausschuss auf den Weg. Das Projekt wird dann ohne eine institutionalisierte Anbindung an die wesentlichen Stakeholder durchgeführt. Das Risiko, dass Entscheidungen liegenbleiben und es zu erheblichen Verzögerungen kommt, steigt dadurch erheblich. Noch schnell einen Lenkungsausschuss zu organisieren, wenn es im Projekt lichterloh brennt, ist ein aussichtsloses Unterfangen. Soll das Gremium auch in kritischen Situationen funktionieren, muss es eingespielt sein.

Baustein 3: Der Statusbericht

»Den liest doch sowieso keiner«, maulen Projektleiter, für die Statusberichte einfach nur lästig sind. Sie sehen in ihnen einen administrativen Overhead und halten sie schlicht für überflüssig. Bei dieser Einstellung ist es auch kein Wunder, wenn E-Mails mit dem Betreff »Statusbericht« weggelöscht werden, als enthielten sie ein hochgefährliches Virus.

Selten wird ein Instrument derart verkannt! Richtig angewandt sind Statusberichte für den Projektleiter ein mächtiges Werkzeug, um das Projekt zu steuern und die Beteiligten in das Projektgeschehen einzubinden.

Damit ein Statusbericht mit vertretbarem Aufwand erstellt werden kann, sind zunächst einige konzeptionelle Gedanken notwendig. Grundsätzlich gibt es vier wichtige Adressaten, an die sich der Bericht wendet:

- Der Projektleiter: In großen Projekten hat der Projektleiter selbst Interesse am Statusbericht. Er möchte sich über den Stand der Teilprojekte und Fortschritte bei den Arbeitspaketen informieren oder sich einen Überblick über Probleme, Kosten und anstehende Entscheidungen verschaffen.
- Der Auftraggeber: Der Auftraggeber möchte auf dem Laufenden sein. Anhand des Statusberichts kann er sich nicht nur über den Fortschritt einzelner Arbeitspakete informieren, sondern vor allem auch frühzeitig mögliche Fehlentwicklungen erkennen.
- Der Lenkungsausschuss: In größeren Projekten vertritt ein Lenkungsausschuss die Interessen der beteiligten Organiationen gegenüber dem Projekt. Daher besteht in diesem Gremium der Wunsch nach regelmäßiger Berichterstattung. Nur ein gut informiertes Gremium ist in der Lage, den Projektleiter in kritischen Situationen konstruktiv zu unterstützen und rasche Entscheidungen herbeizuführen.
- Das Top-Management: Projekte, die für das Unternehmen von großer Bedeutung sind, stehen meist unter besonderer Beobachtung des Top-Managements. Auch dort möchte man Fehlentwicklungen frühzeitig erkennen, um Auswirkungen auf die Geschäftsentwicklung des Unternehmens zu vermeiden.

Bei größeren Projekten speist sich der Statusbericht inhaltlich aus den Berichten, die der Projektleiter aus den einzelnen Teilprojekten erhält. Sie sind zwar detaillierter und setzen sich teilweise auch aus anderen Bewertungs- und Qualitätsmerkmalen zusammen, stimmen jedoch in ihrer Form mit dem Statusbericht überein.

Der Statusbericht hält Auftraggeber und Management nicht nur über Ergebnisse und geplante Aktivitäten auf dem Laufenden. Er benennt auch die Probleme und anstehenden Entscheidungen, sofern sie die Befugnisse des Projektleiters übersteigen. Formal kann der Statusbericht aus Fließtext oder Tabellen bestehen. Die tabellarische Darstellung hat den Vorteil, dass sich der Leser einen schnellen Überblick verschaffen kann, ohne den Bericht wirklich durchlesen zu müssen.

Die Erscheinungsfrequenz hängt vom Projekt ab, gängig ist zum Beispiel ein zweiwöchiger Statusbericht.

Nehmen wir als Beispiel das Projekt von Tom. Mithilfe einer einfachen Tabellenkalkulation erstellte er zunächst eine Vorlage für den Statusbericht an den Auftrageber und an den Lenkungsausschuss (siehe Abbildung auf Seite 175). Im nächsten Schritt passte er die Vorlage an die drei Teilprojekte »Prozesse«, »Software« und »Infrastruktur« an und erstellte hieraus jeweils eine Vorlage für seine drei Teilprojektleiter. Das Format behielt er bei, lediglich die Qualitätsmerkmale schnitt er auf die Bedürfnisse und Inhalte der drei Teilprojekte zu.

Tom setzte also auf ein einheitliches, fest vorgegebenes Format. Damit stellte er sicher, dass alle für ihn wichtigen Informationen darin enthalten sind und jeder den Verlauf des Projekts anhand der Statusberichte nachvollziehen konnte. Der große Vorteil für alle Beteiligten: Niemand musste E-Mails, Besprechungsprotokolle und andere Dokumente auswerten, nur um eine Projektentwicklung nachzuvollziehen.

Werfen wir einen kurzen Blick auf die einzelnen Abschnitte des Statusberichts.

Erster Überblick

Toms Vorlage beginnt mit einem Überblick über den Projektstatus. Viele Statusberichte beschränken sich dabei auf die drei primären Erfolgskriterien Termin, Aufwand und Inhalt/Qualität, die wir schon aus dem Magischen Dreieck kennen. Tom fügte zwei weitere Kriterien hinzu, die ihm für die Bewertung seines Projekts sehr wichtig sind: Zusammenarbeit und Einhaltung der Mitwirkungspflichten. Außerdem fließt der Status seiner drei Teilprojekte in die Gesamtbewertung des Projekts ein.

Neue Vertriebssoftware – Projektstatus KW16

Überblick über den Projektstatus

Qualitätsurteil	Status in Periode (KW)													
	8	10	12	14	16	18	20	22	24	26	28	30	32	34
Projektfortschritt	Gr	Gr	Gr	Gr	Ge									
Kosten/Aufwand	Ro	Ge	Gr	Gr	Gr									
Zeitplan/Termine	Gr	Ge	Gr	Ge	Gr									
Mitwirkungspflicht	Ge	Ge	Ge	Ge	Gr									
Zusammenarbeit	Gr	Ge	Gr	Ge	Ge									
TP 1: Prozesse	Gr	Gr	Gr	Gr	Gr									
TP 2: Software	Gr	Gr	Gr	Gr	Gr									
TP 3: Infrastruktur	x	x	Gr	Gr	Ge									
Gesamtstatus	Ge	Ge	Ge	Ge	Ge									

Zusammenfassung

Kurze Zusammenfassung des Projektstatus in wenigen Worten

Projektfortschritt	Nächste Schritte
Welche Arbeitspakete wurden abgeschlossen?	Welche Arbeitspakete sind in den nächsten zwei Wochen geplant?

Laufende Aktivitäten	Notwendige Entscheidungen
Welche Maßnahmen laufen zur Zeit?	Welche Entscheidungen müssen vom Auftraggeber bzw. Lenkunggsausschuss getroffen werden?

Problemfelder	Maßnahmen	Owner	Termin
Welche dringende Probleme gibt es?	Welche Maßnahmen wurden getroffen?		

03.03.2012

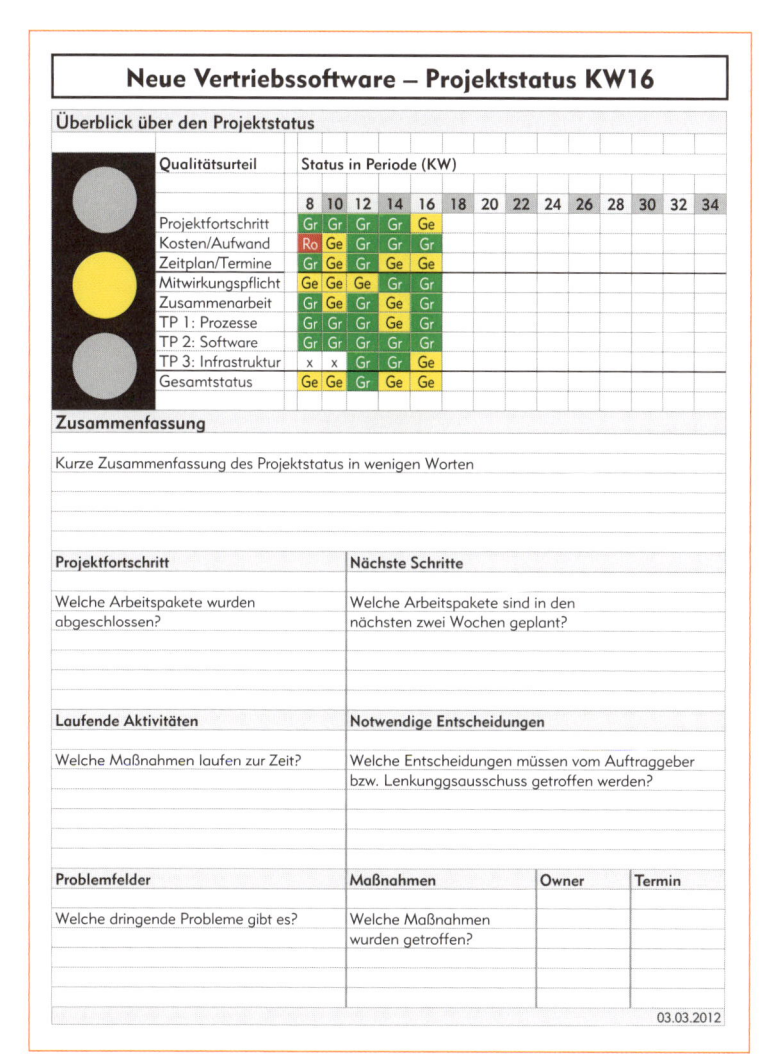

Struktur eines Statusberichts am Beispiel von Toms Vertriebsprojekt

Den Gesamtstatus ermitteln

Für die Ermittlung des Gesamtstatus verwendete Tom eine einfache Formel. Jedes Qualitätsmerkmal wird bewertet und mit Ampelfarben hinterlegt. Gelb wird dann mit einem Punkt, rot mit drei Punkten gewichtet. Die Summe aller Qualitätsmerkmale ergibt den Gesamtstatus des Projekts:

- Grün   0–2 Punkte
- Gelb   3–5 Punkte
- Rot   ab 6 Punkte

Eine große Ampel (links im Feld »Überblick über den Gesamtstatus«) signalisiert den aktuellen Gesamtstatus – für den Leser des Berichts die erste und wichtigste Information. Der Gesamtstatus ist zwar nicht viel mehr als eine mathematische Betrachtung verschiedener Teilaspekte des Projekts, doch diese sind sorgfältig durchdacht und auch auf einem zweiten Arbeitsblatt dokumentiert (siehe Abbildung auf Seite 179). Der Leser des Berichts kann somit nachvollziehen, wie Tom zu seiner Bewertung gekommen ist.

Den Status der Qualitätsmerkmale schreibt Tom über die verschiedenen Kalenderwochen fort. So kann jeder Betrachter auf einen Blick erkennen, wie es aktuell um das Projekt steht und wie sich der Status im Verlauf der Wochen entwickelt hat.

Allgemeine Informationen

Im allgemeinen Teil des Statusberichts beschreibt Tom in wenigen Worten die aktuelle Situation. Hier genügt ein knapper Überblick – der Statusbericht ist nicht der Ort, um die Lage des Projekts in aller Ausführlichkeit zu schildern. Dann informiert er über den Projektfortschritt, der in den letzten zwei Wochen erzielt wurde, und welche Arbeitspakete nun anstehen. Auch für die Erwähnung laufender Aktivitäten sieht die Vorlage ein Feld vor.

Tom hat einen guten Draht zu seinem Auftraggeber, daher ist es für ihn kein Problem, die notwendigen Entscheidungen einzufordern. Dennoch nutzt er den Statusbericht, um den Entscheidungsprozess zu beschleunigen und abzusichern: Anstehende Entscheidungen kündigt er im Statusbericht an und diskutiert sie anschließend mit dem Auftraggeber im Vier-Augen-Gespräch. Wenn eine Entscheidung für den Projektfortgang besonders wichtig ist, setzt Tom auch einen Termin fest und unterstreicht so den Entscheidungsbedarf.

Schließlich enthält der Bericht noch einen Abschnitt »Problemfelder«. Hier informiert Tom über aktuelle oder drohende Schwierigkeiten – und welche Maßnahmen er dagegen bereits eingeleitet hat. Er dokumentiert damit seinem Auftraggeber, dass er alles in seiner Macht Stehende unternimmt, um den Projekterfolg zu sichern.

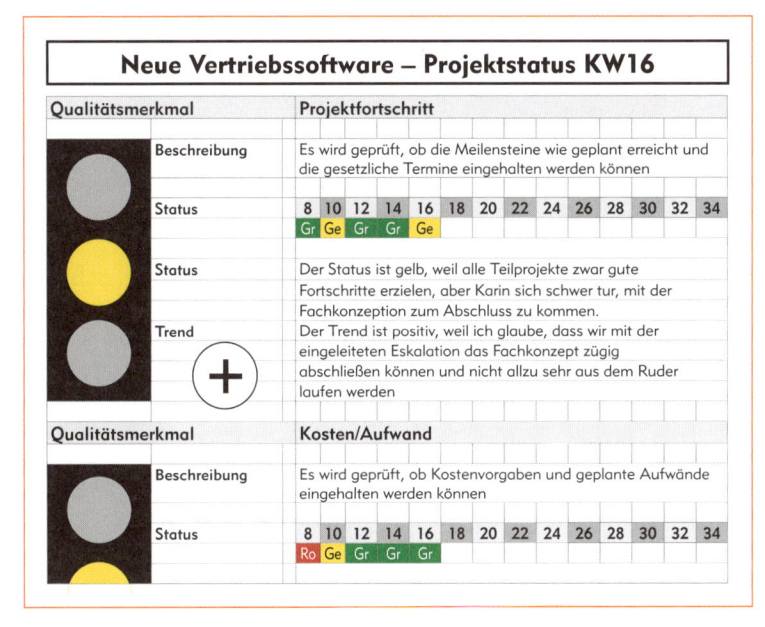

Neue Vertriebssoftware – Projektstatus KW16

Qualitätsmerkmal	Projektfortschritt												
Beschreibung	Es wird geprüft, ob die Meilensteine wie geplant erreicht und die gesetzlichen Termine eingehalten werden können												
Status	8	10	12	14	16	18	20	22	24	26	28	30	32	34
		Gr	Ge	Gr	Gr	Ge								
Status	Der Status ist gelb, weil alle Teilprojekte zwar gute Fortschritte erzielen, aber Karin sich schwer tut, mit der Fachkonzeption zum Abschluss zu kommen.												
Trend	Der Trend ist positiv, weil ich glaube, dass wir mit der eingeleiteten Eskalation das Fachkonzept zügig abschließen können und nicht allzu sehr aus dem Ruder laufen werden												
Qualitätsmerkmal	Kosten/Aufwand												
Beschreibung	Es wird geprüft, ob Kostenvorgaben und geplante Aufwände eingehalten werden können												
Status	8	10	12	14	16	18	20	22	24	26	28	30	32	34
		Ro	Ge	Gr	Gr	Gr								

Bewertung einzelner Qualitätsmerkmale in Toms Statusbericht

Was macht den Statusbericht zu einem so machtvollen Steuerungsinstrument? Seine Besonderheit sind die Ampelfarben, die den Beteiligten sofort den aktuellen Projektstand signalisieren: Bei Grün können sich alle zurücklehnen, das Projekt läuft nach Plan. Gelb weist auf Planabweichungen hin, doch hat der Projektleiter das Projekt noch unter Kontrolle. Er wird entsprechende Maßnahmen einleiten, um wieder zu Grün zurückzukehren. Steht der Projektstatus auf Rot, läuft das Projekt aus dem Ruder. Bei den Beteiligten leuchten die Warnlampen auf, denn der Plan ist akut gefährdet.

Nutzt der Projektleiter diesen Ampeleffekt anhand klar definierter Kriterien, kann er aus dem Statusbericht ein hervorragendes Steuerungsinstrument machen – sowohl in Bezug auf den Auftraggeber als auch auf die eigenen Teammitglieder.

Auch Tom möchte den Statusbericht als Steuerungsinstrument nutzen. Hierzu definiert er die Ampelfarben wie folgt:

- Grün – alles läuft planmäßig. Auch wenn nicht immer alles perfekt funktioniert und das Team manche Überraschung meistern muss – für Tom bleibt das Projekt »grün«, solange die Probleme sich nicht auf den Projektplan auswirken. Wenn die Ampel oben links auf dem Statusbericht auf Grün steht, weiß sein Auftraggeber, dass das Projekt »im grünen Bereich« liegt. Tom ist es dann auch egal, ob der Auftraggeber den Bericht gleich oder irgendwann im Laufe der Woche liest.

- Gelb – es gibt Abweichungen. Mit Gelb signalisiert Tom seinem Auftraggeber, dass es im Projekt Abweichungen zur ursprünglichen Planung gibt. Er hat die Situation aber unter Kontrolle und bereits die notwendigen Entscheidungen getroffen, um zum ursprünglichen Plan zurückzukehren. Der Auftraggeber hat nun die Pflicht, die entsprechenden Passagen des Berichts zu lesen, um sich selbst ein Bild von der Lage zu machen. Eingreifen wird er nur, wenn er gegen die Maßnahmen des Projektleiters ein Veto einlegen möchte. Tom hat mit seinem Auftraggeber vereinbart, dass ein gelber Projektstatus automatisch zum Gegenstand der nächsten gemeinsamen Besprechung wird.

- **Rot – der Plan ist akut gefährdet.** Rot signalisiert für den Auftraggeber Handlungsbedarf: Der Projektleiter ist nicht mehr in der Lage, das Projekt durch Maßnahmen im Rahmen seiner eigenen Befugnisse in den grünen Bereich zurückzuholen. Es bedarf umgehend eines Gesprächs, um die Lage zu sondieren und eine Entscheidung herbeizuführen.

Tom nimmt sich vor, einen roten Projektstatus seinem Auftraggeber telefonisch anzukündigen, bevor er den Statusbericht versendet. So vermeidet er, dass er und die übrigen Mitglieder des Lenkungsausschusses aus allen Wolken fallen, wenn sie die unliebsame Neuigkeit lesen. Denn Rot bedeutet: Das Projektteam kann den ursprünglichen Plan nicht mehr halten. Gebot der Stunde ist es, mit dem Auftraggeber oder dem Lenkungsausschuss neue Bedingungen auszuhandeln – mehr Zeit, zusätzliche Ressourcen oder Abstriche vom Projektumfang –, um so den Projektstatus wieder auf Grün setzen zu können.

Wenn Sie als Projektleiter die Ampelfarben konsequent und nachvollziehbar einsetzen, wirken sich die Statusberichte auch auf Leistung und Disziplin des Teams aus. Jeder Mitarbeiter weiß, dass sich Auftraggeber und Lenkungsausschuss mit dem Projekt befassen, sobald der Status auf Gelb springt. Er wird also alles daransetzen, für ein solches Gelb nicht verantwortlich zu sein. Wer will schon gerne zum Gesprächsthema im Management werden, weil er versagt hat? Das Interesse der Mitarbeiter ist groß, durch diszipliniertes und effektives Arbeiten ein Gelb oder gar ein Rot zu vermeiden.

Der Statusbericht verleiht Ihnen also ein Stück Zwangsmacht, indem Sie den Mitarbeitern signalisieren: »Ihr kennt die Regeln. Wenn ihr vermeiden wollt, dass das Projekt von Grün auf Gelb springt und der Auftraggeber darauf aufmerksam wird, dann müsst ihr jetzt spuren. Ihr habt es in der Hand, ob eure Chefs über euch diskutieren oder nicht ...«

Damit der Statusbericht als Steuerungsinstrument funktioniert, muss eine wichtige Voraussetzung erfüllt sein: Die Kriterien, wann ein Status von Grün auf Gelb oder von Gelb auf Rot springt, sind eindeutig definiert und allen Beteiligten bekannt. Hinzu kommt, dass der Projektleiter diese Regeln strikt einhalten muss. In der Praxis ist das keineswegs immer der Fall. Mancher Projektleiter setzt die Ampel gerne einmal auf Rot, nur weil er mehr Aufmerksamkeit für das Projekt bekommen möchte. Das führt natürlich schnell dazu, dass keiner mehr die Ampelfarben ernst nimmt. Der Statusbericht verliert dadurch seinen Biss.

Baustein 4: Die Eskalationsregeln

Nicht jedes Problem können Sie als Projektleiter selbst lösen. Vorgänge, die außerhalb Ihrer Einflussmöglichkeiten liegen, müssen Sie an die zuständigen Entscheidungsträger abgeben.

Das klingt selbstverständlich, erweist sich in der Praxis aber als gar nicht so leicht. In welcher Situation müssen Sie einen Fall eskalieren? An wen geben Sie ihn weiter? Und auf welche Weise? Ein formelles Eskalationsverfahren kann da sehr hilfreich sein. Es regelt, mit welchen Problemen Sie sich wann und in welcher Form an wen wenden.

Viele Projektleiter sehen es als Eingeständnis eigener Schwächen, wenn sie Konflikte nicht ohne fremde Hilfe lösen können. Tatsächlich sollten Beziehungskonflikte oder unterschiedliche Vorstellungen über das Vorgehen im Projekt intern geklärt werden. Dagegen müssen Konflikte um Projektziele, Ressourcen oder Prioritäten an die Entscheidungsträger eskaliert und dort entschieden werden. Ein guter Projektleiter erkennt, wann sein eigener Einfluss aufhört und die Entscheidungsträger am Zuge sind.

Ein Projektleiter sollte einen Vorgang erst dann weitergeben, wenn er sich zunächst ernsthaft selbst um eine Lösung bemüht hat. Eskaliert er zu früh, handelt er sich den Vorwurf ein, er sei nicht in der Lage, die Probleme selbst zu lösen. Verpasst er den richtigen Zeitpunkt, riskiert er ärgerliche Verzögerungen im Projekt. Der richtige Zeitpunkt für eine Eskalation hängt also auch davon ab, wie dringend das Problem mit Blick auf den Projektplan gelöst werden muss. Häufig kann die Angelegenheit bis zur nächsten Sitzung des Lenkungsausschusses warten.

Ein formelles Eskalationsverfahren ist eine wichtige Voraussetzung für eine erfolgreiche Projektarbeit. Es nützt jedoch wenig, wenn der Projektleiter nicht damit umzugehen versteht. Zum Handwerk der Eskalation zählen vor allem folgende Regeln:

- Schöpfen Sie zunächst Ihre eigenen Möglichkeiten aus und unternehmen Sie alles in Ihrer Macht Stehende, bevor Sie ein Problem eskalieren.
- Machen Sie sich klar, was Sie genau mit der Eskalation erreichen wollen – und bis wann Sie eine Entscheidung brauchen.
- Versichern Sie sich der Rückendeckung Ihrer Projektmitarbeiter; besprechen Sie aber auch mit Ihrem Vorgesetzten ausführlich das Vorgehen.
- Kündigen Sie den betroffenen Linienvorgesetzten an, dass Sie nicht mehr gewillt sind, das Problem zu akzeptieren, und dass Sie es an den Lenkungsausschuss eskalieren werden.

Wenn Sie einen Vorgang an den Lenkungsausschuss abgeben, werden Sie verständlicherweise erwarten, dass die Mitglieder des Gremiums eine Entscheidung fällen und zu dieser stehen. Tatsächlich ist das nicht immer der Fall, allzu gerne bleibt die Angelegenheit liegen. Weisen Sie deshalb darauf hin, dass ein Aufschub nicht ohne Folgen für das Projekt bleibt. Entlassen Sie die Entscheidungsträger nicht aus ihrer Verantwortung.

Trifft der Lenkungsausschuss dennoch keine klare Entscheidung, müssen Sie überlegen, ob Sie das Projekt unter diesen Voraussetzungen weiter leiten können und wollen. Wenn Sie die »Nicht-Entscheidung« akzeptieren, gefährden Sie möglicherweise den Endtermin oder überschreiten das Budget. Eine klare Position kann jetzt mit erheblichen beruflichen und persönlichen Risiken verbunden sein.

Abbrechen oder weitermachen? Das klingt nach der Wahl

zwischen Pest und Cholera. Am Ende bleibt es eine persönliche Entscheidung: Love it, change it or leave it.

Aus Toms Tagebuch

Donnerstag, 26. April

Wir sind jetzt schon einige Wochen im Projekt unterwegs. Das Projektteam fliegt geradezu – und auch meine Teilprojektleiter machen den Eindruck, alles im Griff zu haben. Nächste Woche tagt zum ersten Mal der Lenkungsausschuss. Deshalb habe ich heute damit begonnen, den Status der einzelnen Teilprojekte zu erfragen. In der eigens angesetzten Projektbesprechung hatte ich allerdings das Gefühl, dass mancher sein Teilprojekt besser dargestellt hat, als es ist. Ich glaube, da muss ich morgen nochmal mit etwas mehr Struktur ran.

Freitag, 27. April

Heute stand der zweite Versuch auf dem Programm: Ich wollte nun endlich den wirklichen Status meiner Teilprojekte herausbekommen. Diesmal bin ich strukturierter an die Sache herangegangen. Während ich gestern in einer Besprechung nach dem Status fragte, entschied ich mich heute für Einzelgespräche. Vielleicht ist es ja unter vier Augen leichter, mir die eigenen Schwierigkeiten zu schildern, als dies im Kreise der Kollegen offen zugeben zu müssen.

Also marschierte ich bei jedem Einzelnen vorbei. (Die Mitarbeiter bei mir antanzen zu lassen, wäre mir zu autoritär vorgekommen; außerdem liegt der Überraschungseffekt auf meiner Seite, wenn ich am Schreibtisch meiner Teilprojektleiter vorbeischaue.) Zu Beginn der Gespräche fragte ich immer erst nach dem Over-all-Status des Teilprojekts. Liegt es im Plan? Oder gibt es kleinere oder größere Abweichungen? Außerdem erkundigte ich mich nach den Meilensteinen: Wann sind sie geplant? Wann werden sie voraussichtlich erreicht? War so weit alles im grünen Bereich, konnte ich mich auf einen kleinen Plausch beschränken und mich mit einem »Weiter so!« von dem Kollegen verabschieden.

Lediglich bei Karin gab es Probleme. Sie hatte schon gestern den Eindruck gemacht, als ob sie mit Schwierigkeiten zu kämpfen hätte. Mit sorgenvoller Miene empfing sie mich in ihrem Projektbüro und sagte, die mangelhafte Mitarbeit des Fachbereichs hätte mittlerweile doch Auswirkungen auf ihren Projektfortschritt. Ich ließ mir schildern, was sie derzeit tut, um der Schieflage entgegenzuwirken. Gemeinsam überlegten wir dann, welche Problemfelder es gibt und wie wir die Risiken bewerten.

Anschließend beschlossen wir, das Problem direkt an Eberhard zu eskalieren, also nicht erst bis zur Sitzung des Lenkungsausschusses zu warten. Vielleicht können wir dort dann bis nächste Woche schon konkrete Ergebnisse vorweisen. Es sieht einfach besser aus, wenn wir die Probleme im Lenkungsausschuss nicht nur vorbringen, sondern auch schon an ihrer Lösung arbeiten.

Einige Dinge, die ich daraus lerne:
- Erkundige dich regelmäßig nach dem Status deiner Teilprojekte. Nur so bekommst du ein Gefühl dafür, wie es um dein Projekt bestellt ist.
- Führe Vier-Augen-Gespräche mit allen Teilprojektleitern und zwinge sie, ihre Verantwortung für die Überwachung des Projekts zu erkennen und auch wahrzunehmen.

ETAPPE 4	ETAPPE 5	ETAPPE 6	ETAPPE 7

- Entwickle für deine Teilprojekte ein Formular (Projektstatusbericht), um den Status schnell zu erfassen. Manche Mitarbeiter kannst du dieses Formular selbst ausfüllen lassen, bei anderen musst du den Status im persönlichen Gespräch erfragen.
- Werte die Ergebnisse gewissenhaft aus, dann kannst du den Status deiner Teilprojekte erkennen. Meist verstehst du auch sofort, in welchem Bereich ein Eingreifen notwendig ist.
- Eskaliere Probleme an die Entscheidungsträger im Projekt, wenn deine Einflussmöglichkeiten erschöpft sind. Selbst wenn du noch so gut bist, du kannst nicht alle Probleme alleine lösen.

Mangelhafte Kommunikationsstrukturen

Ohne passende Kommunikationsstrukturen kommen in kritischen Phasen des Projekts keine Entscheidungen zustande – und das Projekt bleibt auf der Strecke.

So wappnen Sie sich

- Halten Sie fest, wer welche Informationen wann und in welchem Format erhalten soll. So stellen Sie sicher, dass jeder die Informationen bekommt, die er für eine erfolgreiche Projektarbeit braucht.
- Richten Sie in größeren, bereichsübergreifenden Projekten einen Lenkungsausschuss ein, der Prioritäten setzt, Entscheidungen fällt und bei Problemen schlichtet.
- Nutzen Sie Statusberichte, um den Auftraggeber und gegebenenfalls den Lenkungsausschuss kontinuierlich auf dem Laufenden zu halten und frühzeitig auf Probleme und notwendige Entscheidungen hinzuweisen.
- Nutzen Sie Statusberichte auch als Macht- und Steuerungsinstrument, um sowohl auf das Projektumfeld als auch auf Ihre Mitarbeiter Einfluss zu nehmen.
- Bestehen Sie auf einem formellen Delegationsverfahren, um notwendige Entscheidungen zügig herbeizuführen. Regeln Sie darin, mit welchen Problemen Sie sich an wen, wann und in welcher Form wenden können.

Das Umfeld gewinnen	Alles hört auf mein Kommando	Kurs halten in gefährlichen Gewässern	Zum Endspurt ansetzen

Etappe 5

ALLES HÖRT AUF MEIN KOMMANDO

Führen, ohne Chef zu sein

Ein großer weißer Fleck – so stellte sich für die Menschen des 18. Jahrhunderts die Südhalbkugel dar. Ein Mann hatte die Vision, das zu ändern: James Cook. Seine Leidenschaft war es, unbekannte Länder zu entdecken und deren Küsten zu kartografieren. »Die größte Lobrede auf Cook ist die Seekarte des Pazifiks«, urteilt der neuseeländische Historiker J. C. Beaglehole über den britischen Seefahrer.

Drei große Südsee-Expeditionen leitete James Cook im Auftrag der britischen Admiralität. Sie gelten als außerordentlich erfolgreich, auch wenn er selbst bei der dritten Reise im Februar 1779 auf Hawaii bei einer Auseinandersetzung mit Einheimischen ums Leben kam.

Vision und Leidenschaft, gepaart mit Disziplin und Vertrauen – das sind die Qualitäten, die nach der modernen Leadership-Forschung eine Führungspersönlichkeit ausmachen. Wir können diese Eigenschaften auch James Cook zuschreiben. Er träumte von unbekannten Völkern und Ländern, und seine Vision war es, den damals auf der südlichen Erdhalbkugel vermuteten »Südkontinent« zu entdecken. Zwar besuchte der Sohn eines Landarbeiters nur vier Jahre die Schule, brachte sich dann aber mit unglaublicher Disziplin selbst Mathematik und Navigation bei. Abends, bei Kerzenlicht, studierte er alte Seekarten und prägte sich Sternbilder ein.

Im Jahr 1768 hat er es geschafft: James Cook erhält das Kommando über die *Endeavour* und neunzig Mann Besatzung. Begeistert und entschlossen bricht er auf. Er umsegelt Kap Hoorn an der Südspitze Chiles und sticht in den Pazifik. Ein Jahr nach der Abreise erreicht sein Schiff Tahiti, von dort geht es weiter nach Neuseeland, dann an die Ostküste Australiens und schließlich 1771 durch den Indischen Ozean nach Hause zurück.

James Cook motivierte durch seine Vision und Leidenschaft, verstand es aber auch, den Respekt und das Vertrauen seiner Mannschaft zu gewinnen. Hierzu trug seine enorme Expertise bei. So verfügte er über exzellente Navigationskenntnisse, auf die seine Leute vertrauen konnten. Ein Indiz hierfür sind seine akkurat gezeichneten Seekarten, deren Genauigkeit erst im 20. Jahrhundert übertroffen wurde.

Seine Leute vertrauten ihrem Kapitän auch deshalb, weil er hinter ihnen stand. Cook wird als ruhiger und gewissenhafter Mann beschrieben, der sich seinen Auftraggebern sehr verpflichtet fühlte. Wenn es jedoch darauf ankam, hatte das Wohlergehen seiner Mannschaft Priorität. So beharrte er darauf, Nahrungsmittel wie Karottengelee oder eingezuckerte Zitronen mit an Bord zu nehmen, um der Vitaminmangelerkrankung Skorbut vorzubeugen. Die Regierung befand dieses Ansinnen als zu teuer, doch Cook setzte sich durch.

Statt mit schicken Schiffen in See zu stechen, entschied sich der Seefahrer für klobige Kohlentransporter – dick, langsam, karg ausgestattet. Sie verfügten jedoch über riesige Stauräume, die nicht zuletzt der Mannschaft zugute kamen. So war es möglich, reichliche Vorräte wie lebendes Vieh, eingepökeltes Fleisch und Sauerkraut mit an Bord zu nehmen. Und dazu noch jede Menge Alkohol: Die Tagesration pro Mann soll aus viereinhalb Litern Bier bestanden haben, ergänzt um einen halben

Liter Rum für Tage mit schlechtem Wetter. Cook wusste offensichtlich, was seine Männer motivierte.

Wenn das Schiff gegen einen starken Sturm kämpfte, stand James Cook an Deck und packte überall mit an. Er signalisierte, dass er nichts »Besseres« war, sondern dass es darum ging, gemeinsam die Gefahr zu bestehen. Ein Zeichen der Wertschätzung! Als auf der ersten Fahrt ein schweres Fieber einen Großteil seiner Mannschaft heimsuchte, sprach er mit den Kranken und hatte für jeden ein tröstendes und aufmunterndes Wort. Es machte ihn betroffen, dass bei dieser ersten Expedition achtunddreißig Menschen starben. Cook setzte alles daran, die Risiken besser in den Griff zu bekommen. Tatsächlich waren auf der zweiten Reise nur noch vier Tote zu beklagen, zu jener Zeit eine bemerkenswert geringe Anzahl für eine so lange Fahrt.

An der Figur von James Cook lässt sich zeigen, was Projektleitern unserer Tage häufig fehlt: Führungskompetenz. Dieser Aspekt des Projektmanagements wird in seiner Bedeutung weit unterschätzt. Nur wenige Unternehmen wissen offenbar, dass drei Viertel des Projekterfolgs von der Führungskompetenz des Projektleiters abhängen und nur ein Viertel von seiner Methodenkompetenz. Wie sonst lässt sich erklären, dass bei der Weiterbildung der Projektleiter meist nur die Methoden auf dem Programm stehen und das Thema Führung kaum Beachtung findet?

Sobald ein Projekt über Abteilungsgrenzen hinausgreift, sind die Herausforderungen an die Führungskompetenz des Projektleiters erheblich. Anders als der Linienmanager führt er kein eingespieltes Team, sondern hat es mit einer bunt zusammengewürfelten Gruppe zu tun, deren Mitglieder sich gerade erst kennenlernen, aus verschiedenen Fachbereichen kommen und zudem auch noch hierarchisch ganz unterschiedlich angebunden sein können. Hinzu kommt, dass der Projektleiter mit seinen Leuten Neuland betreten soll und deshalb mit unerwarteten Situationen rechnen muss, während der Linienmanager sich auf eingespielte Prozesse und Abläufe verlassen kann.

Ein neu zusammengesetztes Team, wenig verlässliche Strukturen, eine ungewisse Zukunft, bei all dem keine disziplinarischen Befugnisse – aus dieser brisanten Mischung resultiert eine enorme Anforderung an die Führungskunst des Projektleiters. Wie Sie dieser Anforderung gerecht werden können, ist Thema dieser Etappe. Schlüsselbegriffe sind Führungsstil (Abschnitt 5.1), Motivation (Abschnitt 5.2), Delegation (Abschnitt 5.3) und die Frage nach Leadership, also der Anerkennung als Führungspersönlichkeit (Abschnitt 5.4).

5.1 Das Team der Abenteurer anführen
Auf der Suche nach dem perfekten Führungsstil

> Wer ein Orchester leiten will,
> muss andere spielen lassen.
> *Tommy Lasorda*

Mit der Führung ist das so eine Sache. Was im einen Fall richtig ist, kann in einer anderen Situation komplett falsch sein.

Nehmen wir das Beispiel von zwei Projektleitern, die auf ganz unterschiedliche Weise führten. Beide scheiterten, jeder auf seine Weise.

Fall 1: ein Entwicklungsprojekt bei einem Automobilzulieferer. Die Leitung übernahm ein erfahrener Linienmanager. Ein alter Haudegen, mit allen Wassern gewaschen, bekannt für seinen autoritären Führungsstil. Genau der richtige Mann, so dachte die Geschäftsführung, um das wichtige Projekt in der knapp bemessenen Zeit zu stemmen.

Wie gewohnt hielt der Manager das Zepter fest in der Hand. Die Fäden liefen bei ihm zusammen. Er delegierte strikt nach dem Top-down-Prinzip, um so die Kontrolle über alle Vorgänge zu behalten und schnell entscheiden zu können. Doch die Ingenieure, ebenfalls gestandene Leute, die seit Jahren in der Entwicklung tätig waren, kamen mit der autoritären Führungsweise nicht zurecht. Sie beschwerten sich bei der Geschäftsleitung, die jedoch keinen Grund zum Eingreifen sah, solange das Projekt seine Meilensteine einhielt. Die Motivation der Ingenieure sank auf den Nullpunkt, was schließlich deutliche Spuren bei den Projektergebnissen hinterließ. Erste Verzögerungen und Qualitätsprobleme ließen das Management aufhorchen. Als dann zwei Entwickler kündigten, weil sie sich von ihrem Projektleiter nicht mehr länger bevormunden lassen wollten, musste die Geschäftsführung handeln.

Woran scheiterte dieser eigentlich sehr erfahrene Projektleiter? Er selbst war fest davon überzeugt, das Richtige zu tun. Um ein solches Vorhaben mit dem erforderlichen Nachdruck umzusetzen, so glaubte er, müsse er die Zügel fest im Griff halten; nur so ließe sich das Geschehen jederzeit überblicken, kontrollieren und bestimmen. Wie sich zeigte, ein Irrtum: Da er mit dem Entwicklungsprojekt Neuland betrat, benötigte er kreative und eigenständig denkende Mitstreiter. Diese jedoch wollten ihre Aufgaben nicht diktiert bekommen, sondern selbst Einfluss auf die Ergebnisse nehmen. Als der Projektleiter sie zu bloßen Handlangern degradierte, machten sie entweder Dienst nach Vorschrift oder warfen ganz das Handtuch.

Fall 2: ein Vertriebsprojekt bei einem mittelständischen Softwarehersteller. Die Projektleiterin praktizierte genau den gegenteiligen Führungsstil. Sie verzichtete weitgehend darauf, in die Arbeitsabläufe ihrer Mitarbeiter einzugreifen. Gute Mitarbeiter, so glaubte sie, müsse man an der langen Leine führen, sodass sie eigenständig entscheiden und sich selbst kontrollieren können. Die Projektleiterin übertrug ihre Entscheidungsbefugnis deshalb fast ganz in die Zuständigkeit ihres Teams. Sie beschränkte sich darauf, Aufgaben und Probleme vorzustellen, und überließ es den Teammitgliedern, eine Lösung zu finden.

Auch sie scheiterte. Der Laisser-faire-Stil bot den Mitarbeitern zwar die Möglichkeit, Arbeitsumfeld und Arbeitsweise nach ihren Vorlieben zu gestalten. Die Mitglieder des Teams waren jedoch noch relativ unerfahrene Mitarbeiter, die mit dieser Freiheit wenig anfangen konnten. Das fehlende Feedback verunsicherte und demotivierte sie. Sie waren unsicher, ob sie das Richtige taten, und hatten den Eindruck, Mehrarbeit werde nicht geschätzt. Bald erledigten sie nur noch das Nötigste. So ging ebenjene Eigeninitiative verloren, die die Projektleiterin mit ihrem Führungsstil fördern wollte.

Was war schiefgelaufen? In einem gut eingespielten Team, bei dem der Projektleiter sich auf die Kompetenz seiner Mitarbeiter verlassen kann, hätte die Projektleiterin mit dem Laisser-faire-Führungsstil richtig gelegen. Wenn jedoch, wie im Falle des Softwareherstellers, das Team aus jungen, unerfahrenen Mitarbeitern besteht, sind Schwierigkeiten vorprogrammiert.

Zwei Erkenntnisse lassen sich aus den Fällen ziehen. Erstens: Ein Führungsstil, der in einem Projekt funktioniert, kann im nächsten falsch sein. Es ist daher höchst riskant, immer auf die gleiche Weise an Projekte heranzugehen. Und zweitens: Ein falscher Führungsstil kann das ganze Projekt zu Fall bringen. Schlechtes Führungsverhalten verursacht Demotivation und Fluktuation, wie Jahr für Jahr die Studien des Gallup-Instituts beweisen. Fehlende Führungskompetenz entwickelt sich früher oder später zum Bumerang für den Projektleiter.

Den perfekten Führungsstil gibt es nicht

Seit Jahrzehnten sind Managementexperten auf der Suche nach *dem* perfekten Führungsstil. Sie erhoffen sich eine Art Allzweckmethode, die – einmal erlernt – die Führungskraft gegen alle Eventualitäten wappnet. Indes weist die Forschung eindeutig darauf hin, dass das eine Illusion ist. In Sachen Führung gibt es kein Patentrezept, was ja auch unmittelbar einleuchtet: Jeder Mensch reagiert anders auf äußere Einflüsse. Der eine arbeitet unter Druck effektiv, der andere braucht viel Freiraum für seine Ideen. Dem einen ist mit konstruktiver Kritik besser geholfen, der andere benötigt vor allem Lob und Anerkennung. Und nicht nur die Mitarbeiter sind verschieden, sondern ebenso die Aufgaben, die sie bewältigen müssen.

Für eine Führungskraft – und damit auch für einen Projektleiter – hat das eine klare Konsequenz: Sie sollte ihre Führungsweise flexibel auf Mitarbeiter und Aufgaben, aber auch die aktuelle Situation einstellen. Wenn etwa die Zeit drängt, weil ein Produkt zu einem festgelegten Termin fertig sein muss, kann manchmal eine »Diktatur« hilfreicher sein als eine »Basisdemokratie«. Doch wäre es vermutlich kontraproduktiv, den autoritären Stil auf Dauer zu etablieren, auch wenn der schlimmste Zeitdruck überstanden ist.

Die Anforderung an den Projektleiter ist erheblich: Er soll seine Mitarbeiter genau kennen, die jeweilige Situation im Auge behalten – und wissen, wie er sich jeweils richtig verhält. Es geht also darum, situativ zu führen, also den je nach Situation passenden Führungsstil auszuwählen. Das aus dieser Überlegung abgeleitete Konzept der situativen Führung sehen wir uns im Folgenden näher an. Es hilft Ihnen, den jeweils richtigen Führungsstil einzusetzen.

Situative Führung als Herausforderung

»Sie müssen Ihre Mitarbeiter situativ führen – also Ihr Führungsverhalten stets dem Gegenüber und der aktuellen Situation anpassen.« Diese Forderung durchzieht heute fast alle Führungsseminare, seit sich der Führungsansatz des »Situational Leadership« zum Standard beim Führen von Mitarbeitern entwickelt hat. Der Ansatz wurde bereits 1968 von den US-Amerikanern Ken Blanchard und Paul Hersey entwickelt.

Bezieht man die Kernaussage ihrer Theorie auf das Projektmanagement, muss ein Projektleiter je nach Mitarbeiter und aktueller Projektsituation ein unterschiedliches, teils sogar konträres Führungsverhalten zeigen. Das setzt ein großes Verhaltensrepertoire voraus: Mal muss er einen Mitarbeiter loben, mal tadeln, mal beim Erfüllen einer Aufgabe Unterstützung bieten, mal sich bewusst zurücknehmen und die Mitarbeiter eigenständig arbeiten lassen. Nur so erreicht er am Ende seine Projektziele.

Das klingt anspruchsvoll. Tatsächlich zeigen Untersuchungen, dass sich Führungskräfte mit der situativen Führung sehr schwertun: Rund 90 Prozent präferieren einen oder bestenfalls zwei Führungsstile, die sie dann auf alle Situationen anwenden.

So verwundert es auch nicht, dass situatives Führen unter Projektleitern nur wenig verbreitet ist. Die meisten von ihnen lernen zwar eifrig Methoden des Projektmanagements, scheuen aber davor zurück, sich ernsthaft mit der Führungsherausforderung zu befassen. Dabei gibt es ein einfaches Modell, das eine differenziertere und damit effektivere Führungsweise ermöglicht, als das bloße Verteilen von Lob und Tadel.

Dieses Modell unterscheidet bei Mitarbeitern vier Reifegrade und ordnet jedem davon einen bestimmten Führungsstil zu. Im Kern gibt es Antwort auf folgende Frage: »Welchen Reifegrad hat mein Mitarbeiter, das heißt: auf welcher Entwicklungsstufe steht er? Und welches Führungsverhalten wäre folglich angebracht?«

Bestimmung der Reifegrade

Der Reifegrad eines Mitarbeiters, so nehmen wir vereinfachend an, hängt von zwei Faktoren ab: Kompetenz und Engagement. Oder mit einem anderen Begriffspaar ausgedrückt: von der Qualifikation und der Motivation. Aus der Kombination dieser beiden Eigenschaften lassen sich vier Entwicklungsstufen oder Reifegrade ableiten (siehe Abbildung).

Reifegrad 1: Geringe Qualifikation, aber hohe Motivation

Ein Mitarbeiter des »Reifegrads 1« ist für die Projektaufgabe zwar nur gering qualifiziert, jedoch hoch motiviert. Meist übernimmt er im Rahmen des Projekts eine neue Aufgabe und sieht hierin eine besondere Herausforderung. Typischerweise fallen Berufseinsteiger oder Mitarbeiter, die zum ersten Mal bei einem Projekt mitarbeiten dürfen, in diese Kategorie. Sie freuen sich auf die Aufgabe, auch wenn sie vom Thema noch wenig Ahnung haben.

Gerade unter Berufseinsteigern ist die Gefahr der Desillusionierung groß, weil sich die Aufgabe schwieriger als erwartet gestaltet und Rückschläge verdaut werden müssen. Die glamouröse Projektwelt erweist sich im Alltag als anstrengend und ernüchternd, das Engagement lässt nach. Es besteht das Risiko, dass diese Mitarbeiter in den Reifegrad 2 abrutschen.

Reifegrad 2: Geringe Qualifikation, geringe Motivation

Mitarbeiter, die für eine vorgesehene Projektaufgabe weder motiviert noch qualifiziert sind, finden sich im Feld »Reifegrad 2« wieder. Sie sind aus irgendwelchen Gründen enttäuscht, desillusioniert oder demotiviert und werden nun im Rahmen der Projektarbeit mit einer Aufgabe konfrontiert, von der sie wenig Ahnung haben.

Typischer Fall: Ein Mitarbeiter wird aus seinem Tagesgeschäft herausgerissen und soll eine Projektaufgabe wahrnehmen, von der er wenig versteht und zu der er zudem wenig Lust hat. Oder er muss im Zuge eines Projektes eine Aufgabe übernehmen, die ihm keinen Spaß macht, weil er sie nicht gut beherrscht. Das mag ein ansonsten hoch motivierter Mitarbeiter sein, der in die Bresche springen muss, weil es für diese Aufgabe an Spezialisten fehlt.

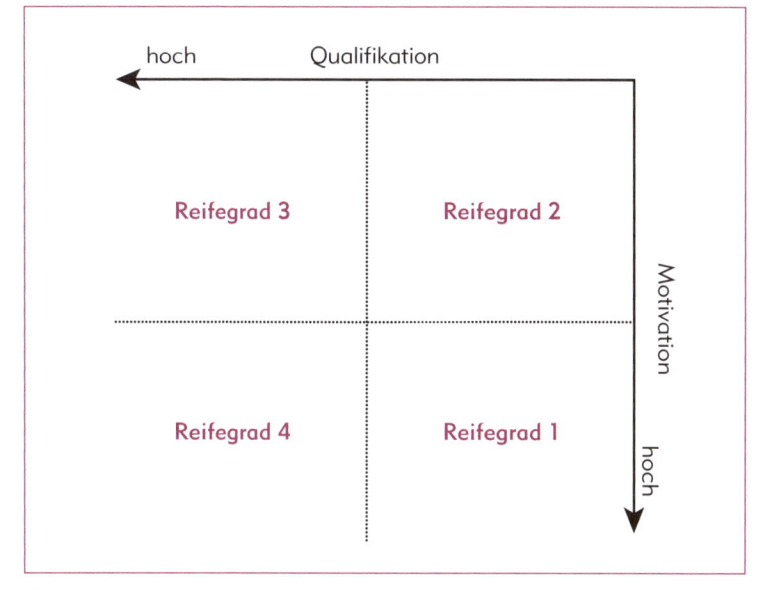

Einteilung der Teammitarbeiter nach Reifegrad

Reifegrad 3: Hohe Qualifikation, aber geringe Motivation

Eigentlich bestens qualifiziert, jedoch wenig motiviert – diese Konstellation beschreibt Mitarbeiter im Reifegrad 3. Sie bringen alle fachlichen Voraussetzungen mit, um die Projektaufgabe zu erfüllen. Und doch packen sie die Aufgabe nicht engagiert an. Das kann zum Beispiel an fehlendem Selbstvertrauen liegen, aber auch an äußeren Einflussfaktoren. Die Motivation kann beispielsweise darunter leiden, dass eine mit Stellenabbau verbundene Reorganisation auf die Stimmung im Gesamtunternehmen drückt.

Reifegrad 4: Hohe Qualifikation, hohe Motivation

In der Kategorie »Reifegrad 4« sind Profis am Werk – hoch qualifiziert und hoch motiviert. Sie sind mit Engagement bei der Sache und verfügen über alle notwendigen Kompetenzen, um erfolgreiche Projektarbeit zu leisten: Kreativität, Eigenständigkeit, fachliches Know-how, Organisationstalent und Disziplin. Es passt einfach alles.

Bestimmung der Führungsstile

Mit Blick auf das Führungsverhalten lassen sich zwei Grundtendenzen unterscheiden: ein dirigierendes und ein unterstützendes Verhalten.

- Dirigierendes Verhalten ist von einem hohen Sachbezug geprägt. Die Führungskraft konzentriert sich darauf, *wie* eine Aufgabe zu erfüllen ist. Sie zeigt dem Mitarbeiter auf, wann und wie etwas getan werden muss – und gibt ihm dann ein Feedback über das Ergebnis. Das dirigierende Verhalten hat den Zweck, dass der Mitarbeiter lernt und seine Kompetenz erweitert.
- Unterstützendes Verhalten konzentriert sich demgegenüber auf die Person des Mitarbeiters. Die Führungskraft möchte die Eigeninitiative des Mitarbeiters fördern oder seine Einstellung bezüglich einer Aufgabe beeinflussen. Dies geschieht durch Loben, Zuhören und Ermutigen, aber auch durch das Einbeziehen von Kollegen, um ein Problem gemeinsam zu lösen. Der Zweck eines solchen unterstützenden Verhaltens liegt darin, Motivation und Engagement des Mitarbeiters zu fördern.

Eine Führungskraft kann also einen Mitarbeiter führen, indem sie sich mehr auf die Sache oder mehr auf die Person bezieht – sie kann stärker die Sachziele oder stärker das Zwischenmenschliche betonen. Je nach Ausprägung dieser beiden Grundtendenzen lassen sich nun vier Führungsstile unterscheiden:

- Die Kombination »hoher Sachbezug/wenig Personenbezug« kennzeichnet den *autoritären Führungsstil.* Die Führungskraft gibt vor, was zu tun ist und wie der Mitarbeiter dabei vorgehen soll.
- Die Kombination »hoher Sachbezug/hoher Personenbezug« kennzeichnet den *kooperativen Führungsstil.* Die Führungskraft leitet sachlich an und kümmert sich zudem um die Motivation des Mitarbeiters.
- Die Kombination »wenig Sachbezug/hoher Personenbezug« kennzeichnet den *karitativen Führungsstil.* Die Führungskraft hat keinen Anlass, sachlich anzuleiten, denn der Mitarbeiter weiß Bescheid. Doch sie muss sich um den Mitarbeiter kümmern, um ihn zu motivieren.
- Die Kombination »wenig Sachbezug/wenig Personenbezug« kennzeichnet den *Laisser-faire-Führungsstil.* Die Führungskraft lässt den Mitarbeiter weitestgehend eigenständig arbeiten.

Die Wahl des richtigen Führungsstils

Welcher Führungsstil ist nun für welchen Mitarbeiter der richtige? Nach der Definition der vier Reifegrade und der vier Führungsstile fällt die Antwort relativ leicht. Auf jeden der vier Reifegrade passt nämlich genau einer der vier Führungsstile, das heißt, jeder Reifegrad hat »seinen« Führungsstil (siehe Abbildung)

Reifegrad 1: Ein autoritärer Führungsstil leitet an

Mitarbeiter, die angesichts einer neuen Projektaufgabe hoch motiviert sind, aber nicht über das notwendige Know-how verfügen, brauchen Orientierung, um die Aufgabe erfolgreich zu bewältigen – mithin also einen autoritären Führungsstil. Gemeint ist damit ein Führungsstil, der sich durch ein stark dirigierendes und wenig unterstützendes Führungsverhalten auszeichnet. Blanchard und Hersey gaben diesem Führungsstil die Bezeichnung »Telling« (Anleiten).

Autoritärer Führungsstil heißt also, dass Sie als Projektleiter dem Mitarbeiter klar vorgeben, was zu tun ist und wie er dabei vorgehen soll. Wenn Sie der Gedanke, autoritär zu führen, grundsätzlich schreckt, gilt hier dennoch: Für diesen Mitarbeitertyp – hoch motiviert, aber in der Sache unterbelichtet – ist es der richtige Stil! Der Mitarbeiter brennt darauf loszulegen, ohne recht zu wissen, wie er es anstellen soll. Deshalb möchte er wissen, was genau zu tun ist.

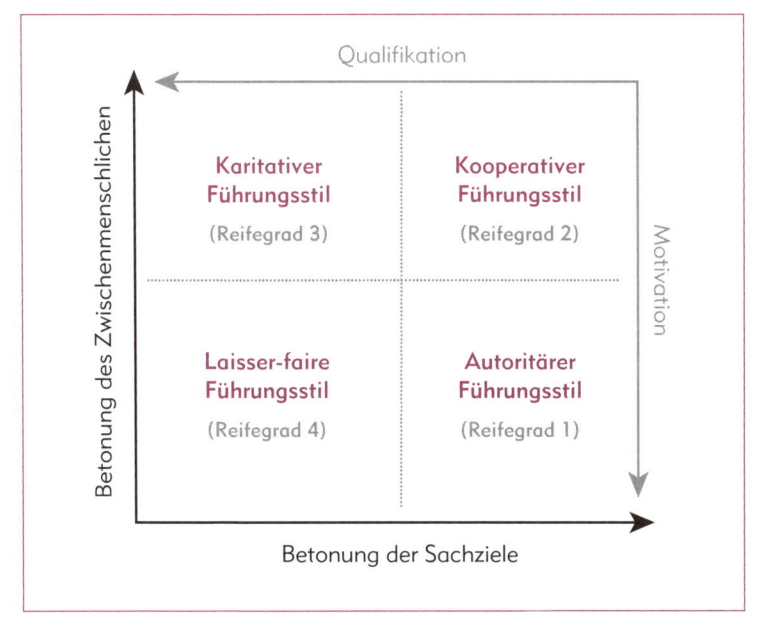

Die Wahl des passenden Führungsstils

Reifegrad 2: Ein kooperativer Führungsstil coacht

Wenn es weder um die Qualifikation noch um das Engagement eines Mitarbeiters besonders gut bestellt ist, dann erfordert das sowohl ein stark dirigierendes als auch ein stark unterstützendes Verhalten – somit also einen kooperativen Führungsstil. Als Projektleiter müssen Sie dem Mitarbeiter Entscheidungen erläutern, Vorschläge erfragen, Vorgehensweisen loben, selbst wenn sie nur teilweise richtig sind, und genaue Anweisungen geben. Die Begründer des situativen Führungsmodells, Blanchard und Hersey, weisen unter dem Stichwort »Selling« (Verkaufen) darauf hin, dass man diesen Mitarbeitern eine Aufgabe regelrecht verkaufen, also schmackhaft machen muss.

Ein solcher kooperativer Führungsstil, bei dem Sie Ihre Aufmerksamkeit beiden Themen – der Sache und der Person – widmen müssen, kann anstrengend sein. Sie müssen den Mitarbeiter intensiv coachen, um ihn für eine neue Aufgabe zu gewinnen, auf die er eigentlich keine Lust hat, und ihm obendrein noch inhaltlich auf die Sprünge helfen.

Reifegrad 3: Ein karitativer Führungsstil unterstützt

Es gibt Mitarbeiter, die durchaus wissen, was zu tun ist, das notwendige Engagement für die Sache jedoch vermissen lassen. In diesem Fall sollten Sie auf den karitativen Stil zurückgreifen, also auf eine stark unterstützende und wenig dirigierende Führungsweise. Vorrangig, jedoch mit Takt und Einfühlungsvermögen, kümmern Sie sich um das Wohl des Mitarbeiters. Zum Beispiel treffen Sie sich mit ihm zum Kaffee oder machen einen Spaziergang, um so den Grund für sein Leistungstief zu erfahren.

Blanchard und Hersey bezeichneten diesen Führungsstil als »Participating« (Einbinden). Konkret bedeutet das: Die Führungskraft hört viel zu, fördert den Mitarbeiter und ermutigt ihn, eigene Problemlösungen zu entwerfen und eigenverantwortlich Entscheidungen zu treffen. Ziel ist es, Motivation und Engagement des Mitarbeiters so weit zu stärken, dass er Reifegrad 4 erreicht. Gelingt das, wird das karitative Element im Führungsverhalten überflüssig – es genügt dann ein Laisser-faire-Führungsstil.

Reifegrad 4: Ein Laisser-faire-Führungsstil delegiert

Mitarbeiter im Reifegrad 4, die sich eigenständig und hoch motiviert in ihre Projektaufgabe stürzen, sollten Sie einfach nur machen lassen – im Sinne des Laisser-faire-Führungsstils. Der Begriff *laisser faire* kommt aus dem Französischen und bedeutet so viel wie »machen lassen«. Die Führungskraft hält sich stark zurück; sie unterstützt und dirigiert nur wenig.

Doch Vorsicht: Laisser-faire heißt nicht, gegenüber seinen Mitarbeitern gleichgültig zu sein. Das würde sie schnell demotivieren und den Rückfall in Reifegrad 3 bedeuten. Blanchard und Hersey charakterisierten den Laisser-Faire-Stil mit dem Begriff »Delegating« (Übertragen): Der Projektleiter überträgt seinen Mitarbeitern eine Aufgabe und lässt sie eigenständig handeln – kümmert sich aber sehr wohl um sie. Er sorgt für die nötigen Ressourcen, stellt Klarheit über die Ziele her und bestimmt, welche Ergebnisse erreicht werden sollen. Denn als Projektleiter sind und bleiben Sie für die Leistung Ihrer Mitarbeiter verantwortlich. Letztlich wird hieran auch Ihre eigene Leistung gemessen.

Situativ führen im Projekt

Angenommen, Sie kennen und beherrschen die vier Führungsstile. Wie lässt sich das Modell dann in der Praxis anwenden?

In erster Linie kommt es darauf an, sich mit der Vorgehensweise der Mitarbeiter zu befassen, um ihren jeweiligen Reifegrad festzustellen. Suchen Sie hierzu mit jedem Mitarbeiter regelmäßig das Gespräch, um die anstehenden Ziele und Aufgaben zu erörtern. Auf dieser Grundlage können Sie dann klären, welche fachliche und mentale Unterstützung er benötigt – welcher Führungsstil also angebracht ist.

Im Projektverlauf werden immer wieder Situationen auftreten, die einen Wechsel des Führungsstils erfordern. Zum Beispiel beobachten Sie bei einem Mitarbeiter, der seine Aufgabe bislang professionell erfüllt hat, ein merkliches Nachlassen seiner Leistung. Protokolle enthalten Fehler, Termine werden nicht mehr eingehalten, Nachlässigkeiten schleichen sich ein. Dann ist es an der Zeit, ein klares Feedback zu geben und zu versuchen, die Ursachen für den Leistungsabfall zu ermitteln. Je nach Ergebnis des Gesprächs kann es angebracht sein, den Führungsstil zu ändern, um so das frühere Engagement des Mitarbeiters wiederherzustellen. Das sollten Sie auch offen sagen – und ihm zum Beispiel erklären, dass Sie sein Vorgehen künftig häufiger kontrollieren und bei Bedarf korrigierend eingreifen werden.

Zu bedenken ist, dass sich der Reifegrad eines Mitarbeiters auf die jeweilige Aufgabe bezieht, die er übernehmen soll. Kompetenz und Engagement des Mitarbeiters – und damit der Reifegrad – können sich deshalb im Falle einer neuen Aufgabe ändern. Dementsprechend ist dann auch ein anderes Führungsverhalten angesagt.

Nehmen wir an, ein junger Entwicklungsingenieur, gerade frisch von der Uni, wird in ein Projekt berufen und muss dort einen Workshop planen und durchführen. Er ist hoch motiviert, macht das aber zum ersten Mal und hat auch von der Sache wenig Ahnung. Damit der Workshop nicht scheitert, muss der Projektleiter den Neuling intensiv anleiten. Er hat einen Mitarbeiter mit Reifegrad 1 vor sich, den er autoritär führen sollte.

Einige Monate später hat sich die Lage verändert. Der junge Entwicklungsingenieur blickt auf eine ganze Reihe von Workshops zurück, die er erfolgreich gemeistert hat. Wenn der Projektleiter ihm jetzt immer noch permanent über die Schulter schaut und jeden Handgriff vorgibt, ist das nicht nur fachlich überflüssig, sondern wirkt auch demotivierend. Zu Recht denkt der Mitarbeiter: »Mein Projektleiter betrachtet mich immer noch als blutigen Anfänger, obwohl ich längst große Fortschritte gemacht habe.« Angebracht wäre stattdessen ein Loslassen: Mit Blick auf die routinemäßig anstehenden Workshops hat der Mitarbeiter Reifegrad 4 erreicht, richtig ist jetzt also der Laisser-faire-Führungsstil.

Das kann sich aber ganz anders darstellen, wenn der junge Entwicklungsingenieur im Projektverlauf vor einer neuen Herausforderung steht. Nehmen wir an, er hat im Laufe der letzten zwei Jahre eine Vielzahl an Workshops erfolgreich durchgeführt und seine Qualifikation dabei immer wieder unter Beweis gestellt. Teilnehmer dieser Workshops waren aber stets

Mitarbeiter aus den Abteilungen, während jetzt ein Workshop ansteht, an dem das Top-Management teilnimmt.

Entsprechend nervös und verunsichert ist der Entwicklungsingenieur, was er auch seinem Projektleiter signalisiert. Der bleibt aber bei seinem Laisser-Faire-Stil und winkt jovial ab: »Ach was, das schaffen Sie schon!« Der junge Mann fühlt sich im Stich gelassen, sein Engagement sinkt, der Workshop gerät in Gefahr … Richtig wäre es gewesen, in dieser Situation auf den karitativen Führungsstil umzustellen: Fachlich war der Mitarbeiter fit, doch er hätte der persönlichen Unterstützung bedurft.

Aus Toms Tagebuch

Freitag, 18. Mai

Manchmal habe ich das Gefühl, der eine oder andere Mitarbeiter strengt sich nicht genug an. Ich neige dann dazu, stärker zu kontrollieren – obwohl mir eigentlich klar ist, dass das ziemlich kontraproduktiv ist. Mein Eindruck ist, dass ich so Motivation und Engagement noch zusätzlich beschädige. Naja, mir würde es wohl auch nicht anders gehen: Wer kontrolliert wird, weiß, dass ihm kein Vertrauen entgegengebracht wird. Echte Leidenschaft für eine Aufgabe kann so natürlich nicht entstehen. Angst ist zwar auch ein Antrieb – aber kein besonders guter. Wie soll sich da jemand mit dem Projekt identifizieren!?

Besser ist es doch wohl andersherum: Mitarbeiter haben einen gewissen Spielraum, dürfen selbstverantwortlich handeln – und bringen sich voll ein. Dann zeigen sie Initiative und leisten mehr als nur Dienst nach Vorschrift.

Wie erreiche ich das aber? Was mir dazu einfällt:
- Übertrage deinen Mitarbeitern Aufgaben, ohne ihnen ständig über die Schulter zu schauen.
- Reiße in schwierigen Situationen die Dinge nicht an dich, und erkläre sie auch nicht einfach zur Chefsache.
- Behalte wichtige Informationen nicht für dich, sondern teile sie mit deinen Mitarbeitern – und stelle deine Befürchtung zurück, ein Mitarbeiter könnte diese Informationen missbrauchen.

Puh – das ist leichter gesagt als getan. Da muss man schon viel Selbstvertrauen mitbringen, um die Dinge einfach so laufen zu lassen. Eine gewisse Gelassenheit tut da gut!

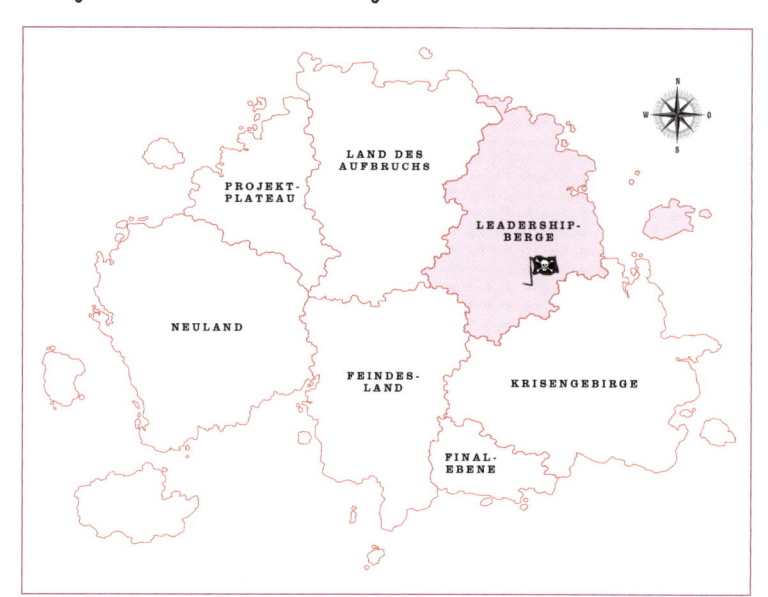

☠ Führungsstile als Leistungskiller

Projektleiter, die nur einen, allenfalls zwei Führungsstile beherrschen, laufen Gefahr, ihre Mitarbeiter falsch zu führen. Unzufriedenheit und schlechte Leistung sind die Folge.

◎ So wappnen Sie sich

- Unterscheiden Sie zwischen verschiedenen Führungsstilen (autoritär, kooperativ, karitativ, laisser-faire) – und wählen Sie den für eine Situation jeweils passenden.
- Geben Sie klare Anweisungen, und überwachen Sie die Leistungen, wenn ein Mitarbeiter angesichts seiner Aufgabe zwar hoch motiviert ist, aber nicht über das nötige Know-how verfügt (autoritärer Führungsstil).
- Erklären Sie Ihre Entscheidungen und versuchen Sie den Mitarbeiter dafür zu gewinnen, wenn es weder um die Qualifikation noch um das Engagement des Mitarbeiters gut bestellt ist (kooperativer Führungsstil).
- Kümmern Sie sich um das Wohlbefinden Ihres Mitarbeiters und ermutigen Sie ihn, eigenverantwortlich Entscheidungen zu treffen, wenn er zwar weiß, was er zu tun hat, aber im Moment das notwendige Engagement vermissen lässt (karitativer Führungsstil).
- Übergeben Sie die Verantwortung für eine Aufgabe an den Mitarbeiter und lassen Sie ihn einfach machen, wenn Sie feststellen, dass er sich eigenständig und hoch motiviert in die Projektarbeit stürzt (Laisser-faire-Führungsstil).

5.2 Motivier mich mal!
Das Team für das Abenteuer gewinnen

> Kapital lässt sich beschaffen,
> Fabriken kann man bauen,
> Menschen muss man gewinnen.
> *Hans Christoph von Rohr, deutscher Top-Manager*

Der Projektleiter weiß, dass der Projekterfolg vom Einsatz seiner Mitarbeiter abhängt. Nur wenn sie engagiert mitmachen und diszipliniert in die richtige Richtung marschieren, lassen sich die Ziele erreichen. Doch die Mitarbeiter wollen nicht, ihnen fehlt einfach die Lust zum Abenteuer. Oder schlimmer noch: Sie widersetzen sich.

Genau dieses Szenario erlebte ein an sich erfahrener Projektleiter, der in einem Automobilkonzern dazu berufen wurde, ein in Verzug geratenes Projekt in der Fahrzeugentwicklung zu übernehmen. Ihm eilte der Ruf voraus, ein guter Organisator zu sein – aus Sicht des Vorstands also genau der Richtige, um das Prestigeprojekt wieder auf Kurs zu bringen.

Der sehr strukturiert denkende und handelnde Projektleiter traf auf ein kreativ-chaotisches Projektteam. Er empfand die Situation als das reinste Chaos. Hier musste die Ursache für die Schwierigkeiten liegen, in denen das Projekt steckte! Also beschloss er, Strukturen zu schaffen. Er entwarf Terminpläne, erstellte Checklisten und führte standardisierte Prozesse ein. Sein Anliegen war es, im Projekt für Übersicht, Klarheit und Stabilität zu sorgen.

Nach einigen Tagen bemerkte der Projektleiter, dass das Team nicht mitzog. Die Mitarbeiter hielten sich ständig Optionen offen und ignorierten die neuen Strukturen, wo immer sie konnten. Er witterte Sabotage und versuchte, der Lage mit Sanktionen Herr zu werden. Damit jedoch brachte er das Team endgültig gegen sich auf. Es kam zu hitzigen Debatten und Wortgefechten, in den folgenden Wochen eskalierten die Konflikte. Der Projektleiter scheiterte. Dabei hatte er doch nur versucht, für die notwendigen Strukturen zu sorgen!

Hier waren weder Sabotage noch böser Wille am Werk gewesen. Dem Projektleiter ist es schlicht nicht gelungen, sich auf seine Mitarbeiter einzustellen und sie für das Projekt zu gewinnen. Das Ansinnen, im Projekt für Ordnung und Struktur zu sorgen, hatte die eher chaotisch veranlagten Entwickler vor den Kopf gestoßen.

Das Beispiel führt drastisch vor Augen: Ein Projektleiter sollte wissen, wie er seine Mitarbeiter motiviert. Wie schwer das den meisten Führungskräften fällt, belegt der regelmäßig erhobene Gallup-Engagement-Index. Demnach verfügten im Jahr 2011 nur 14 Prozent der Angestellten über eine hohe emotionale Bindung an ihren Arbeitgeber und waren bereit, sich freiwillig für dessen Ziele einzusetzen. 23 Prozent der Beschäftigten hatten dagegen innerlich gekündigt, 63 Prozent machten Dienst nach Vorschrift und spulten lediglich das Pflichtprogramm ab. Den wesentlichen Grund für das fehlende Engagement so vieler Mitarbeiter sieht das Beratungshaus Gallup im mangelhaften Führungsverhalten der verantwortlichen Manager.

Nun mag es möglich sein, Routineaufgaben in der Linie auch mit wenig motivierten Mitarbeitern zu erledigen. Für ein Projekt ist ein demotiviertes Team jedoch tödlich. Hier benötigen Sie einsatzbereite Mitstreiter, die wirklich mitziehen und ihr Bestes geben.

Den wahren Motiven auf der Spur

Seit es Projekte gibt, bewegt eine Frage die Projektleiter ganz besonders: »Wie kann ich die Motivation meiner Teammitglieder gezielt steigern?« Zwar dürfte die Suche nach einem Patentrezept vergeblich bleiben, doch machte die Motivationsforschung in den vergangenen Jahren beachtliche Fortschritte. Hieraus entstanden einige hilfreiche Ansätze.

Im Kern geht es darum, die Motive des einzelnen Mitarbeiters mit der Projektarbeit in Einklang zu bringen – denn die individuellen Einstellungen sind ausschlaggebend dafür, ob sich ein Mitarbeiter wirklich engagiert. Sie zu kennen ist deshalb Voraussetzung für erfolgreiche Führung. Aber wie gelangt man an dieses verborgene Wissen? Woher soll man wissen, was in den Köpfen der Mitarbeiter vor sich geht?

Psychologen haben zahlreiche Motivationsmodelle entwickelt. Zu den bekanntesten zählen die Bedürfnispyramide von Abraham Maslow und die Zwei-Faktoren-Theorie von Frederick Herzberg, der zwischen Hygiene- und Motivationsfaktoren unterscheidet. Diese Ansätze liefern zwar wichtige Beiträge für das allgemeine Verständnis der Motivation, sagen aber nichts über die individuellen Motive aus, die im Arbeitsalltag eines Projekts wirken.

Einen Schritt weiter geht das Modell von Steven Reiss. Anhand empirischer Studien ermittelte der amerikanische Psychologie-Professor in den neunziger Jahren sechzehn Lebensmotive, nach denen seiner Meinung nach alle Menschen ihr Verhalten ausrichten. Die Stärke dieser Motive lässt sich mithilfe eines 128 Fragen umfassenden Formulars ermitteln. Der Teilnehmer bewertet verschiedene Aussagen auf einer Skala von –3 (trifft gar nicht zu) bis +3 (trifft völlig zu). Die Auswertung der Antworten lässt sich als persönliches »Reiss-Profil« darstellen: Ein Balkendiagramm zeigt die unterschiedliche Ausprägung aller sechzehn Lebensmotive (siehe Abbildung).

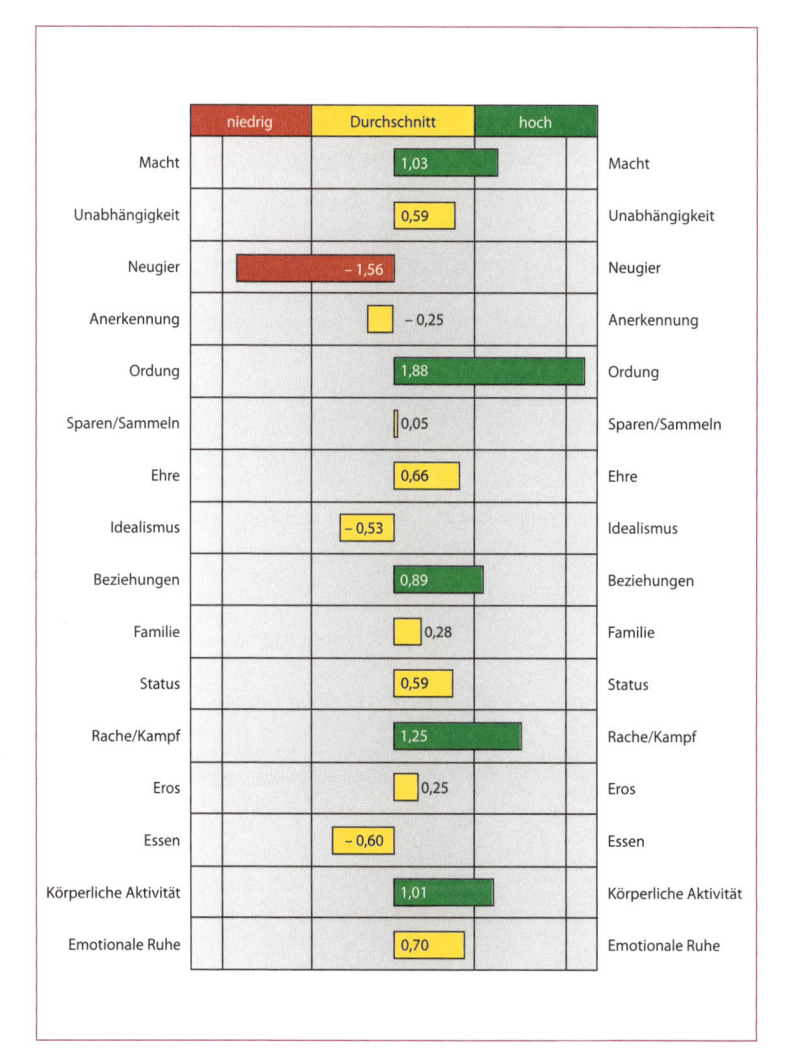

Reiss-Profil mit den Ausprägungen der persönlichen Motivatoren

Das Balkendiagramm verrät, welche Themen in Ihrem Leben hohe, durchschnittliche oder geringe Priorität haben. Das Lebensmotiv »Ordnung« gibt beispielsweise an, wie viel Struktur Sie in Ihrem Leben benötigen. Im Falle eines stark negativen Werts (rot) empfinden Sie vorgegebene Prozesse und Strukturen als sehr beengend, bei einem hohen positiven Wert (grün) sind Sie sehr ordnungsliebend; dann macht es Ihnen zum Beispiel Spaß, zu planen und Abläufe gut zu strukturieren.

Mit Blick auf das Eingangsbeispiel ahnen Sie nun schon das Kernproblem, das dem Projektleiter zum Verhängnis wurde: Das eigene hohe Ordnungsmotiv kollidierte mit einem sehr niedrigen Ordnungsmotiv des kreativ veranlagten Entwicklerteams. Von diesen psychologischen Hintergründen hatte unser Projektleiter jedoch keine Ahnung!

Für einen Projektleiter ist die Kenntnis der Lebensmotive Gold wert. Er kann damit die Motivlage seiner Mitarbeiter einschätzen und sein Führungsverhalten daraufhin abstimmen. Im Folgenden wollen wir uns daher näher mit dem Reiss-Modell befassen.

Sechzehn Lebensmotive bedingen unser Verhalten

Nach Steven Reiss handeln Menschen, um Bedürfnisse zu befriedigen. Die Motivation für ein Verhalten resultiert aus dem Zusammenwirken einer Situation und eines individuellen Motivs. Die persönlichen Lebensmotive bilden damit den Kern jedes Verhaltens.

Der Wissenschaftler nimmt an, dass die Ausprägungen der Motive genetisch bedingt und daher lebenslang stabil sind. Sie sind quasi unsere »seelischen Fingerabdrücke«. Wie die Motive sich allerdings beim einzelnen Menschen ausdrücken, hängt vom Umfeld ab, in dem er aufwächst.

In seinen Forschungsarbeiten machte Steven Reiss folgende sechzehn Lebensmotive aus:

- Macht
- Ordnung
- Beziehungen
- Eros
- Unabhängigkeit
- Sparen/Sammeln
- Familie
- Essen
- Neugier
- Ehre
- Status
- Körperl. Aktivität
- Anerkennung
- Idealismus
- Rache/Kampf
- Emotionale Ruhe

Die Ausprägung eines Motivs spiegelt die persönliche Bedeutung wider, die dieses Motiv für einen Menschen hat. Ein Motiv kann im Durchschnitt liegen, aber auch besonders stark oder besonders schwach ausgeprägt sein. Was dies bedeutet, sei an den Beispielen der Lebensmotive Macht, Unabhängigkeit und Neugier verdeutlicht:

- Ein stark ausgeprägtes Machtbedürfnis lässt Menschen Herausforderungen suchen; sie übernehmen gerne Verantwortung und wollen führen. Mitarbeiter mit geringem

Macht-Motiv möchten hingegen eher für andere Menschen arbeiten, halten sich lieber im Hintergrund und treffen ungern Entscheidungen. Ein niedrig ausgeprägtes Macht-Motiv schließt eine Führungsposition nicht aus – allerdings kostet es die betreffende Person vergleichsweise viel Kraft und Energie, diese Funktion auszuüben.

- Menschen mit einem hoch ausgeprägten Unabhängigkeitsbedürfnis sind autonome Einzelgänger. Sie bevorzugen Aufgaben, die selbstständiges Arbeiten erfordern. Sie lieben den Freiraum, der sich ihnen bietet, wenn sie auf sich allein gestellt sind. Dagegen sind Mitarbeiter mit geringem Unabhängigkeitsbedürfnis eher Teamworker, die gerne eng mit anderen zusammenarbeiten. Sie bevorzugen Aufgaben, bei denen es wichtig ist, sich eng mit anderen abzustimmen.
- Der Motor hinter der Neugier ist starker Wissensdurst, das Verlangen, mehr über sich selbst und die Welt zu erfahren. Mitarbeiter mit einem hohen Neugier-Motiv arbeiten sich gerne in neue Themen ein und haben Spaß am Entwickeln von Konzepten und Strategien. Hingegen lautet der Wahlspruch von Menschen mit einer niedrigen Ausprägung des Neugier-Motivs: »Just do it!« Diese Mitarbeiter bevorzugen das »Learning by doing« und eignen sich insbesondere für Aufgaben, die ein schnelles, pragmatisches Handeln erfordern.

Solche Zusammenhänge zu kennen, ist nicht nur für jeden einzelnen Mitarbeiter interessant, sondern trägt auch zum Projekterfolg bei. Berücksichtigen Sie als Projektleiter die Motivausprägung Ihrer Teammitglieder – sei es im täglichen Umgang oder bei der Verteilung von Aufgaben. Steht beispielsweise die Auswahl eines entscheidungsstarken Teilprojektleiters an, sollten Sie auf einen Mitarbeiter mit hoher Ausprägung beim Lebensmotiv »Macht« setzen. Die Ausarbeitung eines detaillierten Fachkonzeptes ist dagegen bei einem Mitarbeiter mit starkem Neugier-Motiv gut aufgehoben.

Den Lebensmotiven auf die Spur kommen

Das Modell der Lebensmotive erklärt, warum ein Mensch in einer Aufgabe aufgehen kann und hoch motiviert ist, während ein anderer mit derselben Aufgabe zutiefst unglücklich wäre. So gib es Menschen, die sich unmöglich vorstellen können, als Pflegerin oder Pfleger in einem Altenheim zu arbeiten, während dies für andere ein Traumberuf ist. Um motivorientiert zu führen, müssen Sie also die Motive der einzelnen Mitarbeiter kennen.

Sicher: Die Lebensmotive stehen niemandem auf der Stirn geschrieben. Die Motivstruktur eines Mitarbeiters lässt sich jedoch zumindest ansatzweise erschließen, indem Sie ihn beobachten und das Gespräch mit ihm suchen. Die folgende Übersicht hilft Ihnen, die sechzehn Lebensmotive näher kennenzulernen und abzuschätzen, welche davon bei Ihnen und Ihren Mitarbeitern besonders stark oder besonders schwach ausgeprägt sind:

1. Macht	**5. Ordnung**
Das Lebensmotiv Macht gibt Auskunft darüber, ob ein Mensch Führung und Verantwortung übernehmen will – oder eher eine dienstleistende Funktion wahrnehmen möchte.	Die Ausprägung im Lebensmotiv Ordnung zeigt an, wie viel Strukturiertheit oder Flexibilität jemand in seinem Leben benötigt.
Starke Ausprägung: Menschen, die gern Verantwortung übernehmen; sie sind ehrgeizig und entscheidungsstark. *Schwache Ausprägung:* Menschen, die sich gerne anleiten lassen. Sie agieren lieber im Hintergrund und erfahren gern Unterstützung.	*Starke Ausprägung:* Ordnungsliebende Menschen planen gern, können Abläufe gut strukturieren, beschreiben sich als exakt und detailorientiert. *Schwache Ausprägung:* Flexiblere Menschen empfinden vorgegebene Prozesse als beengend, sind eher offen, kreativ, pragmatisch.
2. Unabhängigkeit	**6. Sparen/Sammeln**
Das Lebensmotiv Unabhängigkeit macht eine Aussage darüber, wie jemand seine Beziehungen mit Blick auf Autonomie oder Verbundenheit zu anderen gestaltet.	Das Lebensmotiv Sparen/Sammeln kommt in seiner evolutionären Entsprechung aus dem »Anlegen von Vorräten«. Die Ausprägung zeigt an, wie viel es jemandem emotional bedeutet, Dinge zu besitzen.
Starke Ausprägung: Unabhängigkeitsorientierte leben gern eigenverantwortlich und erreichen ihre Ziele am liebsten allein. *Schwache Ausprägung:* Emotionale Verbundenheit und psychische Nähe zu anderen sind wichtig; ebenso Hilfsbereitschaft, Teamgeist und Konsensfähigkeit.	*Starke Ausprägung:* Sammlern fällt es schwer, sich von Dingen zu trennen, sie vermeiden Ausgaben und gehen pfleglich mit ihrem Eigentum um. *Schwache Ausprägung:* Großzügige, freigiebige Menschen, neigen auch zur Verschwendung; materiellen Besitz erleben sie manchmal als Belastung.
3. Neugier	**7. Ehre**
Das Lebensmotiv Neugier macht eine Aussage darüber, welche Bedeutung das Thema »Wissen« für jemanden im Leben hat und wozu er Wissen erwerben möchte.	Bei dem Lebensmotiv Ehre geht es darum, ob jemand nach Prinzipientreue strebt oder eher zweckorientiert ist.
Starke Ausprägung: Neugierige denken gern über Dinge nach, sind vielseitig interessiert, informieren sich über Themen unabhängig von deren praktischer Relevanz. Sie sind schnell gelangweilt von Routineaufgaben. *Schwache Ausprägung:* Die Umsetzung des Gelernten steht im Vordergrund; Wissen ist Mittel zum Zweck.	*Starke Ausprägung:* Menschen mit starkem Ehre-Motiv beschreiben sich als charaktervoll und pflichtbewusst; sie sind diszipliniert und loyal. *Schwache Ausprägung:* Pragmatisch und zielorientiert handelnde Menschen. Situationen werden nach dem aktuellen Kontext bewertet. Der Zweck heiligt die Mittel.
4. Anerkennung	**8. Idealismus**
Das Lebensmotiv Anerkennung macht eine Aussage darüber, durch wen oder durch was jemand sein positives Selbstbild aufbaut.	Das Lebensmotiv Idealismus betrachtet den altruistischen Anteil der Moralität und gibt Auskunft darüber, wie viel Bedeutung Verantwortung in Bezug auf Fairness und soziale Gerechtigkeit hat.
Starke Ausprägung: Menschen mit hohem Anerkennungsmotiv ziehen ihre Selbstsicherheit aus dem Feedback anderer. Sie sind ehrgeizig; sie zögern oft, ihre Meinung zu äußern. *Schwache Ausprägung:* Selbstsichere und kritikfähige Menschen. Sie wirken offen, direkt, manchmal auch unsensibel. Loben selten.	*Starke Ausprägung:* Ausgeprägte Idealisten sind altruistisch. Helfen aus Überzeugung, engagieren sich humanitär, spenden häufig. *Schwache Ausprägung:* Orientierung am persönlichen Vorteil überwiegt. Ungerechtigkeit ist unvermeidbar.

Die 16 Lebensmotive im Überblick

9. Beziehungen

Bei dem Lebensmotiv Beziehungen wird die Bedeutung von sozialen Kontakten dargestellt. Hierbei spielt die Quantität der Kontakte eine entscheidende Rolle.

Starke Ausprägung: Menschen mit starkem Beziehungsmotiv beschreiben sich als aufgeschlossen und humorvoll. Sie sind gesellig und sozial kompetent.
Schwache Ausprägung: Wunsch nach sozialer Zurückgezogenheit. Erzwungene Kontakte und Smalltalk werden abgelehnt.

10. Familie

Das Lebensmotiv Familie gibt Auskunft darüber, welche Bedeutung das Thema Fürsorglichkeit für jemanden hat (bezogen auf die eigenen Kinder).

Starke Ausprägung: Familienmenschen mögen das Gefühl, gebraucht zu werden: Sie stellen z. B. die Bedürfnisse ihrer Kinder über die eigenen.
Schwache Ausprägung: Sich unabhängig und frei fühlende Menschen. Streben nach einem partnerschaftlichen Zusammenleben mit ihrer Familie.

11. Status

Beim Lebensmotiv Status geht es um den Wunsch, entweder in einem elitären Sinne »erkennbar anders« oder aber unauffällig und wie die anderen zu sein.

Starke Ausprägung: Es besteht das Gefühl, sich von anderen abheben zu wollen: materiell wie immateriell in Form von Titeln, Positionen, Zugehörigkeiten.
Schwache Ausprägung: Diese Menschen wollen als bescheiden und egalitär wahrgenommen werden. Sie sind oft unauffällig, bleiben von Statussymbolen unbeeindruckt.

12. Rache/Kampf

Bei dem Lebensmotiv Rache/Kampf geht es insbesondere um den Aspekt des Vergleichens mit anderen. Dazu gehören auch die Themen Aggression und Vergeltung einerseits sowie Harmonie und Konfliktvermeidung andererseits.

Starke Ausprägung: Kämpfernaturen nehmen jede Herausforderung freudig an. Konkurrenz spornt sie an.
Schwache Ausprägung: Harmonisierende und ausgleichende Menschen. Sie tendieren dazu, Konflikte zu vermeiden, zu schlichten oder Kompromisse zu suchen.

13. Eros (Schönheit)

Eros als Lebensmotiv gibt Auskunft über die Bedeutung von Sinnlichkeit im Leben eines Menschen. Dazu gehören neben der Sexualität auch alle anderen Aspekte von Sinnlichkeit (z. B. Design, Kunst, Schönheit).

Starke Ausprägung: Ein erfülltes Liebesleben, Sinn für Ästhetik und Schönes im Hinblick auf Kunst, Musik, Natur zeichnen diese Menschen aus.
Schwache Ausprägung: Diese Menschen leben eher asketisch; schöne Dinge und das Design von Produkten sind ihnen nicht wichtig.

14. Essen

Das Lebensmotiv Essen fragt nach der Bedeutung, die Essen als Selbstzweck für jemanden hat, das heißt wie viel der Genuss von Essen zur Lebenszufriedenheit beiträgt.

Starke Ausprägung: Essen ist Genuss. Spaß am ausgiebigen Einkaufen und sorgfältigen Zubereiten der Speisen.
Schwache Ausprägung: Essen ist reine Nahrungsaufnahme. Hunger wird gegebenenfalls sogar als störend empfunden.

15. Körperliche Aktivität

Das Lebensmotiv Körperliche Aktivität fragt nach der Wichtigkeit, die körperliche Aktivität (Arbeit oder Sport) für die Lebenszufriedenheit hat.

Starke Ausprägung: Menschen, die viel Sport treiben, wobei die Aktivität selbst im Vordergrund steht, nicht der Wettkampfgedanke.
Schwache Ausprägung: Diese Menschen leben lieber bequem und gemütlich, nehmen lieber den Lift als die Treppe.

16. Emotionale Ruhe

Das Lebensmotiv emotionale Ruhe kann auch mit emotionaler Stabilität umschrieben werden und fragt nach der Bedeutung stabiler emotionaler Verhältnisse für die Lebenszufriedenheit.

Starke Ausprägung: Vorausschaubarkeit ist wichtig, Unbekanntes wird vermieden.
Schwache Ausprägung: Diese Menschen sind Abenteurer, die Abwechslung und Nervenkitzel suchen. Verfügen über eine hohe Stresstoleranz.

Mit etwas Übung entwickeln Sie im Laufe der Zeit ein Gespür für die individuellen Motivausprägungen Ihrer Mitarbeiter. Hören Sie aufmerksam zu, wenn Sie mit einem Mitarbeiter sprechen, und versuchen Sie, die Welt mit den Augen Ihres Gegenübers zu sehen. Die Frage nach dem letzten Urlaub gibt zum Beispiel Hinweise darauf, wie sehr die Lebensmotive Neugier, emotionale Ruhe und Beziehungen ausgeprägt sind. Solche Hinweise können Sie durch Beobachtungen im Arbeitsalltag verifizieren.

Fragen an den Mitarbeiter

Um die wesentlichen Motive eines Mitarbeiters herauszufinden, bieten sich beispielsweise folgende Fragen an:

- Wie sieht für dich ein idealer Arbeitstag im Projekt aus?
- Welche Tätigkeiten machen dir wirklich Spaß? Welche weniger?
- Wie wichtig ist es für dich, einen großen Entscheidungsspielraum zu haben?
  > Hinweise auf *Macht*
- Wie wichtig ist es dir, dass deine Position und Leistungen sichtbar werden?
  > Hinweise auf *Status*
- Motiviert es dich, bei deiner Arbeit mit Kollegen zu konkurrieren?
  > Hinweise auf *Rache/Kampf*
- Motiviert es dich, im Team zu arbeiten?
  > Hinweise auf *Unabhängigkeit*
- Wie wichtig ist es dir, hochwertige Arbeitsmittel zu besitzen?
  > Hinweise auf *Status*
- Wie wichtig ist es dir, Kontakt zu deinen Kollegen zu haben?
  > Hinweise auf *Beziehungen, Unabhängigkeit*
- Motiviert dich die Aussicht auf ein gutes Essen nach getaner Arbeit?
  > Hinweise auf *Essen*
- Motiviert es dich, Dinge zu analysieren und Konzepte zu entwickeln?
  > Hinweise auf *Neugier*
- Wie hast du deinen letzten Urlaub verbracht?
  > Hinweise auf *Neugier, emotionale Ruhe, Beziehungen*
- Wie organisierst du deinen Arbeitsalltag?
  > Hinweise auf *Ordnung, Ehre*

Beobachtung des Mitarbeiters

Indem Sie Ihre Mitarbeiter beobachten, erhalten Sie weitere Anhaltspunkte über deren »wahre Motive«. Hierbei hilft es, drei Beobachtungsebenen zu unterscheiden:

- Auf der Kommunikationsebene können Sie feststellen, auf welche Weise und über welche Themen ein Mitarbeiter spricht. Redet er zum Beispiel gerne und viel über seine Familie, über seine Erfolge, über Sport?

- Auf der Handlungsebene beobachten Sie, auf welche Weise ein Mitarbeiter agiert. Wie exakt plant er seine Arbeit? Sucht er Kontakt zu den Kollegen? Holt er erst die Meinung anderer ein, bevor er eine Entscheidung trifft?
- Auf der physischen Ebene registrieren Sie, wie ein Mitarbeiter mit Gegenständen umgeht. Wie ordentlich ist sein Schreibtisch? Stehen Fotos der Familie darauf? Sammelt er Akten, bewahrt er alles auf? Fährt er ein teures Auto?

Wenn Sie beide Strategien – persönliche Gespräche und aufmerksame Beobachtung – kombinieren, können Sie die Motivlage Ihrer Teammitglieder recht zuverlässig einschätzen. Doch Vorsicht: Das Tückische an der Beobachtung eines Mitarbeiters liegt darin, dass sich aus seinem Verhalten keineswegs immer eindeutig auf ein bestimmtes Lebensmotiv schließen lässt. Kauft sich ein Mitarbeiter zum Beispiel ein neues, prestigeträchtiges Auto, kann das daran liegen, dass er die Anerkennung anderer sucht – aber auch daran, dass er seinen gehobenen Status demonstrieren möchte.

Vom Motiv zur Motivation: Ein Blick auf Toms Team

Auch Tom macht sich Gedanken über die Motivation in seinem Team. Nutzen wir die Gelegenheit, am Beispiel seiner Mitarbeiter noch etwas tiefer in die Kunst der Motivforschung einzudringen. Wie schätzt er die Motivlage seiner Teammitglieder ein?

Karin ist Systemarchitektin in Toms Team und besitzt ein hoch ausgeprägtes Motiv Ordnung. Das beweisen nicht nur ihr stets aufgeräumter Schreibtisch, sondern auch ihre Vorliebe für feste Abläufe und Gewohnheiten in ihrer täglichen Arbeit. Sie steht in dem Ruf, eine gute Organisatorin zu sein. Besonders stolz ist sie auf ihr Selbstmanagement, dem sie es zu verdanken hat, dass sie noch nie eine Deadline versäumt hat. In Workshops ist sie stets gut vorbereitet. Wo andere oft suchen müssen, hat sie alles Notwendige immer griffbereit. Karin besitzt aber auch ein niedrig ausgeprägtes Motiv Neugier. Für sie steht der praktische Nutzen immer im Vordergrund. Sie ist ein klassischer Learning-by-doing-Typ.

Franz, der Fachbereichskoordinator des Teams, verfügt über ein hoch ausgeprägtes Motiv Macht. Von Beginn an brachte er sich mit großem Ehrgeiz ein. Schon bald äußerte er den Wunsch, die fachliche Leitung übertragen zu bekommen, um seine Erfahrungen besser nutzen und die Teamleistung vorantreiben zu können. Außerdem besitzt Franz ein hoch ausgeprägtes Motiv Unabhängigkeit. Es ist ihm wichtig, Eigenständigkeit in der Arbeit und Eigenverantwortlichkeit im Handeln ausleben zu können.

Die Projektassistentin *Bettina* hat ein hoch ausgeprägtes Motiv Beziehungen. Ihre aufgeschlossene und humorvolle Art wird abteilungsübergreifend geschätzt. Sie kennt im Unternehmen »Gott und die Welt«. In den Besprechungen sorgt sie für Stimmung, hat öfter auch mal einen flotten Spruch auf Lager. Sehr niedrig ausgeprägt ist dagegen das

Motiv Macht. Bettina weiß: Die beste Leistung erbringt sie, wenn sie als Teammitglied in eine Aufgabe eingebunden ist und gemeinsam mit anderen daran arbeitet. Alleine zu entscheiden und für ein Ziel verantwortlich zu sein, liegt ihr dagegen überhaupt nicht.

Der Softwareexperte Andreas besitzt ein hoch ausgeprägtes Motiv Neugier. Er hat sich in die Projektthemen schnell eingearbeitet und soll nun eigenständig die Softwareentwicklung leiten. Seit jeher interessiert er sich für die unterschiedlichsten Dinge und findet es toll, dass er in so viele verschiedene Themengebiete und Aufgaben Einblick erhalten hat. Deutlich ist auch ein hoch ausgeprägtes Motiv Rache/Kampf: Andreas orientiert sich bei seinen Leistungen stark an denen seiner Kollegen. Ihn interessiert mehr der gegenseitige Vergleich als die absolute Leistung.

Schauen wir uns zu guter Letzt noch Matthias an, den Experten für das Vertriebscontrolling. Auch er besitzt ein hoch ausgeprägtes Motiv Neugier. Sein Spitzname »Professor« deutet schon darauf hin, dass er sich eingehend mit den verschiedensten Themen befasst. Außerdem ist das Motiv emotionale Ruhe stark ausgeprägt – was ihn zu einem eher ängstlichen und stresssensiblen Menschen macht. Tom denkt immer wieder daran zurück, wie hektisch Matthias oft war, wenn er neue Aufgaben übernehmen oder einen Termin vorziehen musste.

Motivorientiertes Führen

Die Kenntnis der Motive erlaubt es Ihnen, den Führungsstil an die individuelle Motivlage Ihrer Mitarbeiter anzupassen. Anstatt also zum Beispiel pauschal einen finanziellen Anreiz zu setzen, können Sie nun »motivorientiert« führen, sprich: für jeden Mitarbeiter je nach Ausprägung der Lebensmotive eine andere Führungsweise wählen.

Motivorientierte Führung setzt an zwei Ebenen an:

- Auf der Kommunikationsebene geht um die Art und Weise, wie Sie mit einem Mitarbeiter kommunizieren. Auf welche Weise und über welche Themen sollten Sie mit ihm sprechen, um ihn als Mensch wertzuschätzen und langfristig zu motivieren? Mit welchen Worten übertragen Sie ihm eine Aufgabe?
- Auf der Handlungsebene geht es um konkrete Maßnahmen: Welche Aufgaben übertragen Sie einem Mitarbeiter? Wie gestalten Sie sein Umfeld, damit es auf ihn motivierend wirkt?

Um das motivorientierte Führen zu verdeutlichen, werfen wir noch einmal einen Blick auf Toms Team im Zusammenhang mit den Lebensmotiven Macht und Neugier. Ähnliche Beispiele für motivorientierte Führung ließen sich natürlich für alle sechzehn Motive finden. Lassen Sie sich also inspirieren – und entwickeln Sie je nach Motivlage die geeigneten Führungsmaßnahmen.

Franz, Bettina und die »Macht«

Das Motiv Macht beinhaltet den Wunsch nach Einflussnahme und Gestaltung. Franz gehört zu den Menschen, bei denen dieses Motiv stark ausgeprägt ist. Er strebt nach Erfolg, Leistung, Führung und Dominanz, während Menschen mit einem niedrigen Bedürfnis nach Macht sich häufig an Service, Dienstleistung und anderen Menschen orientieren. Als Assistentin zählt Bettina zum Personenkreis mit gering ausgeprägtem Machtmotiv.

Wer wie Franz nach Macht strebt, will Verantwortung. Um seine Motivation und Leistungsbereitschaft langfristig zu erhalten, sollte er die Möglichkeit erhalten, Dinge zu gestalten und zu beeinflussen. Auf der Kommunikationsebene sollte Tom daher die Entscheidungsspielräume hervorheben: »Du kennst das Ziel, triff die dafür notwendigen Entscheidungen.« Auch über Bemerkungen wie »Vorbild« oder »alter Hase« kann er Franz bei seinem Ehrgeiz packen: »Als Leistungsträger erwarte ich von dir …« Auf der Handlungsebene kann Tom dem Wunsch nach Eigenverantwortung nachkommen, indem er zwar Ziele vorgibt, die Vorgehensweise aber ganz allein Franz überlässt. Er kann ihm großen Entscheidungsspielraum zugestehen oder ihn bei wichtigen Fragen konsultieren.

Ganz anders stellt sich die Situation bei Toms neuer Projektassistentin Bettina dar. Wer wie sie Macht meidet, braucht andere Menschen um sich. Eine Mitarbeiterin wie Bettina lässt sich gern anleiten; auch motiviert es sie, wenn sie sich an anderen orientieren und für diese gute Leistungen erbringen kann. Kein Wunder, dass sie in ihrer Rolle als Assistentin voll und ganz aufgeht – schließlich kann sie dort ihre Dienstleistungsqualitäten ausleben.

Tom muss es gelingen, Bettina im Projekt ein Umfeld zu bieten, das diesen Anforderungen gerecht wird. Als Projektleiter sollte er erläutern, auf welche Weise er ihre Arbeit in seine Entscheidungen einbindet: »Wir entscheiden gemeinsam auf Basis deiner Vorlage.« Bewährt hat sich bei größeren Aufgaben eine Strategie der kleinen Schritte: Tom stimmt sich regelmäßig mit ihr ab und schaut, ob alles passt.

Andreas, Karin und die »Neugier«

Andreas zählt zu den neugierigen Menschen, deren Hunger nach Wissen sich kaum stillen lässt. Zu fast jedem Thema hat er etwas zu sagen und verstrickt andere gerne in intellektuelle Diskussionen. Ganz anders Karin. Bei ihr ist das Neugiermotiv sehr schwach ausgeprägt. Dementsprechend pragmatisch ist ihre Haltung beim Thema Lernen: Wissen ist für sie vor allem ein Mittel zum Zweck. Sie lernt, wenn sie für ihre Aufgabe ein bestimmtes Wissen benötigt.

Was bedeutet das für den Führungsstil? Bei Andreas kommt es darauf an, ihn intellektuell zu fordern. Seine Motivation und Leistungsbereitschaft hängt langfristig von der Möglichkeit ab, Wissen zu erwerben, komplexe Situationen zu analysieren und Konzepte zu entwickeln. In Gesprächen sollte Tom ihn mit anspruchsvollen Fragen konfrontieren, ihn um seine Ideen bitten oder Risiken einschätzen lassen. Auf der Handlungsebene kann Tom seinem Mitarbeiter Andreas vielseitige Aufgaben übertragen, die ganz unterschiedliche Themengebiete berühren können. Selbst wenn es darum geht, fachliches Neuland zu erkunden, wird Andreas die Sache mit Feuereifer angehen.

Ganz anders Karin. Ihr schwach ausgeprägtes Neugiermotiv führt dazu, dass sie nicht lange herumdiskutiert, sondern einfach »mal macht«. Sie blüht auf, wenn es um die praktische Umsetzung geht. Als Projektleiter sollte Tom nicht auf ihre Intellektualität in Diskussionen setzen, sondern auf ihren Pragmatismus bei der Umsetzung. Wenn es darum geht, schnelle Resultate zu erzielen, aus dem Stegreif eine Präsentationen zu halten oder zu improvisieren – dann ist Karin genau die Richtige.

Wie tickt Ihr Team?

Kommen wir zurück auf das Eingangsbeispiel – das Entwicklungsprojekt bei einem Fahrzeughersteller. Mit dem Wissen um die Motivationslage seines Teams hätte der Projektleiter schnell erkannt, dass er genau das Falsche tat: Indem er ein enges Regelkorsett vorgab, stieß er seine kreativ-spontan veranlagten Mitarbeiter vor den Kopf. Bemerkenswert ist der Fortgang dieses Falles: Nachdem der Projektleiter es fertiggebracht hatte, das Projekt innerhalb weniger Wochen gegen die Wand zu fahren, engagierte das Unternehmen einen externen Projektcoach, um aus dem Schlamassel herauszukommen.

Der Projektcoach ermittelte mithilfe des standardisierten Fragebogens die Reiss-Profile der Teammitglieder und legte

Lebensmotive	MA 1	MA 2	MA 3	...	MA 12	Team	PL
Macht	0,38	−0,12	1,12	...	0,50	0,59	1,03
Unabhängigkeit	0,94	−1,03	−0,76	...	−0,91	−0,66	0,59
Neugier	1,88	0,94	0,47	...	1,01	1,43	−1,56
Anerkennung	0,71	0,89	0,76	...	1,01	0,89	−0,25
Ordnung	−2,00	−1,22	−1,00	...	−0,76	−1,47	1,88
Sparen/Sammeln	−1,20	−1,00	0,05	...	−1,03	−0,38	0,05
Ehre	−0,75	−0,15	−2,00	...	−1,05	−0,94	0,66
Idealismus	−0,34	−0,70	0,36	...	0,74	−0,05	−0,53
Beziehungen	1,16	0,09	1,01	...	1,85	1,25	0,89
Familie	−0,34	0,66	0,91	...	−0,54	0,46	0,28
Status	−1,20	−0,34	0,06	...	−1,05	−0,32	0,59
Rache/Kampf	1,01	1,52	0,66	...	0,70	1,22	1,25
Eros	n/a	n/a	n/a	...	n/a	n/a	n/a
Essen	0,84	0,11	−0,99	...	0,30	0,33	−0,60
Körperliche Aktivität	0,60	−1,22	−0,30	...	0,91	0,47	1,01
Emotionale Ruhe	0,75	0,11	−0,94	...	−1,05	−0,91	0,70

Reiss-Teammatrix – Motivationslage in einem Projekt der Fahrzeugentwicklung dem Projektleiter zunächst eine anonymisierte Teammatrix vor (siehe Abbildung links). Aus ihr ging hervor, welche Motive dem Projektteam besonders wichtig waren. Hoch ausgeprägt waren Neugier-, Anerkennungs-, Beziehungs- und Rache/Kampf-Motiv; klar zutage traten der Hang zur Flexibilität (niedrig ausgeprägtes Ordnung-Motiv), zur Ziel- und Zweckorientierung (niedrig ausgeprägtes Ehre-Motiv) und zur Risikofreude (niedrig ausgeprägtes Motiv der emotionalen Ruhe).

Besonders spannend war der nächste Schritt: Der Coach stellte das Teamprofil dem persönlichen Profil des Projektleiters gegenüber (siehe Abbildung rechts). Der Vergleich der beiden Profile zeigte, welchen Sprengstoff diese Beziehung barg.

Zunächst lässt sich festhalten, dass auf beiden Seiten das Beziehung-Motiv hoch ausgeprägt war. Der Projektcoach schlug deshalb vor, eine Arbeitsatmosphäre zu schaffen, in der das Team dieses Motiv ausleben kann – eine gemeinsame Kaffeeecke, offene Bürotüren, regelmäßige Teammeetings, häufigere Zusammenarbeit, ein gemeinsamer Teamabend.

Auch das Motiv Rache/Kampf war beim Projektleiter ähnlich hoch ausgeprägt wie bei seinem Team. Für den Projektleiter war das zunächst eine positive Nachricht: Er konnte davon ausgehen, dass seine Mitarbeiter ähnlich wettbewerbsorientiert, herausfordernd, standhaft und durchsetzungsstark veranlagt waren wie er selbst. Der Coach machte ihm allerdings klar, dass es gerade das starke Rache-Motiv war, das zur schnellen Eskalation der Situation in den letzten Wochen geführt hatte.

Lebensmotive	Team	PL
Macht	0,59	1,03
Unabhängigkeit	−0,66	0,59
Neugier	1,43	−1,56
Anerkennung	0,89	−0,25
Ordnung	−1,47	1,88
Sparen/Sammeln	0,38	0,05
Ehre	−0,94	0,66
Idealismus	−0,05	−0,53
Beziehungen	1,25	0,89
Familie	0,46	0,28
Status	−0,32	0,59
Rache/Kampf	1,22	1,25
Eros	−0,05	0,25
Essen	0,33	−0,60
Körperliche Aktivität	0,47	1,01
Emotionale Ruhe	−0,91	0,70

Explosive Mischung – Gegenüberstellung der Motivlage von Team und Projektleiter

Neben diesen Gemeinsamkeiten fallen die teilweise extremen Gegensätze bei den Motiven Neugier, Ordnung, Ehre und emotionale Ruhe auf. Das Motiv Neugier war beim Projektleiter sehr niedrig ausgeprägt, im Team jedoch hoch. Das überrascht nicht, denn der Bereich Forschung und Entwicklung bietet seinen Mitarbeitern ein Arbeitsumfeld, in dem sie sich immer wieder mit neuen Dingen befassen und ihren Wissensdurst stillen können.

Über die Ursache des eskalierenden Konflikts waren sich Coach und Projektleiter schnell einig: Sie lag in den weit auseinanderklaffenden Werten beim Motiv Ordnung. Aufgrund seines hohen Ordnungssinns konnte der Projektleiter es nur schwer ertragen, in einem unstrukturierten, fast chaotischen Umfeld zu arbeiten. So war er vor allem auf ein Ziel fixiert: Ordnung zu schaffen. Die Teammitglieder, die demgegenüber Flexibilität und Spontaneität besonders hoch schätzten, fühlten sich dadurch eingeschränkt und frustriert.

Eine so unterschiedliche Motivlage wie im Beispiel dieses Teams lässt sich mit etwas Erfahrung allein schon durch Beobachtung erkennen. Das ist kein Zauberwerk. Hätte der Projektleiter das Reiss-Modell gekannt, wäre ihm sein hohes Ordnung-Motiv bewusst gewesen, und er hätte auch die gegensätzliche Motivlage seiner Mitarbeiter wahrgenommen. Dementsprechend behutsamer wäre er vorgegangen. Es geht ja nicht darum, die eigenen Motive zu verändern, sondern sich auf die Motive der Mitarbeiter einzustellen.

Auch die gegensätzlichen Ausprägungen der Motive Neugier, Ehre und emotionale Ruhe können zu Konflikten oder Vorverurteilungen führen. So hält der Projektleiter seine Mitarbeiter (die ein hoch ausgeprägtes Neugier-Motiv haben) vielleicht für praxisferne Theoretiker, während diese ihn als oberflächlichen Ignoranten beschimpfen. Nicht weniger gefährlich ist der Dissens beim Ehre-Motiv: Die Mitarbeiter sind schnell bei der Hand, ihren Projektleiter als selbstgerecht und moralisierend zu empfinden – während dieser sein Team für charakterlos hält.

Als die Profile des Projektleiters und der Mitarbeiter auf dem Tisch lagen, fand unter der Anleitung des Coachs ein »Team-Workshop« statt, in dem die Mitarbeiter die eigenen Profile und das ihres Projektleiters kennenlernten. Verschiedene Gesprächs- und Übungsrunden förderten das gegenseitige Verständnis. Die Teammitglieder fingen an, die Unterschiedlichkeit der Kollegen zu begreifen und zu schätzen – und der Projektleiter nutzte die Erkenntnisse, um sein Führungsverhalten besser an den Motiven der Mitarbeiter auszurichten.

Am Ende einigte man sich auf einen Kompromiss: Der Projektleiter traktierte sein Team nicht mehr mit seinem überzogenen Perfektionismus, während umgekehrt die Mitarbeiter einige Grundregeln akzeptierten. Das Team raufte sich in den nächsten Wochen zusammen und schloss das Projekt nach fünfzehn Monaten erfolgreich ab.

Aus Toms Tagebuch

Montag, 21. Mai

Bin ich eigentlich als Projektleiter wirklich verantwortlich für die Motivation meiner Mitarbeiter? Es scheint wohl so, außer mir macht's ja doch keiner. Aber wie motiviere ich am wirkungsvollsten? Motivation ist irgendwie wie Öl im Getriebe. Wenn genug da ist, läuft alles wie geschmiert. Läuft der Motor trocken, nimmt er unweigerlich Schaden.

Heute habe ich mir Zeit genommen, um den Ölstand zu kontrollieren und die aktuelle Motivationssituation in meinem Team zu beleuchten.

Dann habe ich überlegt, welche Maßnahmen ich ergreifen kann, um meinen Leuten ein motivierendes Umfeld zu bieten.

Da ist zunächst Karins Pragmatismus. Ihr gegenüber betone ich immer wieder die praktischen Aspekte des Projekts. Ich weiß, dass sie gerne mit mir über »Quick Wins« diskutiert. An sie delegiere ich deshalb Aufgaben, die einen hohen Praxisbezug haben. Außerdem übernimmt sie gerne alle Aufgaben, die mit der Planung und Organisation zu tun haben.

Franz ist voll unruhiger Energie. Ich versuche, ihn bei der Leitung des Fachbereichsteams möglichst wenig einzuschränken. Aus diesem Grund habe ich ihm auch die Verantwortung für die fachliche Koordination übertragen. Andererseits darf ich nicht ganz die Kontrolle über ihn verlieren. Deshalb bestehe ich darauf, dass er mich in einer wöchentlichen Besprechung über den Projektverlauf unterrichtet. Ansonsten gilt: Er hat die Verantwortung!

Bettina geht in ihrer Assistenzrolle voll und ganz auf. Trotzdem möchte ich sie noch mehr zur Stärkung des Teamzusammenhalts nutzen. Außerdem habe ich sie zur »Botschafterin« des Projekts gemacht, das heißt, sie wird künftig den Kontakt zu den verschiedenen Landesgesellschaften aufnehmen und pflegen.

Und dann Andreas: Sein scheinbar ungebändigter Wissensdurst kommt mir im Moment sehr entgegen. Ich habe ihm aufgetragen, sich in einige Funktionalitäten des neuen Releases der Vertriebssoftware einzuarbeiten und eine Entscheidungsvorlage vorzubereiten. Zusätzlich soll er ein Sales Manual verfassen, das den Anwendern den Einstieg in die Thematik erleichtert.

Als ich heute über die Motivation meines Teams nachdachte, ist mir eines aufgefallen: Bei den Mitarbeitern, die genauso ticken wie ich, fand ich schnell geeignete Möglichkeiten, wie ich sie motivieren könnte. Bei denen dagegen, die in mancherlei Hinsicht anders sind als ich, kamen mir erst nach viel Kopfzerbrechen ein paar vernünftige Ideen. Jetzt wird mir auch klar, warum mein Chef immer wieder versucht, mich mit Statussymbolen wie Laptop, Smartphone oder anderen exklusiven Ausstattungen zu motivieren. Das sind die Dinge, die ihn motivieren – und er glaubt, dass er damit auch mich motivieren kann. Nur: Auf solche Status-Geschichten stehe ich überhaupt nicht!

Einige Dinge, die ich daraus lerne:
- Es ist ein Trugschluss zu glauben, dass die Aufgaben und Maßnahmen, die mich motivieren, automatisch auch andere motivieren.
- Es ist verdammt schwer, Mitarbeiter zu motivieren, die anders ticken als ich selbst – weil mir erst einmal gar nichts einfällt, was sie motivieren könnte.
- Ich muss aufpassen, dass ich andere Menschen nicht durch die Brille meiner eigenen Interessen, Wünsche und Motive betrachte und deshalb missverstehe.
- Wenn ich erfolgreich sein will, muss ich die Verschiedenartigkeit meiner Mitarbeiter wertschätzen und als Bereicherung sehen.
- Um wirklich auf die Motive meiner Mitarbeiter eingehen zu können, braucht es eine gewisse Menschenkenntnis, auf jeden Fall aber Offenheit für deren Motivlage.

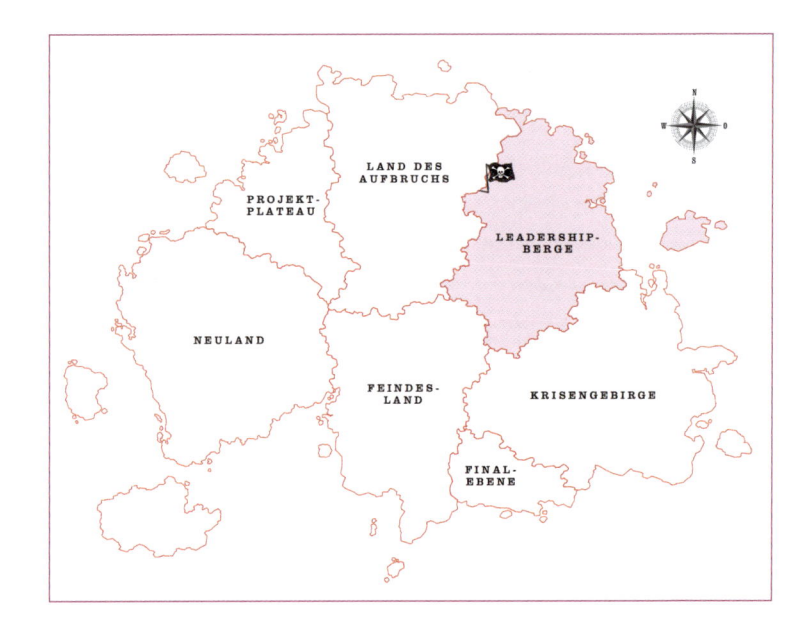

Demotivierte Mitarbeiter

Ohne es zu wollen, nimmt der Projektleiter seinen Mitarbeitern den Wind aus den Segeln. Anstatt ihre Motivation gezielt zu fördern, demotiviert er sie durch ein falsches Führungsverhalten.

So wappnen Sie sich

- Klären Sie zunächst Ihre eigene Motivlage. Besonders starke Motive bergen die Gefahr, dass Sie durch Ihr Verhalten andere Menschen demotivieren, die durch ganz andere Motive geprägt sind.
- Folgen Sie nicht der irrigen Annahme, dass Aufgaben und Maßnahmen, die Sie selbst motivierend finden, auch Ihre Mitarbeiter motivieren.
- Identifizieren Sie die »Lebensmotive« Ihrer Mitarbeiter – entwickeln Sie also im Laufe der Zeit ein Gespür dafür, was Ihre Mitarbeiter antreibt.
- Suchen Sie im Gespräch mit Ihren Mitarbeitern nach Hinweisen, um deren Motivlage herauszufinden.
- Schärfen Sie Ihre Beobachtungsgabe, um herauszubekommen, was Ihren Mitarbeitern wichtig ist. Hören Sie zu, über welche Themen Ihre Mitarbeiter sprechen, und beobachten Sie, wie sie sich verhalten.
- Stimmen Sie Ihre Kommunikationsweise auf die Motivlage Ihrer Mitarbeiter ab: Überlegen Sie bei jedem Mitarbeiter, auf welche Weise und über welche Themen Sie mit ihm sprechen, um ihn langfristig zu motivieren.
- Stimmen Sie Ihr Handeln auf die Motivlage Ihrer Mitarbeiter ab: Übertragen Sie jedem Mitarbeiter möglichst die Aufgaben, die ihn motivieren – und gestalten Sie sein Umfeld so, dass es ihn motiviert.

5.3 Delegieren, aber richtig!
Wege aus dem Monkey Business

> Wer seiner Führungsrolle gerecht werden will,
> muss genug Vernunft besitzen,
> um die Aufgaben den richtigen Leuten zu übertragen,
> und genügend Selbstdisziplin,
> um ihnen nicht ins Handwerk zu pfuschen.
>
> *Theodor Roosevelt*

Zu den wichtigsten Führungsaufgaben zählt das Delegieren. Das gilt auch für Projektleiter, die sich damit oft noch schwerer tun als Linienmanager. Ein Projektleiter *muss* delegieren, wenn er erfolgreich sein will – glaubt aber oft, dass er es gar nicht *darf*.

Typisch ist hier der Fall einer Projektleiterin, die in einem Softwarekonzern ein großes Entwicklungsprojekt leitete. Als das Projekt in Verzug geriet, stellte ihr die Unternehmensleitung einen externen Projektcoach zu Seite. Schon nach wenigen Tagen machte dieser eine interessante Beobachtung: Immer wenn die Projektleiterin ein Arbeitspaket an einen Mitarbeiter delegierte, klang das so, als würde sie um einen Gefallen bitten. Darauf angesprochen, rechtfertigte sich die Projektleiterin, dass sie doch gar nicht die Position habe, einem Mitarbeiter Anweisungen zu geben, schließlich sei sie doch nur eine Kollegin. Wie sich herausstellte, entsprach diese Haltung der Kultur des Unternehmens. Auch die anderen Projektleiter hatten das Gefühl, sie dürften nicht anweisen. Hieraus war ein besonderer Gesprächsstil entstanden: Anstatt als Projektleiter eine Aufgabe klar und verbindlich zu delegieren, bat man einen Kollegen um einen »Gefallen«.

Die Projekte des Softwarekonzerns litten merklich unter dieser Gepflogenheit. Zu beobachten war ein Mechanismus, der dazu führte, dass wichtige Aufgaben liegenblieben: Wenn ein Projektleiter einen Kollegen um einen Gefallen bittet, sagt dieser dann zwar in aller Regel zu. Warum auch nicht? Aber es stört ihn auch nicht weiter, wenn er die Aufgabe nicht rechtzeitig ausführen kann. Es war ja nur ein Gefallen! Mag sein, dass den Kollegen kurzzeitig ein schlechtes Gewissen plagt. Fakt ist jedoch, dass er sich mit einem kurzen »Tut mir leid!« der Verantwortung entledigt hat.

Eine solche Kultur des Bittens um Gefälligkeiten setzt einen Projektleiter mächtig unter Druck. Obwohl er für das Projekt verantwortlich ist, kann er nicht sicher sein, dass die Aufgabenpakete zuverlässig erledigt werden. Eine unmögliche Situation!

Ohne klares, verbindliches Delegieren werden Sie Ihrer Verantwortung als Projektleiter nicht gerecht. Erstaunlicherweise glauben dennoch viele Projektleiter, sie dürften nicht, andere wiederum wollen oder können nicht delegieren. Vielleicht kennen Sie das: Sie haben eine Aufgabe an einen Mitarbeiter abgegeben. Am Tag darauf spricht dieser Mitarbeiter Sie an, er komme mit der Aufgabe nicht weiter. Sie versprechen ihm, sich die Sache anzusehen – und schon liegt die Angelegenheit wieder auf Ihrem Schreibtisch. Rückdelegation nennt man das. Oder, um es mit den Worten der Managementberater William Oncken und Donald L. Wass auszudrücken: Das Äffchen, das bislang beim Mitarbeiter hockte, ist nun auf Ihre Schulter gesprungen. Sie haben die Arbeit wieder am Hals.

Meist bleibt es nicht bei dem einen Äffchen, denn auch andere Mitarbeiter verstehen sich auf die Kunst des Rückdelegierens. Anstatt souverän zu führen, stecken Sie bis zum Hals im »Monkey Business«.

Delegieren im Projekt – die Grundlagen

Warum fällt es vielen Projektleitern so schwer, Arbeitspakete zuverlässig zu delegieren? Die Gründe liegen nicht allein in der fehlenden Legitimation wie im Beispiel des Softwarekonzerns oder bei Umsetzungsfehlern wie im Falle der Äffchenplage. Ein Blick in den Projektalltag zeigt, dass die unterschiedlichsten Gründe eine Rolle spielen: die Überzeugung des Projektleiters, die Aufgabe selbst am besten zu lösen; die Angst davor, dass der Mitarbeiter Fehler macht; die Befürchtung, die Kontrolle über das Projekt zu verlieren – um nur einige zu nennen.

Warum Projektleiter nicht delegieren	Anmerkung
• Ein Projektleiter ist der Ansicht, dass er viele Aufgaben selbst besser erledigen kann.	• Das stimmt in vielen Fällen. Dennoch sollten Sie den Teammitgliedern die Chance geben, eine Herausforderung zu meistern. Nur so gewinnt Ihr Team an Performance.
• Ein Projektleiter hat Angst davor, dass er sich blamiert – weil seine Mitarbeiter eine Aufgabe besser erledigen als er selbst es könnte.	• Das ist Unsinn. Von guten Leistungen eines Teammitglieds profitiert das ganze Projekt – und ein erfolgreiches Projekt ist auch ein Erfolg für den Projektleiter.
• Ein Projektleiter befürchtet, der Mitarbeiter könnte mit seiner Aufgabe scheitern und einen Scherbenhaufen anrichten.	• Wer kein Risiko eingeht, wird auch nichts Großes erreichen. Tolerieren Sie deshalb Fehler, stellen Sie aber sicher, dass sie frühzeitig erkannt und bearbeitet werden.
• Ein Projektleiter tut sich mit dem Wechsel vom Fachexperten zum Projektleiter schwer. Kommt es zu Problemen, wendet er sich lieber wieder vertrauten Fachaufgaben zu, anstatt seine Führungsfunktion wahrzunehmen.	• Machen Sie sich klar, dass Sie als Projektleiter eine Führungsaufgabe übernehmen. Das bedeutet zwangsläufig, dass Sie sich von Ihrer Expertenrolle langsam verabschieden müssen.
• Ein Projektleiter glaubt, beim Delegieren die Kontrolle über die Aufgaben im Projekt zu verlieren.	• Das ist übertrieben. Durch regelmäßige Kontrollen können Sie sicherstellen, dass Sie das Steuer in der Hand behalten.
• Ein Projektleiter legt Wert auf perfekte Arbeit – und hat das Gefühl, dass seine Mitarbeiter diesen hohen Ansprüchen nicht gerecht werden.	• Perfektionismus ist in Projekten schlicht kontraproduktiv. Überlegen Sie also, ab wann Sie mit dem Ergebnis zufrieden sein können.

Nichts als Ausreden – warum Projektleiter nicht delegieren

Delegieren ist eine Frage der Haltung und des Selbstverständnisses. Es gilt, Bedenken und Befürchtungen abzuschütteln – man muss delegieren *wollen*. Der Projektleiter muss aber auch delegieren *dürfen* und *können*.

Das Thema »Dürfen« ist zunächst eine Frage der Unternehmensorganisation: Die Rolle des Projektleiters sollte – anders als im Beispiel des Softwarekonzerns – mit ausreichend legitimer Macht ausgestattet sein. Im Unternehmen sollte Klarheit darüber bestehen, dass ein Projektleiter die Befugnis besitzt, Arbeitspakete zu verteilen und Aufgaben zu delegieren. Existiert diese Regelung nicht, liegt es am Projektleiter, sich notfalls auf eigene Initiative die notwendige Macht zu organisieren und sich die entsprechenden Befugnisse geben zu lassen. Wie das funktioniert, haben wir in Etappe 4 erfahren (Abschnitt 4.1).

Um erfolgreich zu delegieren, reicht das Wollen und Dürfen nicht aus. Es kommt auch auf das Können an, also darauf, die Sache richtig anzupacken und die Delegation einer Aufgabe sorgfältig vorzubereiten. Dabei helfen die Fragen in der Übersicht (rechts).

Besonders heikel ist die Frage, welchen Mitarbeiter Sie für eine Aufgabe auswählen. Nutzen Sie hier die Erkenntnisse, die Sie über die Motivlage Ihrer Mitarbeiter herausgefunden haben – und übertragen Sie einem Mitarbeiter möglichst die Aufgaben, die mit seinen Lebensmotiven im Einklang stehen (siehe Abschnitt 5.2). Checken Sie dann die Aspekte Können, Dürfen und Wollen: Kann der Mitarbeiter die Aufgabe lösen? Darf er es? Und will er es?

Frage	Erklärung
Was soll delegiert werden?	Um welche Aufgabe handelt es sich? (kurze Inhalts- bzw. Zielbeschreibung)
Wer soll es tun?	Welche Person ist geeignet, wer arbeitet mit? (fachliche und menschliche Qualifikation)
Warum soll die Person es tun?	Was ist der Zweck der Aufgabe oder Tätigkeit? (Motivation, Lerneffekt)
Wie soll die Person es tun?	Welche Details und Vorschriften sind zu beachten, und wie sind die Befugnisse geregelt?
Womit soll die Person es machen?	Welche Arbeitsmittel und Unterlagen benötigt der Mitarbeiter?
Wann soll es erledigt sein?	Welche Zwischen- und Endtermine sind einzuhalten, und wann muss kontrolliert werden?
Welche Risiken gibt es?	Welche Folgen hat es, wenn die Arbeit nicht oder unvollständig ausgeführt wird?

- **Der Mitarbeiter kann nicht:** Das Können umfasst das erworbene Fachwissen und die Fertigkeiten eines Menschen. Wenn Sie einen Mitarbeiter mit einem Arbeitspaket betrauen, für dessen Erledigung ihm wichtige Voraussetzungen fehlen, überfordern Sie ihn. Das führt zwangsläufig dazu, dass er die delegierte Aufgabe nicht zu Ihrer Zufriedenheit erledigt.

- **Der Mitarbeiter darf nicht:** Das Dürfen fasst alle Regeln und Normen zusammen, nach denen sich eine Person verhält. Darunter fallen auch die Prioritäten, die ein Linienvorgesetzter seinem Mitarbeiter mitgibt, wenn er ihn in ein Projekt gehen lässt. Das kann zur Folge haben, dass ein Mitglied Ihres Teams nicht jede Projektaufgabe erledigen darf.
- **Der Mitarbeiter will nicht:** Das Wollen bezeichnet die inneren Ziele und Motive, die den Mitarbeiter dazu veranlassen, eine Aufgabe zu übernehmen. Es bildet die Basis für die individuellen Leistungen der Projektmitarbeiter. Das Wollen ist nicht nur zentral für eine erfolgreiche Zusammenarbeit, sondern auch am schwersten zu beeinflussen. Hier sind wir wieder beim Thema der Lebensmotive: Orientieren Sie Ihre Führungsweise an der individuellen Motivlage, damit Ihre Projektmitarbeiter die ihnen übertragenen Aufgaben aus eigenem Antrieb erledigen wollen.

Monkey Business – Wer macht für wen die Arbeit?

»Tom, wir haben da ein Problem.« Ein Mitarbeiter fängt den Projektleiter auf dem Weg zur nächsten Besprechung ab und schildert kurz, womit er vermeintlich nicht weiterkommt. Er sagt gerade so viel, dass sein Projektleiter weiß, worum es geht, aber doch so wenig, dass eine Lösung nicht offensichtlich ist. Tom, ziemlich in Eile, verspricht, sich darum zu kümmern. Und schon ist passiert, was vielen Projektleitern das Leben so schwer macht: Rückdelegation.

Vielen Mitarbeitern gelingt es immer wieder, sich aus Aufgaben »herauszuwinden« und dafür zu sorgen, dass der Chef am Zuge ist. Statt dass der Chef auf den Mitarbeiter wartet, wartet nun der Mitarbeiter auf den Chef. Um auf die Managementberater William Oncken und Donald Wass zurückzukommen: Der Chef hat sich hier einen Affen aufsetzen lassen.

Offensichtlich trafen Oncken und Wass mit ihrem Artikel »Management Time: Who's got the Monkey!« ins Schwarze. Der Artikel erschien bereits im Jahr 1974 in der *Harvard Business Review*, wird aber bis heute immer wieder nachgedruckt und zitiert. Im Kern behaupten die Autoren: Mitarbeiter haben ein natürliches Bedürfnis, die ihnen übertragenen Aufgaben ganz oder teilweise wieder an ihren Vorgesetzten zurückzugeben. Die vielen kleinen Arbeitsaufgaben, die auf diese Weise erneut bei der Führungskraft landen, bezeichneten Oncken und Wass als »Monkeys«, als Äffchen, die vom Mitarbeiter auf die Schultern des Chefs springen.

Oncken und Wass beschreiben ein Phänomen, das auch Projektleiter nur zu gut kennen. Malen wir uns das Szenario einmal aus. Da gibt es in Ihrem Team Mitarbeiter, die sich aufs Rückdelegieren verlegt haben. Sie tauchen mit einem Affen auf der Schulter bei Ihnen auf und verleiten Sie dazu, sich des

Anliegens anzunehmen. Und was passiert? Der Affe springt über. Besonders clevere Mitarbeiter schicken Ihnen den Affen sogar per E-Mail. Und ehe Sie sich versehen, verwandelt sich Ihr Büro in ein Affenhaus. Am Montag waren es noch zwei kleine, niedliche Äffchen, doch am Freitag kämpfen Sie bereits gegen eine Horde aufmüpfiger Primaten. Einige besonders widerspenstige Tiere nehmen Sie am Wochenende sogar mit nach Hause …

Auch wenn mittlerweile kaum noch eine ruhige Minute bleibt, werden Ihnen doch zwei Dinge klar:

- Hat es ein Affe erst einmal auf Ihre Schultern geschafft, so bleibt er dort nicht allein: Affen vermehren sich rasend schnell.
- Sobald der Affe die Schultern wechselt, kehrt sich das Projektleiter-Mitarbeiter-Verhältnis um. Fortan kommt Ihr Mitarbeiter zu Ihnen und fragt, ob es Neuigkeiten gibt, wie der Stand der Dinge ist und wann er mit Fortschritten rechnen kann.

Stecken Sie erst einmal im Monkey Business fest, kann von Führung keine Rede mehr sein. Vielmehr bestimmen jetzt die Mitarbeiter, was Sie tun. Während Ihre wichtigen Projektleiteraufgaben liegenbleiben, erledigen Sie die Arbeit der eigenen Mitarbeiter. Höchste Zeit, sich aus dem Affenkäfig zu befreien!

Strategien gegen die Affenfalle

Meist schnappt die Affenfalle zu, wenn ein Mitarbeiter Sie zwischen Tür und Angel anspricht. Da sind Sie ungeschützt und können nicht ausweichen. Freundlich und höflich, wie Sie sind, hören Sie zu und versprechen schließlich, Ihrem Mitarbeiter zu helfen. Die Situation gibt Ihnen das Gefühl, dass Sie keine andere Wahl haben. Haben Sie jedoch das Zugeständnis erst einmal gemacht, gibt es kein Zurück mehr. Der Affe sitzt auf Ihrer Schulter.

Um das zu vermeiden, sehen Oncken und Wass nur einen Ausweg: hart bleiben und niemals, wirklich niemals die Probleme der Mitarbeiter lösen. Weisen Sie also einen Mitarbeiter freundlich, aber bestimmt darauf hin, dass Sie einen Lösungsvorschlag erwarten. Wenn er mit einer Aufgabe nicht klarkommt, soll er mit Ihnen einen Gesprächstermin vereinbaren, aber auf keinen Fall versuchen, das Problem an der Tür zu besprechen.

Kommt es zu diesem Gespräch, muss zunächst der Mitarbeiter darlegen, was seine Aufgabe ist und warum er damit nicht zurechtkommt. Nun liegt das Problem – bildlich gesprochen – zwischen Ihnen und Ihrem Mitarbeiter auf dem Tisch. So lässt sich in Ruhe überlegen, wie weiter verfahren wird. Gemeinsam mit dem Mitarbeiter klären Sie, was dessen – nicht Ihre! – nächste Aufgabe sein wird. Sie sorgen also dafür, dass der Affe schön brav zum Mitarbeiter zurückkehrt.

Je nach Situation sind die Erwartungen, die Sie an den Mitarbeiter stellen können, unterschiedlich. Oncken und Wass unterscheiden fünf Erwartungsstufen:

- **Der Mitarbeiter soll warten** … bis Sie als Projektleiter ihm sagen, was zu tun ist, das heißt, Sie kümmern sich um das Problem, weil es für den Mitarbeiter nicht zu lösen ist.
- **Der Mitarbeiter soll fragen** … was Sie tun können, um das Problem zu lösen, das heißt, der Mitarbeiter beleuchtet das Problem von sich aus und bittet Sie um Rat oder Hilfe.
- **Der Mitarbeiter soll vorschlagen** … wie das Problem zu lösen ist, das heißt, der Mitarbeiter schlägt Ihnen eine Lösung vor, und Sie entscheiden, ob der Lösungsvorschlag umgesetzt wird.
- **Der Mitarbeiter soll umsetzen** … was er als Lösung ausgearbeitet hat. Sie werden von ihm informiert, wenn alles fertig ist.
- **Der Mitarbeiter soll informieren** … welche Probleme er in letzter Zeit gelöst hat, das heißt, der Mitarbeiter erkennt Probleme, findet eigenständig Lösungen und setzt diese auch um.

Wenn ein Mitarbeiter Ihnen eine Aufgabe zurückdelegieren will, degradiert er sich selbst: Er fällt auf Stufe 1 oder 2 zurück. Das sollten Sie nur in Ausnahmefällen dulden! Erklären Sie Ihrem Mitarbeiter, dass er selbst eine Lösung finden muss. Machen Sie ihm klar, dass er am Zug ist. Trauen Sie ihm eine Lösung zu – und lassen Sie ihn diese auch gleich umsetzen (Stufe 4). Anderenfalls überprüfen Sie den Vorschlag des Mitarbeiters und treffen dann die notwendige Entscheidung (Stufe 3). In beiden Fällen bleibt der Affe beim Mitarbeiter.

Was können Sie sonst noch tun, um Rückdelegation zu vermeiden? Hier noch einige Anregungen, wie sich dem Monkey Business vorbeugen lässt:

- **Riskieren Sie eine lange Leine.** Wenn Sie eine Aufgabe delegieren, zählt letztlich nur das Ergebnis. Geben Sie Ihrem Mitarbeiter deshalb die Freiheit, die Aufgabe nach seinen Vorstellungen zu erledigen. So vermeiden Sie, dass er Sie ständig nach dem nächsten Schritt fragt und darauf wartet, dass Sie ihm sagen, was er zu tun hat.
- **Delegieren Sie Aufgaben rechtzeitig.** Wenn Sie eine Aufgabe »auf den letzten Drücker« vergeben, ist die Gefahr groß, dass wichtige Details unklar bleiben. Der Mitarbeiter steht unter Zeitdruck und kommt mit der Aufgabe nicht zurecht – und schon steht er wieder bei Ihnen auf der Matte. Übertragen Sie einem Mitarbeiter daher eine Aufgabe möglichst frühzeitig und gut vorbereitet. Die Chancen stehen dann gut, dass er ohne Rückfragen zurechtkommt.
- **Überfordern Sie Ihre Mitarbeiter nicht.** Eine anspruchsvolle Aufgabe kann eine Herausforderung und damit motivierend sein. Aber Vorsicht: Wenn die Aufgabe den Mitarbeiter überfordert und er nicht damit zurechtkommt, erreichen Sie das Gegenteil – und der Mitarbeiter gibt sie Ihnen zurück. Überprüfen Sie daher vor Delegation einer Aufgabe, wie es um die Fähigkeiten des Mitarbeiters bestellt ist: Hat er so etwas schon einmal gemacht? Braucht er Unterstützung? Wenn ja, in welcher Form? Checken Sie zudem, woran der Mitarbeiter derzeit arbeitet und ob er noch Kapazitäten für die Aufgabe hat.

- **Informieren Sie ausreichend.** »Machen Sie mal« – so sagen viele Chefs zu ihrem Mitarbeiter. Mag sein, dass das in vielen Fällen ausreicht, wenn der Mitarbeiter mit der Aufgabe vertraut ist. Aber was, wenn er noch zusätzliche Hinweise von Ihnen braucht? Dann wird es nicht lange dauern, bis er wieder bei Ihnen anklopft. Geben Sie ihm besser gleich alle erforderlichen Informationen mit auf den Weg.

- **Übertragen Sie die erforderlichen Kompetenzen.** Wenn ein Mitarbeiter für eine Aufgabe die Verantwortung übernimmt, benötigt er hierfür auch bestimmte Befugnisse. Das wird häufig vergessen – mit der Folge, dass der Mitarbeiter nicht eigenständig handeln und entscheiden kann. Zwangsläufig muss er dann Teile der Aufgabe zurückdelegieren. Prüfen Sie deshalb, welche Kompetenzen Ihr Mitarbeiter benötigt, damit er die Aufgabe eigenständig ausführen kann. Verfahren Sie nach dem AKV-Prinzip: Übertragen Sie zusammen mit der *Aufgabe* auch gleich die für die Realisierung erforderlichen *Kompetenzen* und die damit verbundenen *Verantwortlichkeiten*.

Aus Toms Tagebuch

Dienstag, 22. Mai

Hilfsbereite Kollegen sind wichtig für ein gutes Projektklima. Solche Mitarbeiter mag jeder. Bettina zum Beispiel macht jedem von uns das Leben leichter, weil sie keine Bitte ausschlägt. Wenn andere schon murren, opfert sie sich immer noch auf. Das ist, ohne Zweifel, unglaublich sozial. Aber ist es nicht auch manchmal zu viel des Guten? Nicht nur, dass man sich abends fühlt wie ein Teebeutel nach dem dritten Aufguss – man erledigt auch die Arbeit, für die eigentlich andere zuständig sind.

Bisher habe ich immer nur schmunzelnd den Kopf geschüttelt, wenn Bettina mal wieder ihr Helfersyndrom hatte. Heute ist mir klargeworden, dass ich auch nicht viel besser bin. Da kam Andreas bei mir vorbei und sagte: »Tom, hast du mal fünf Minuten? Wir haben da ein Problem …« Zack – schon lag das Problem auf meinem Schreibtisch, und ich fing an, nach einer Lösung zu suchen. Als ich Eberhard anschließend bei einer Tasse Kaffee davon erzählte, lachte er und meinte: »Ja, so etwas nennt man Rückdelegation.«

Damit mir das künftig nicht mehr passiert, habe ich mir überlegt, auf welche Weise meine Mitarbeiter mich schon dazu gebracht haben, dass ich ihre Arbeit erledigt habe. Es gibt da tatsächlich einige typische Situationen:

»Wir haben es vergeblich versucht – keiner von uns kriegt es hin …« Das weckt den Helden in mir, und ich fange an, selbst nach einer Lösung zu suchen.

»Du bist der Einzige, der weiß, wie es geht …« Das appelliert an den Fachexperten in mir, mich des Problems anzunehmen.

»Du bist der Einzige, der das entscheiden kann …« Das ist eine klassische Entscheiderfalle, in die man mich da locken will.

»Das kannst nur du mit dem Management klären …« Da wird meine besondere Position als Vorwand genutzt, um mich zum Handeln zu bewegen.

»Anbei das Konzept. Bitte mal kurz reinschauen, ob alles okay ist …« So befriedigt man mein vermeintliches Bestätigungsbedürfnis nach Macht.

»Alle streiten nur noch. Du musst jetzt endlich mal ein Machtwort sprechen ...« Das appelliert an mein Harmoniebedürfnis, mich mit der Situation zu befassen.

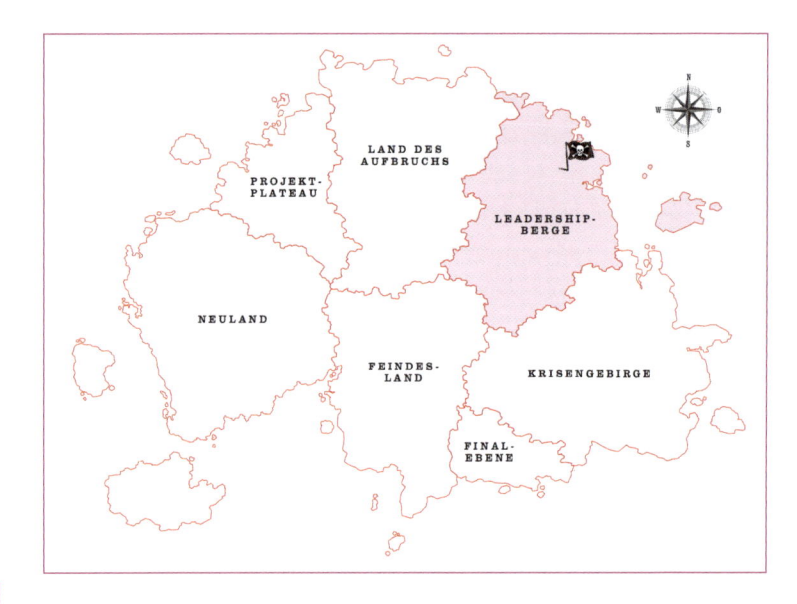

Keiner macht, was er soll

Eigentlich haben Sie die Arbeitspakete klar definiert. Doch sie werden von Ihren Projektmitarbeitern nur mangelhaft abgearbeitet. Termine werden nicht eingehalten, die Ergebnisse enthalten Fehler – das ganze Projekt fängt an, Schaden zu nehmen. Zusätzlicher Druck bringt nichts, er verschlechtert die Lage eher.

So wappnen Sie sich

- Ein Projektleiter muss delegieren *wollen*. Machen Sie sich klar, dass Sie als Projektleiter eine Führungsfunktion übernehmen – und dass hierzu auch die verbindliche Delegation von Aufgaben zählt.
- Ein Projektleiter muss delegieren *dürfen*. Sorgen Sie dafür, dass Sie die Befugnis erhalten, Arbeitspakete zu verteilen und Aufgaben zu delegieren.
- Ein Projektleiter muss delegieren *können*. Bereiten Sie die Delegation eines Arbeitsauftrags sorgfältig vor. Formulieren Sie Aufgabe und Ziel präzise, und wählen Sie den geeigneten Mitarbeiter aus. Beachten Sie die »sechs W des Delegierens«, geben Sie dem Mitarbeiter Antworten auf die Fragen: Was? Wer? Warum? Wie? Womit? Wann?
- Setzen Sie bei größeren Arbeitspaketen auf das Management by Objectives, das Führen durch Zielvereinbarung: Sie vereinbaren mit dem Mitarbeiter Ziele, machen jedoch keine Vorgaben für die Arbeitsausführung.
- Vermeiden Sie Rückdelegation. Viele Mitarbeiter neigen dazu, sich aus der ihnen übertragenen Aufgabe

> wieder »herauswinden«. Bleiben Sie hart – und lösen Sie niemals die Aufgaben und Probleme Ihrer Mitarbeiter.

5.4 Bei Sturm steht der Kapitän mit an Deck
Die Abenteurer wollen einen starken Projektleiter

> Priorität muss der »fighting spirit« haben,
> nicht dieses ethische und soziale Gesäusel, das so modern ist.
> Es geht um den rechten Kampfgeist.
> *Helmut O. Maucher, deutscher Top-Manager*

Nahezu jedes größere Projekt gerät irgendwann in schweres Fahrwasser. Von James Cook wissen wir, dass er dann an Deck stand und gemeinsam mit seinen Leuten gegen den Sturm kämpfte. Die Mannschaft fühlte sich ernst genommen, wertgeschätzt – und hielt zu ihrem Kapitän. Dieser gab die Richtung vor und steuerte mithilfe seiner Mitkämpfer das Schiff erfolgreich durch das Unwetter.

In kritischen Situationen, so führt uns eine Persönlichkeit wie James Cook vor Augen, reichen Fachwissen und Managementtechniken alleine nicht aus. Spätestens wenn die anfangs so mutigen Projektabenteurer erste Ängste und Zweifel beschleichen, brauchen sie einen starken Projektleiter – eine Person, der sie vertrauen, auf die Verlass ist, die fest an das Projektziel glaubt und weiterhin leidenschaftlich und mitreißend dafür eintritt. Was sie erwarten, lässt sich in einem Wort ausdrücken: Führung oder »Leadership«.

Selbst ohne großes Unwetter geraten viele Projekte in Situationen, die gute Führung erfordern. Fehlt sie, kann die Lage leicht aus dem Ruder geraten und den Projekterfolg gefährden. Diese Erfahrung musste ein IT-Dienstleister machen, der für einen Kunden ein Outsourcing-Projekt gestartet hatte – etwas überstürzt und dadurch schlecht vorbereitet. Der Projektleiterin gelang es nicht, das Vorhaben ordentlich auf die Schiene zu bringen. Anstatt ein gemeinsames Team aus eigenen IT-Leuten und Mitarbeitern des Kunden zu schaffen, sah sie hilflos zu, wie sich Kunde und IT-Dienstleister immer mehr zerstritten und in ihren Schützengräben verschanzten. An Zusammenarbeit war nicht mehr zu denken, das Projekt schlitterte in die Krise. Nach achtzehn Monaten zog das Management schließlich die Reißleine – Köpfe rollten, verantwortliche Manager mussten ihren Hut nehmen, während die Projektleiterin in ein unbedeutendes Projekt abtauchte.

Um künftig ähnliche Fälle zu vermeiden, ließ die Geschäftsleitung des IT-Dienstleisters den Fall durch einen externen Berater untersuchen. Als Ursache machte man tatsächlich vor allem die fehlende Führungskompetenz in einer schwierigen, aber noch handhabbaren Projektsituation aus. Der Projektleiterin war es nicht gelungen, beide Seiten zu einem konstruktiven Miteinander zu bewegen und ein funktionsfähiges Team zu bilden. Im Einzelnen zeigte die Analyse:

- Ziele und Strategie waren den Mitarbeitern nicht klar vermittelt. Sie wussten nicht, wofür sie sich engagieren sollten.
- Verantwortlichkeiten und Befugnisse waren nicht geklärt. Das führte dazu, dass Mitarbeiter sich aus der Verantwortung stehlen konnten.
- Die Projektleiterin, eine sehr logisch und rational denkende Frau, hatte für Gefühle und zwischenmenschliche Probleme wenig übrig. Konflikte schwelten daher weiter und richteten zunehmenden Schaden an.
- Als die Probleme zunahmen, reagierte die Projektleiterin mit engen Kontrollen. Das demotivierte die Mitarbeiter weiter und erstickte jede Kreativität im Keim.
- Anstatt konstruktiv mit Fehlern umzugehen, suchte sie nach Schuldigen und stellte Mitarbeiter an den Pranger.
- Die sich verschärfende Situation verlangte von der Projektleiterin konsequentes Handeln, jedoch fehlte es ihr an der notwendigen Disziplin, die gemeinsam besprochenen Maßnahmen umzusetzen. Deshalb sahen auch die Mitarbeiter keine Veranlassung, sich an Vereinbarungen zu halten.

Dieses und ähnliches Fehlverhalten lässt sich bei vielen gescheiterten Projekten ausmachen. Es ist nicht übertrieben, wenn man festhält: Die allermeisten Projekte scheitern nicht an zu ehrgeizigen technischen Anforderungen, sondern an der mangelnden Führungskompetenz des Projektleiters.

Die Führungsrollen des Projektleiters

Fragt man nach der Führungskompetenz eines Projektleiters, lassen sich drei Rollen unterscheiden, die je nach Persönlichkeit und Projekt mehr oder weniger stark ausgeprägt sind – Experte, Manager und Leader.

Viele Projektleiter sind anerkannte *Experten.* Sie sind es gewohnt, die meisten Entscheidungen auf ihrem Gebiet selbst zu treffen. Andere Mitarbeiter schätzen ihr Wissen und konsultieren sie. Weil sie der Klassenprimus unter den Kollegen waren, hat man sie dann auch zum Projektleiter ernannt. Ihr Problem ist nur: Es fällt ihnen schwer, die Rolle zu wechseln. Der Experten-Projektleiter führt über die Sache und versucht, das meiste immer noch selbst zu erledigen.

Andere Projektleiter tun sich als gute *Manager* hervor. Ihre Stärke liegt im organisatorischen Geschick. Sie organisieren ihre Projekte, machen Pläne und verwalten Budgets. Sie mögen eine gute Organisation, standardisierte Prozesse und routinierte Abläufe – sind aber auch in der Lage, Komplexität zu reduzieren und in den Griff zu bekommen. Sie lösen Probleme, sichern die Qualität, und auch das Personal »managen« sie. Mit anderen Worten: In seiner Rolle als Manager steuert ein Projektleiter vor allem die Effizienz des Projekts. Er konzentriert sich auf die Projektaufgaben und das Tagesgeschäft und stellt sicher, dass alles reibungslos abläuft. Dabei besteht jedoch die Gefahr, die Motivation und Weiterentwicklung des Projektteams aus den Augen zu verlieren.

Zeichnet sich ein Projektleiter als guter *Leader* aus, hat er eine klare Vorstellung davon, wohin die Reise geht. Für sein Team übernimmt er die Funktion eines Visionärs: Er gibt den Mitarbeitern nicht nur Orientierung, sondern bringt sie auch dazu, ihm zu folgen und auf das Projektziel hinzuarbeiten. Er schafft es, sie zu mobilisieren. Ein Leader sucht die Herausforderung, ist ehrgeizig, möchte exzellente Leistung erbringen. Er will andere Menschen führen und sieht sich als Motor, um ein großes Ziel zu erreichen. Persönlichkeit und Ideen sind das Markenzeichen des Leaders. Sein Problem liegt darin, dass er vor lauter Visionen das Tagesgeschäft vernachlässigt und die Rolle des Managers zu kurz kommt.

Die positiven Wirkungen eines Leaders – oft spricht man auch von einer »charismatischen« Führungspersönlichkeit – sind gut erforscht und unbestritten. Durch seine Führungsweise erreicht er es, dass ein Mitarbeiter seine Arbeit nicht nur als sachlich notwendig ansieht, sondern auch als bedeutungsvoll erlebt. Diese emotionale Bindung steigert Kraft und Ausdauer. Der Mitarbeiter denkt intensiver mit, engagiert sich stärker und ist auch eher bereit, Verantwortung zu übernehmen. Ein charismatischer Projektleiter versteht es besonders gut, die Erfolgszuversicht und das Vertrauen des Mitarbeiters in die eigene Kompetenz zu stärken – was sich ebenfalls leistungsfördernd auswirkt.

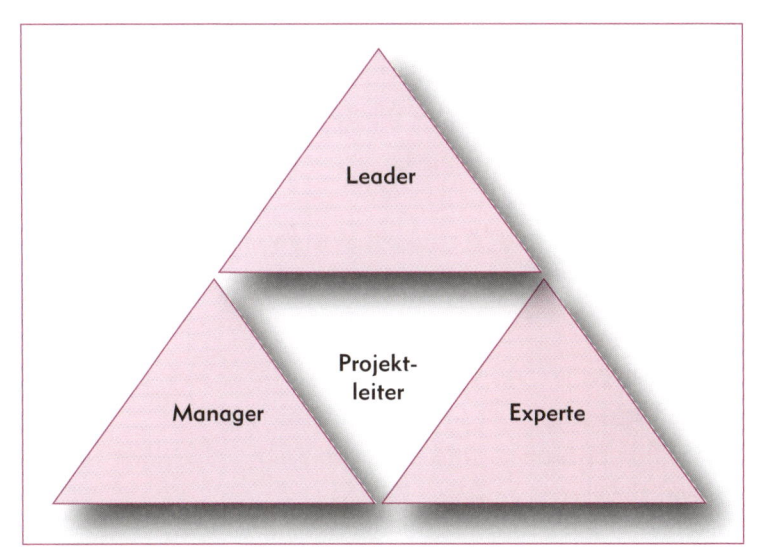

Dreifache Herausforderung – Die Führungsrollen des Projektleiters

Ist es möglich, dass ein Projektleiter alle drei Rollen ausfüllt, also gleichzeitig ein Fachexperte, ein guter Manager und ein Leader ist? Dies wäre sicher der Idealfall, kommt in der Realität jedoch nur selten vor. Projektleiter, die gut managen und organisieren, können zumeist nicht in gleicher Qualität ihre Mitarbeiter inspirieren – und umgekehrt. Aber natürlich ist es trotzdem möglich, auf allen drei Feldern die Führungskompetenz zu erweitern und so den eigenen Handlungsspielraum zu vergrößern.

Wie sich das im Bereich Leadership erreichen lässt, wollen wir im Folgenden näher ansehen.

Die Leadership-Formel

Angenommen, Sie möchten die Rolle als Leader ausspielen: Worauf kommt es dabei an? Leadership hängt von vier wesentlichen Bestimmungsfaktoren ab, nämlich von Vision, Leidenschaft, Disziplin und Vertrauen. Wie gut Sie Ihre Leadership-Funktion ausfüllen, können Sie anhand von vier Leitfragen abschätzen:

- Welches Projektziel verfolgen Sie?
- Wie leidenschaftlich sind Sie bei der Sache?
- Wie diszipliniert verfolgen Sie das Ziel?
- Wie sehr vertrauen Ihnen Ihre Mitarbeiter?

Damit sich Leadership entfaltet, benötigen Sie also zunächst eine Vision, ein großes Projektziel, das Sie antreibt und auch Ihre Mitstreiter motivieren kann. Erst dieses Ziel versetzt Sie in die Lage, die Mitarbeiter für das Projekt zu begeistern und in Richtung auf das Ziel auszurichten. Das setzt allerdings voraus, dass Sie selbst leidenschaftlich bei der Sache sind. Notwendig ist darüber hinaus Disziplin, verbunden mit der Bereitschaft, sich den negativen Aspekten des Projekts zu stellen und schwierige Situationen durchzustehen. Nicht zuletzt benötigen Sie eine gewisse Zuneigung zu den Mitarbeitern, die Sie führen. Denn erst dann entsteht gegenseitiges Vertrauen, ohne das kritische Projektphasen kaum durchzustehen sind.

Leadership braucht alle vier Komponenten; sie lässt sich als Produkt aus Vision, Leidenschaft, Disziplin und Vertrauen beschreiben:

Leadership = Vision x Leidenschaft x Disziplin x Vertrauen

Eine Grundregel des Multiplizierens besagt, dass ein Produkt null ist, wenn einer der Faktoren null ist. Bezogen auf die Leadership-Formel heißt das: Ist eine der vier Komponenten nicht vorhanden, existieren bei der betreffenden Führungskraft keine Leadership-Fähigkeiten.

Sehen wir uns die vier Komponenten noch etwas näher an. Was macht sie jeweils aus? Was können Sie tun, damit der jeweilige Aspekt zur Geltung kommt?

Komponente 1: Leadership braucht eine Vision

Führen impliziert die Antwort auf eine Frage, die viele Projektleiter vernachlässigen: Wohin soll die Reise gehen? Die Geschwindigkeit, mit der sich Unternehmen, ja ganze Branchen verändern, veranlasst die Mitarbeiter immer häufiger, die Sinnfrage zu stellen. Sie fordern von ihren Führungskräften Perspektiven und Orientierung ein. Auch bei einem Projekt wollen die Mitarbeiter wissen, wofür es steht und welchen Sinn ihre Arbeit hat; sie wollen zu positiven Zielen beitragen, eigenständig Entscheidungen treffen und selbstständig handeln. Hieraus entsteht eine emotionale Bindung zum Projekt, aus der sich wiederum das Engagement der Mitarbeiter ergibt.

Eine Vision kann diese sinnstiftende Rolle spielen. Sie drückt aus, was mit dem Projekt erreicht werden soll – aber auch warum es so bedeutend und wichtig ist, dieses Ziel zu erreichen. Allerdings ist es nicht einfach, eine wirklich mitreißende und begeisternde Zielvorstellung zu formulieren. Eine Vision kann ihren Zweck nur erfüllen, wenn die Mehrzahl der Mitarbeiter sich ihr verbunden fühlt. Antoine de Saint-Exupéry hat das mit einer schönen Metapher verdeutlicht: »Willst du ein Schiff bauen, rufe nicht die Menschen zusammen, um Pläne zu machen, die Arbeit zu verteilen, Werkzeug zu holen und Holz zu schlagen, sondern wecke in ihnen die Sehnsucht nach dem großen, endlosen Meer.«

Fragen Sie also nach dem Sinn, der hinter Ihrem Projekt steht. Welchen Beitrag zum Ganzen leistet es? Grundlage für die Formulierung einer zugkräftigen Vision sind die Zielklärungsgespräche, die Sie im Vorfeld des Projekts mit dem Auftraggeber oder der Unternehmensleitung geführt haben (siehe Abschnitt 1.1). Fassen Sie die Ergebnisse der Zielklärung griffig zusammen und vermitteln Sie sie überzeugend. Das setzt natürlich voraus, dass auch Sie selbst sich für die Vision begeistern.

Für eine Vision sorgen
- Greifen Sie auf die Zielklärung bei Projektbeginn zurück, und leiten Sie hieraus eine Vision für das Projekt ab.
- Vermitteln Sie Ihren Mitarbeitern anhand der Vision, wofür das Projekt steht und welchen Sinn ihre Arbeit hat.
- Überzeugen Sie alle Projektbeteiligten von der Vision, besser noch: Versuchen Sie, die Beteiligten zu begeistern und mitzureißen.
- Sorgen Sie dafür, dass sich eine Mehrzahl der Mitarbeiter der Vision verschreibt.
- Nutzen Sie die Vision, um die Mitarbeiter zu motivieren und das Projekt in Problemsituationen auf Kurs zu halten.

Komponente 2: Leadership braucht Leidenschaft

»Leidenschaftliche Führungspersönlichkeiten ernten leidenschaftliche Reaktionen«, konstatierte der Leadership-Experte John C. Maxwell. Seiner Ansicht nach kann man durch Leidenschaft viel erreichen. Mahatma Gandhi mit seinem Einsatz für die Menschenrechte, Winston Churchill mit seinem Wunsch nach Freiheit, Martin Luther King mit seinem Engagement für Gleichberechtigung oder Steve Jobs mit seiner Begeisterung für die Technologie – jeder von ihnen beeindruckte durch seine Leidenschaft und veränderte auf seine Art die Welt. Gemeinsam ist ihnen, dass sie nicht durch Angst oder Druck motivierten, wie wir es heute in vielen Unternehmen täglich erleben, sondern auf fast magische Weise die Seele der Menschen ansprachen. Indem sie vorlebten, was sie predigten, vermittelten sie Hoffnung, Mut und Tatendrang. Sie inspirierten, anstatt zu motivieren!

Wenn die Seele Feuer fängt, wenn ein Herz brennt, wird Unmögliches machbar. Eben deshalb erbringen leidenschaftliche Führungskräfte so starke Leistungen. Ein leidenschaftlicher Projektleiter mit dürftigen Fach- oder Managementfähigkeiten wird stets mehr bewegen als ein fachlich und managementtechnisch versierter Projektleiter mit wenig Leidenschaft. Es gilt der Leitspruch: »When you set yourself on fire, people love to come and see you burn.«

Leider dominiert im Projektalltag die Routine. Der Alltagstrott hält die Menschen gefangen, Leidenschaft scheint ein Fremdwort zu sein. Der Projektleiter versäumt es, die besten Kräfte seiner Mitarbeiter zu wecken, indem er sie durch seine Leidenschaft für klare Werte, begeisternde Ziele, unbedingte Qualität und Kundennutzen mitreißt. Wandelt er als Schlaftablette durch das Projekt, überträgt sich das auf das Team. Umgekehrt gilt dasselbe: Ist er Feuer und Flamme für das Projekt, wird er auch sein Team mitnehmen.

Notwendig sind also zwei Schritte: Zunächst müssen Sie selbst für das Projekt Feuer und Flamme sein, im zweiten Schritt übertragen Sie diese Begeisterung auf die anderen.

Für Leidenschaft sorgen

- Verfolgen Sie die Projektziele mit Leidenschaft – nur dann können Sie die Mitarbeiter anstecken.
- Ergreifen Sie die Initiative und erweisen Sie sich als Vorkämpfer, der für sein Team und die Sache eintritt.
- Vertreten Sie keine Standpunkte, hinter denen Sie nicht selbst stehen.
- Stehen Sie konsequent zu Ihren Standpunkten – gegenüber den Mitarbeitern ebenso wie gegenüber dem Auftraggeber und dem Management.
- Entwickeln Sie eine persönliche Ausstrahlung und vermitteln Sie Sinn und Schwung über das Alltägliche hinaus.
- Bringen Sie die Bereitschaft mit, sich mit allen – positiven wie negativen – Aspekten des Projekts auseinanderzusetzen.

Komponente 3: Leadership braucht Disziplin

Projekterfolg verlangt operative Exzellenz. Diese lässt sich weder durch Vision noch durch Leidenschaft allein erreichen, hierzu bedarf es einer weiteren Eigenschaft: der Disziplin. Aufgabenlisten führen, nachhaken, Termine einhalten, Ergebnisse kontrollieren, Probleme abarbeiten – auch um diese alltäglichen Dinge muss sich der Projektleiter kümmern. Und auch hier kommt ihm eine Vorbildfunktion zu.

Folgende Eigenschaften zeichnen einen disziplinierten Projektleiter aus und ergeben ein unter diesem Aspekt konsistentes Führungsverhalten:

- der Wille, das Projekt mit Blick auf Termin, Umfang und Budget wie geplant abzuschließen,
- die Bereitschaft, dafür einen höheren Einsatz zu bringen als andere,
- die Fähigkeit, auch schwierige Entscheidungen zu treffen,
- die Fähigkeit, diese Entscheidungen konsequent umzusetzen,
- die Bereitschaft, sich auch negativen Aspekten des Projekts zu stellen,

- die Konsequenz, Probleme zeitnah anzugehen und zu lösen,
- die Fähigkeit, nach Rückschlägen sofort wieder aufzustehen,
- die Zuverlässigkeit bei getroffenen Aussagen,
- die Berechenbarkeit der eigenen Reaktionen,
- anderen das Gefühl zu geben, fair und gerecht behandelt zu werden.

Es ist unverkennbar: Disziplin hat viel mit Konsequenz zu tun – der Konsequenz, an den Dingen dranzubleiben, nichts unter den Teppich zu kehren und das Projekt erfolgreich abschließen zu wollen.

Für Disziplin sorgen

- Es gilt das Highlander-Prinzip: Es kann nur einen geben! Für das Projekt tragen letztlich Sie allein als Projektleiter die Verantwortung.
- Als Projektleiter treffen Sie auch schwierige Entscheidungen, setzen diese konsequent um – und nehmen sie nicht peu à peu wieder zurück.
- No mercy! Als Projektleiter kennen Sie keine Gnade. Sie akzeptieren weder schlechte Leistungen noch Regelverstöße durch Mitarbeiter oder Partner.
- Bei Konflikten greifen Sie konsequent ein, analysieren die Ursachen und erarbeiten mit den Konfliktparteien eine konstruktive Lösung.
- Als Projektleiter kümmern Sie sich um die Belange Ihres Projekts, gehen Probleme zeitnah an und kehren nichts unter den Teppich.
- Sie setzen Ihre Werkzeuge (Aufgabenliste, Meilensteinplan etc.) konsequent ein – und sind jederzeit bereit, alle notwendigen Maßnahmen zu ergreifen, um die Kontrolle über das Projekt zu behalten.

Komponente 4: Leadership braucht Vertrauen

Die vierte Grundlage für gute Führung – neben Vision, Leidenschaft und Disziplin – ist Vertrauen. Wenn die Mitarbeiter dem Projektleiter vertrauen, gehen sie für ihn und das Projekt durch die Hölle.

Doch während man Vision, Leidenschaft und Disziplin selbst schaffen kann, ist man beim Faktor »Vertrauen« auf die anderen angewiesen. Vertrauen entsteht beim Gegenüber; man kann es nicht direkt erzeugen. Der Mitarbeiter muss es seiner Führungskraft schenken! Entscheidend sind hier drei Stichworte: Sicherheit, Glaubwürdigkeit und Priorität.

Vermitteln Sie Sicherheit. Vertrauen entsteht, wenn die Mitarbeiter sich unter Ihrer Projektleitung gut aufgehoben fühlen. Das ist dann der Fall, wenn Sie Sicherheit vermitteln – Sicherheit in Bezug auf Ihr Handeln, aber auch in Bezug auf Vertraulichkeit. Jeder Mitarbeiter sollte die Gewissheit haben: »Dieser Projektleiter weiß, was er tut. Er schickt uns nicht auf ein Himmelfahrtskommando.« Ein Mitarbeiter sollte aber auch

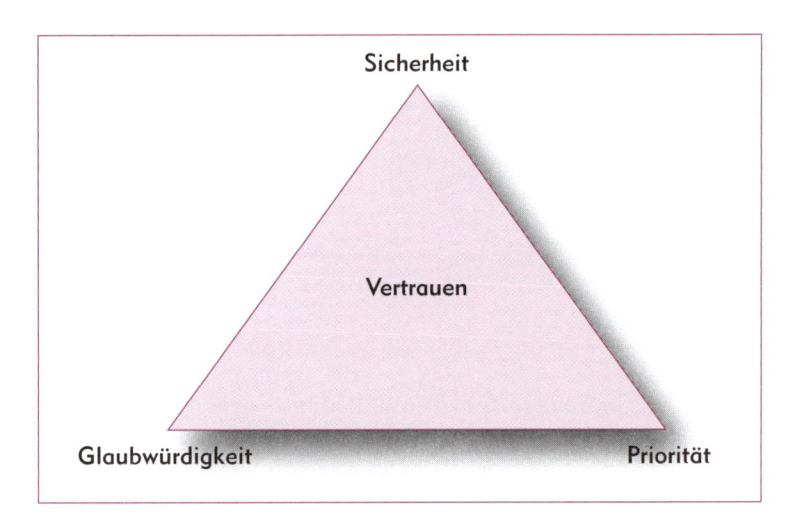

Entstehungsfaktoren von Vertrauen

die Sicherheit haben, ein Anliegen mit Ihnen offen besprechen zu können – also zum Beispiel einen Fehler einzugestehen, ohne gleich befürchten zu müssen, dass der Vorgesetzte davon erfährt.

Seien Sie glaubwürdig. Vertrauen entsteht, wenn Sie glaubwürdig sind. Der Mitarbeiter muss sich auf das, was Sie ihm vermitteln, verlassen können. Glaubwürdig sind Sie, wenn der Mitarbeiter Ihnen abnimmt, was Sie sagen. Glaubwürdigkeit gründet sich deshalb vor allem auf Know-how und Erfahrung, aber auch auf Ehrlichkeit und Zuverlässigkeit. In der Konsequenz heißt das: Glaubwürdigkeit und damit das notwendige Vertrauen Ihrer Mitarbeiter können Sie nur gewinnen, wenn Sie über ausreichendes Wissen und genügend Erfahrung verfügen, um das Projekt zu managen.

Geben Sie dem Projekt oberste Priorität. Vertrauen entsteht, wenn keinerlei Zweifel bestehen, dass Sie als Projektleiter dem Projekt die oberste Priorität einräumen. Die Bedeutung des Faktors »Priorität« für die Entstehung von Vertrauen lässt sich am Beispiel einer Verkaufssituation verdeutlichen: Viele Verkäufer haben ein Vertrauensproblem, weil der Kunde das Gefühl hat, dem Verkäufer könnte die Provision wichtiger sein als das Kundenanliegen. Vertrauen setzt also absolute Transparenz bei der Prioritätensetzung des Verkäufers voraus.

Nicht anders verhält es sich beim Projektleiter. Der Mitarbeiter muss sich sicher sein, dass bei einem Anliegen stets das Projektinteresse Vorrang hat – und alle anderen Interessen, Wüsche und Bedürfnisse dahinter zurücktreten.

Für Vertrauen sorgen
- Vertrauen hängt von den Faktoren Sicherheit, Glaubwürdigkeit und Priorität ab. Behalten Sie alle drei im Blick.
- Strahlen Sie Sicherheit aus. Geben Sie Ihren Mitarbeitern das Gefühl, in Ihrem Projekt gut aufgehoben zu sein.
- Vermitteln Sie Ihren Mitarbeitern die Sicherheit, dass sie Fehler begehen dürfen, um daraus zu lernen.
- Seien Sie offen für die Anliegen Ihrer Mitarbeiter – und gehen Sie vertraulich mit diesen Informationen um.

- Klären Sie Probleme, möglichst ohne Dritte (z. B. den Vorgesetzten des Mitarbeiters) zu involvieren.
- Sagen Sie, was Sie denken. Und tun Sie, was Sie sagen. Gehen Sie mit gutem Beispiel voran.
- Zeigen Sie ehrliches Interesse an Ihren Mitarbeitern – und geben Sie ihnen auch ein ehrliches Feedback.
- Stellen Sie eigene Bedürfnisse zurück – räumen Sie den Interessen des Projekts oberste Priorität ein.

Aus Toms Tagebuch

Mittwoch, 30. Mai

Es gibt keine perfekten Menschen – tröstlich, dann brauche ich auch nicht zu versuchen, ein perfekter Projektleiter zu sein. Schon seltsam, dass sich manche Leute für perfekt halten …

Ich habe heute mit Eberhard zusammen zu Mittag gegessen. Da im Moment im Projekt so weit alles rund läuft, nutzte ich die Gelegenheit, mich mit ihm ein wenig über seine Führungsphilosophie zu unterhalten. Ich schätze seine ruhige Art – und wie er es trotzdem schafft, Dinge zu bewegen und ein Team zu führen. Das sieht bei ihm alles so leicht aus.

Interessant fand ich sein Verständnis, Führung nicht als Privileg, sondern als Dienstleistung zu verstehen. Ich als Dienstleister für mein Projektteam!? Eine ungewöhnliche Perspektive.

Einige Dinge, die laut Eberhard einen »perfekten Chef« ausmachen:
- Der »perfekte« Chef macht Fehler – wie jeder andere auch. Wichtig ist nur, dass er seine Fehler erkennt und Wege findet, sie zu beheben.
- Er verbessert sich ständig, das heißt, er nimmt Fehler zum Anlass, sich persönlich weiterzuentwickeln.
- Er mag Menschen. Um exzellent zu sein, muss man lieben, was man tut. Und um exzellent zu führen, muss man Menschen lieben.
- Er ist ein Teamplayer. Er sagt und meint »wir« und nicht »ich«. Im 21. Jahrhundert gewinnen die Teams, nicht die Einzelspieler!
- Er fordert Mitarbeiter heraus. Er will Leistung erleben – und regt Menschen an, sie zu erbringen.
- Er gibt sich nicht mit dem zweitbesten Ergebnis zufrieden. Er orientiert sich ungern am Durchschnitt, sondern will Spitzenleistungen sehen.
- Er verabschiedet sich vom Gedanken, fachlich der Beste sein zu wollen, und konzentriert sich auf seine Führungsaufgaben.
- Er lebt die Werte, die er selbst predigt – und gewinnt so das Vertrauen seiner Mitarbeiter.
- Er ist wirksam, das heißt, er bewirkt, dass seine Mitarbeiter Ziele erreichen. Idealerweise macht er sich dabei selbst überflüssig.
- Er ist offen für andere Wirklichkeiten, das heißt, er lässt andere Meinungen, Sichtweisen und Ideen zu.

🏴‍☠️ Schlechte Führung

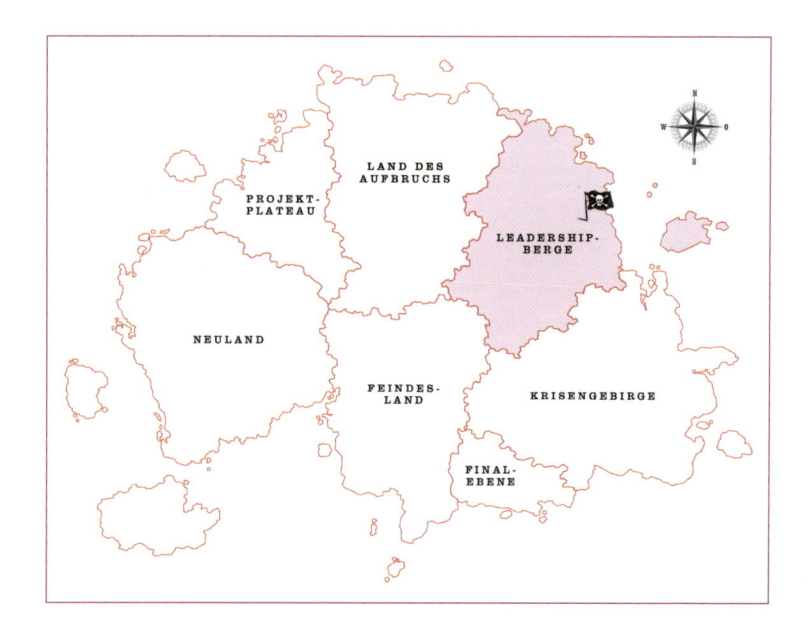

Schlechte Führung gefährdet den Projekterfolg. 80 Prozent aller Projekte scheitern nicht an technischen Anforderungen, sondern an mangelnder Führungskompetenz des Projektleiters.

🎯 So wappnen Sie sich

- Verlieren Sie sich nicht zu sehr in den operativen Tätigkeiten. Regeln aufzustellen und Prozesse zu beschreiben ist zwar notwendig, ebenso kommt es aber auch auf Führung oder »Leadership« an.
- Leadership besteht aus den Komponenten Vision, Leidenschaft, Disziplin und Vertrauen. Achten Sie auf alle vier Aspekte!
- Formulieren Sie eine Zielvorstellung (Vision), die allen Beteiligten Sinn und Zweck des Projekts verdeutlicht.
- Üben Sie Ihre Führungsaufgabe mit ehrlicher Leidenschaft aus. Nur dann können Sie auch Ihr Team begeistern und mitreißen. Leidenschaft erleichtert es, schwierige Projektsituationen zu meistern – und zählt damit zu den wichtigsten Erfolgsfaktoren eines Projekts.
- Seien Sie diszipliniert. Bleiben Sie konsequent an den Dingen dran und zeigen Sie den unbedingten Willen, das Projekt zum Erfolg zu führen.
- Gewinnen Sie das Vertrauen Ihrer Mitarbeiter. Vermitteln Sie hierzu Sicherheit, bleiben Sie glaubwürdig – und räumen Sie den Projektinteressen oberste Priorität ein.

Etappe 6

KURS HALTEN IN GEFÄHRLICHEN GEWÄSSERN

Konflikte und Krisen meistern

Den 27. Oktober 1915 nannte Ernest Shackleton »Schicksalstag«. An diesem Tag verließ die Crew das Schiff mit Proviant und Ausrüstung und errichtete auf einer großen Eisscholle ihr Quartier. Vier Wochen später sank vor ihren Augen die vom Packeis zerdrückte *Endurance.*

So wie der britische Polarforscher mit seiner Mannschaft in eine ausweglose Lage geraten war, kann es auch Projektleitern ergehen. Unversehens finden sie sich in einer Situation wieder, mit der vorher kein Mensch gerechnet hatte. Spätestens jetzt wird ihnen klar: Projekte können Abenteuer mit ungewissem Ausgang sein.

Ernest Shackleton brachte es fertig, alle 27 Expeditionsteilnehmer aus dem ewigen Eis zu befreien und glücklich nach Hause zurückzubringen. Hierfür wird er bis heute bewundert. Was in Tagebüchern, Briefen und Veröffentlichungen überliefert ist, inspiriert Führungskräfte und Managementexperten nach wie vor. So befassten sich in jüngerer Zeit die Beraterin Margot Morrell und die Journalistin Stephanie Capparell eingehend mit dem Polarforscher und beschrieben in ihrem Buch *Shackletons Führungskunst,* wie dieser seine Mannschaft in scheinbar ausweglosen Situationen motivierte und führte.

Als Shackleton 1909 von einer ersten Expedition zurückkehrte, ging er realistischerweise davon aus, dass entweder Scott oder Amundsen den Südpol erreichen würden, bevor er erneut würde aufbrechen können. So verblieb ihm, wollte auch er noch eine Heldentat vollbringen, nur die Durchquerung des antarktischen Kontinents. Mit diesem Ziel vor Augen startete er am 1. August 1914 seine Expedition von London aus Richtung Antarktis. Obwohl norwegische Walfänger auf außergewöhnlich große Mengen von Packeis hinwiesen, ließ Shackleton sich nicht beirren. Am 10. Januar 1915 erreichte das Schiff das Weddell-Meer, wo es bereits neun Tage später vom Packeis eingeschlossen wurde.

Den Männern war rasch klar, dass eine Befreiung aus dem Eis erst im antarktischen Frühling, also im September oder Oktober, möglich sein würde. Man richtete sich auf einen langen, kalten Winter ein. Die dunklen Wintermonate Mai, Juni und Juli vergingen ohne große Ereignisse. Shackletons wichtigste Aufgabe bestand darin, Fitness, Training und Moral seiner Mannschaft aufrechtzuerhalten, was ihm sehr gut gelang. Er veranstaltete Fußballspiele und Hunderennen, abends wurde ein Laientheater aufgeführt.

Gefangen im Meereis driftete die *Endurance* während der folgenden Monate langsam in nordwestliche Richtung. Als im September das Eis aufzubrechen begann, drückten die sich durch die Drift auftürmenden Eismassen gegen den Schiffsrumpf – bis an jenem Schicksalstag die Mannschaft das Schiff verlassen musste.

Mehrere Monate kampierte Shackleton mit seinen Leuten auf der Eisscholle. Als diese dann am 9. April 1916 auseinanderbrach, ließ er die drei mitgeführten Rettungsboote zu Wasser, um das nächstgelegene Land anzusteuern. Das Unterfangen erwies sich als äußerst gefährlich und unberechenbar, da die Fahrt inmitten des Packeises von sich öffnenden und schließenden Wasserstraßen abhängig war.

Fünf qualvolle Tage später erreichten die 28 völlig erschöpften Männer Elephant Island. Erstmals nach 497 Tagen auf See und Meereis hatten sie wieder festen Boden unter den Füßen. Die Insel erwies sich jedoch als wenig einladendes Stück Land – unbewohnt und abseits der bekannten Schiffsrouten. Um die Männer in die Zivilisation zurückzubringen, entschied Shackleton, eine Seereise über 1500 Kilometer im offenen Boot zu wagen, um bei den Walfangstationen in Südgeorgien Hilfe zu holen.

Shackleton wählte fünf Männer aus, die ihn begleiteten. Die aufgewühlte See durchnässte alles, zudem setzte sich Eis am Boot fest, was die Fahrt verlangsamte. Am 5. Mai brach ein Sturm aus, wie ihn selbst Shackleton nach 26 Jahren auf See noch nicht erlebt hatte. Nach zweiwöchiger Überfahrt kam Land in Sicht, zwei Tage später erreichte das Boot die King Haakon Bay. Sogleich bemühte sich Shackleton, nun auch die Rettung der restlichen auf Elephant Island gestrandeten Männer zu organisieren. Die ersten drei Anläufe schlugen wegen schwieriger Eisverhältnisse fehl. Schließlich wandte er sich an die chilenische Regierung, die daraufhin den Schlepper *Yelcho* entsandte. Dieser erreichte Elephant Island am 30. August 1916 – und nahm alle 22 verbliebenen Expeditionsteilnehmer wohlbehalten an Bord.

Seine Führungskunst und sein Krisenmanagement weisen Ernest Shackleton als große Führungspersönlichkeit aus. Trotz der zahlreichen lebensgefährlichen Krisen war es ihm immer wieder gelungen, seine Leute zu motivieren und bei guter Stimmung zu halten. Eigentlich erstaunlich. Damals war ein eher hierarchischer Stil wie der des Forschers Robert F. Scott üblich: Dieser galt als mürrisch, herrschsüchtig und steif; in militärischer Tradition stellte er das Ziel über Menschenleben. Shackleton dagegen führte unautoritär und demokratisch; er galt als herzlich, humorvoll und gerecht. Besonders halfen ihm sein unerschütterlicher Optimismus und sein Einfühlungsvermögen. Seine Crew dankte es ihm mit großer Loyalität.

Ernest Shackleton kann damit als Vorbild für Projektleiter stehen, die mit ihrem Projekt in gefährliche, vielleicht sogar ausweglose Situationen geraten und ihrem Team das Äußerste abverlangen müssen.

Sicher, so weit muss es nicht kommen: Normalerweise läuft ein Projekt in der Hauptphase rund. Das Projektteam hat seine volle Leistungsfähigkeit erreicht, und die Aussichten, das Projektziel planmäßig zu erreichen, stehen gut. Der Projektleiter nutzt seine Instrumente, beobachtet die Abweichungen, macht sein Projektcontrolling. Bei kleineren Abweichungen steuert er gegen und hält das Projekt mühelos auf Kurs. Das ist der Normalfall. Manchmal geschehen aber doch Dinge, die das Projekt ins Schleudern bringen.

In Etappe 6 befassen wir uns mit vier Szenarien, die ein Projekt aus der Bahn werfen können. Szenario eins sind *eskalierende Konflikte* (Abschnitt 6.1). Dass es unter den Abenteurern mal kracht, gehört zum Projektalltag. Wenn Konflikte jedoch ausufern, können sie das Projekt in eine Krise stürzen. Das zweite Szenario befasst sich mit *Saboteuren* (Abschnitt 6.2): Projektgegner im Unternehmen können, sofern sie nicht rechtzeitig entmachtet werden, das Projekt zu Fall bringen. Drittes Szenario sind *unerwartete Ereignisse* (Abschnitt 6.3) wie zum Beispiel die Insolvenz eines Lieferanten oder ein Serverausfall. Schnelles Handeln, oft auch Improvisation sind dann notwendig, um den Zeitplan noch zu retten. Das vierte Szenario beschreibt den Fall einer *zerstörerischen Dauerkrise* (Abschnitt 6.4), die allen Beteiligten über den Kopf zu wachsen droht – vergleichbar der Katastrophe, mit der sich Shackleton nach dem Untergang der *Endurance* konfrontiert sah.

6.1 Rosenkriege und Grabenkämpfe
In Konflikte eingreifen, bevor alles zu spät ist

> Das Ziel eines Konflikts oder einer Auseinandersetzung
> soll nicht der Sieg, sondern der Fortschritt sein.
> *Joseph Joubert*

»Rosenkriege« gehen auf das 15. Jahrhundert zurück, nämlich auf die Kämpfe zweier Adelsfamilien um die englische Thronherrschaft. Die Wappen dieser Familien enthielten Rosen – eine rote für Lancaster, eine weiße für York. Wenn heute von Rosenkrieg die Rede ist, denken wir an heftige Scheidungs- oder Trennungskonflikte, angelehnt an den gleichnamigen Hollywoodfilm von Danny DeVito. Darin wird die Geschichte einer Auseinandersetzung erzählt, die sich über viele Jahre erstreckt und immer absurdere Ausmaße annimmt. Am Ende liegen die Eheleute Barbara und Oliver Rose sterbend in der Eingangshalle ihres Hauses, nachdem sie bei einem Kampf im Treppenhaus mitsamt Kronleuchter in die Tiefe gestürzt sind.

Der Film ist ein Paradebeispiel dafür, wohin ein ungebremst eskalierender Konflikt führen kann. Was hier als Komödie allein in Deutschland 4 Millionen Besucher in die Kinos lockte, erweist sich im wahren Leben eines Projektleiters häufig als bitterer Ernst. Hier eine Kostprobe:

Dirk verantwortet als Bauprojektleiter bei einer Flughafengesellschaft den Neubau eines Radarturmes auf einem großen europäischen Flughafen. In seinem Team schart er hervorragende Spezialisten um sich, darunter auch Holger und Annette. Er freut sich, dass er die beiden für den Auslandseinsatz gewinnen konnte, denn sie zählen für Konzeption und Betrieb von Radaranlagen zu den besten Köpfen des Unternehmens. Was er nicht weiß: Holger und Annette haben sich im letzten gemeinsamen Projekt derart überworfen, dass sie sich feindselig, ja fast schon hasserfüllt gegenüberstehen.

Als vor Ort der Kick-off-Workshop stattfindet, nimmt Dirk zwar eine gewisse Spannung wahr, misst ihr aber zunächst keine allzu große Bedeutung bei. Doch als dann Annette gegen Ende des Workshops bemerkt, sie würde ihren Kollegen Holger lieber heute als morgen aus dem Projektteam werfen, dämmert dem Projektleiter: Mit dieser Personalie hat er sich ein gewaltiges Problem eingehandelt.

Was nun folgt, erinnert an das Drehbuch eines Krimis – mit dem Bösewicht, der seinen Opfern das Leben zur Hölle macht und die Zuschauer bangen und mitleiden lässt, bis endlich der rettende Held die Erlösung bringt. Manchmal stirbt dabei nicht nur der Schurke, sondern auch der Held selbst. Nach diesem Schema scheint auch Dirks Drama am Radarturm inszeniert: Annette beschuldigt Holger der Unfähigkeit, und das mitten im Workshop. Holger wiederum hält sie für eine »arrogante Ziege«. Seit sie gegenüber einem Kunden behauptet hat, er sei für ihre Fehler verantwortlich, redet er kein Wort mehr mit ihr. Für ihn ist Annette die *Täterin*, und er sieht sich als *Opfer*. Doch so eindeutig ist die Sachlage nicht: Wegen Holgers Detailversessenheit konnte Annette im letzten Projekt eine Deadline nicht einhalten und musste dafür vom Kunden Prügel einstecken. Nicht ganz zu Unrecht hält sie Holger deshalb für den wahren *Übeltäter* und fühlt sich selbst als *Opfer*.

Unweigerlich werden nun die anderen Teammitglieder vom Sog einer Konfliktspirale erfasst. Da gibt es zunächst die *Fans*, das sind die Bündnispartner von Annette und Holger, die im Konflikt aktiv Stellung beziehen. Die einen schlagen sich auf die Seite von Holger, weil sie Annette ebenfalls für eine arrogante Ziege halten. Die anderen stehen zu Annette, weil Holger für sie ein »detailversessener Armleuchter« ist. Die übrigen Teammitglieder halten sich zwar heraus, doch ist dieser Rosenkrieg für sie eine willkommene Abwechslung. Sie genießen den Konflikt als *Zuschauer*. Zu ihrer Freude kommt richtig Leben in den sonst so eintönigen Alltag. Jede Projektbesprechung, jeder Workshop wird zur großen Bühne.

Nun verlangt das Drama nach dem *Retter*. Wird Dirk dieser Rolle gerecht?

Dirk hat das Pech, diesen Konflikt schon auf einer recht hohen Eskalationsstufe »geerbt« zu haben. Umso schneller müsste er jetzt eingreifen, was er jedoch versäumt. Angeblich hat er andere Sorgen, in Wahrheit ist er schlicht überfordert. Insgeheim hofft er, die Sache aussitzen zu können. Doch wenn ein Konflikt erst einmal eine bestimmte Schwelle überschritten hat, regelt er sich nicht mehr von selbst. Vielmehr entwickelt er eine Sprengkraft, die selbst ein ansonsten gut laufendes Projekt vernichten kann.

Und so nimmt das Drama seinen Lauf. Als Holger eines Morgens seinen Laptop hochfährt, um Dirk die neuesten Berechnungen für die Radaranlagen zu präsentieren, bleibt der Bildschirm leer. Seine Kontrahentin hat ihm die Festplatte gelöscht.

Annettes Vernichtungsschlag zeigt: Es kann gefährlich sein, als Projektleiter eine Meinungsverschiedenheit im Team als Lappalie abzutun und darauf zu hoffen, die Streithähne würden sich schon wieder zusammenraufen. Stattdessen besteht eine hohe Wahrscheinlichkeit, dass der Konflikt an Fahrt aufnimmt und außer Kontrolle gerät. Die Kontrahenten sabotieren einander, ziehen die anderen Mitarbeiter mit in den Konflikt hinein – und darunter leidet der Projektfortschritt.

Wie Konflikte eskalieren: Schritt für Schritt in den Rosenkrieg

Ein Konflikt wie der von Holger und Annette hat das Zeug für einen Rosenkrieg, an dessen Ende beide Parteien untergehen. Die Kontrahenten verwickeln sich in Grabenkämpfe, bei denen Verstand, Integrität und Professionalität auf der Strecke bleiben. Wie sonst lässt sich das Ansinnen erklären, die Festplatte eines Kollegen zu formatieren? Hat ein Konflikt erst einmal dieses Stadium erreicht, spielen die Ursachen der Auseinandersetzung keine Rolle mehr. Der eine möchte den anderen nur noch vernichten, selbst wenn es ihn die eigene Existenz kostet.

Vom Disput zum Konflikt

Vermutlich haben Sie als Projektleiter schon häufiger erlebt, wie eine einfache Meinungsverschiedenheit an Schärfe gewinnt und sich – lange unbemerkt – zu einem emotionalen Konflikt wandelt. Was genau läuft da ab?

Sachliche Meinungsverschiedenheiten gehören zum Projektalltag. Ein Projekt zielt per Definition auf etwas Neuartiges ab, die Beteiligten haben unterschiedliche Sichtweisen und Interessen. Da ist es völlig normal, wenn Meinungen aufeinandertreffen. Der eine beurteilt eine Situation eben so, der andere anders. Der eine findet dieses Vorgehen richtig, der andere jenes. Das ist unproblematisch, solange die Diskutanten einander respektieren und akzeptieren, dass es verschiedene Sichtweisen gibt.

Die zunächst harmlose Meinungsverschiedenheit spitzt sich häufig zu, wenn der Projektverlauf eine Entscheidung in der strittigen Sache erfordert. Nun versteifen sich die Kontrahenten gerne auf ihre Meinung und versuchen, den anderen zu bekehren: »Sie müssen die Sache so sehen wie ich, nur dann sehen Sie sie richtig!« Solange die Beteiligten respektvoll miteinander umgehen und für andere Argumente weiterhin zugänglich sind, ist auch eine solche Auseinandersetzung noch akzeptabel. Wenn jedoch zwischen den Kontrahenten persönliche Spannungen aufkommen, ist die Schwelle zu einem emotional ausgetragenen Konflikt überschritten.

Das Modell der Eskalationsstufen

Das wohl bekannteste Eskalationsmodell, das die Zuspitzung von Konflikten treffend beschreibt, stammt vom österreichischen Konfliktforscher und Unternehmensberater Friedrich Glasl. Sein »Modell der Eskalationsstufen« bildet die destruktive Dynamik von Konfliktverläufen ab und zeigt für unterschiedliche Eskalationsstufen Handlungsbedarf und Strategien auf. Damit ist es ein hilfreiches Instrument, das sich in unterschiedlichen Konfliktsituationen anwenden lässt.

Der Konfliktforscher definierte neun Eskalationsstufen, die von der harmlosen Debatte bis zur gegenseitigen Vernichtung reichen. Die Stufen beschreiben ein Abgleiten in immer rücksichtslosere Formen der Auseinandersetzung. Die Kontrahenten bewegen sich auf einem abschüssigen Gelände, das steiler wird und immer weniger Halt bietet. Ein solchermaßen eskalierender Konflikt lässt sich mit einer Lawine vergleichen, die unaufhaltsam und mit zerstörerischer Kraft ins Tal donnert. Für Gegenmaßnahmen ist es dann zu spät.

Um Menschen, Siedlungen und Infrastruktur zu schützen, gibt es einen Lawinenschutz. Dieser ist jedoch meist am Berg angebracht, nämlich dort, wo die Lawine entsteht, und nicht im Tal, wo sie nicht mehr aufzuhalten ist. Ähnlich ist es bei Konflikten: Auch hier muss der Eskalationsschutz ansetzen, bevor sich die Situation verselbstständigt.

Anhand empirischer Untersuchungen in Unternehmen zeigt Glasl auf, dass ein Konflikt nicht gleitend eskaliert, sondern in mehreren, klar voneinander abgrenzbaren Stufen. Diese Stufen gelten grundsätzlich bei jedem Konflikt, auch wenn die Kontrahenten im Eifer des Gefechts manchmal eine Stufe überspringen. Mit jeder Stufe erlangt der Konflikt eine neue Qualität, Glasl spricht von »Wendepunkten in der Eskalation«. Die Möglichkeit einer einvernehmlichen Konfliktlösung sinkt mit jeder Stufe weiter ab, der Konflikt wird heißer, eine Lösung rückt in weitere Ferne – bis ein Aufeinanderzugehen schließlich nicht mehr möglich ist.

Eskalation: Level 1 – Es fängt ganz harmlos an

Mit Blick auf die Handlungsoptionen hat es sich bewährt, die neun Stufen in drei Eskalationsebenen zusammenzufassen.

Ein Konflikt beginnt meist unterschwellig und versteckt. Nur wer direkt beteiligt ist, nimmt ihn wahr – wenn überhaupt. Um negative Folgen zu vermeiden, sollten Sie als Projektleiter den Konflikt zwar möglichst schnell erkennen, doch Vorsicht: Eine Meinungsverschiedenheit oder ein Interessengegensatz muss noch kein Konflikt sein! Wenn Sie vorschnell einen Konflikt diagnostizieren und die Geschütze des Konfliktmanagements auffahren, kann eben dies den Konflikt erst entfachen.

Solange sich der Konflikt auf dem ersten Level bewegt, sind die Parteien noch bestrebt, zu einer Einigung zu kommen. Man argumentiert vorwiegend partnerschaftlich und versucht, die Gegenseite zu überzeugen. Dies schließt allerdings eine hitzige Debatte nicht aus, auch gelegentliche Provokationen kommen vor. Doch sie dienen dem Ziel, den anderen »zur Vernunft zu bringen« und die Meinungsverschiedenheit einer guten Lösung zuzuführen.

Solange sich der Konflikt auf Eskalations-Level 1 bewegt, bedeutet seine Lösung für beide Seiten einen Erfolg – und damit eine Win-win-Situation.

Die Eskalationsstufen 1 bis 3

Bezogen auf das Modell von Friedrich Glasl umfasst Level 1 die ersten drei Eskalationsstufen, nämlich die Stufen »Verhärtung«, »Debatte und Polemik« sowie »Taten statt Worte« (siehe Abbildung).

> **1. Verhärtung**
>
> Erste Spannungen weisen auf einen Konflikt hin. Standpunkte verhärten sich und prallen aufeinander. Das angespannte Verhältnis zwischen den Kontrahenten kann Verkrampfungen auslösen. Es besteht jedoch die Auffassung, dass die Spannungen durch Gespräche gelöst werden können.
>
> **2. Debatte + Polemik**
>
> Die Konfliktpartner überlegen sich Strategien, um den anderen zu überzeugen. Der Ton wird rauer, auch polemischer. Ein plakatives Schwarz-Weiß-Denken entsteht. Die unterschiedlichen Meinungen führen zu ernsthaftem Streit, doch besteht weiterhin die Auffassung, sich am Ende konstruktiv einigen zu können.
>
> **3. Taten statt Worte**
>
> Die Konfliktpartner erhöhen den gegenseitigen Druck. Sie haben das Gefühl, dass Reden allein nicht mehr ausreicht. Damit sich ihre Auffassung durchsetzt, schaffen sie Fakten. Die Fähigkeit zur Empathie mit der Gegenseite schwindet, die Gefahr von Fehlinterpretationen wächst. Der Konflikt verschärft sich, gilt aber immer noch als lösbar.

Erster Konfliktlevel: Die Eskalationsstufen 1 bis 3

Stufe 1 – Verhärtung: »Der geht mir auf die Nerven!« Auf der ersten Eskalationsstufe passiert noch nichts Dramatisches. Aus Interessen werden Standpunkte, die plötzlich aufeinanderprallen. Erste Spannungen zwischen den Kontrahenten bergen den Keim eines Konflikts in sich. Zwar sind beide Seiten überzeugt, dass sie die Situation im Griff haben, doch ihre Bereitschaft, sich ernsthaft mit den Argumenten des Gegenübers auseinanderzusetzen, sinkt. Die Fronten verhärten sich.

Die Kommunikation im Projekt beginnt zu leiden, einige Teammitglieder zeigen sich negativ berührt. »O nein, jetzt kommt der schon wieder mit seinen Schnapsideen!«, heißt es dann, oder: »Den kann ich überhaupt nicht ausstehen!« Den Streit empfinden andere Teammitglieder zunehmend als Ärgernis, was sie auch spüren lassen. Insgesamt herrscht jedoch der Wunsch vor, die Spannungen nicht weiter anwachsen zu lassen und zu einer Einigung zu kommen.

Stufe 2 – Debatte und Polemik: »Ich lasse mir nichts gefallen!« In der zweiten Eskalationsstufe versteifen sich die Kontrahenten auf ihre Standpunkte. Zugeständnisse, so befürchten sie, könnten nachteilige Folgen bringen. Also bleibt jeder rigoros bei seiner Haltung, die er zunehmend lautstark und undifferenziert vertritt: »Ich lasse mir von dem nichts sagen!«

Zuhören und Aufeinanderzugehen fallen immer schwerer, das Klima verschlechtert sich. Der Streit nähert sich der Schwelle zum emotionalen Konflikt. Zwar glauben beide Parteien noch, dass sie ihre Ziele und Interessen am ehesten kooperativ verwirklichen können. Doch sie führen die Auseinandersetzung zunehmend polemisch, bisweilen sogar verletzend. Die Fronten verhärten sich weiter.

Stufe 3 – Taten statt Worte: »Dem werde ich es zeigen!« In der dritten Eskalationsstufe gelangen die Kontrahenten zu der Überzeugung, dass Reden allein nicht mehr ausreicht. Beide sind ob der ungelösten Situation frustriert, und anstatt weitere fruchtlose Diskussionen zu führen, schaffen sie Tatsachen. Haben sich zum Beispiel zwei Kontrahenten bislang um die Notwendigkeit einer Anforderung nur verbal gestritten, setzt der Befürworter jetzt das Feature ungefragt auf die Anforderungsliste.

Die Gegenseite ist gezwungen zu reagieren – und wird in aller Regel signalisieren: »Das lasse ich mir nicht gefallen!« Damit steht der Konflikt an der Schwelle zum Machtkampf. Die Gefahr ist groß, dass es nun zwischen den Parteien zum Bruch kommt, der nicht mehr so einfach geheilt werden kann.

Trotz dieser Zuspitzung gilt: Solange sich der Konflikt im Bereich der ersten drei Stufen bewegt, besteht die Möglichkeit, den Eskalationsprozess noch zu stoppen und eine Wende herbeizuführen. Das ist möglich, weil die Konfliktparteien noch an einer Einigung interessiert sind – und weil bis dato kein irreparabler Schaden entstanden ist.

Das Konfliktgespräch einfädeln

Solange sich ein Konflikt im Bereich der ersten drei Eskalationsstufen bewegt, sollten Sie ihn aufmerksam beobachten. Manchmal ist es ratsam, sich erst einmal zurückzuhalten. Als Schlichter würden Sie die Sache möglicherweise nur noch verkomplizieren – schließlich wollen sich die Parteien ja einigen und wissen selbst am besten, an welcher Stelle sie nachgeben oder kompromisslos bleiben möchten. Gelingt ihnen dies nicht, besteht Handlungsbedarf. Holen Sie die Kontrahenten an einen Tisch.

Bedenken Sie dabei Ihre eigene Rolle im Konflikt. Als Projektleiter ist es nicht immer leicht, eine neutrale und vermittelnde Position einzunehmen. Schließlich geht es ja um Ihr Projekt. Überlegen Sie deshalb, ob Sie die Moderation einer dritten Person übertragen. Möglicherweise ist eine Konfliktmoderation aber auch der falsche Weg: Wenn das Projektziel in der umstrittenen Sache eine eindeutige Entscheidung erfordert, sollten Sie diese Entscheidung jetzt treffen und so den Konflikt beenden. Geben Sie den Weg einfach vor, sei es durch eine Anweisung oder eine Leistungsvereinbarung.

Nehmen wir an, Sie erwägen eine Konfliktmoderation. Fallen Sie dann nicht mit der Tür ins Haus! Wenn Sie die betroffenen Mitarbeiter offen auf den Konflikt ansprechen, reagieren sie zuweilen verwundert: »Wie kommen Sie darauf?« Sie leugnen den Konflikt und lassen die gut gemeinten Bemühungen ins Leere laufen. Gehen Sie deshalb behutsam vor und klären Sie zunächst, ob den Beteiligten der Konflikt bewusst ist und ob sie bereit sind, Zeit und Energie in eine Lösung zu investieren. Fragen Sie die betreffenden Mitarbeiter ganz einfach danach, ob sie mit der momentanen Situation zufrieden sind. Wenn wirklich ein Konflikt besteht, werden die beiden Mitarbeiter unzufrieden sein – und dann können Sie eine Konfliktmoderation vorschlagen.

Nun kommt ein entscheidender Schritt: Die beteiligten Parteien müssen ihren Willen bekunden, zu einer einvernehmlichen Lösung zu kommen. Nur wenn sie den Konflikt wirklich lösen wollen, wird das Konfliktgespräch erfolgreich sein.

Fragen Sie dann, ob die Kontrahenten einverstanden sind, dass Sie die Moderation übernehmen. Wenn nicht, sollten Sie ihnen helfen, einen Moderator zu finden.

Das Konfliktgespräch führen

Ein Konfliktgespräch birgt immer auch eine Chance. Wenn es erfolgreich ist, führt es zu einer soliden, gut durchdachten Problemlösung. Der Projektleiter und die Mitarbeiter, auch das Projekt insgesamt gehen dann als Gewinner aus dem Konflikt hervor. Sieben Schritte können hier als Leitfaden dienen:

1. Schritt: Klären Sie das Ziel. Erklären Sie den Kontrahenten nochmals, worum es bei der Konfliktmoderation geht: um das Lösen eines Konflikts. Die Arbeitsbeziehung soll neu ausgehandelt und so geregelt werden, dass beide Mitarbeiter gut damit leben und ihren Job besser machen können. Dabei gilt die Maxime, dass niemand einer Lösung zustimmen muss, die ihn zum Verlierer macht – ein entscheidender Punkt, von dem die Bereitschaft, überhaupt nach einer Lösung zu suchen, maßgeblich abhängt.

2. Schritt: Legen Sie die Spielregeln fest. Konflikte laufen selten sachlich ab. Deshalb dürften auch im Konfliktgespräch die Emotionen hochkochen. Wenn sich die Kontrahenten jedoch wild beschimpfen, rückt eine Lösung in noch weitere Ferne. Legen Sie deshalb Spielregeln für den Gesprächsablauf fest – zum Beispiel, dass man einander aussprechen lässt und persönliche Beleidigungen unterlässt. Vereinbaren Sie auch, was vertraulich bleiben soll und worüber mit Dritten gesprochen werden darf. Klären Sie zudem Ihre Aufgaben als Moderator.

3. Schritt: Identifizieren Sie den Konflikt. Die Arbeit an der Konfliktlösung beginnt damit, das Problem erst einmal genau zu beschreiben. Jeder erhält die Gelegenheit, seine Sicht des Konfliktes eingehend darzustellen. Dies sollte in Ich-Form geschehen, um die jeweilige subjektive Sichtweise zu verdeutlichen. Achten Sie darauf, dass die unterschiedlichen Positionen noch nicht bewertet werden, sondern einander gleichberechtigt gegenüberstehen. Es kann hilfreich sein, jeden Beteiligten zunächst in seinen eigenen Worten wiederholen zu lassen, was er vom anderen verstanden hat, bevor er seine Sicht der Dinge darstellt.

4. Schritt: Formulieren Sie Interessen und Bedürfnisse. Viele Konflikte gründen auf Unterstellungen, die mit der wirklichen Interessenlage nicht übereinstimmen. Die Kenntnis der tatsächlichen Wünsche und Hintergründe entschärft den Konflikt und erleichtert es, Lösungsansätze zu erarbeiten. Bitten Sie daher die Kontrahenten, die Forderungen und Wünsche des jeweils anderen mit eigenen Worten laut zu formulieren. Der andere soll die Aussage entweder bestätigen oder korrigieren. Haken Sie bei Bedarf nach und fordern Sie dazu auf, Beispiele

für das gewünschte Verhalten zu nennen, um so das gegenseitige Verständnis zu wecken.

5. Schritt: Suchen Sie gemeinsam Lösungen. Nun ist der Boden bereitet, um in eine kreative Phase des Konfliktgesprächs einzusteigen. Suchen Sie zusammen mit den Konfliktbeteiligten nach Lösungsideen. Ziel ist es noch nicht, die Vorschläge zu bewerten, sondern zunächst möglichst viele Lösungsmöglichkeiten zu sammeln. Technik der Wahl ist das Brainstorming, das alle Beteiligten gleichberechtigt in die Lösungssuche einbezieht. Wenn die Teilnehmer hierbei versuchen, die Interessen ihres Kontrahenten explizit zu berücksichtigen, befindet sich das Konfliktgespräch auf einem guten Weg.

6. Schritt: Handeln Sie Lösungen aus. Die Lösungsvorschläge liegen auf dem Tisch. Nun markieren beide Konfliktparteien anhand ihrer Forderungen die Lösungsvorschläge, die ihnen am ehesten geeignet erscheinen. Bitten Sie die Konfliktparteien anschließend, sich wechselseitig Angebote zu machen. Zum Beispiel: »Ich wäre bereit, Ihnen in folgender Weise entgegenzukommen …« Achten Sie als Moderator darauf, dass ein wirkliches Geben und Nehmen stattfindet. Verhindern Sie, dass nur Forderungen gestellt werden. Allenfalls Wünsche sind erlaubt, die dem Gegenüber die Wahl lassen, darauf einzugehen oder nicht. Eine auf diese Weise ausgehandelte Lösung, so zeigt die Erfahrung, geht oft weit über die einstigen Streitpunkte hinaus – und schafft damit eine Win-win-Situation.

7. Schritt: Treffen Sie Vereinbarungen. Die Ergebnisse des Konfliktgesprächs erscheinen Außenstehenden oft unbedeutend, für die Beteiligten sind sie jedoch enorm wichtig. Wie der vorausgegangene Streit gezeigt hat, sind viele Emotionen im Spiel. Folglich müssen Sie sicherstellen, dass die Abmachungen eingehalten werden. Treffen Sie eine klare Vereinbarung. Hierzu kann auch ein Folgetermin gehören, bei dem die Beteiligten überprüfen, ob die Absprachen eingehalten wurden – oder möglicherweise neue Konfliktpunkte entstanden sind.

Eskalation: Level 2 – Es kommt zu Auseinandersetzungen

Ein Konflikt auf dem zweiten Eskalationslevel bedeutet: Die Kontrahenten haben den Willen verloren, sich zu einigen. Es kommt zum Machtkampf, dessen alleiniges Ziel es ist, den Gegner zu besiegen.

Da es nicht länger darum geht, die Gegenseite zum Einlenken oder zu einem Kompromiss zu bewegen, ändert sich ab diesem Zeitpunkt auch die Wahl der Mittel. Man will den anderen schlagen, um die eigenen Interessen zu hundert Prozent durchzusetzen. Der andere muss kapitulieren, sich unterwerfen, als Verlierer das Feld räumen. Und hierfür ist jedes Mittel recht – solange es den eigenen Interessen nicht schadet.

Die Eskalationsstufen 4 bis 6

Nach dem Modell von Friedrich Glasl haben wir es auf Level 2 mit den Eskalationsstufen 4 bis 6 zu tun: »Koalitionen«, »Gesichtsverlust« und »Drohstrategien« (siehe Abbildung).

4. Koalitionen	5. Gesichtsverlust	6. Drohstrategien
Die Konfliktparteien bauen gegenseitig Feindbilder auf, die vorwiegend aus Stereotypen und Klischees bestehen. Sie beginnen sich zu bekämpfen und gegenseitig in negative Rollen zu manövrieren. Es werden Anhänger und Sympathisanten gesucht. Es geht nicht mehr um die Sache, sondern darum, den Konflikt zu gewinnen.	Direkte, häufig auch öffentlich ausgetragene Angriffe bestimmen den Konflikt. Der Gegner soll in seiner Identität getroffen und verletzt werden. Das gegenseitige Vertrauen geht verloren. Gesichtsverlust bedeutet in diesem Sinne Verlust der moralischen Glaubwürdigkeit.	Gegenseitige Drohungen und Ultimaten lassen den Konflikt immer schneller eskalieren. Je höher die angedrohte Sanktion und das damit verbundene Schädigungspotenzial, desto gefährlicher wird der Konflikt.

Zweiter Konfliktlevel – Die Eskalationsstufen 4 bis 6

Stufe 4 – Koalitionen: »Ich suche mir Verbündete!« Mit der vierten Eskalationsstufe ist eine Schwelle überschritten – eine Win-win-Lösung ist nicht mehr möglich. Die Kontrahenten misstrauen einander. Es fällt ihnen immer schwerer, dem Gegenüber überhaupt noch etwas Positives abzugewinnen. Mit legalen, aber unfreundlichen Aktionen heizen sie den Konflikt weiter an. Besonders beliebt ist das »dementierbare Strafverhalten«. Das sind Verhaltensweisen, deren unfreundliche Absicht man jederzeit und unwiderlegbar bestreiten kann, beispielsweise das »Vergessen« wichtiger Zusagen oder das »versehentliche« Durchkreuzen der Pläne des Kontrahenten.

Um die Gegenpartei zu bekämpfen, wird Verstärkung gesucht. Koalitionen werden gebildet; man versucht, Unbeteiligte auf seine Seite zu ziehen. Damit weitet sich der Konflikt aus. Die Auseinandersetzung wird härter, auch feindseliger. Für das eigene Verhalten macht man den Konfliktgegner verantwortlich, weil man ja selbst nur auf den anderen reagiert. Spätestens jetzt dürfte eine konstruktive Konfliktlösung ohne externe Unterstützung unmöglich sein.

Stufe 5 – Gesichtsverlust: »Ich blamiere den anderen!« Auf der fünften Eskalationsstufe interpretieren die Kontrahenten die gegenseitigen Beleidigungen und Kränkungen nicht mehr als Überreaktion, sondern unterstellen dem Gegenüber böse Absichten. Die Geschichte des Konflikts wird neu geschrieben: Alle Ereignisse werden jetzt so interpretiert, dass sie in das negative Bild passen, das man mittlerweile vom Gegenüber hat. Zweck der Übung ist, aller Welt zu beweisen, welch übler und hinterhältiger Schuft der andere ist. So möchte man die Glaubwürdigkeit des anderen nachhaltig zerstören – und zugleich die eigenen Attacken legitimieren.

Der Konflikt nimmt damit ideologische Züge an. Es geht nicht mehr nur um irgendeinen Streit, sondern um einen Kampf des Richtigen gegen das Falsche, des Guten gegen das Böse. Und für einen solchen Kampf, so glauben die Kontrahenten, ist beinahe jedes Mittel recht, einschließlich der Bloßstellung des Gegners und seiner Verstoßung aus der Gemeinschaft.

Stufe 6 – Drohstrategien: »Wenn ich dich erwische, ...!«

Auf der sechsten Eskalationsstufe verlegen sich die Kontrahenten darauf, den anderen durch Drohungen zum Nachgeben zu zwingen. Damit sie ihre Wirkung nicht verfehlen, werden diese Drohungen mit äußerster Entschlossenheit ausgesprochen. Man darf sich nicht einschüchtern lassen und ist bereit, die angedrohten Maßnahmen im Zweifelsfall auch in die Tat umzusetzen. Drohungen und Gegendrohungen sorgen dafür, dass sich die Konfliktspirale immer schneller dreht.

Wenn »Drohstrategien« das Geschehen beherrschen, verengt sich der Handlungsspielraum, der Konflikt steht an der Schwelle von sozialer Aggression zu blanker Gewalt. Beugt sich nämlich der Gegner den Forderungen nicht, sitzt der Drohende in der Patsche: Obwohl er seine Drohung eigentlich gar nicht wahrmachen wollte, bleibt ihm im Interesse seiner Glaubwürdigkeit nun kaum mehr eine Wahl. Umgekehrt gefährdet die Gegenseite ihre Selbstachtung und ihr Ansehen, wenn sie den Drohungen nicht trotzt.

Rechtzeitig Hilfe holen: Konfliktcoach oder Mediator

Den Konflikt aus eigener Kraft beizulegen, gelingt den Beteiligten im Bereich der zweiten Eskalationsebene kaum noch. Typisch ist vielmehr ein Scheinfriede: Die eine Seite gibt schließlich nach, die andere glaubt, den Konflikt gewonnen zu haben. Doch die unterlegene Seite sammelt ihre Kräfte neu und wartet auf eine günstige Gelegenheit, Rache zu üben oder den Konflikt neu anzufachen.

Das muss auch Dirk erkennen, der die Auseinandersetzung zwischen Holger und Annette mit zunehmendem Entsetzen verfolgt. Die beiden gefährden durch ihr Verhalten ihre eigene Integrität und Professionalität, was schließlich auch dem Kunden auffällt. Nun sieht sich Projektleiter Dirk zum Handeln gezwungen. Er bittet Holger und Annette zu einem klärenden Gespräch, das jedoch schon nach wenigen Minuten in einen heftigen Schlagabtausch zwischen den beiden mündet. Dirk sieht ein, dass ihm schlicht die Kompetenz fehlt, einen derart emotional geführten Konflikt zu lösen. Ziemlich verzweifelt wendet er sich an seinen Chef, mit dem er übereinkommt, einen erfahrenen Konfliktcoach zu engagieren.

Der Konfliktcoach, ein zertifizierter Mediator, trifft sich zunächst mit Dirk, der ihm die Situation darlegt – und noch einmal deutlich macht, wie dringend es ist, den Streit so schnell wie möglich beizulegen. Dann führt der Coach Einzelgespräche mit Annette und Holger. So erhalten die beiden Gelegenheit, ihrem Ärger Luft zu verschaffen und ihre Interessen darzulegen. In den Einzelgesprächen signalisieren die Kontrahenten auch, dass sie grundsätzlich bereit sind, gemeinsam mit dem Coach einen Weg aus der Krise zu suchen.

Der Coach nutzt die Einzelgespräche, um die Interessen der Kontrahenten zu erkunden, und bereitet sie auf ein erstes gemeinsames Gespräch am runden Tisch vor. Dort findet dann die eigentliche Mediation statt: Der Coach bringt Annette und Holger wieder ins Gespräch miteinander und legt die Grundlage für eine künftige Zusammenarbeit – auch wenn klar ist, dass die beiden keine Freunde mehr werden.

Die Möglichkeiten, einen Level-2-Konflikt noch erfolgreich zu managen, sind deutlich eingeschränkt. Begrenzte Kompromisse sind denkbar, unter bestimmten Voraussetzungen können sich die Parteien auch auf eine Art Waffenstillstand verständigen. Das ist auch schon fast alles – aber doch immerhin genug, um den Fortgang des Projekts zu sichern.

Eskalation: Level 3 – Der totale Krieg

Scheitert die Mediation oder wird auf sie verzichtet, erreicht der Konflikt früher oder später die dritte Eskalationsebene. Die Kontrahenten haben sich mittlerweile gegenseitig so großen Schaden zugefügt, dass sie nur noch ein Ziel im Blick haben: den Gegner zu vernichten, koste es, was es wolle.

»Ein Krieg kennt nur Verlierer«, besagt eine Volksweisheit. Sie lässt sich auch auf Konflikte übertragen, die am Ende die Kontrahenten gemeinsam in den Abgrund reißen. Das Modell von Friedrich Glasl beschreibt diese Entwicklung mit den Eskalationsstufen 7 bis 9: »Begrenzte Vernichtungsschläge«, »Zersplitterung« und »gemeinsam in den Abgrund« (siehe Abbildung).

7. Begrenzte Vernichtungsschläge	8. Zersplitterung	9. Gemeinsam in den Abgrund
Der Gegner wird nicht mehr als Mensch wahrgenommen. Bei noch begrenzten Vernichtungsschlägen werden eigene Schäden in Kauf genommen, solange nur der Gegner getroffen wird.	Die Gegner verfolgen mit aller Intensität das Ziel, einander zu zerstören. Hierbei sehen sie jedes Mittel als legitim an.	Es kommt zur totalen Konfrontation, einen Weg zurück gibt es nicht mehr. Um den Gegner zu vernichten, nimmt man den eigenen Untergang in Kauf.

Dritter Konfliktlevel – Die Eskalationsstufen 7 bis 9

Die Devise der Stufen 7 bis 9 lautet: »Dich mache ich fertig!« Hierbei verstoßen die Konfliktparteien auch bewusst und vorsätzlich gegen eigene Interessen – Hauptsache, die Gegenseite wird durch die Aktion maximal geschädigt. Mit solchen irrwitzigen Reaktionen müssen Sie auf dieser Eskalationsebene rechnen, wenn eine Konfliktpartei mit dem Rücken zur Wand steht und davon ausgeht, dass sie nichts mehr zu verlieren hat.

Mit Erreichen der *siebten Eskalationsstufe* driftet der Konflikt in Richtung eines »totalen Kriegs«. Die Parteien können sich nicht mehr vorstellen, dass es eine Lösung bei Weiterexistenz des Gegners geben kann. Zu einer gemeinsamen Anstrengung, in irgendeiner Form den Konflikt kooperierend zu lösen, sind sie nicht mehr bereit. Stattdessen führen sie »begrenzte Vernichtungsschläge« gegeneinander. Die Gegner versuchen, einander durch Täuschungsmanöver, Lügen und andere zerstörerische Aktionen möglichst großen Schaden zuzufügen.

Auf der *achten Stufe* (»Zersplitterung«) zielen die Angriffe auf das zentrale Nervensystem des Gegners. Nun werden Vernichtungsaktionen durchgeführt, um die Gegenpartei in ihren Wurzeln zu treffen. Das Ziel ist, den Feind zu lähmen und zu zerstören.

Auf der *neunten Stufe* geht es dann »gemeinsam in den Abgrund«: Die Vernichtung des Gegners ist wichtiger geworden als die eigene Existenz. Nun gibt es keinen Weg mehr zurück. Der Feind wird zerstört, auch zum Preis der Selbstvernichtung. Der Konflikt eskaliert bis hin zum gemeinsamen Untergang. Ist der Konflikt an diesem Punkt angekommen, heißt es nur noch: Rette sich, wer kann! Die Situation gleicht einer brennenden Zündschnur. Nun gilt es, in Deckung zu gehen, um von der Explosion nicht getroffen zu werden. Als Projektleiter müssen Sie alles daransetzen, das Projekt und die übrigen Teammitglieder gegen den eskalierenden Konflikt abzuschotten. Gleichzeitig gilt es, den Konflikt durch ein Machtwort »von oben«, also in der Regel des Top-Managements, zu beenden. Es geht jetzt nicht mehr darum, den Konflikt lösen zu wollen. Ziel ist es vielmehr, das Sprengpotenzial so schnell wie möglich aus dem Projekt zu entfernen.

Aus Toms Tagebuch

Dienstag, 5. Juni

Andreas und Franz sind in letzter Zeit häufiger aneinandergeraten. Franz verlangt immer wieder Anpassungen, damit die neue Standardsoftware den Bedürfnissen des Vertriebs gerecht wird. Andreas ist strikt dagegen, weil er die Software nicht unnötig »verbiegen« will. Das koste ihn viel Zeit und Aufwand. Als ich die beiden anspreche, verneinen sie den Konflikt – und meine Bemühung, eine Lösung herbeizuführen, läuft glatt ins Leere. Morgen nehme ich einen neuen Anlauf.

Mittwoch, 6. Juni

Im Moment merkt man schon, dass ich mit Andreas und Franz zwei Shaper im Team habe, die keinem Konflikt aus dem Weg gehen. Spricht man sie aber darauf an, wollen sie von einem Konflikt nichts wissen. Das macht die Sache auf Dauer ziemlich anstrengend. Heute Morgen habe ich unter vier Augen mit den beiden gesprochen. Im Einzelgespräch haben sie mir dann jeweils ihr Leid geklagt. Von wegen kein Konflikt! Also bat ich sie heute Nachmittag zu einem klärenden Gespräch, in dem ich versucht habe, die Meinungsverschiedenheiten aus der Welt zu schaffen.

Einige Dinge, die ich daraus lerne:
- Suche das Vier-Augen-Gespräch mit den beiden »Streithähnen« und beschreibe deinen Verdacht. Du kannst den Konflikt nur klären, wenn beide bereit dazu sind.
- Kläre Punkt für Punkt die strittigen Fragen, und achte darauf, dass die Kontrahenten nicht mit immer neuen Themen anfangen.
- Finde heraus, was die Kontrahenten wirklich wollen und wie der kleinste gemeinsame Nenner aussehen könnte, auf den sich beide einigen können.
- Lass die Kontrahenten Vorschläge machen, wie man zu einer Einigung kommen könnte – allerdings ohne sie zu bewerten oder zu kommentieren, nur sammeln!
- Wenn alle Vorschläge auf dem Tisch liegen, lass die Kontrahenten daraus ein stimmiges Lösungskonzept entwerfen und Vereinbarungen treffen.
- Fasse zum Abschluss des Gesprächs die Ergebnisse zusammen. Lass dir die Zusage geben, dass sich die Kontrahenten auch daran halten. Fixiere es dann schriftlich.

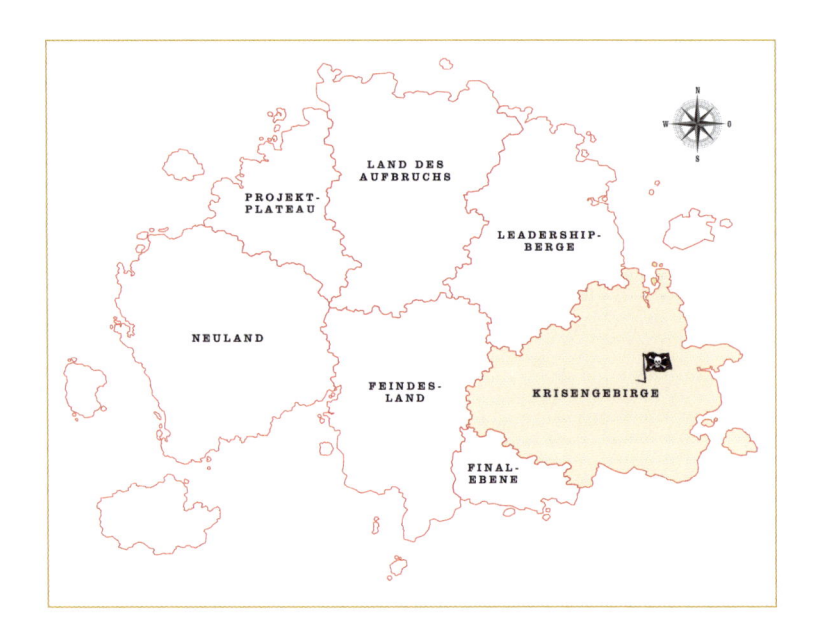

Eskalierende Konflikte

Es beginnt harmlos und fast unmerklich: Eine Meinungsverschiedenheit wandelt sich in einen emotional aufgeladenen Konflikt, der schließlich in einen Kampf um Sieg oder Niederlage umschlägt. Die Sprengkraft eines solchen Konflikts kann im Projekt einen gewaltigen Schaden anrichten.

So wappnen Sie sich

- Bewerten Sie eine Meinungsverschiedenheit nicht als »Lappalie«, sondern beobachten Sie genau, wie es weitergeht. Die Hoffnung, dass sich Streithähne von selbst wieder zusammenraufen, erweist sich oft als Illusion.
- Greifen Sie rechtzeitig ein. Ist ein Konflikt erst einmal eskaliert, ist er mit einer ins Tal donnernden Lawine vergleichbar: Er lässt sich nicht mehr aufhalten.
- Prüfen Sie, ob sie den Konflikt durch eine klare Entscheidung in der Sache beenden können – oder ob ein klärendes Konfliktgespräch erforderlich ist.
- Schalten Sie einen Konfliktcoach oder Mediator ein, wenn der Konflikt bereits eskaliert ist und zu einem Machtkampf zwischen den Kontrahenten ausartet.
- Schützen Sie Ihr Projekt, wenn die Kontrahenten einen gegenseitigen »Vernichtungskrieg« führen. Ziel ist es nun nicht mehr, den Konflikt zu lösen, sondern die verfeindeten Mitarbeiter aus dem Projekt zu entfernen.

6.2 Der Feind in meinem Projekt
Gefährliche Projektgegner rechtzeitig entmachten

> Man fällt nicht über seine Fehler.
> Man fällt immer über seine Feinde,
> die diese Fehler ausnutzen.
> *Kurt Tucholsky*

Das Wort »Sabotage« stammt aus der Zeit der Industriellen Revolution zu Ende des 19. Jahrhunderts. Französische Arbeiter warfen damals ihre Holzschuhe – französisch *sabots* – in die neuartigen Mäh- und Dreschmaschinen, um gegen die fortschreitende Mechanisierung der Arbeit zu protestieren. Sie wollten die Maschinen zum Stillstand zu bringen. Dass diese bisweilen auch beschädigt wurden, nahmen sie billigend in Kauf.

Durch Sabotage ist auch schon manches Projekt zum Stillstand gebracht worden. Jeder erfahrene Projektleiter weiß, dass die meisten Beteiligten die eigenen Interessen vor die des Projekts stellen. Da werden Daten manipuliert, Zahlen und Fakten geschönt, die Wahrheit zurechtgebogen und alles getan, was den eigenen Interessen nützt – selbst wenn es dem Projekt schadet.

Jährlich gehen deutschen Unternehmen durch die Sabotage von Projekten mehrere Hundert Millionen Euro verloren – Geld, das man anderweitig produktiv einsetzen könnte. Das dachte sich auch der Vorstandschef eines Chemiekonzerns, der fassungslos zusehen musste, wie sein neues Rechenzentrum über Monate hinweg brachlag. Dabei hatte er selbst es feierlich in Betrieb genommen und in seiner Ansprache die große Bedeutung des Projekts für das Unternehmen hervorgehoben: Auf zwei Etagen standen den IT-Teams des Konzerns nunmehr insgesamt 2 000 Quadratmeter zur Verfügung. Die IT-Kapazitäten, bisher an verschiedenen Standorten installiert, wurden an einem Standort zusammengeführt. Die Rechenleistung im Unternehmen stieg um rund 20 Prozent.

Nach der offiziellen Inbetriebnahme stand jedoch erst noch die Migration an. Die Systeme sollten möglichst schnell in das neue Rechenzentrum umziehen, die alten Rechenzentren nach und nach abgeschaltet werden. Mit dem Umzug waren im Wesentlichen die Techniker der bestehenden dezentralen Rechenzentren betraut. Sie waren als sogenannte Migrationsverantwortliche dafür zuständig, die Daten, Applikationen und Systeme in das neue Rechenzentrum zu überführen. Seltsam nur, dass das neue Rechenzentrum nach einem Jahr harter Arbeit immer noch fast leer stand. Die Migration hinkte ihrem Zeitplan ein ganzes Jahr hinterher, die Projektlaufzeit wurde entsprechend von sechzehn auf achtundzwanzig Monate verlängert.

Ein solcher Verzug ist verwunderlich, denn eine Migration ist zwar keine leichte Aufgabe, aber auch kein Hexenwerk. Verständlich, dass der Vorstandschef tobte. Da hatte er in ein hochmodernes Rechenzentrum investiert, das nun leer stand und nutzlos einige Tausend Euro pro Tag verschlang. Schlimmer noch: Sein eigenes Image und das des Konzerns standen auf dem Spiel. Der Vorstandschef setzte seinem Projektleiter das Messer auf die Brust, den Umzug endlich voranzutreiben. Damit drohte auch für diesen die »Never Ending Story« zum persönlichen Debakel zu werden.

Der Projektleiter versuchte zunächst, das Problem durch ein strafferes Projektmanagement in den Griff zu bekommen. Die Migrationsverantwortlichen sollten ihre Schwierigkeiten in detaillierten Statusberichten darlegen. Das verschaffte ihm zwar einen Überblick, löste aber sein Problem nicht, im Gegenteil: Das Projekt geriet noch weiter in Verzug. Der Projektleiter kam sich vor wie Don Quichotte im Kampf gegen die Windmühlen. Hatte sich denn alles gegen ihn verschworen?

Verschworen?! Das war das Stichwort, das ihn aufmerken ließ. Gab es vielleicht einen Grund, dass die Migrationsverantwortlichen absichtlich nicht rechtzeitig lieferten und jeden Fortschritt durch neue Probleme sabotierten? Der Projektleiter sah sich die Wartungsverträge des Unternehmens genauer an und stieß auf einen interessanten Zusammenhang: Die Wartung des neuen Rechenzentrums sollte an einen IT-Dienstleister ausgelagert werden. Damit würden die Techniker in den alten Rechenzentren zwar nicht ihre Jobs, sicher aber ihre Positionen verlieren. Langsam dämmert dem Projektleiter, wo das eigentliche Problem lag: Die Positionen der Migrationsverantwortlichen und ihrer Kollegen standen auf dem Spiel. Angesichts ihrer unsicheren Zukunft war es nachvollziehbar, dass sie eine Hürde nach der anderen aufstellten, um ein Ende des Projekts möglichst weit hinauszuzögern.

Dieser Fall steht für viele andere. Es gibt unzählige Möglichkeiten, unbeliebte Projektvorhaben zu sabotieren. Die Autoren Dion Kotteman und Jeroen Gietema beschreiben in ihrem *Kleinen Handbuch für den Projektsaboteur* eine ganze Reihe von Sabotagestrategien, denen schon mancher Projektleiter begegnet ist. Die Fülle der Sabotagevarianten macht deutlich: Es empfiehlt sich, Warnsignale richtig zu deuten und sich gegen Sabotageakte zu wappnen.

Verzögern, blockieren, sabotieren: Wie kommt es dazu?

Um das Phänomen Sabotage zu begreifen, lohnt sich zunächst ein Blick auf die Ursachen für ein solches Verhalten. Wie kann es überhaupt so weit kommen? Wie ist es möglich, dass aus Projektgegnern Saboteure werden, die das Projekt ernsthaft gefährden? Wo liegen die Motive?

Jedes Projekt stößt auf Widerstände

»Es ist wirklich zum Haareraufen«, jammert ein Projektleiter. »Am Anfang habe ich alles gesagt und sämtliche Fakten auf den Tisch gelegt, aber niemand hat Notiz davon genommen. Jetzt aber, wo das Projekt läuft, kommen die Proteste.« Diese Klage ist typisch – und nicht verwunderlich. Für die meisten Betroffenen ist es schwierig, sich aus den Worten der Fachleute ein Bild davon zu machen, was genau auf sie zukommt. Am Anfang wissen sie wenig; ihre Sorgen und Ängste sind deshalb eher diffus. Je weiter das Projekt jedoch voranschreitet, desto klarer werden die Konsequenzen spürbar.

Projekte werden initiiert, um Strukturen zu verändern oder Neuerungen einzuführen. Das geschieht in bester Absicht, provoziert aber immer auch Widerstände. Menschen werden aus ihrer vertrauten Situation herausgerissen, sind womöglich auch Verlierer der neuen Umstände. Jedes Projekt hat deshalb seine Gegner. Diese Widerstände sollten Sie ernst nehmen und von Beginn an in ihren Planungen berücksichtigen – nicht zuletzt auch deshalb, weil hier die Wurzeln für eine mögliche spätere Sabotage liegen.

Motive: Warum Projektgegner zu Saboteuren werden

Gründe und Motive, die aus einfachem Widerstand gefährliche Sabotage werden lassen, sind vielfältig. Hier einige typische Ausgangspunkte:

- Negative Erfahrungen aus vorangegangenen Projekten haben zur Folge, dass auch im aktuellen Projekt sehr schnell Befürchtungen und Skepsis um sich greifen.
- Die Betroffenen sind verunsichert. Sie empfinden die Veränderungen, die mit dem Projekt einhergehen, als bedrohlich – und versuchen, Angst und Unsicherheit durch betontes Festhalten am Status quo zu überspielen.

- Die Betroffenen haben massive Eigeninteressen. Durch das Projekt sehen sie ihren Status, ihr Ansehen oder ihre Machtposition bedroht.
- Es existiert das Gefühl, übergangen worden zu sein. Damit schwinden Verständnis und Identifikation für das Projekt.
- Hinter der Ablehnung des Projekts stehen taktische Erwägungen, die mit dem Projekt selbst nur wenig zu tun haben.
- Beteiligte trachten nach Rache und Vergeltung, weil es aus früheren Projekten noch offene Rechnungen zu begleichen gibt.

Solche Ausgangslagen verlangen viel Gespür, um eine Eskalation bis hin zur Sabotage des Projekts zu vermeiden. Oft genug werden schon beim Aufsetzen des Projekts gravierende Fehler gemacht. Ein Beispiel: Das Projekt wird bewusst nur mit jungen, dynamischen Nachwuchskräften besetzt, die direkt an die Geschäftsleitung berichten, um auf diese Weise die sogenannte »Lähmschicht« des mittleren Managements vom Projekt fernzuhalten. Oder ein anderes Beispiel: Unter dem Deckmantel einer »Strategie für die Zukunft« wird ein Projekt mit einigen Key-Playern besetzt, die still und leise Fakten schaffen sollen, bevor die Mitarbeiter und der Betriebsrat Wind davon bekommen.

Wer so vorgeht, fordert den Widerstand geradezu heraus. Die Übergangenen sehen darin einen Frontalangriff auf ihre Interessen und werden bei erster Gelegenheit versuchen, das Projekt zum Scheitern zu bringen. Oder sie erkämpfen sich zunächst eine einflussreichere Rolle, aus der heraus sie das Projekt dann erfolgreich sabotieren können. Oft nutzen sie die Instrumente des Projektmanagements, um ihr Ziel zu erreichen. Anforderungen, Änderungsanträge, Proof of Concept, Genehmigungsprozess, Abnahmen – alle diese Dinge sind in den Händen eines Saboteurs wunderbar geeignet, ein Projekt auszuhebeln. Keine guten Aussichten für einen Projektleiter, der damit rechnen muss, mit den eigenen Werkzeugen geschlagen zu werden!

Symptome und Warnzeichen: Die drohende Sabotage erkennen

Die Theorie ist einfach: Ein Projektleiter muss Widerstände und deren Gefahrenpotenzial rechtzeitig erkennen, die Ursachen verstehen – und mit den richtigen Strategien darauf reagieren. Doch woran erkennen Sie im Projektalltag, dass Gefahr droht? Das Heimtückische liegt ja darin, dass Saboteure sich nicht zu erkennen geben und meist erst aktiv werden, wenn das Projekt längst angelaufen ist.

Werfen wir zunächst einen Blick auf die wesentlichen Symptome, die auf Widerstände hinweisen – und daher auch als Warnzeichen gelten können. Wie die folgende Übersicht zeigt, lassen sich solche Symptome entweder bei der Kommunikation oder im Verhalten von Mitarbeitern beobachten.

	Verbal (Kommunikation)	Nonverbal (Verhalten)
Aktiv (Angriff)	• Widerspruch • Gegenargumente • Vorwürfe • Drohungen • Polemik • Formalismus	• Unruhe, Aufregung • Intrigen, Mobbing • Gerüchte • Cliquenbildung • Sabotage • Rechtsstreit
Passiv (Flucht)	• Ausweichen • Schweigen • Bagatellisieren • Ins Lächerliche ziehen • Unwichtiges Debattieren • Stammtischparolen	• Lustlosigkeit • Unaufmerksamkeit • Müdigkeit • Innere Emigration • Abwesenheit • Resignation

Warnzeichen für den Projektleiter – Symptome für Widerstand

Betrachten wir die in der Übersicht aufgelisteten Widerstandsformen näher, fällt ein gemeinsamer Nenner auf: Bis auf wenige Ausnahmen handelt es sich um Verhaltensweisen, deren böse Absicht der Mitarbeiter jederzeit dementieren kann. Der Widerständler hält sich also immer ein Hintertürchen offen, um sich aus der Affäre ziehen zu können. Zum Beispiel kann er behaupten, er habe eine notwendige Projektarbeit nicht erledigen können, weil ein dringender Kundenauftrag dazwischengekommen sei – dies sei ja wohl im Interesse des Unternehmens gewesen. Oder ein Mitarbeiter führt eine Aufgabe, die ihm übertragen wurde, scheinbar willig aus, scheitert dabei jedoch und dreht den Spieß um:

»Ich habe gemacht, was Sie gesagt haben, aber es hat leider nicht funktioniert!«

Wenn Sie gegen solche Formen des Widerstands kämpfen, kann bald das ganze Projekt zum Stillstand kommen. Mitarbeiter und Führungskräfte stehen dann daneben, zucken bedauernd mit den Schultern – und freuen sich insgeheim darüber, dass nichts vorangeht.

Wie reagieren Sie rechtzeitig, um eine solche Situation zu vermeiden? An dieser Stelle bewährt es sich, wenn Sie auf eine solide durchgeführte Stakeholderanalyse zurückgreifen können (siehe Abschnitt 4.2), denn dann kennen Sie die kritischen Kandidaten bereits. Die Saboteure fallen in die Kategorie der »negativen Aktivisten«, zählen also zur Gruppe der Projektbetroffenen, die im Unternehmen über viel Macht und Einfluss verfügen und zudem durch das Projekt stark tangiert werden. Sind nun Kräfte am Werk, die das Projekt ausbremsen, liegt der Schluss nahe: Einer dieser »negativen Aktivisten« ist offenbar tatsächlich aktiv geworden.

Strategien gegen die häufigsten Saboteure

Dank der Stakeholderanalyse kennen Sie die wirklich gefährlichen Gegner des Projekts. Doch wer ist nun tatsächlich der Saboteur? Und was tun? Warnzeichen und Maßnahmen sind je nach Position und Funktion des Saboteurs sehr unterschiedlich. Wie die Erfahrung aus vielen Projekten zeigt, stammen die meisten Saboteure aus den Reihen des Linienmanagements, der Spezialisten oder der Anwender. Hin und wieder sabotieren auch Auftraggeber und Betriebsrat das Projekt. Diese fünf Saboteurtypen decken die meisten Sabotagefälle in Projekten ab. Jeder von ihnen hat seine eigene Weise, das Projekt zu hintertreiben.

Betrachten wir deshalb die Saboteurtypen einzeln: Welche Anzeichen sollten Sie jeweils ernst nehmen? Und welche Strategien haben sich bewährt?

Der sabotierende Linienmanager

Ein Linienmanager liebt Ruhe im Unternehmen, ihm liegen stabile Prozesse am Herzen. Ein Projekt, das ja stets Änderungen bezweckt, steht dieser Haltung schon per Definition entgegen. Trotzdem leistet ein Abteilungsleiter in der Regel keinen offenen Widerstand, sondern agiert eher hinter den Kulissen, um Veränderungen und damit auch Projekte zu verhindern. Gelingt ihm das nicht, verlegt er sich gerne auf »Widerstand durch Zustimmung«: Selbstverständlich sei er für jeden Vorschlag offen, der die Situation seiner Abteilung zu verbessern helfe – er müsse nur praktikabel sein. Dieser Nachsatz deutet schon die spätere Konfliktlinie an.

Offizieller Protest ist im mittleren Management nur äußerst selten, selbst wenn das Projekt gezielt an den Abteilungsleitern vorbei initiiert wurde. Die Betroffenen werden vielleicht leise murren, ansonsten aber darauf warten, dass sich eine Gelegenheit zur Sabotage ergibt. Meist schlägt ihre Stunde, wenn das Projekt in die Umsetzungsphase kommt. Nun werden sie ihr Detailwissen dazu nutzen, die Vorschläge des Projektteams abzublocken oder in der Praxis scheitern zu lassen.

> **Warnsignale**
>
> Folgende Anzeichen deuten auf einen Saboteur im Linienmanagement hin. Der Linienmanager
>
> - zeigt sich offen für Ihr Projektvorhaben, betont aber immer wieder, dass die Lösung auch praktikabel sein müsse;
> - führt immer neue Anforderungen ins Feld, die eine Lösung mitbringen müsse, um eingesetzt werden zu können;
> - wird nicht müde, auf die zahlreichen Probleme und Risiken hinzuweisen, die mit dem Projektvorhaben verbunden seien;
> - hält wichtige Informationen zurück, und zwar mit der Begründung, dass ihm nicht bewusst gewesen sei, dass sie für das Projekt von Belang sind;
> - verlangt während der Umsetzung immer neue »Extrawürste«, wodurch sich das Projekt verspätet und immer teurer wird;

- stellt aus immer neuen, gewichtigen Gründen dringend benötigte Mitarbeiter nicht für die Projektarbeit frei;
- taucht immer wieder im Tagesgeschäft ab und ist für Sie und Ihre Projektmitarbeiter nicht oder nur äußerst selten zu sprechen.

Strategien und Maßnahmen

- Sorgen Sie dafür, dass Ihr Auftraggeber bzw. das Top-Management Aufgaben und Verantwortlichkeiten klar zuweist. Das führt dazu, dass die Führungskräfte Farbe bekennen und entscheiden müssen, ob sie sich offen zu ihrer Ablehnung bekennen – oder ob sie die Aufgaben und damit auch die Verantwortung übernehmen.
- Begegnen Sie Widerständen, die von Eigeninteressen motiviert sind, mit Verhandlungen, in denen Sie die Interessen der Linienmanager – zumindest teilweise – berücksichtigen.
- Holen Sie sich Rückendeckung durch Ihren Auftraggeber, und machen Sie durch ein sehr klares und entschiedenes Vorgehen deutlich, dass für den betreffenden Linienmanager keine Hoffnung besteht, die eigenen Vorstellungen doch noch durchsetzen zu können.

Der sabotierende Spezialist

Der Saboteur ist häufig ein Spezialist aus einer Fachabteilung, womöglich sogar Mitglied des Projektteams. Meist hat er eine für den Projekterfolg heikle Position inne: Er sitzt – getarnt als Lösungsarchitekt, technischer Projektleiter oder Programmierer – an den neuralgischen Punkten des Projekts und ist in der Lage, ihm großen Schaden zuzufügen.

Die Situation verschärft sich noch, wenn gleichzeitig auch im mittleren Management gegen das Projekt opponiert wird. Das Wissen um den verdeckten Widerstand der Linienmanager ist für den sabotierenden Spezialisten eine perfekte Steilvorlage. Er weiß um die labile Statik des Projekts. Er kennt die Schwachstellen und ist in der Lage, das gesamte Projekt mit einer minimalen Sprengladung in die Luft zu jagen.

Warnsignale

Folgende Anzeichen deuten auf einen Saboteur unter den Fachexperten des Unternehmens hin: Ein Spezialist (oder ein Spezialistenteam)

- bauscht das Problem auf und stellt übertriebene Anforderungen. Das Kalkül: Je höher die Ansprüche, desto unbezahlbarer wird die Lösung;
- entwickelt eine enorm komplexe Lösung und schafft

Möglichkeiten, um die Ansprüche an das Projekt hochzuschrauben;
- verschleiert Lücken im Entwurf durch Designdokumente, die so umfangreich sind, dass niemand über die ersten paar Seiten hinaus liest;
- entscheidet sich für Technologien und Lösungen, von denen er selbst wenig Ahnung hat und die so neu sind, dass »Kinderkrankheiten« vorprogrammiert sind;
- treibt die Projektkosten in die Höhe, weil die »Nebenkosten« für Infrastruktur, Ressourcen und vieles mehr ins Unermessliche wachsen;
- bringt regelmäßig radikale Änderungen ein, was bei allen Beteiligten für Verwirrung sorgt und früher oder später zu Inkonsistenzen der Lösung führt;
- vernachlässigt wichtige Schnittstellen zu anderen Systemen, Prozessen oder Arbeitsgruppen und schafft dadurch Lücken in der Lösung.

Strategien und Maßnahmen

- Sagen Sie Ihrem Spezialisten ohne Umschweife, dass Sie kontraproduktives Verhalten nicht dulden werden. Mögliche Sanktionen können darin liegen, die Zusammenarbeit mit dem Mitarbeiter zu verweigern, ihn aus dem Projektteam zu entfernen oder ein Gespräch mit seinem direkten Vorgesetzten zu suchen.
- Handelt es sich um einen Spezialisten, der über genügend Macht verfügt, um das Projekt zu behindern, können Sie seinen Vorgesetzten zu wichtigen Besprechungen einladen, beispielsweise wenn eine Entscheidung ansteht. Mit seiner Anwesenheit signalisiert der Chef, dass er auf den Fortschritt des Projekts Wert legt. Das reicht häufig schon aus, um dem Saboteur den Wind aus den Segeln zu nehmen.
- Niemand ist unersetzlich. Tauschen Sie Projektmitarbeiter aus, die nicht mitziehen. Aufgaben und Verantwortlichkeiten lassen sich umverteilen. Wenn Sie diese Maßnahmen nicht selbst umsetzen können, weil der betreffende Experte zu mächtig ist, schalten Sie seinen Vorgesetzten oder das Top-Management ein.
- Bereiten Sie sich gut vor, wenn Sie über das Top-Management Einfluss nehmen und einen Experten entmachten wollen, denn im Zweifelsfall steht Ihre Glaubwürdigkeit auf dem Spiel. Sie müssen sachlich belegen können, welchen Schaden der Spezialist im Projekt anrichtet, wenn man ihn in seiner bisherigen Rolle belässt.

Der sabotierende Anwender

Anwender kommen bei einem Projekt meist erst recht spät zum Zuge, etwa dann, wenn eine neue Software die Testphase erreicht. Natürlich ist es sinnvoll, die Anwender bereits frühzeitig einzubeziehen und bei der Definition der Anforderungen zu beteiligen. Wird ein künftiger Anwender einer Lösung frühzeitig eingebunden, versetzt ihn das allerdings auch in die Lage, das Projekt zu sabotieren.

Warnsignale

Folgende Anzeichen deuten auf Sabotage bei den künftigen Anwendern der Projektergebnisse hin. Die Anwender

- halten sich bei der Definition der Anforderungen vornehm zurück und überlassen es den Spezialisten im Projekt, die Anforderungen zu spezifizieren;
- nehmen die Genehmigung der Anforderungen zum Anlass, über alles im Detail noch einmal zu diskutieren, weil sie ja – wie sie selbst argumentieren – die Dinge verstehen wollen;
- verweigern die Einwilligung auch dann noch, wenn Ihr Team und Sie selbst als Projektleiter alle Details eingehend dargelegt haben;
- sorgen dafür, dass dem Projekt während der Umsetzung immer neue Anforderungspakete aufgebürdet werden;
- stellen ausgerechnet bei den Tests fest, dass das neue System keinesfalls ihren Erwartungen entspricht, und lehnen es daraufhin ab;
- streuen Gerüchte und sorgen im Unternehmen für Klatsch und Tratsch – was nicht nur Widerstand gegen das Projekt forciert, sondern Sie zu immer neuen Dementis zwingt;
- sorgen dafür, dass ein aktuelles Problem im Projekt, über das Sie gerade gesprochen haben, binnen einer Stunde auf dem Schreibtisch Ihres Auftraggebers landet.

Strategien und Maßnahmen

- Zeigen Sie Verständnis und erkennen Sie an, dass Anwender bei der Ankündigung von Änderungen unsicher werden und herausfinden wollen, was die Neuerung für sie persönlich bedeutet.
- Hüten Sie sich davor, mit der Projektarbeit zu beginnen, bevor alle Anforderungen und Spezifikationen genehmigt sind. Zeigen Sie Ihrem Auftraggeber lieber auf, wer eine Genehmigung gerade hinauszögert.
- Stellen Sie Zielklarheit her. Wenn die Anwender das Projekt verstanden haben und den Nutzen für das Unternehmen erkennen, findet es oft die notwendige Akzeptanz.

Der sabotierende Auftraggeber

Kann jemand, der an der Spitze eines Projektes steht, Saboteur des eigenen Projekts sein? So unglaublich es klingt: Es gibt auch Projekte, an deren Scheitern der Auftraggeber selbst ein Interesse hat. Das ist vor allem dann der Fall, wenn ein Erfolg seine Machtposition gefährden könnte. Es ist durchaus möglich, dass er dann lieber das Projekt scheitern lässt, als sich offen dagegenzustellen. Vielleicht bleibt ihm auch keine andere Wahl, weil ihm das Projekt vom Vorstand aufgedrückt wurde.

Unter solchen Voraussetzungen steht es schlecht um das Projekt. In der Regel ist es zum Scheitern verurteilt.

Warnsignale

Folgende Anzeichen deuten darauf hin, dass der Auftraggeber das Projekt sabotiert: Der Auftraggeber

- wählt Sie als Projektleiter aus, obwohl das Vorhaben vielleicht (noch) eine Nummer zu groß für Sie ist – oder Sie eigentlich gar keine Kapazität mehr haben;
- hält die Genehmigung für den Projektauftrag lange zurück. Oder besser noch: Er genehmigt gar nichts, um den Projektauftrag zu verhindern;
- verleitet Sie dazu, mit dem Projekt einfach loszulegen, obwohl die Genehmigung noch nicht vorliegt (»Es sind nur noch ein paar Formalien zu erledigen«);
- hält die Formulierung des Projektauftrags bewusst sehr vage. Was im Projekt eigentlich erreicht werden muss, bleibt völlig im Unklaren;
- verweigert die Zusammenarbeit und zugesagte Spezialisten. Meist muss deren Unentbehrlichkeit im Tagesgeschäft als Entschuldigung herhalten;
- verzögert wichtige Entscheidungen. Immer wenn Sie eine Entscheidung brauchen, fehlt ein Verantwortlicher, der sie treffen kann oder will;
- nutzt den schwammig formulierten Projektauftrag, um jede Menge Änderungen einzufordern, die das Projektende in weite Ferne rücken lassen.

Strategien und Maßnahmen

- Sprechen Sie mit Ihrem Auftraggeber vorsichtig, aber offen und ehrlich über Ihre Befürchtung, dass er womöglich nicht voll hinter dem Projekt steht. Finden Sie heraus, was ihn zu dieser Haltung veranlasst.
- Beziehen Sie das Top-Management in die Diskussion mit ein, um zu erreichen, dass es den Auftraggeber von der Notwendigkeit des Projekts überzeugt.
- Lehnen Sie es ab, ein solches Pseudo-Projekt zu leiten, dessen Scheitern von Anfang an vorprogrammiert und gewollt ist.

Der sabotierende Betriebsrat

Als Projektleiter müssen Sie kein Experte für Arbeitsrecht sein. Dennoch sind einige Grundkenntnisse erforderlich, sofern das Projekt Veränderungen im Unternehmen bewirkt. Anderenfalls besteht die Gefahr, ohne böse Absicht eine juristische Tretmine nach der anderen auszulösen – und insbesondere auch die Mitbestimmungsrechte des Betriebsrats zu übersehen.

Während Mitarbeiter eher selten offen gegen ein Projekt opponieren, kann sich der Betriebsrat das durchaus leisten. Er kann sich mit Verweis auf seine Mitbestimmungsrechte querlegen, wenn ihm etwas gegen den Strich geht oder er die Interessen der Beschäftigten, so wie er sie versteht, durch das Projekt beeinträchtigt sieht. Dieser offene Widerstand ist für Sie als Projektleiter zwar lästig und zeitraubend, hat aber gegenüber anderen Saboteuren einen unschätzbaren Vorteil: Man kann sich mit dem Gegner auseinandersetzen und eine Lösung aushandeln.

Warnsignale

Folgende Anzeichen deuten darauf hin, dass der Betriebsrat das Projekt sabotiert: Der Betriebsrat

- sucht im Zusammenhang mit dem Projekt immer wieder das vertrauliche Gespräch mit Ihrem Auftraggeber;
- ist in Pläne eingeweiht und über Projektinterna gut unterrichtet, obwohl kein Mitglied des Betriebsrats im Projekt selbst vertreten ist;
- bereitet ein alternatives Projekt vor, das viel eher die Zustimmung der Belegschaft finden dürfte als Ihr Projektvorhaben;
- mobilisiert all jene Interessengruppen, die Ihrem Projekt ebenfalls kritisch gegenüberstehen;
- ärgert Sie regelmäßig mit immer neuen Aktionen, die sich auf das Mitbestimmungsrecht des Betriebsrats begründen;
- nutzt und fördert verfahrenstechnische Fehler im Zustimmungsantrag, um die Zustimmung zu verweigern oder zumindest hinauszuzögern;
- greift auf traditionelle Protestaktionen – wie beispielsweise Streiks – zurück, um Ihr Projektvorhaben zu stoppen.

Strategien und Maßnahmen

- Denken Sie schon bei der Planung daran, dass der Betriebsrat oft ein Wort mitzureden hat, und informieren Sie ihn rechtzeitig über das geplante Vorhaben.
- Sehen Sie den Betriebsrat nicht als lästiges Übel, der Ihrem Projekt immer nur Steine in den Weg legt. Im

betrieblichen Gefüge spielt er eine wichtige Rolle, die Sie nicht unterschätzen sollten.
- Verfolgen Sie im Umgang mit dem Betriebsrat das Ziel, dass er sich konstruktiv an ihrem Projektvorhaben beteiligt.
- Überlassen Sie umfangreiche Verhandlungen Ihrem Auftraggeber. Es ist seine Aufgabe, die Zustimmung für das Projekt in den verschiedenen Gremien zu bekommen.

Sabotage

Projekte können durch Sabotage gefährdet sein. Vor allem wenn ein Projekt Strukturen im Unternehmen verändern soll, entstehen Widerstände, die manchmal bis hin zu Sabotageakten führen.

So wappnen Sie sich

- Beziehen Sie die Betroffenen ins Projekt mit ein, um ihre anfängliche Abwehr in Akzeptanz zu überführen. Die Chance zur Mitgestaltung bewirkt, dass die meisten Betroffenen ihren Frieden mit dem Projekt machen.
- Begegnen Sie Widerständen, die von Angst getrieben sind, mit Kommunikation – in Einzelgesprächen ebenso wie in der Gruppe (z. B. in geeigneten Workshops).
- Begegnen Sie Widerständen, die durch Eigeninteressen motiviert sind, mit Verhandlungen, in denen Sie diese Interessen zumindest teilweise berücksichtigen. Oder machen Sie in aller Deutlichkeit klar, dass Ihr Gegenüber seine Vorstellungen begraben kann.
- Halten Sie bei politischen Querschüssen konsequent auf der Machtebene dagegen. Auf kühl kalkulierte

> Schachzüge sollten Sie ebenso kühl kalkuliert antworten. Mobilisieren Sie hierzu Ihre Verbündeten im Management.

6.3 Houston, wir haben ein Problem!
Wenn der Projektplan plötzlich versagt

*Im Projekt gibt es keine Überraschungen,
sondern nur übersehene Risiken.*
Alte Projektmanagementweisheit

Astronauten wie Ulrich Walter, Thomas Reiter oder Hans Schlegel halten immer wieder Vorträge, in denen sie anschaulich und unterhaltsam über ihre Space-Shuttle-Flüge berichten. Dabei erwecken sie gerne den Eindruck, eine Mission ins All sei minutiös durchgeplant – Beleg sind Auszüge aus Handbüchern, meist Hunderte Seiten stark. Nicht ohne Stolz legen sie dar, wie wichtig es sei, jede Eventualität einzuplanen.

Jede Eventualität einplanen? Wie soll das möglich sein? Diese doch offensichtlich absurde Behauptung bleibt unwidersprochen, wenn in solchen Vorträgen die Zuhörer an den Lippen der Vortragenden hängen und in stummer Ehrfurcht lauschen. Wie fragwürdig minutiöse Pläne bei so komplexen Vorhaben sind, belegen gleich zwei bekannte Beispiele: die *Apollo-13-*Mission, die nur dank hoher Improvisationskunst einen glücklichen Ausgang fand, und das tödliche Unglück der Raumfähre *Columbia,* die trotz aller berücksichtigten Eventualitäten beim Wiedereintritt in die Erdatmosphäre auseinanderbrach.

Bei *Apollo 13* war es eine Explosion, die alle Planungen zur Makulatur machte. Knapp 60 Stunden nach dem Start, über 300 000 Kilometer von der Erde entfernt, explodierte im Servicemodul der *Odyssey* einer der beiden Sauerstofftanks. Kapselpilot Jack Swigert meldete über Funk: »Hey, ich glaube, wir hatten da gerade ein Problem.« Astronaut Jack Lousma, der zu dieser Zeit im Kontrollzentrum in Houston die Funkverbindung zur Besatzung hielt, fragte nach: »Könntet ihr das bitte wiederholen?« Daraufhin meldete sich Kommandant Lovell mit den berühmten Worten: »Houston, wir haben ein Problem!«

Die Explosion ereignete sich, als Jack Swigert die Sauerstofftanks im Servicemodul aktivierte. Das Raumschiff schlingerte und taumelte, die Tanks verloren Sauerstoff. Weil die Brennstoffzellen zur Erzeugung elektrischer Energie Sauerstoff benötigten, brach auch die Stromversorgung teilweise zusammen. Die Astronauten und die Mitarbeiter des Kontrollzentrums auf der Erde arbeiteten fieberhaft an dem Problem und kamen zu dem Schluss, dass nur noch eine Option blieb: Die Astronauten mussten die Mondlandefähre aktivieren, um sie als Rettungsboot zu nutzen. Außerdem sollten sie die Kommandokapsel komplett abschalten, damit die Energiereserven für den Wiedereintritt in die Erdatmosphäre und die Wasserung ausreichten.

All das zeigt: Es gab keinen Plan mehr. Die Techniker improvisierten auf der ganzen Linie. Und das mit Erfolg! Sie schafften es, die drei Astronauten am 17. April 1970 lebend zur Erde zurückzuholen.

Auch bei der Raumfähre *Columbia* versagten Planung und Kontrolle. Im Unterschied zur *Apollo-13*-Mission fehlte jedoch der Spielraum für improvisiertes Handeln. Das Space Shuttle brach auseinander, als es am 1. Februar 2003 auf dem Rückflug zum Kennedy Space Center in die Erdatmosphäre eintrat. Ein Fehler am Hitzeschild hatte die innere Aluminiumstruktur des Shuttles zum Schmelzen gebracht.

Zuvor waren sich sowohl die Experten am Boden als auch die Besatzung der Raumfähre einig gewesen, dass der beim Start beschädigte Hitzeschild beim Wiedereintauchen in die Erdatmosphäre kein Sicherheitsrisiko darstellen würde. Tatsächlich hatten die sieben Astronauten, als dann der Alarm schrillte, nur noch eine knappe Minute zu leben. Vergebens betätigte Pilot William McCool noch mehrere Schalter, um das Space Shuttle wieder unter Kontrolle zu bringen. In rund 60 Kilometern Höhe und bei einer Geschwindigkeit von gut 20 000 Stundenkilometern kamen alle Besatzungsmitglieder in einem glühenden Feuerball ums Leben.

Die anschließende Untersuchung zeigte: Es hatte wirklich am beschädigten Hitzeschild gelegen. Durch die Erhitzung weichte das Material auf, hielt den Belastungen nicht mehr stand und zerbrach. Das Ergebnis ist geeignet, das uneingeschränkte Vertrauen in Planung und Kontrolle zu erschüttern. Es führt vor Augen, dass trotz gründlichster Ausarbeitung ein Plan scheitern kann – selbst dann, wenn ein gigantischer und minutiös arbeitender Planungsapparat wie der der NASA die Federführung innehat und dazu modernste Planungsinstrumente einsetzt. Zu behaupten, man habe jede Eventualität eingeplant, klingt da geradezu zynisch. Besser wäre es zuzugeben: Jeder Plan kann scheitern.

Gegen unerwartete Ereignisse ist kein Projekt gefeit, das gilt nicht nur für hochkomplexe Raumfahrtmissionen. Ein kleines Projekt kann sogar besonders gefährdet sein, weil der Projektleiter auf wenige Mitarbeiter angewiesen ist und die Puffermöglichkeiten vergleichsweise gering sind. Wenn dann ein wichtiger Dienstleister ausfällt oder der einzige Fachexperte im Team das Projekt in eine Sackgasse manövriert hat, gerät es leicht aus der Spur.

Pläne scheitern – nicht immer, aber immer wieder

Vor allem eine Lehre lässt sich aus Projekten wie der *Apollo-13*-Mission oder der Raumfähre *Columbia* ziehen: Vertrauen Sie nicht allein auf die Projektplanung. Es gibt keine Garantie, dass Sie mit einem noch so guten Plan durch das Projekt kommen. Rechnen Sie vielmehr damit, dass ein unerwartetes Ereignis es jederzeit aus der Bahn werfen kann.

Das klingt sehr zugespitzt. Zumindest liegt der Gedanke nahe, das Thema mit Hinweis auf geringe Wahrscheinlichkeiten abzutun. Wozu sich mit Dingen befassen, die derart unwahrscheinlich sind? Wir haben das Problem der unvorhersehbaren Ereignisse doch dank des Risikomanagements im Griff, oder etwa nicht? Wozu also noch weitere Ausführungen?

Natürlich scheitern Pläne nicht immer – aber eben doch immer wieder. Tatsache ist, dass unerwartete Ereignisse unkontrollierbare Folgen haben können, die sich schnell zu einer echten Projektkrise aufschaukeln. Tatsache ist auch, dass unwahrscheinliche Ereignisse wirklich vorkommen. Komplexe Projekte bergen viele Risiken – und viele Risiken mit geringer Eintrittswahrscheinlichkeit zusammengenommen stellen ein beachtliches Risiko dar.

Das Projekt gerät außer Kontrolle

Was mit unkontrollierbaren Ereignissen gemeint ist, lässt sich besonders anschaulich am Schlüchterner Tunnel zeigen, einem Großprojekt der Bahn in Osthessen. Anders als zu Baubeginn 2007 war der Deutschen Bahn längst nicht mehr nach Feiern zumute, als der Tunnel 2011 endlich eröffnet wurde. Das 3 395 Meter lange Vorzeigeprojekt deutscher Bergbaukunst hatte buchstäblich Schiffbruch erlitten. Die Riesenfräse, die sich durch den Berg bohrte, durchstieß eine Wasserschicht – mit der Folge, dass bis zu acht Liter Grundwasser pro Sekunde austraten, viermal so viel wie berechnet.

Während Geologen versuchten, den Wasserspiegel mit siebenunddreißig Brunnen abzusenken, fuhr den Autofahrern auf der A66 – zwanzig Meter über der Baustelle – der Schreck in die Glieder: Auf dem Standstreifen des erst wenige Monate zuvor eingeweihten Autobahnabschnitts klaffte plötzlich ein knapp vier Quadratmeter großes Loch; der Asphalt war zweieinhalb Meter tief abgesackt. Acht Monate stand die Vortriebsmaschine im Bahntunnel still.

Damit nicht genug: Kurz vor dem auf Ostern 2010 verschobenen Eröffnungstermin stieß das Eisenbahnbundesamt auf Hohlräume in der Betonverkleidung – eine weitere Folge des Wasserproblems. Viele Elemente der Tunnelschale waren von Mikrorissen durchzogen, die mit 160 000 Spezialdübeln abgedichtet werden mussten.

Wenn ein Projekt derart außer Kontrolle gerät, helfen auch keine Notfallpläne mehr. Dem Projektleiter bleibt dann nur noch eins: Er muss improvisieren, so gut es eben geht. Oft ist es dann gar nicht mehr das Ziel, das Projekt wieder auf Kurs zu bringen, sondern die Verluste in halbwegs überschaubaren Grenzen zu halten. Der finanzielle Schaden für die Bahn geht im Falle des neuen Schlüchterner Tunnels jedenfalls in die Millionen.

Die Begegnung mit dem schwarzen Schwan

Man erwartet sie ganz einfach nicht – die unwahrscheinlichen Ereignisse. Doch genau da liegt das Problem, für das der Wahrscheinlichkeitstheoretiker Nassim Nicholas Taleb die Metapher des schwarzen Schwans entwickelt hat: Er kommt in der Natur extrem selten vor, aber es gibt ihn. Seine Existenz erschüttert das trügerische Sicherheitsgefühl Gauß'scher Normalverteilungen. Taleb warnt in seinem Bestseller *Der Schwarze Schwan* deshalb vor zu großem Vertrauen in Planungen und in die Kontrollierbarkeit der Zukunft. Ereignisse wie das Unglück der *Columbia* oder die Kernschmelze im japanischen Reaktorkomplex Fukushima geben ihm Recht.

Zwangsläufig begegnen auch Projektleiter hin und wieder einem schwarzen Schwan. Etwa in Bauprojekten, wie ein fast schon typisches Beispiel zeigt: Als ein Projekt- und Bauleiter ein altes Gebäude in ein modernes Rathaus umbauen sollte, stieß er überraschend auf eine historische Holzdecke aus dem 16. Jahrhundert. Sofort schaltete sich der Denkmalschutz ein, an die Holzdecke durfte keine Hand angelegt werden. Damit waren weite Teile der Planungen hinfällig.

Der Projekt- und Bauleiter sah sich gezwungen, ohne Plan Kurs zu halten. Oder hätte er mitten in den Umbauarbeiten die Baustelle stilllegen sollen, nur um sich die Zeit für eine neue Planung, vielleicht sogar eine neue Architektur zu nehmen? Die Devise lautete jetzt: rasch handeln, eine Lösung im Projektteam erarbeiten, weitere Zeit- und Geldverluste vermeiden. Parallel zu den laufenden Ausführungsarbeiten galt es, einen Weg zu finden, der die neuen Gegebenheiten berücksichtigte. So etwas nennt man Improvisation.

Die Wahrscheinlichkeit des Scheiterns

Die meisten Projektverantwortlichen blenden das Phänomen des schwarzen Schwans aus. Unwahrscheinliche Ereignisse gehen in ihr Kalkül nicht ein – mit der Folge, dass sie auf die Notwendigkeit, möglicherweise auch improvisieren zu müssen, nicht vorbereitet sind. Ein Fehler, wie sich immer wieder zeigt.

Stellen wir doch einmal eine einfache Rechnung an. Angenommen, es gibt in einem Projekt fünf Risiken, deren Folgen im Eintrittsfall unkontrollierbar wären. Versehen wir alle fünf Ereignisse mit einer vernachlässigbar geringen Eintrittswahrscheinlichkeit, sagen wir 5 Prozent. Mit welcher Wahrscheinlichkeit scheitert dann unser Projekt? Richtig, mit einer Wahrscheinlichkeit von knapp 23 Prozent. Verdoppeln wir die unkontrollierbaren Ereignisse auf zehn, dann scheitert unser Projekt schon mit einer Wahrscheinlichkeit von etwa 40 Prozent.

Die Wahrscheinlichkeit, dass eine Projektplanung scheitert, steigt also mit der Anzahl unkontrollierbarer Ereignisse, selbst wenn das einzelne Ereignis sehr unwahrscheinlich ist. Mit dieser steigenden Wahrscheinlichkeit entpuppt sich auch der Glaube an Wissen und Kontrolle immer mehr als Illusion. Wir überschätzen unser Wissen und unterschätzen unser Nichtwissen – und neigen deshalb dazu, die Existenz von schwarzen Schwänen zu ignorieren.

Der Anteil der ungeplanten Ereignisse steigt überproportional mit der Komplexität eines Projektes. Angesichts einer zunehmend vernetzten und komplexen Welt sollten wir uns daher der unangenehmen Frage stellen: Was passiert, wenn unerwartete Ereignisse unsere Pläne aushebeln? Welche Konsequenzen hat das für unser Handeln, aber auch für unser Verständnis von Planung?

Kurs halten ohne Plan

Ob nun ein wichtiger Projektmitarbeiter ausfällt, ein Lieferant einen kritischen Termin nicht einhält oder ein Wasserschaden den Server lahmlegt – unvorhergesehene Ereignisse können den Projektplan außer Kraft setzen und das Projekt an den Rand einer ernsthaften Krise bringen. In solchen Situationen hilft es wenig, nach Ursachen und Schuldigen zu suchen. Die Lage ist, wie sie ist. Nun gilt es, die Probleme zu meistern.

Dabei ist ein Aspekt entscheidend: Noch verfügen Sie über eine motivierte Mannschaft. Noch glauben alle an den Projekterfolg. »Gemeinsam schaffen wir es«, ist die allgemeine Überzeugung. Damit stehen die Chancen gut, das Projekt aus der Krise zu führen. Ohne beherztes Handeln kann jedoch schnell der Punkt erreicht sein, bei dem auch mutiges Improvisieren nichts mehr nützt: Das Projekt gleitet in eine dauerhafte Krise ab (mehr hierzu in Abschnitt 6.4).

Ziel ist es also, die Krise einzudämmen, damit sie nicht eskaliert und das Projekt ernsthaft gefährdet. Das Projekt soll möglichst auf Kurs bleiben und im Idealfall in seine ursprüngliche Planung zurückkehren.

Bewahren Sie einen kühlen Kopf

Wenn sich die Projektbeteiligten ob ihrer sorgfältigen Planungen in Sicherheit wiegen, wenn sie es gewohnt sind, sich allein auf die Pläne zu verlassen, bricht bei unerwarteten Vorkommnissen meistens eine große Hektik aus. Wohl wissend, dass längst alle Pläne Makulatur sind, versucht man sie doch noch irgendwie zu befolgen. *Improvisation* gilt unter vielen Projektmanagementexperten als »Durchwursteln«. Lieber singen sie das Hohelied der Planung, selbst wenn diese offensichtlich nicht mehr funktioniert.

Bewahren Sie stattdessen einen kühlen Kopf. Lassen Sie sich nicht verrückt machen. Ängste und operative Hektik helfen nicht weiter. Nun gilt es, Ruhe zu bewahren und sich auch auf die eigene Intuition zu verlassen. Was ist vordringlich, was muss als Erstes getan werden?

Klären Sie zunächst die Fakten. Fragen Sie jeden, der etwas wissen könnte. Das klingt einfach, wird in der Aufregung einer Projektkrise aber häufig vernachlässigt – was dann zu vorschnellen Schlussfolgerungen und Aktionen führt.

Im Allgemeinen kommt es darauf an, auf drei wesentliche Fragen eine Antwort zu finden:

- Was müssen wir tun, damit die Arbeit weitergehen kann?
- Wie kommen wir schnellstmöglich aus der Krise heraus?
- Wie halten wir die Folgen für den Auftraggeber oder Kunden so gering wie möglich?

Sorgen Sie also als Erstes dafür, dass die Arbeit im Projekt weitergeht. Überlegen Sie dann, welche Hilfe Sie benötigen, um aus der Krise herauszukommen – und drängen Sie darauf, diese Unterstützung auch schnell zu bekommen. Entlasten Sie sich und Ihre Mitstreiter von allen Tätigkeiten, die im Moment nicht zwingend erforderlich sind. Auf diese Weise behalten Sie den Überblick und haben die Kapazität frei, um notwendige Maßnahmen zu ergreifen.

Und nicht zuletzt: Informieren Sie alle Beteiligten. Überlegen Sie, wer welche Informationen benötigt. Der Auftraggeber oder Kunde möchte zum Beispiel wissen, wie es weitergeht und welche Auswirkungen die Krise hat. Signalisieren Sie Kompetenz und Zuversicht, denn das Management möchte darauf vertrauen können, dass Sie und Ihr Team das Problem lösen.

Setzen Sie auf die Kunst der Improvisation

Improvisieren hat unter Projektleitern einen schlechten Ruf. Man glaubt, da werde willkürlich aus der Hüfte geschossen, um eine Situation zu bereinigen. Gemeinhin versteht man unter Improvisation »den spontanen praktischen Gebrauch von Kreativität zur Lösung auftretender Probleme«, wie es etwa bei Wikipedia heißt.

So lässt sich nachvollziehen, warum viele Projektleiter Improvisation scheuen wie der Teufel das Weihwasser. Spontanes Handeln halten sie schlicht für unprofessionell. Lieber setzen sie auf Projektmanagement-Software und Gantt-Diagramme. Wenn Pläne dann scheitern, bleibt aus ihrer Sicht nur eine Schlussfolgerung: Versagt haben Menschen, die ihre Arbeit nicht richtig machen, nicht jedoch die Planung.

Doch gerade in der Projektkrise kommt es darauf an, wohlüberlegt und lösungsorientiert zu handeln. Dass Improvisation hierfür nicht geeignet sei, ist ein Irrtum. Es gibt genügend Beispiele von Projektleitern, denen das Improvisieren im Blut zu liegen scheint und die Projektkrisen auf diese Weise erfolgreich meistern. Bei ihren Entscheidungen verlassen sie sich zu einem großen Teil auf ihre Intuition – und liegen damit fast immer richtig.

Was genau unterscheidet Improvisation von Planung? Im Kern liegt der Unterschied darin, dass man der Intuition den Vortritt vor rationalen Planungen einräumt. In Krisensituationen bleibt keine Zeit für langes Nachdenken. Die auf uns einstürzenden Daten und Informationen müssen in Hochgeschwindigkeit, gewissermaßen in Echtzeit verarbeitet werden. Genau das kann Intuition leisten. Sie greift auf unsere gesammelten Erfahrungen zurück und ermöglicht dadurch viel schnellere Entscheidungen als Analyse und bewusstes Denken.

Improvisiertes Handeln gründet sich auf gute Wahrnehmung und eine geschulte, ja professionelle Intuition. Wie Forschungsergebnisse zeigen, liegt hier einer der wichtigsten Unterschiede zwischen Neulingen und erfahrenen Projektleitern. Letztere verfügen über einen größeren Erfahrungsschatz, aus dem sich ihre Intuition bedienen kann. Auch wenn es paradox klingt: Im Vergleich zu ihren Kollegen denken sie weniger lange und weniger bewusst über eine Entscheidung nach – und sind dennoch erfolgreicher.

Improvisieren bedeutet also keineswegs, dass man sich einfach nur »durchwurstelt«. Es handelt sich vielmehr um einen seriösen Handlungsmodus, der in bestimmten Situationen wichtig und angemessen ist. Wenn Sie in einer Krise wohlüberlegt, lösungsorientiert und noch dazu schnell handeln müssen, lautet die Empfehlung ganz klar: Setzen Sie auf die Kunst der Improvisation! Es ist an der Zeit, dass eine praxistaugliche Projektmanagement-Lehre der Improvisation den ihr gebührenden Stellenwert einräumt.

Aus Toms Tagebuch

Sonntag, 15. Juli

Am frühen Samstagmorgen hatten wir im Hauptgebäude einen Wasserschaden, ausgerechnet in den Serverräumen im Kellergeschoss. Ursache war ein Leitungsbruch. Um vier Uhr morgens ist der Alarm ausgelöst worden, rund fünfzig Feuerwehrleute und unsere halbe IT-Abteilung waren im Einsatz. Der Schaden lässt sich noch nicht beziffern, ist aber beträchtlich.

Um den Betrieb sicherzustellen, konnten die Kollegen relativ schnell auf unser Ausweich-Rechenzentrum in Isle d'Abeau zurückgreifen. So ist es gelungen, innerhalb weniger Stunden die wichtigsten IT-Systeme wieder verfügbar zu machen.

Montag, 16. Juli

Heute Morgen stürmt Karin in mein Büro und teilt mir mit, dass das Entwicklungssystem nicht mehr läuft. Schuld sei der Wasserschaden im Serverraum. Damit steht unser Projekt vor einer Katastrophe. Wir hatten noch keinen Notfallplan für unsere Entwicklungs- und Testumgebung – woher auch!? Wer konnte schon mit einem Wasserschaden im Rechenzentrum rechnen?

Karin meint, dass sich die Wiederanlaufzeit für unser Projekt Tage, wenn nicht Wochen hinziehen könnte. Vor allem: Für Ende der Woche haben wir den Workshop »Variante 3.4« geplant. Da brauchen wir das System, um eine möglicherweise entscheidende Entwicklungsvariante zu präsentieren!

Am späten Vormittag rief ich mein Team zu einer kurzen Lagebesprechung zusammen. Wir versuchten, die Probleme zu sondieren. Welche Schwierigkeiten haben wir, wie können wir sie angehen? Außerdem bildeten wir ein kleines Notfallteam:

- Franz soll sich darum kümmern, dass das Projekt im Fachbereich weiterläuft. Niemand soll glauben, er lasse in seinem Engagement nach, nur weil wir einen Wasserschaden haben!

- Karin sorgt dafür, dass bis zum Workshop am Freitag ein Backupsystem zur Verfügung steht.
- Andreas hat die Aufgabe übernommen, auf einem ausrangierten Server einen Teil der Entwicklungsumgebung notdürftig aufzusetzen, damit wir für den Workshop einen Plan B haben.

Irgendwie muss dieser Workshop stattfinden! Zu viel hängt davon ab. Wenn er ins Wasser fällt, ist der nächste Meilenstein beim Teufel.

Im Anschluss an die Lagebesprechung traf ich mich mit Eberhard zum Mittagessen. Ich schilderte ihm den Ernst der Lage und brachte das Gespräch langsam zum Kern des Problems – dass möglicherweise der nächste Meilenstein gefährdet ist.

Natürlich konnte auch er nicht abschätzen, welche Folgen der Wasserschaden im Serverraum letztlich haben würde. Ich unterbreitete ihm Vorschläge, und gemeinsam spielten wir verschiedene Szenarien durch. Schließlich haben wir entschieden, auf eine Sitzung des Lenkungsausschusses zu verzichten.

Wenn ich mir Eberhards Reaktion vor Augen führe, bin ich mir sicher, dass er die Katastrophe leichter akzeptiert hat, weil ich ihn gleich heute informiert habe. Hoffen wir das Beste, dass wir die Lage möglichst schnell wieder in den Griff bekommen!

Einige Dinge, die ich daraus lerne:
- Halte deinen Auftraggeber auf dem Laufenden, auch abseits der regelmäßigen Projektstatusberichte. Rede mit ihm auch über heikle Probleme.
- Suche inoffizielle Gelegenheiten, um mit dem Auftraggeber über die Geschehnisse im Projekt zu sprechen. Erzähle es ihm »im Vertrauen«, damit er jederzeit im Bilde ist.
- Finde den richtigen Zeitpunkt, um offen und ehrlich über aktuelle Probleme zu sprechen, warte aber auf keinen Fall zu lange. Eine Hinhaltetaktik zahlt sich selten aus.
- Erkläre ihm deine Maßnahmen, um die Probleme in den Griff zu bekommen. Wenn es dem Projekterfolg dient, dann wird er auch Verzögerungen in Kauf nehmen.
- Tische ihm keine Märchen auf. Niemand mag es, belogen zu werden – der Auftraggeber schon gar nicht.

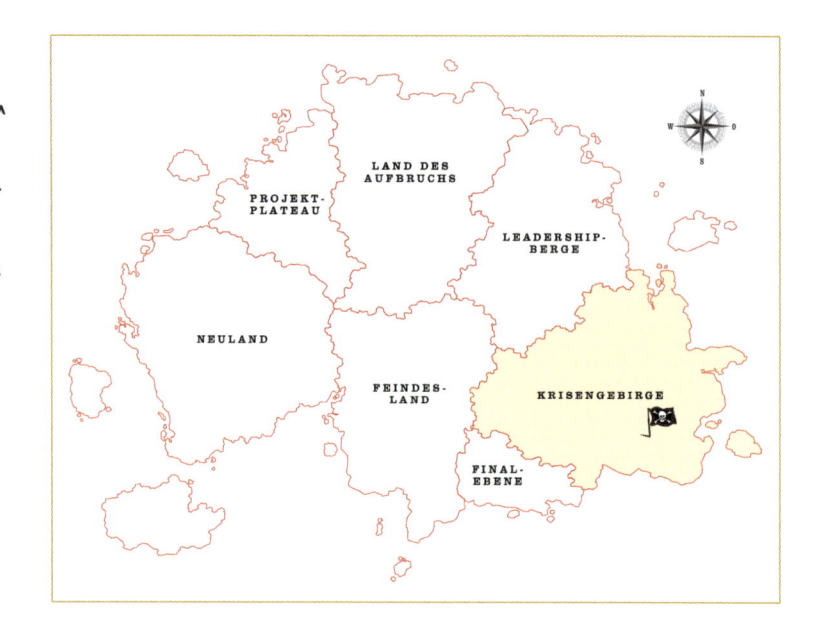

🏴‍☠️ Unerwartete Ereignisse

Ein Projektmitarbeiter fällt aus, ein Lieferant hält Termine nicht ein, ein Wasserschaden legt den Server lahm: Unerwartete Ereignisse können Pläne außer Kraft setzen und das Projekt in eine Krise stürzen.

🎯 So wappnen Sie sich

- Akzeptieren Sie, dass Pläne an Grenzen stoßen – und dass es Situationen gibt, in denen Sie ohne Plan handeln müssen.
- Bewahren Sie einen kühlen Kopf, bringen Sie Ruhe in die Situation.
- Verhindern Sie, dass nach Schuldigen gesucht wird. In einer Krise benötigen Sie Lösungen, keine Schuldzuweisungen.
- Klären Sie die Fakten, anstatt vorschnelle Schlussfolgerungen zu ziehen oder in blinden Aktionismus zu verfallen.
- Sorgen Sie als Erstes dafür, dass die Arbeit im Projekt weitergeht. Eine Krise ist für Projektmitarbeiter kein Anlass, die Hände in den Schoß zu legen.
- Entlasten Sie sich und Ihre Mitstreiter von allen Tätigkeiten, die im Moment nicht zwingend erforderlich sind. Konzentrieren Sie sich auf die Lösung der Krise.
- Setzen Sie bei der Lösung der Krise auf die Kunst der Improvisation – und vertrauen Sie dabei auch auf Ihre Intuition.

6.4 Wenn das Abenteuer aus dem Ruder läuft
Projektkrisen souverän meistern

> Krise kann ein produktiver Zustand sein.
> Man muss ihr nur den Beigeschmack
> der Katastrophe nehmen.
> *Max Frisch*

Große Projektpleiten sind keineswegs seltene Einzelfälle. Deutschland leistet sich Jahr für Jahr in Unternehmen, aber auch in der öffentlichen Verwaltung eine ganze Reihe millionenschwerer Debakel – Projekte, die aus irgendwelchen Gründen komplett aus dem Ruder laufen. Gelegentlich kommen solche Vorfälle auch ans Licht der Öffentlichkeit. Rund 900 Millionen Euro »Lehrgeld« kostete zum Beispiel das fehlgeschlagene IT-Projekt »Fiscus«, mit dem sich die deutschen Finanzämter eine einheitliche Software geben wollten. Das System funktionierte nie richtig, sodass das Projekt am Ende eingestellt wurde. Oder erinnern wir uns an das Mautsystem »Toll Collect«, Deutschlands wohl bekanntestes IT-Projekt: Hier funktionierte die Technik zwar, aber sechzehn Monate Verzögerung und Einnahmeverluste in Höhe von 3,5 Milliarden Euro machen auch dieses Projekt zur großen Pleite.

Thema dieses Abschnitts sind die wirklich großen Projektkrisen, die große Schäden anrichten können – für das Unternehmen und darüber hinaus. Wenn ein Lieferant seinen Termin versäumt oder das IT-System abstürzt, mag das zwar höchst unangenehm sein. Mit einer gemeinsamen Kraftanstrengung bringt man das Projekt dann aber wieder auf die Spur. Im Rückblick ist es ein glücklich bestandenes Abenteuer, von dem die Teammitglieder gerne erzählen. Im Unterschied dazu gehen große Projektkrisen an die Substanz. Die Lage ist so ernst, dass schnelles und beherztes Handeln allein die Krise nicht eindämmen kann. Vielmehr ist das Projekt zum Sanierungsfall geworden, der ein klares Konzept und eine Krisenstrategie benötigt.

Projekte lassen sich in ein einfaches Schema einordnen (siehe Abbildung). Da gibt es einmal die »Feld-, Wald- und Wiesen-Projekte«, meist kleinere, relativ einfache Vorhaben, die ohne nennenswerte Probleme durchlaufen. Gelegentlich geraten diese Projekte in Schwierigkeiten – dann entwickeln sie sich zu »Ärgernissen«. Da sie aber für das Unternehmen keine allzu große

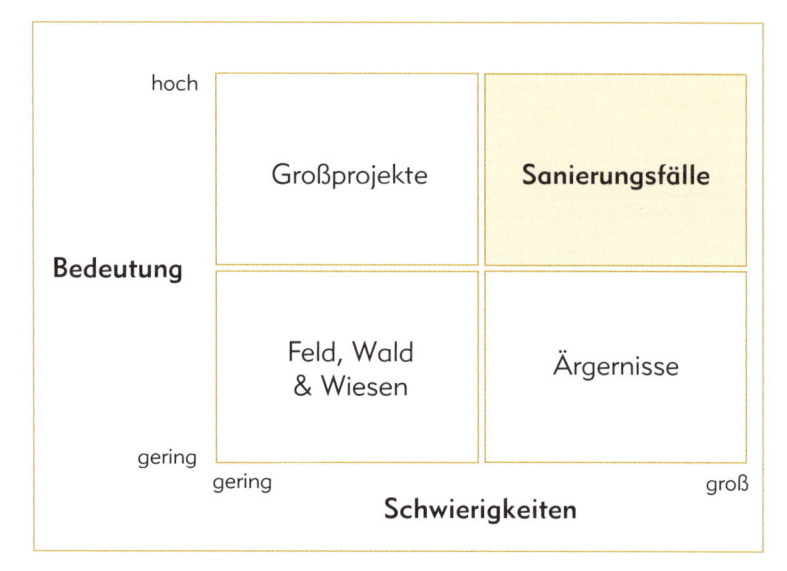

Einteilung der Projekte – Nur Großprojekte können zu Sanierungsfällen werden

Bedeutung haben, genügt es in der Regel, den Endtermin zu korrigieren oder Abstriche bei den Anforderungen zu machen. Das ist ärgerlich, kann mitunter auch ziemlich viel Geld kosten, ist aber keine Katastrophe.

Anders bei den großen und bedeutungsvollen Projekten, die in der Regel von erfahrenen Projektleitern souverän geführt werden. Meist sind diese Projekte gut organisiert und sauber geplant. Dennoch kann auch so ein Projekt ins Schleudern kommen, schließlich wagen sich Unternehmen mit einem Projekt per Definition auf Neuland und wollen Lösungen entwickeln, die es im Unternehmen noch nicht gibt. In den meisten Fällen überwindet das Projektteam die Schwierigkeiten. Doch gibt es auch Umstände, die ein Großprojekt in eine gefährliche Krise stürzen. In der Abbildung bewegen wir uns dann im rechten oberen Quadranten: Das Projekt ist zum Sanierungsfall geworden.

Symptome einer Projektkrise

- Termine werden nicht eingehalten, und Meilensteine purzeln wie Dominos.
- Geplante Ergebnisse werden nicht erreicht.
- Wichtige Mitarbeiter verlassen das Projekt.
- Die Stimmung im Team wird immer angespannter, die Zusammenarbeit leidet.
- Es werden häufiger Fehler gemacht, gleichzeitig sinkt aber die Fehlertoleranz.
- Der Aufwand für Controlling und Reporting steigt, weil plötzlich immer neue Berichte gefordert werden.
- Der Auftraggeber steht nicht mehr hinter dem Projekt und stiehlt sich aus der Verantwortung.

Man kann zwei Varianten unterscheiden, bei denen ein Großprojekt zum Sanierungsfall wird:

Variante 1 beschreibt den Fall, dass das Projekt schleichend in die Katastrophe gerät. Anfangs kämpft das Team gegen einige kleinere Schwierigkeiten, die man noch nicht allzu ernst nimmt. Allmählich werden die Probleme immer mehr, vor allem immer größer, bis die Krise plötzlich offen ausbricht und der Projektleiter feststellt, dass sie ihm bereits über den Kopf wächst. Die Entwicklung ist mit einem Schwelbrand vergleichbar: Man sieht ihn lange Zeit nicht, aber er breitet sich unerbittlich aus – und irgendwann brennt es dann lichterloh.

Erinnern wir uns an den Polarforscher Ernest Shackleton. Die Probleme fingen recht harmlos an, indem sein Schiff im Packeis hängen blieb. Auch die Überwinterung im antarktischen Polarwinter bewegte sich im Rahmen des Normalen. Doch allmählich spitzte sich die Situation zu: das zerstörte Schiff, der Rückweg abgeschnitten, die Stimmung der Mannschaft am Boden … Kaum hatte Shackleton ein Problem gelöst, tauchten drei neue auf. Die Lage wurde für die Expeditionsteilnehmer immer lebensbedrohlicher.

Oder werfen wir einen Blick in die Projektwelt von heute, auf einen Automobilkonzern, der eines der modernsten Ersatzteillager der Welt betreibt: Was dort kurz nach der Jahrtausendwende zunächst nach ein paar kleineren Fehlern in der Steuerung aussah, entpuppte sich in der Folge als Desaster – bis schließlich keine Ersatzteile mehr das Lager verlassen konnten. Vergeblich warteten die Autowerkstätten auf ihre Lieferungen; teilweise mussten sie sogar Neuwagen ausschlachten, um an dringend benötigte Ersatzteile heranzukommen. Zu allem Überfluss bekam die Presse Wind von der Sache: Ein bis unters Hallendach gefülltes Lager, und keiner bekommt auch nur ein einziges Teil da heraus – welch eine Story!

Variante 2 beschreibt den Fall, dass ein überraschendes Ereignis eine nicht beherrschbare Kettenreaktion auslöst. Die Entwicklung ist vergleichbar mit einem Feuer, das in einem Munitionslager ausbricht und in kurzer Folge die Depots in die Luft jagt. In solchen Fällen hilft auch kein Notfallplan mehr.

Ein solches Desaster erlebte der Projektleiter eines Pharmakonzerns. Im Rahmen seines Projektes sollte ein wichtiges neues Medikament auf den Markt kommen. Über Jahre hinweg hatte das Projektteam die Zulassung vorbereitet, die notwendigen Studien erstellt und die Ergebnisse akribisch dokumentiert. Da brachte die Konkurrenz völlig überraschend ein ähnliches Produkt auf den Markt. Das Fatale dabei: Die Nebenwirkungen des Konkurrenzprodukts veranlassten die zuständige Behörde, die Zulassungsbestimmungen drastisch zu verschärfen. Eine Katastrophe für das Projektteam, das unmittelbar vor dem Projektabschluss gestanden hatte: Die mehrere Zehntausend Seiten umfassende Dokumentation war weitgehend hinfällig, quasi über Nacht wurde das Projekt zum Sanierungsfall.

Ganz gleich, wie es dazu kommt, ob schleichend oder durch ein unerwartetes Ereignis, das eine Kettenreaktion auslöst: Projekte können zum Sanierungsfall werden. Nun muss der Projektleiter sich als Krisenmanager bewähren, wenn er das Projekt ebenso wie seinen eigenen Kopf retten will.

Einen Ausweg finden: Blicken Sie nach vorn!

Wenn das Ausmaß einer großen Projektkrise erkennbar wird, kann im Projekt Angst um sich greifen. Der Projektleiter spürt, dass ihm die Dinge entgleiten. Wahrscheinlich hat er noch den bestehenden Projektplan im Kopf, den er unbedingt einhalten möchte. Deshalb versucht er, der Lage Herr zu werden, indem er die Mitarbeiter zusätzlich unter Druck setzt. Doch damit macht er alles nur noch schlimmer.

Ursache der Schwierigkeiten ist nämlich meistens nicht das fehlende Engagement der Mitarbeiter. Diese sind durchaus willig, motiviert und bereit, sich für das Projekt einzusetzen. Das Problem liegt eher darin, dass auch sie mit der Situation überfordert sind. Sie erkennen, dass das Projekt in eine Krise gerät, doch fehlen ihnen Erfahrung und Kompetenz, um die Situation in den Griff zu bekommen. Mit mehr Druck lässt sich nichts ausrichten, im Gegenteil: Wenn ein Projektleiter versucht, mit Brachialmethoden die Krise in den Griff zu bekommen, erzeugt er Angst und operative Hektik, die eine Lösung zusätzlich erschweren. Er läuft Gefahr, das Projekt endgültig zu »versenken«.

Natürlich muss sich der Projektleiter die Frage gefallen lassen, wie es so weit hat kommen können. Der Karren steckt im Dreck – und er trägt die Verantwortung dafür. Das ist eine heikle Angelegenheit, die er seinem Auftraggeber wird erklären müssen. Es wäre jedoch ein Fehler, nun eine Debatte über die Schuldfrage vom Zaun zu brechen. Das würde das Projekt keinen Millimeter weiterbringen. Selbst wenn man nach einer Woche einen Schuldigen ausgemacht hat, wird man feststellen: Die Krise ist immer noch da. Verloren hat man jedoch eine Woche kostbare Zeit. Die Suche nach Schuldigen ist rückwärtsgewandt, zur Lösung des Problems kann sie nichts beitragen.

Stattdessen gilt es, den Blick nach vorne zu richten und einen Ausweg zu finden. Das klingt einfach, zählt jedoch zu den größten Problemen in Krisensituationen. Allerseits wird die Frage erörtert: Wer ist schuld? Die Suche nach dem Schwarzen Peter dient einerseits als Blitzableiter für Frustration und Wut. Andererseits verfolgt sie den Zweck, sich und anderen zu beweisen, dass man selbst unschuldig an der Katastrophe ist. Das ganze Theater um die Schuldfrage ist nicht nur kontraproduktiv, sondern auch ein Alarmzeichen: Solange alle an den Erfolg des Projektes glauben, wird nicht über die Schuldfrage gestritten, sondern um die richtige Lösung gerungen. Rückt jedoch die Schuldfrage in den Vordergrund, signalisiert dies, dass der Glaube an den Erfolg des Projekts schwindet.

Der Schlüssel zur Bewältigung einer Projektkrise liegt beim Projektteam. Gegen das Team lässt sich kein Projekt retten. Anstatt die Mitarbeiter zusätzlich unter Druck zu setzen oder die Zeit durch Schulddiskussionen zu vergeuden, lautet die Devise: Einen kühlen Kopf bewahren. Dafür sorgen, dass alle Beteiligten an einem Strang ziehen. Nach vorne blicken, um einen Ausweg aus der Krise zu finden.

Sobald Sie sich ein Bild von der Situation gemacht haben, müssen Sie das Gespräch mit dem Auftraggeber suchen, um mit ihm über das weitere Vorgehen zu entscheiden. Dabei steht viel auf dem Spiel, nicht zuletzt auch Ihre Position als Projektleiter. Im Wesentlichen sind drei Lösungswege denkbar:

- Der Auftraggeber traut Ihnen zu, dass Sie den Karren selbst wieder aus dem Dreck ziehen. Möglicherweise stellt er Ihnen einen Berater oder Coach zur Seite.
- Der Auftraggeber kommt zu dem Schluss, dass massive strukturelle Probleme das Projekt gefährden und deshalb auch organisatorische Eingriffe außerhalb des Projekts erforderlich sind. Er richtet einen Sanierungskrisenstab ein, gegebenenfalls unter der Leitung eines externen Sanierungsmanagers.
- Der Auftraggeber entscheidet sich für die ganz harte Tour: Ein externer Krisenmanager soll es richten. Dieser übernimmt an Ihrer Stelle die Projektleitung.

Weg 1: Der Projektleiter führt das Projekt aus der Krise

Angenommen, Ihr Projekt ist in eine ernsthafte Krise geraten. Wenn Sie jetzt das Gespräch mit dem Auftraggeber suchen, geht es auch um Ihre Rolle. Hat ein Projekt das Stadium eines Sanierungsfalls erreicht, wird häufig der Projektleiter ausgetauscht und durch einen externen Krisenmanager ersetzt. Diese Maßnahme ist recht populär, weil dem suspendierten Projektleiter so die Rolle des Sündenbocks zugeschoben werden kann.

Ein Coach für den Projektleiter. Angesichts dieser Lage kann es sinnvoll sein, dass Sie selbst gegenüber dem Auftraggeber die Idee eines externen Beraters oder Coachs ins Spiel bringen. Wenn Sie den Eindruck haben, dass Ihnen die Ausnahmesituation über den Kopf wächst, kann ein externer Projektcoach eine wertvolle Hilfe sein, um das Projekt aus der Krise zu führen. Seine Funktion ist es nicht, Sie als Projektleiter zu ersetzen, sondern Ihnen helfend zur Seite zu stehen.

Es gibt gute Argumente, damit ein solcher Vorschlag dem Auftraggeber einleuchtet. Würde er einen externen Sanierer holen, der das Projekt komplett übernimmt, hätte er seinen Projektleiter »verbrannt« – denn wenn ein anderer das Ruder übernimmt, gilt der bisherige Projektleiter als gescheitert. Stellt er ihm dagegen einen Projektcoach zur Seite, kann er damit rechnen, das Projekt zu retten, ohne dass der bisherige Projektleiter Schaden nimmt.

Wenn es Ihnen also gelingt, den Auftraggeber von der Idee eines Coachs zu überzeugen, stärken Sie nicht nur Ihre Position als Sanierer im Krisenprojekt. Gleichzeitig entgehen Sie möglicherweise auch dem Schicksal, entmachtet zu werden und einem Sanierer Platz machen zu müssen.

Entschließt sich der Auftraggeber, einen Coach zu engagieren, kommt es zu einem Dreiecksvertrag zwischen dem Auftraggeber, dem Projektcoach als Auftragnehmer und dem Projektleiter als Betroffenem. Eine solche Konstellation ist naturgemäß nicht einfach und verlangt eine eindeutige Auftragsklärung: Was will der Auftraggeber? Was kann und will der Projektcoach leisten? Was erlaubt der Projektleiter?

Bestandsaufnahme und Go-/No-go-Entscheidung. Die erste wichtige Etappe ist die Entscheidung, ob das Projekt überhaupt weitergeführt werden soll – die Go- oder No-go-Entscheidung. Hierzu benötigen Auftraggeber und Lenkungsausschuss eine solide Informationsbasis. Notwendig ist daher eine Bestandsaufnahme: Wo stehen wir? Was brauchen wir?

Wieder ein kritischer Punkt! Um das Heft in der Hand zu behalten, müssen Sie den Auftraggeber überzeugen, dass Sie mit Ihrem Team diese Bestandsaufnahme zügig und zuverlässig durchführen können. Das ist nicht selbstverständlich: In Krisenprojekten neigen Auftraggeber und Management zu der Ansicht, dass die bisherige Projektleitung, die ja die Krise oft mit verschuldet hat, nicht die Kraft besitzt, ein ordentliches Krisenmanagement zu betreiben und sich selbst aus dem Schlamassel zu befreien. Sie befürchten, dass der Projektleiter und sein Team eher mit sich selbst beschäftigt sind – und dass ihnen die erforderliche Distanz fehlt, um Fehler einzugestehen und die Situation richtig zu beurteilen.

Vermeiden Sie diesen Eindruck. Anderenfalls wird dem Auftraggeber kaum eine andere Möglichkeit bleiben, als doch einen externen Krisenmanager hinzuzuziehen, der sich kompromisslos in den Dienst der Sache stellt.

Wenn Sie vor dem Lenkungsausschuss die Ergebnisse der Bestandsaufnahme präsentieren, gleicht das einem Offenbarungseid. Nun legen Sie schonungslos offen, wo das Projekt steht. Auch wenn die Teilnehmer auf schlechte Nachrichten vorbereitet sind, rütteln die Analyseergebnisse auf. Es ist durchaus möglich, dass die Anwesenden schockiert reagieren. Doch das müssen Sie in Kauf nehmen.

Auf Grundlage der Präsentation entscheidet der Lenkungsausschuss, ob das Projekt fortgeführt werden soll. Ein Abbruch sollte erfolgen, wenn die Sanierungskosten in keinem Verhältnis mehr zum erwarteten Nutzen des Projekts stehen. Entscheiden sich Lenkungsausschuss und Auftraggeber hingegen für eine Fortsetzung, bedeutet das: Neben dem eigentlichen Projekt wird nun ein Sanierungsprojekt aufgesetzt.

Das Sanierungsprojekt. Der Sanierungsprozess beginnt mit der Auftragsvergabe für die Projektsanierung. Dies geschieht, wie bei Projekten üblich, auf der Grundlage einer Projektskizze, in der die Motive für den Turnaround beschrieben, inhaltliche und terminliche Ziele festgehalten und das geplante Vorgehen skizziert werden. Da die Zeit drängt und das Management schnelle Sanierungsergebnisse erwartet, sollten Sie mit Ihrem Team die Projektskizze innerhalb von wenigen Tagen erarbeiten.

Möglicherweise kommt der Lenkungsausschuss daraufhin doch noch zu dem Schluss, einen externen Berater hinzuzuziehen, um mit dessen Hilfe ein Sanierungskonzept auszuarbeiten und umzusetzen.

Ob mit oder ohne externe Hilfe: Im nächsten Schritt erfolgt die Aufstellung eines Sanierungskonzepts, das die notwendigen Aktivitäten für den Turnaround des Projekts festlegt. Im Allgemeinen mündet dieses Konzept in einen neuen Basisplan für das Projekt. Hat der Auftraggeber das Sanierungskonzept freigegeben, wird es umgesetzt und das Projekt wieder auf Kurs gebracht.

Das Sanierungskonzept bildet die Grundlage, auf der alle Beteiligten handeln. Doch reicht ein gutes Konzept alleine nicht aus, um das Projekt zu retten. Entscheidend ist auch ein emotionales Klima, das die Beteiligten motiviert und mobilisiert. In vielen Projektkrisen sind die Mitarbeiter jedoch wie gelähmt. Sie lassen Aufgaben liegen oder schieben Entscheidungen so lange hin und her, bis sich niemand mehr verantwortlich fühlt.

Aufgabe des nun als Sanierer tätigen Projektleiters ist es, den gordischen Knoten zu durchschlagen und die Entscheidungs- und Handlungsfähigkeit wiederherzustellen. Das Team muss sein verlorengegangenes Selbstvertrauen und Wir-Gefühl wiederfinden. Es benötigt positive Energie, um den bevorstehenden Kraftakt zu bewältigen. Hierzu muss der Projektleiter Perspektiven aufzeigen, Zuversicht ausstrahlen und selbst mit Tatkraft vorangehen. In der Praxis bewährt haben sich tägliche Standup-Meetings, die für den Zusammenhalt des Teams wahre Wunder bewirken können.

Weg 2: Ein Sanierungs-Krisenstab wird eingerichtet

Eine erste Analyse der Projektkrise fördert häufig massive Mängel in der Projektorganisation zutage. Das zeigt sich zum Beispiel daran, dass der Lenkungsausschuss nicht wirklich in das Projektgeschehen involviert war, sondern mehr oder weniger zum Debattierclub der Statusberichte verkam. Die Mitglieder des Lenkungsausschusses glauben, dass sie selbst alles getan haben, um das Projekt optimal zu betreuen – und zweifeln nun an den Fähigkeiten des Projektleiters, weil das Projekt in der Krise steckt. Auch der Projektleiter glaubt, alles in seiner Macht Stehende getan zu haben, und doch entgleitet ihm das Projekt. Zu allem Überfluss muss er sich mit Dingen befassen, die nicht in seinem Einflussbereich liegen, für die er aber trotzdem die Verantwortung trägt.

Oft sind es solche Organisationsdefizite, die ein Projekt erst zum Sanierungsfall werden lassen. Der Organisation fehlt schlicht der notwendige Reifegrad für die Abwicklung von Großprojekten. Sprich: Es mangelt an Projekterfahrung, Führungskompetenz, Methoden und standardisierten Prozessen – also an den Voraussetzungen, um solche Projekte erfolgreich abwickeln zu können. Diese Defizite haben dann nichts mit dem Krisenprojekt selbst zu tun, vielmehr liegen die Ursachen der Schwierigkeiten in der Trägerorganisation begründet.

Eine Lösung allein im Rahmen des ursprünglichen, in die Krise geratenen Projekts zu suchen greift in diesem Fall zu kurz. Vielmehr bedarf es auch organisatorischer Maßnahmen, um im Unternehmen projekttaugliche Strukturen zu schaffen. Diese doppelte Aufgabe sollte in die Hände eines Sanierungs-Krisenstabs gelegt werden.

Eine Task Force zur Projektrettung. Der Sanierungs-Krisenstab lässt sich als Task Force zur Projektrettung bezeichnen. Das Team, das aus Führungskräften des Unternehmens besteht, löst in der Regel den Lenkungsausschuss des Krisenprojekts ab. Die Mitglieder des bisherigen Lenkungsausschusses haben sich im Wesentlichen darauf beschränkt, Informationen auszutauschen. Nur in Ausnahmefällen griffen sie aktiv ins Projektgeschehen ein; wenn sie Entscheidungen fällten, dann allein auf das Projekt bezogen. Ganz anders die Mitlieder des Krisenstabs: Sie sind aktiv in die Sanierung des Krisenprojektes eingebunden und haben explizit das Ziel, organisatorische Änderungen auch außerhalb des Projekts herbeizuführen.

Der Leiter des Krisenstabs, auch »Task Force Lead« genannt, verfügt über weitreichende Befugnisse. Er kann Ressourcen bereitstellen, externe Unterstützung anfordern oder zusätzliche Gelder genehmigen. Der Task Force Lead, eine unabhängig agierende Persönlichkeit, begegnet der Unternehmensleitung auf Augenhöhe und kann sich im Falle einer kontroversen Diskussion durchsetzen.

Die Task Force schafft neue Strukturen. Der Krisenstab agiert als eigenes Projektteam, parallel zum Team des Krisenprojekts. Seine vorrangige Aufgabe ist es, das Krisenprojekt wieder flottzumachen. Hierzu koordiniert er auf der einen Seite die Sanierungstätigkeiten: Er räumt Probleme und Hindernisse aus dem Weg, die aus dem Krisenprojekt gemeldet werden, und unterstützt dessen Mitarbeiter bei der Umsetzung der Sanierungsmaßnahmen. Auf der anderen Seite arbeitet der Krisenstab daran, die organisatorischen Defizite zu beseitigen, um so für das Krisenprojekt möglichst günstige Rahmenbedingungen zu schaffen.

Der Krisenstab, also die Task Force, trifft sich in regelmäßigen Abständen – idealerweise wöchentlich, um die Informationen aus dem Krisenprojekt zu analysieren. Ein besonderes Augenmerk gilt dabei

- dem Fortschritt, der im Projekt erzielt wird,
- den Hindernissen, die nicht innerhalb des Projektes gelöst werden können,
- den Risiken, die den Projektfortschritt zusätzlich gefährden,
- der Stimmung im Team, die regelmäßig erfasst wird.

Auf dieser Grundlage trifft der Krisenstab dann die notwendigen Entscheidungen und Maßnahmen, um den Sanierungsprozess voranzubringen.

Für das Unternehmen hat die Einrichtung eines Sanierungs-Krisenstabs einen interessanten Nebeneffekt: Die Task Force rettet – wenn alles gut geht – nicht nur das Krisenprojekt, sondern schafft zugleich die notwendigen Prozesse und Strukturen, um künftig komplexe und schwierige Projekte erfolgreich aufsetzen zu können.

Zudem fungiert der Krisenstab quasi als Lernkatalysator für das Unternehmen: Probleme, die aus den Projekten an den Krisenstab gemeldet werden, können unmittelbar in einen kontinuierlichen Verbesserungsprozess einfließen. Dadurch verbessern sich die Rahmenbedingungen für laufende und künftige Projekte des Unternehmens.

Weg 3: Ein Krisenmanager übernimmt das Zepter

Legt ein Projekt eine Bruchlandung hin, schlägt die Stunde des Spezialisten mit Rambo-Image. Der Auftraggeber engagiert einen externen Krisenmanager, damit dieser das Projekt saniert. »Wir haben einfach das Skalpell genommen und losgelegt. Der Patient bekam keine Betäubung und litt höllische Schmerzen. Aber er wurde wieder gesund«, beschreibt der Sanierungsmanager Greg Brenneman das Vorgehen, mit dem er die amerikanische Fluglinie Continental Airlines vor dem Konkurs bewahrte und zum Erfolg zurückführte.

Als Brenneman seinen Job übernahm, lag die Airline völlig am Boden. Ganz ähnlich ergeht es einem Krisenmanager, der für die Sanierung eines Großprojekts geholt wird. Die Lage erscheint aussichtslos. Es fehlt eine Strategie, die Projektkosten sind explodiert, die Arbeitsmoral abgestürzt, das Management nervös, der Kunde verärgert. Das alles soll sich nun ändern, möglichst bis morgen. Trotz der prekären Lage muss der Krisenmanager bei seinem ersten Auftritt Zuversicht ausstrahlen und nachvollziehbar darlegen können, dass die Schwierigkeiten lösbar sind.

Bei solchem Zeit- und Erfolgsdruck kann der Krisenmanager nicht erst an einer eleganten Strategie feilen und Pläne für eine reibungslose Umsetzung ausarbeiten. Entscheidend sind vielmehr Pragmatismus und Schnelligkeit. Eine Chance hat er nur, wenn er sich anhand von Dokumenten und Gesprächen innerhalb von etwa zwei Wochen einen Überblick verschafft und ein Turnaround-Konzept erstellt. Auf dieser Grundlage entscheidet dann der Auftraggeber oder der Lenkungsausschuss, ob das Projekt weitergeht oder besser abgebrochen werden sollte. Geht es weiter, muss der Krisenmanager das Konzept umgehend und konsequent umsetzen – ohne Rücksicht auf anders lautende Theorien.

Wenn wir die wesentlichen Anforderungen und Merkmale eines guten Krisenmanagers zusammenstellen, ergibt sich das Bild einer starken Persönlichkeit – vergleichbar der eines Kapitäns, der im Sturm gelassen auf der Brücke steht, Entscheidungen trifft und Kommandos gibt. Ein Krisenmanager

- vermittelt allen Projektbeteiligten, also auch seinem Auftraggeber, das berechtigte Gefühl, dass er »die Sache voll im Griff hat«;
- bringt das »Feeling« für einen Turnaround mit, das heißt, er gewinnt schnell das Commitment des Teams und versteht es, die Beteiligten zu motivieren;
- tritt überzeugend und entschlossen auf und hat das Rückgrat, auch unliebsame Entscheidungen zu treffen;
- scheut sich nicht, das, was er für richtig erkannt hat, entschlossen und konsequent durchzuziehen, ohne dabei unnötigen Flurschaden anzurichten;
- ist authentisch, kommuniziert offen und ehrlich und legt die erforderlichen Entscheidungen so dar, dass die Projektbeteiligten sie nachvollziehen können;
- ist eine starke, aber auch ausgeglichene Persönlichkeit, die selbst bei heftigen Angriffen und üblen Verdächtigungen gelassen bleibt;
- kann die Arbeit im Team straff organisieren und steuern, bringt also die notwendige Arbeitsmethodik für einen Kriseneinsatz mit;
- konzentriert sich auf das Wesentliche, setzt die richtigen Prioritäten und trifft – falls notwendig – auch schwerwiegende Entscheidungen;
- entzieht sich erfolgreich überflüssigem Drängen aus dem Management und vermeidet jede Form von Aktionismus.

Sein Status als Externer erlaubt es dem Krisenmanager, organisatorische Regeln gezielt zu brechen, soweit dies für die Sanierung des Krisenprojektes erforderlich ist. Führungskräfte und Mitarbeiter werden das durchgehen lassen, weil sie ihm weder bösen Willen noch eigene Machtinteressen innerhalb der Organisation unterstellen können. Gewinnt der externe Krisenmanager an Macht, ist dies in den Augen aller Beteiligten nur temporär und ruft deshalb keine weiteren Widerstände hervor. Spätestens wenn der Krisenmanager aus dem Unternehmen ausscheidet, hat er seinen Einfluss ja wieder verloren.

Klar ist, dass ein Spezialist mit diesen Qualitäten nicht einfach im Telefonbuch steht. Auch wenn die Zeit drängt, sollte ein Projektauftraggeber mehrere infrage kommende Berater prüfen und interviewen, bevor er sich für einen Krisenmanager entscheidet. Schließlich möchte er diesem eine große Verantwortung und umfangreiche Kompetenzen übertragen.

Aus Toms Tagebuch

Mittwoch, 26. September

Die letzten Tage stand das Projekt auf der Kippe. Ich habe mir ernsthaft Sorgen gemacht, dass uns die Puste ausgehen könnte. Man stelle sich vor: Unser Implementierungspartner, der einen Großteil der externen Ressourcen bereitstellt, fiel wegen Insolvenz aus. Das hat uns kalt erwischt.

Wenn ich heute zurückblicke und ehrlich bin, dann waren die äußeren Umstände, also die Insolvenz des Implementierers, nur für einen Teil der Projektkrise verantwortlich. Der andere Teil lag an uns – wie wir als Team darauf reagiert haben. Im Grunde machten wir erst einmal weiter und ignorierten die Krise. Als wir die Nachricht von der Insolvenz erhielten, setzte ich mich zwar mit Karin und Andreas zusammen, um zu überlegen, wie wir den Ausfall unseres Implementierungspartners kompensieren könnten. Doch sofort gehandelt haben wir nicht. Karin sah die Situation gar nicht so kritisch, da wir ja schon große Teile der Implementierung hinter uns hatten.

Dieses Zögern hätte uns fast das Genick gebrochen. Als uns endlich dämmerte, dass wir doch dringend einen neuen Implementierungspartner benötigen, informierte ich Eberhard. Ich drängte ihn, den Einkauf zu bitten, uns bei der Suche nach einem neuen Partner zu unterstützen und dabei möglichst pragmatisch vorzugehen, also ohne die üblichen Formalien schnell zu einem Abschluss zu kommen. Vor die Alternative gestellt, einen Projektabbruch zu riskieren, setzte sich Eberhard mit dem Einkaufsleiter zusammen und erreichte eine Sonderregelung für uns. Gott sei Dank!

Was lehrt diese Beinahe-Katastrophe? Die vielleicht größte Gefahr für einen Projektleiter besteht darin, dass er in einer kritischen Situation wichtige Entscheidungen nicht schnell genug trifft. Dadurch vergeht wertvolle Zeit, und die Handlungsoptionen schwinden. Man will sich die Krise nicht eingestehen – doch ohne dieses Eingeständnis kann man sie nicht lösen.

Einige weitere Dinge, die ich daraus lerne:
- Behalte bei Fehlentwicklungen im Projekt einen kühlen Kopf. Operative Hektik macht die Sache selten besser – meist verschärft sich die Krise dadurch nur unnötig.
- Ziehe wichtige Teammitglieder zu Rate und prüfe, ob sie die Lage im Projekt ähnlich kritisch beurteilen wie du selbst.
- Mache das Management auf die Brisanz der Lage aufmerksam, fordere klare Entscheidungen und führe ihnen vor Augen, was passiert, wenn nichts passiert.
- In Krisensituationen ist Mut gefragt, Probleme klar anzusprechen, Konsequenzen aufzuzeigen, Prioritäten zu setzen und die richtigen Forderungen zu stellen.
- Verzichte in größeren Projekten niemals auf ein solides Risikomanagement. Es ist das einzige Instrument, mit dem du dir solche Situation einigermaßen vom Hals halten kannst.

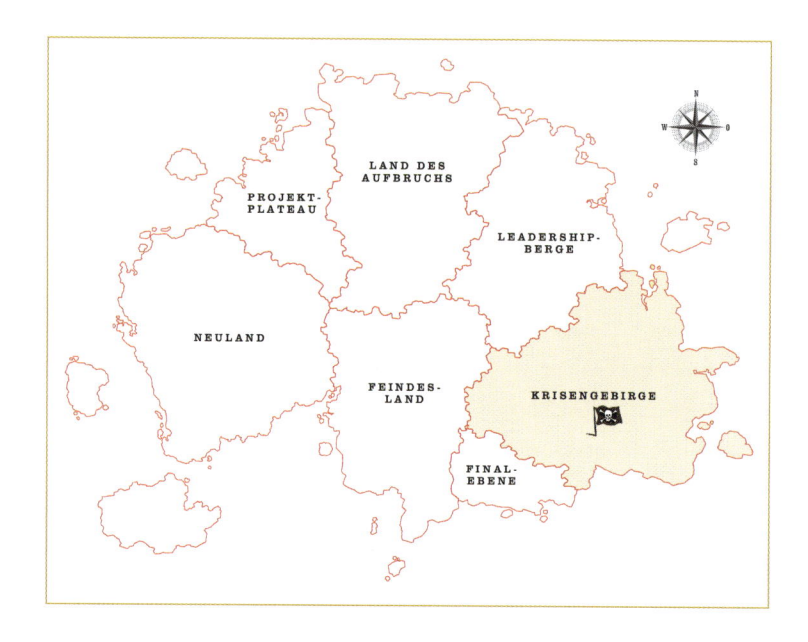

Das Projekt – ein Sanierungsfall

In Projekten tauchen immer wieder unerwartete Schwierigkeiten auf – das ist völlig normal. In Ausnahmefällen kann die Situation jedoch eskalieren und das Projekt ernsthaft gefährden. Ein Großprojekt kann dann zum Sanierungsfall werden, der auch Ihre Position als Projektleiter gefährdet.

So wappnen Sie sich

- Sprechen Sie mit Ihren Mitarbeitern, am besten unter vier Augen – nur so finden Sie heraus, wie es um Ihr Projekt wirklich steht.
- Blicken Sie den Tatsachen ins Auge, und passen Sie Ihr Vorgehen der Realität an. Nichts ist schlimmer, als Plänen hinterherzulaufen, die ohnehin längst überholt sind.
- Suchen Sie umgehend das Gespräch mit dem Auftraggeber, wenn das Projekt in ernste Schwierigkeiten gerät.
- Wenn Ihnen die Ausnahmesituation der Krise über den Kopf wächst, kann es sinnvoll sein, dass Sie von sich aus die Unterstützung durch einen externen Projektcoach ins Spiel bringen.
- Krankt das Projekt an Mängeln in der Projektorganisation, sollte das Unternehmen einen Sanierungs-Krisenstab einrichten, der die Rahmenbedingungen für das Projekt ändert.
- Rechnen Sie mit der Möglichkeit, dass der Auftraggeber einen externen Krisenmanager einsetzt – und Sie Ihren Job als Projektleiter verlieren.

Etappe 7

ZUM ENDSPURT ANSETZEN
Das Projekt erfolgreich abschließen

Einen triumphalen Empfang bereiteten rund 100 000 Menschen dem amerikanischen Postflieger Charles Lindbergh, als er am 21. Mai 1927 in seinem einmotorigen Eindecker *Spirit of Saint Louis* in Paris landete. Als erster Mensch hatte er im Alleinflug nonstop den Atlantik überquert. Mit der Feier in Paris fand ein einzigartiges Projekt einen spektakulären Abschluss. Charles Lindbergh wurde zur Luftfahrtlegende. Er stieg zum Nationalhelden auf und ging als Pionier der Luftfahrt in die Geschichte ein.

Mit Blick auf das Projektmanagement steht Lindberghs Empfang in Paris für eine scheinbare Banalität: Ein Abenteuer findet seinen Abschluss.

Um dahin zu kommen, musste Lindbergh sein Projekt konsequent bis zum Ende durchziehen, schließlich konnte er schlecht seinen Flug über den Atlantik abbrechen. Vor allem aber fieberte er dem Ziel seiner Mission entgegen, und es war klar: Im Falle eines Erfolges würde das Abenteuer einen würdigen, preisgekrönten Abschluss finden.

1919 hatte der Hotelier Raymond B. Orteig einen Preis in Höhe von 25 000 Dollar für den ersten Nonstopflug zwischen New York und Paris ausgesetzt. Einige Fliegerhelden hatten sich daran versucht und ihr Leben verloren.

Nach jahrelangen Vorbereitungen startete dann Charles Lindbergh am 20. Mai 1927 von Long Island aus. Die einzigen Hilfsmittel für diesen Flug waren Karte und Kompass. Er schaffte es – und benötigte für die 5 780 Kilometer lange Strecke 33,5 Stunden. Ein triumphaler Erfolg.

Was im Falle von Charles Lindbergh so offensichtlich und selbstverständlich ist, nämlich ein klarer Projektabschluss, wird im Projektmanagement häufig versäumt. Viele Projekte enden ohne klar erkennbaren Abschluss. Da arbeitet die Fachabteilung bereits mit dem Projektergebnis, während das Team noch an letzten Feinheiten bastelt. Oder die Befürchtung, am Ende des Projekts noch unangenehme Detail- und Wartungsaufgaben aufgehalst zu bekommen, treibt die Teammitglieder vorzeitig auseinander. Ein fehlender Abschluss ist jedoch mehr als nur ein Schönheitsfehler: Er kann das Projektabenteuer auf den letzten Metern ins Straucheln bringen.

In Etappe 7 geht es darum, das Projekt erfolgreich ins Ziel zu steuern. Das bedeutet vor allem, die Abnahme sicherzustellen (Abschnitt 7.1) und das Projekt offiziell abzuschließen (Abschnitt 7.2). Einige Wochen nach dem Projektabschluss treffen sich die Abenteurer dann noch einmal für einen »Projektreview« (Abschnitt 7.3). So wird sichergestellt, dass ihre Erkenntnisse und Erfahrungen nicht verlorengehen, sondern für das nächste Vorhaben genutzt werden können. Nach dem Abenteuer ist vor dem Abenteuer!

7.1 Einen Knopf dranmachen
Die Abnahme erfolgreich managen

> Ich habe fertig.
> *Giovanni Trappatoni*

Ein Projekt zu Ende zu führen kann schwieriger sein, als es zu beginnen. Diese Erfahrung machte der Projektleiter eines IT-Dienstleisters, der ein umfangreiches Projekt zur SAP-Einführung in einem Chemieunternehmen leitete. Die Projektarbeit war weitgehend abgeschlossen, die Abnahmetests standen bevor – alles schien nach Plan zu verlaufen. Kurz vor der Abnahme änderte der Kunde völlig unerwartet sein bislang kooperatives Verhalten. Er begann, die Abnahme zu verschleppen, und entdeckte immer neue Anforderungen. Hierzu nutzte er vor allem die Mängelliste, die von Tag zu Tag länger wurde. Offensichtlich wollte der Kunde auf den letzten Metern noch das Maximum an Leistung für das vereinbarte Budget herausholen! Ihm wurde wohl klar, dass er nach der Abnahme des Projekts keine zusätzlichen Anforderungen mehr würde durchsetzen können.

Der Projektleiter nahm sich Vertrag und Projektdokumente vor, in denen man zu Projektbeginn den Leistungsumfang festgelegt hatte. Doch die waren so schwammig formuliert, dass er den Kunden nicht festnageln konnte. So nahm das Unheil seinen Lauf. Nicht nur der Zeitplan geriet ins Wanken, auch die finanzielle Lage wurde zum Fiasko. Jeder Tag, den das Projekt länger dauerte als geplant, verursachte Kosten in Höhe von rund 15 000 Euro. Das Projektbudget schmolz dahin wie ein Eiswürfel im Hochsommer. Und so saß dem Projektleiter bald auch sein Chef im Nacken, der endlich einen erfolgreichen Projektabschluss vermelden wollte.

Das Beispiel zeigt: Selbst erfolgreiche Projekte können auf der Zielgeraden noch in Schwierigkeiten geraten. Die Gefahr besteht nicht nur dann, wenn der Kunde im letzten Moment seine Anforderungen hochschraubt. Die Schlussphase eines Projekts birgt generell ihre Tücken: Das Projekt verläuft gut. Der Zeitplan ist eingehalten, die Qualitätsziele sind erreicht und das Budget liegt im Plan. Es fehlen nur noch wenige Teilaufgaben und Arbeitsschritte – und genau da bleiben Projekte gerne hängen. Sie sind fast beendet, aber eben nicht ganz. Gerade weil alle meinen, man sei im Grunde genommen ja fertig, geht Projekten im Endspurt regelmäßig die Luft aus. Die Projektmitarbeiter sind in Gedanken schon bei neuen Aufgaben, und ihnen fehlen Motivation und Energie, das Projekt vollständig abzuschließen. Die Folge: Alles zieht sich noch einmal hin, Termine werden nicht mehr eingehalten.

Wenn es dem Projektleiter jetzt nicht gelingt, die Mannschaft zusammenzuhalten und die Kräfte zu bündeln, ist der Projektabschluss gefährdet. Die Situation ist besonders dann kritisch, wenn der Auftraggeber ein externer Kunde ist und die Projektergebnisse offiziell abgenommen werden müssen. Erst mit der Abnahme erkennt der Kunde den Projektgegenstand als vertragsgemäß und mängelfrei an. Das Problem ist nur: Während der Projektleiter noch darum kämpft, dass alle vereinbarten Arbeiten korrekt erbracht und abgenommen werden, haben sich die Projektmitarbeiter innerlich schon weitgehend vom Projekt verabschiedet.

Der Wunsch nach einer möglichst reibungslosen Abnahme ist verständlich. Als Projektleiter möchte man das Projekt tatsächlich beenden – endlich einen Knopf dranmachen können.

Die Abnahme sichern

»Ich habe fertig!« Als Projektleiter können Sie sich erst dann zurücklehnen und erleichtert den berühmten Satz von Giovanni Trapattoni seufzen, wenn Sie die formale Abnahme Ihres Projekts in der Tasche haben. Ohne Abnahme kein Projektabschluss.

Mit der fachlichen Abnahme schlägt für das Projektteam häufig die Stunde der Wahrheit. Glaubte man bisher noch, inhaltlich sei alles erledigt, kann das Projekt jetzt zur »Never Ending Story« werden. Die Projektmitarbeiter müssen so lange nachsitzen, bis der Kunde das Ergebnis absegnet. Wenn sich zeigt, dass die in den Projektanforderungen definierten Ziele nicht vollständig erreicht sind, lassen sich auch mögliche Alternativen wie Teilabnahmen, schrittweise Abnahmen oder eingeschränkte Abnahmen aushandeln.

Um böse Überraschungen zu vermeiden, muss die Abnahme professionell und vorausschauend geplant werden. Das Thema führt uns zurück an den Anfang des Projekts: Nun ernten Sie die Früchte der Sorgfalt, mit der Sie die Projektanforderungen spezifiziert haben. Sind nämlich die Leistungen im Angebot klar beschrieben, können Sie die Punkte jetzt abhaken und im Einzelnen nachweisen.

Folgende Maßnahmen zu Projektbeginn helfen, spätere Probleme bei der Abnahme zu vermeiden:

- Formulieren Sie ein eindeutiges und vollständiges Projektziel. Und stellen Sie sicher, dass niemand Erwartungen schürt, die Sie später im Projekt nicht einhalten können. Sie werden kaum die Abnahme bekommen, wenn Ihr Kunde mit dem Ergebnis nicht zufrieden ist.
- Sorgen Sie dafür, dass die funktionalen Anforderungen mit größter Sorgfalt festgelegt werden (z. B. im Pflichtenheft). Achten Sie dann darauf, dass diese Kundenanforderungen konsequent in technische Anforderungen umgesetzt werden.
- Achten Sie auf klare Formulierungen, auch wenn anfangs noch vieles unklar ist. Schwammige und allgemein gehaltene Vorgaben sind schnell formuliert, können aber zum Verhängnis werden, wenn der Kunde sie dann im Rahmen der Abnahme auf seine eigene Weise interpretiert.
- Definieren Sie, auch mithilfe der Fachexperten, die Abnahmekriterien und eine Abnahmestrategie. Lassen Sie diesen Abnahmeprozess vom Kunden absegnen.

Die Realität zeigt immer wieder, dass diese Regeln missachtet werden. Die Projektleiter sind dann selbst dafür verantwortlich, wenn ihr Projekt vom Kunden nicht abgenommen wird – auch wenn sie es meist nicht so sehen und die Schuld lieber bei anderen suchen.

Rechtliche Klippen umschiffen

Die Abnahme durch den Kunden ist mit zahlreichen rechtlichen Konsequenzen verbunden, wie schon ein kurzer Blick auf die wesentlichen juristischen Aspekte der Abnahme zeigt:

Rechtliche Aspekte der Abnahme
- Mit der Abnahme geht der Projektgegenstand in das Eigentum des Auftraggebers über.
- Mit der Abnahme vollzieht sich der Haftungs- und Gefahrenübergang auf den Auftraggeber.
- Mit der Abnahme beginnt die gesetzliche oder vertraglich vereinbarte Gewährleistungsfrist.
- Die Verjährungsfrist für die Geltendmachung von Mängeln beginnt.
- Mit der Abnahme geht die Beweislast für Mängel am Projektgegenstand auf den Auftraggeber über.
- Die vereinbarte Vergütung ist mit der Abnahme fällig (§ 641 BGB).

Da der Abnahmeprozess nicht gesetzlich geregelt ist, sollten Sie als Projektleiter selbst Vorkehrungen treffen, um sich vertraglich abzusichern. Folgende Hinweise helfen Ihnen, eine Strategie für eine möglichst reibungslose Abnahme zu entwickeln:

- Führen Sie die Abnahme in zwei Schritten durch. Nehmen Sie zunächst gemeinsam mit Ihrem Kunden eine Funktionsprüfung vor. Wenn diese erfolgreich ist, beginnt Ihr Kunde im zweiten Schritt mit eigenen Prüfungen im Probebetrieb. Ist auch der Probebetrieb erfolgreich, erklärt der Kunde die Abnahme.
- Unterrichten Sie Ihren Kunden von der Fertigstellung. Sagen Sie ihm, dass die Leistungen erbracht worden sind und er mit der Abnahmeprüfung beginnen kann. Legen Sie am besten vorher vertraglich fest, was unter der »Fertigstellung« zu verstehen ist.
- Gegenstand der Abnahme muss die Prüfung sein, ob die abgelieferte Leistung den vertraglichen Vereinbarungen entspricht. Um möglichen Diskussionen vorzubeugen, sollten Sie gemeinsam mit dem Kunden für die Durchführung der Funktionsprüfung eine Reihe von Testfällen festlegen.
- Protokollieren Sie die Ergebnisse der gemeinsamen Funktionsprüfung, unabhängig davon, ob die Tests erfolgreich waren oder wegen zu vieler Fehler abgebrochen werden mussten.
- Bedenken Sie, dass der Kunde die Abnahme wegen wesentlicher Mängel verweigern kann – und was wesentlich ist, legt zunächst der Kunde fest. Versuchen Sie trotzdem vertraglich zu regeln, wann der Kunde zur Abnahme verpflichtet ist –

beispielsweise über die Einführung von Fehlerklassen oder die Festlegung von Fehlermengen.

- Unterscheiden Sie zwischen betriebsverhindernden Fehlern (Klasse 1), betriebsbehindernden Fehlern (Klasse 2) und sonstigen Mängeln (Klasse 3). Nehmen Sie die Einordnung in Fehlerklassen einvernehmlich mit Ihrem Kunden vor.
- Sind alle Voraussetzungen erfüllt, muss der Kunde die Abnahme erklären. Setzen Sie nach dem erfolgreichen Probebetrieb Ihrem Kunden eine Frist zur Abnahme. Die Abnahme gilt (laut § 640 Abs. 1 Ziff. 3 BGB) als erklärt, wenn der Kunde innerhalb der Frist keine abnahmebehindernden Mängel aufzeigt.
- Häufig wird die Abnahme unter Vorbehalt erklärt, auch wenn noch Mängel vorhanden sind. Das hat grundsätzlich die Wirkung einer vollständigen Abnahme. Nimmt der Kunde ein mangelhaftes Werk ab, obwohl er den Mangel kennt, verliert er seine Gewährleistungsansprüche. Lassen Sie also Sorgfalt bei der Abnahmeerklärung walten.

Wie Sie konkret vorgehen, hängt von Ihrem Projekt ab. Die Abnahme erfolgt je nach Projektart auf unterschiedliche Weise. Im Baugewerbe gibt es zum Beispiel die Begehung, in Softwareprojekten die Probelaufzeit. Doch ganz gleich, wie am Ende die Abnahme erfolgt, eines gilt in jedem Fall: Den Grundstein für eine erfolgreiche Abnahme legen Sie zu Beginn des Projekts. Wenn Sie schon bei der Auftragsvergabe für klare Verhältnisse sorgen, vermeiden Sie Unannehmlichkeiten zum Projektende.

Aus Toms Tagebuch

Freitag, 21. Dezember

Wie sich Projekte doch in diesem Punkt immer wieder gleichen: Wenn die Projektmitarbeiter gegen Ende den Restaufwand schätzen sollen, sind sie unverbesserliche Optimisten. »Wir sind zu 90 Prozent fertig«, heißt es dann, »es fehlt nur noch eine Kleinigkeit.« Das wäre eigentlich ein Grund zur Freude, wenn ich es nicht besser wüsste: In steter Regelmäßigkeit arten diese »Kleinigkeiten« in jede Menge Arbeit aus – und dauern schließlich deutlich länger, als die Jungs ursprünglich geschätzt haben.

Ich nenne das gerne das »90-Prozent-Syndrom«: Wenn erst 60 bis 70 Prozent der Arbeiten erledigt sind, glauben die Mitarbeiter schon, sie hätten 90 Prozent geschafft. Das Problem ist gelöst, sie sehen den Lösungsweg klar vor sich, und alles scheint nur noch eine Frage von Stunden zu sein. Dass es noch Probleme geben könnte, ignorieren sie. Und dann dauern die restlichen 10 Prozent ganze Ewigkeiten. Wenn ich schließlich Alarmmeldungen bekomme, weil es plötzlich zu unvorhergesehenen Schwierigkeiten kommt, treibt mich das manchmal fast in den Wahnsinn.

Einige Dinge, die ich daraus lerne:

- Lass dich nicht täuschen. Die Tatsache, dass jemand eine Arbeit begonnen hat, heißt noch lange nicht, dass er sie auch beizeiten abschließen wird.

- Wenn du von einem Mitarbeiter einige Tage keine Rückmeldung mehr bekommen hast, dann erkundige dich, wie er mit der Arbeit vorankommt oder ob etwas nicht stimmt.
- Frage deine Mitarbeiter nicht nur, wie weit sie sind, sondern erkundige dich auch, was noch alles gemacht werden muss, bis das Ergebnis vorliegt.

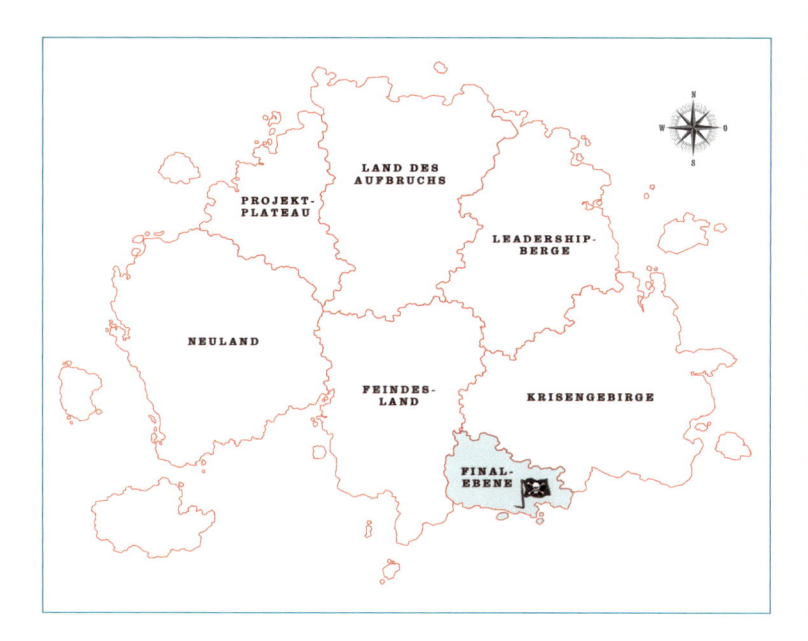

🏴‍☠️ Keine Abnahme

Ein Kundenprojekt schließt mit einer formalen Abnahme ab. Wenn der Abnahmeprozess nicht gut vorbereitet ist und der Kunde das Projekt formal nicht abnimmt, kann das Projekt zu einer »unendlichen Geschichte« werden und in einem finanziellen Fiasko enden.

🎯 So wappnen Sie sich

- Legen Sie bei Projektbeginn schriftlich fest, welche Kriterien erfüllt sein müssen, damit der Kunde mit der erbrachten Leistung zufrieden ist und das Projekt abnimmt.
- Bedenken Sie, dass die Abnahme durch den Kunden zahlreiche rechtliche Konsequenzen nach sich zieht. Treffen Sie deshalb Vorkehrungen, um sich vertraglich abzusichern.
- Vereinbaren Sie mit Ihrem Auftraggeber, wie die Abnahme des Projekts erfolgt und wie sie dokumentiert wird.
- Stellen Sie gegen Ende des Projekts die noch offenen Teilaufgaben heraus – und planen Sie Maßnahmen, wie diese Aufgaben noch erledigt werden.

7.2 Ende gut, alles gut?
Jedes Projekt braucht ein klares Ende

Das Happy-End besteht bei manchen Filmen einfach darin, dass sie zu Ende sind.
Unbekannt

Jedes Projekt geht einmal zu Ende – oder etwa doch nicht? Betrachten wir den tragischen Fall eines Projektleiters in einem großen Chemiekonzern.

Das Projekt hatte seine Ziele erreicht, im Grunde standen nur noch letzte »Aufräumarbeiten« an. Unterdessen verabschiedete sich ein Mitarbeiter nach dem anderen aus dem Projekt oder wurde vom Vorgesetzten abgezogen – sodass der Projektleiter als Einziger bis zum bitteren Ende im Projekt blieb. Und das zog sich hin! Da er es versäumt hatte, einen klaren Schlusspunkt zu setzen, gelang es ihm nicht, das Projekt wirklich loszuwerden. Jede Frage, jeder Änderungswunsch, ja selbst Wartungsfragen landeten auf seinem Schreibtisch und kosteten ihn Zeit und Nerven.

Ohne dass er es wahrnahm, vollzog sich ein Jobwechsel: Aus dem Projektleiter für die neue Produktionsanlage war ein »Mädchen für alles« geworden, dem man Wartungsarbeiten und andere Fragen rund um die Anlage aufdrückte.

Ende gut, alles gut? Der Projektleiter des Chemiekonzerns würde diese Frage nicht unbedingt bejahen, obwohl die Projektziele erreicht wurden und die neue Anlage planmäßig in Betrieb gegangen war. Das Projekt kam – obwohl es eigentlich abgeschlossen war – wie ein Bumerang zu ihm zurück.

Das Projektende ist keineswegs ein Selbstläufer. Während der Start eines Projekts für alle Beteiligten erkennbar ist und durch eine Kick-off-Veranstaltung häufig sogar große Aufmerksamkeit auf sich zieht, verläuft das Ende eher unspektakulär und diffus. Oft gibt es gar keinen erkennbaren Projektabschluss, weil zum Beispiel die Fachabteilung bereits mit dem Projektergebnis arbeitet, während das Team noch an letzten Kleinigkeiten bastelt. Die Befürchtung, am Ende des Projekts noch unangenehme Detail- oder Dokumentationsaufgaben übernehmen zu müssen, kann zudem dazu führen, dass Projektmitarbeiter nach und nach das Weite suchen.

Das muss nicht so sein. Es geht auch ganz anders – nämlich dann, wenn der Projektleiter die Schlussphase bewusst managt und für einen ordentlichen Projektabschluss sorgt. Gerade weil er weiß, dass Interesse und Motivation der Projektmitarbeiter gegen Ende nachlassen, hält es das Team zusammen und achtet darauf, dass das Projekt einen offiziellen Schlusspunkt findet. Idealerweise nutzt er den Abschluss auch, um den Projekterfolg gebührend herauszustellen. Es muss ja nicht gleich ein triumphales Fest wie das in Paris sein, als sich Charles Lindbergh für den Erfolg seiner Mission von 100 000 begeisterten Menschen bejubeln ließ. Aber zumindest eine kleine Feier, bei der auch der Auftraggeber oder der Geschäftsführer einige anerkennende Worte spricht, steht den Projektabenteurern zu.

Die Frage, wann ein Projekt endet, ist keineswegs trivial. Ist es beendet, wenn die Projektziele erreicht sind? Wenn der Auftraggeber mit dem Projektergebnis zufrieden ist? Wenn das Projektteam seine Arbeiten erledigt hat? Wenn die Deadline abgelaufen ist? Wenn das Budget aufgebraucht ist? Wenn keiner mehr Lust auf das Projekt hat? Wenn der letzte Mitarbeiter aus dem Projekt abgezogen worden ist? Interessanterweise könnte jede dieser Antworten zutreffen. Das liegt daran, dass viele Projekte nie richtig zu Ende geführt werden.

Das Projektende vorbereiten: Was gehört dazu?

Um ein Projekt erfolgreich abzuschließen, ist vor allem eines entscheidend: Sehen Sie das Projektende als eine Herausforderung an, die es bewusst zu organisieren gilt. Mit einem gut gemanagten Projektabschluss lassen sich drei wesentliche Ziele erreichen:

- Das Projekt ist offiziell beendet. Wichtigstes Ziel ist es, einen offiziellen Schlusspunkt zu erreichen – also vor allem die Abnahme der Projektergebnisse durch den Auftraggeber. Für alle Beteiligten sichtbar löst sich das Projektteam dann auf, und auch Ihre Funktion als Projektleiter endet. Es findet sozusagen die »Entlastung des Projektleiters« statt. Damit schließen Sie auch den Bumerang-Effekt aus, denn jeder weiß: Für das Projektthema sind Sie nicht mehr zuständig.

- Die Projektmitarbeiter erhalten die ihnen zustehende Anerkennung und Wertschätzung. Das zweite Ziel liegt darin, am Ende des Projekts Ihren Mitstreitern zu danken und deren Leistung noch einmal gebührend anzuerkennen.
- Der Projekterfolg wird im Unternehmen bekannt. Schließlich gilt es, das Projektende zu nutzen, um Ihren Erfolg und den Ihres Teams im Unternehmen bekannt zu machen. Es wäre sträflich, sich diese Gelegenheit für ein Stück Eigenwerbung entgehen zu lassen!

Diese Ziele sollten Sie im Blick haben, wenn Sie das Projektende vorbereiten. Folgende Aufgaben stehen nun an und müssen organisiert und ausgeführt werden: Nachkalkulation, Projektabschlussbericht, Archivierung der Projektdokumente, Freigabe der Projektmitarbeiter – und die Abschlussfeierlichkeiten.

Die Nachkalkulation

Es ist sicher ein schöner Erfolg, wenn das Projektergebnis den Auftraggeber zufriedenstellt und auch die Mitarbeiter mit dem Projektverlauf im Reinen sind. Doch ein Projekt sollte sich auch wirtschaftlich lohnen. Das festzustellen ist die Aufgabe einer Nachkalkulation. Sie ist vor allem bei Kundenprojekten ein wichtiges Thema – dort gehört sie unabdingbar zum Projektabschluss.

In Unternehmen, die Kundenprojekte realisieren, ist die Wirtschaftlichkeit der Projekte existenziell. Immer wieder geraten Projektdienstleister in eine Schieflage, weil sie voller Euphorie Projekte durchführen, diese jedoch nicht sauber kalkulieren. Einem kleinen Unternehmen kann schon ein einziges falsch kalkuliertes Kundenprojekt das Genick brechen.

Zunächst kommt es darauf an, dass der Angebotspreis alle Kosten plus Gewinnzuschlag beinhaltet. Daraus ergibt sich die Notwendigkeit einer sorgfältigen Angebotskalkulation zu Projektbeginn. Ebenso entscheidend ist aber auch eine Nachkalkulation: Nur wenn am Ende die geplanten den tatsächlichen Kosten gegenübergestellt werden, lässt sich feststellen, ob das Projekt kostendeckend durchgeführt und ein Gewinn erwirtschaftet wurde. War das Projekt nicht wirtschaftlich, sollte der Projektleiter zusammen mit seinem Team die Gründe herausfiltern und dokumentieren. So lässt sich vermeiden, dass ähnliche Fehlkalkulationen beim nächsten Projekt wieder vorkommen.

Der Projektabschlussbericht

In der Regel findet eine Dokumentation bereits projektbegleitend statt. Es liegt daher nahe, hieraus am Ende des Projekts einen Abschlussbericht zu erstellen. Zum einen können dann nachfolgende Projekte auf den Ergebnissen und Erfahrungen aufbauen. Zum anderen bietet der Bericht für den Projektleiter eine Plattform, um den Projekterfolg darzustellen. Der Bericht soll ja nicht nur die unmittelbar Beteiligten informieren, sondern auch an Projektexterne versandt werden. So gesehen kann er auch ein gutes Instrument für das Eigenmarketing des Projektleiters sein.

Der Projektabschlussbericht stellt die Ergebnisse dar und zeichnet die Entwicklung des Projektes nach. Entscheidend ist, dass er die aufgetretenen Probleme nicht verschweigt, sondern offen benennt und analysiert. Denn nur so lassen sich die Erfahrungen in späteren Projekten nutzen.

Inhaltlich stellt der Bericht Motivation und Zielsetzung des Projekts dar, beschreibt Ergebnisse und Projektverlauf und gibt einen Ausblick auf mögliche Folgeaktivitäten. Den Abschluss bildet eine Bewertung des Projekts, die Verbesserungsvorschläge für künftige Projekte enthält. Wie ein solcher Bericht aufgebaut sein kann, zeigt die folgende Übersicht.

Inhalt des Projektabschlussberichts

Ausgangssituation
- Darstellung der Problemsituation, die zum Projekt führte
- Begründungen für die Notwendigkeit des Projektes

Projektergebnisse
- Wiederholung der ursprünglichen Projektziele
- Veränderung der Zielsetzung im Projektverlauf
- Darstellung der erarbeiteten Projektergebnisse

Projektverlauf
- Darstellung der ursprünglichen Planung (Zeit, Kosten)
- Darstellung der Abweichungen und deren Ursachen

- Bewertung der Durchführungsstrategie

Projektausblick
- Darstellung der noch verbleibenden Projektaktivitäten
- Empfehlung künftiger Ergänzungen und Erweiterungen
- Skizzierung möglicher Folgeprojekte

Projektbewertung
- Darstellung des persönlichen Gesamteindrucks
- Zusammenfassung der »Lessons Learned«
- Verbesserungsvorschläge für künftige Projekte

Der Projektabschlussbericht dient nicht nur der Information der Projektbeteiligten, sondern geht an alle Interessierten, auch in Unternehmensbereichen, die nur mittelbar von dem Projekt betroffen sich. Selbstverständlich erhalten der Auftraggeber, das Management und die Mitglieder des Lenkungsausschusses je ein Exemplar.

Archivierung der Projektdokumente

In Projekten entstehen viel Papier und eine Menge Dateien. Zum Abschluss des Projekts müssen diese Dokumente ausgemistet, geordnet und archiviert werden. Unwichtige und unvollständige Dokumente sollten konsequent entsorgt oder gelöscht werden.

Es hat sich bewährt, besonders relevante Daten zusätzlich auf eine CD zu brennen beziehungsweise in einem speziell gekennzeichneten Ordner abzulegen. Das erleichtert bei Bedarf einen schnellen Zugriff, wenn die Projektunterlagen archiviert und im Netzwerk nicht mehr direkt verfügbar sind.

So ungern sich die meisten Projektmitarbeiter als »Archivare« betätigen, so wertvoll ist diese Arbeit jedoch. Besonders bei Kundenprojekten ist die korrekte Archivierung der Projektunterlagen extrem wichtig, um bei eventuellen Rückfragen zum Projekt oder bei Fragen der Haftung Auskunft geben zu können.

Freigabe der Projektmitarbeiter

Eigentlich sollte es selbstverständlich sein: Ein Mitarbeiter, der von seinem Vorgesetzten in ein Projekt entsandt wird, steht diesem Projekt auch im festgelegten Rahmen zur Verfügung – und das bis zu seinem Abschluss. Die Realität sieht jedoch, wie schon geschildert, oft ganz anders aus. Die Mitarbeiter verabschieden sich aus dem Projekt, bevor alle Arbeiten abgeschlossen sind. Diese bleiben am Projektleiter hängen, der dann irgendwann als Letzter das Licht ausmacht.

Auch wenn es sich vielleicht etwas formalistisch anhört: Um ein solches Ende zu vermeiden, sollten Sie als Projektleiter Ihre Mitarbeiter explizit wieder freigeben. Vereinbaren Sie hierzu mit Ihrem Auftraggeber, dass die von Ihnen eingesetzten Mitarbeiter erst nach ihrer Freigabe wieder anderweitig eingesetzt werden dürfen.

Der Schlusspunkt: Die Abschlussfeier

Ein Projektteam ist eine Gemeinschaft auf Zeit, die sich zum Projektende wieder auflöst. Damit nicht alle sang- und klanglos auseinanderlaufen, sollten Sie einen würdigen Schlusspunkt setzen. Das kann im Anschluss an die letzte Teamsitzung erfolgen oder als separate Veranstaltung.

Wählen Sie einen festlichen Rahmen, der es erlaubt, entspannt und stolz auf das Projekt zurückzublicken. Lassen Sie die Beteiligten gebührend auf das Erreichte anstoßen und sich von ihren Teamkollegen verabschieden. Das macht den Kopf frei für neue Aufgaben – bekräftigt aber auch die Bereitschaft, bei künftigen Projekten gegebenenfalls wieder zusammenzuarbeiten.

Die Bedeutung eines solchen emotionalen Schlusspunktes wird gerne unterschätzt. Eine Abschlussfeier sollte jedoch fester Bestandteil eines Projekts sein. Schließlich haben die Teammitglieder über Wochen und Monate zusammengearbeitet, manches Abenteuer bestanden und oft auch Überdurchschnittliches geleistet. Ein gemeinsames Abendessen, vielleicht sogar verknüpft mit einem Bowling-Match, einer Hüttengaudi oder anderen gemeinsamen Unternehmungen, zeigt den Mitarbeitern, dass ihre Arbeit Anerkennung und Wertschätzung findet.

Die gemeinsame Feier hat vor allem die Funktion, das Engagement der Mitarbeiter anzuerkennen. Hierzu trägt besonders bei, wenn neben dem Auftraggeber noch weitere Top-Manager anwesend sind und sich – vielleicht in einer kurzen Ansprache – für die geleistete Arbeit beim Projektteam bedanken. So hinterlässt das Event einen bleibenden Eindruck. Das motiviert die Mitarbeiter auch, neue Projekte gerne wieder in Angriff zu nehmen.

Aus Toms Tagebuch

Freitag, 7. Januar

Wie organisiere ich das Projektende? Als ich mir diese Frage stellte, waren mir zwei Aspekte wichtig. Zum einen wollte ich natürlich unsere Projektergebnisse bekannt machen, schließlich haben wir die gesteckten Ziele erreicht. Vor allem aber wollte ich ein offizielles Ende des Projekts sicherstellen – also eine offizielle Abnahme der Ergebnisse. Als das Projektende in Sicht war, habe ich deshalb Hans-Joachim gebeten, die Mitglieder des Lenkungsausschusses zu einer Abschlusspräsentation einzuladen. Heute war es dann so weit.

Zu glauben, dass ich zum Ende des Präsentationstermins bereits die Abnahme bekomme, wäre natürlich eine Illusion gewesen. Aber immerhin: Es ist mir gelungen, hierfür einen definitiven Termin einzufordern. So gesehen war das heute der Schlusspunkt für unser Projekt! Und ein bisschen können wir alle stolz sein. Hans-Joachim und Eberhard sind sehr zufrieden mit dem, was wir im Projekt erreicht haben.

Natürlich standen bei der Präsentation die Projektergebnisse im Vordergrund. Ich führte auch aus, wie sich erst im Projektverlauf einige

Aspekte ergaben, die sich am Ende als sehr vorteilhaft für unseren Vertrieb herausstellten. Natürlich bin ich auch auf die Punkte eingegangen, die nicht so gut liefen. Man soll ja zu Fehlern oder nicht erreichten Teilzielen stehen – dann aber auch die Ursachen aufzeigen und eine Idee haben, wie es beim nächsten Mal besser laufen kann. Insgesamt bin ich mit der Abschlusspräsentation sehr zufrieden.

Anschließend traf ich mich mit meinem Projektteam, um mich persönlich noch einmal für die Unterstützung und Zusammenarbeit zu bedanken. Nach den vielen Abenteuern, die wir gemeinsam bestanden haben, war es fast schon ein bewegender Moment – wie das Happy-End nach großem Kino.

Einige Dinge, die ich daraus lerne:
- Sorge dafür, dass dein Projekt am Ende gut dasteht. Entscheidend hierfür ist die Abschlusspräsentation vor dem Management. Nimm diese Präsentation nicht auf die leichte Schulter – wenn sie schlecht läuft, wirft das ein schlechtes Licht auf das Projekt und auf dich selbst.
- Es lohnt sich deshalb, zwei bis drei Tage Zeit zu investieren, um eine richtig gute Präsentation vorzubereiten, und hierbei auch den Input der Projektmitarbeiter einzubeziehen.
- Bedanke dich bei allen Projektbeteiligten für deren Unterstützung. Denn wie beim Sport gilt auch im Projektmanagement: Nach dem Projekt ist vor dem Projekt!

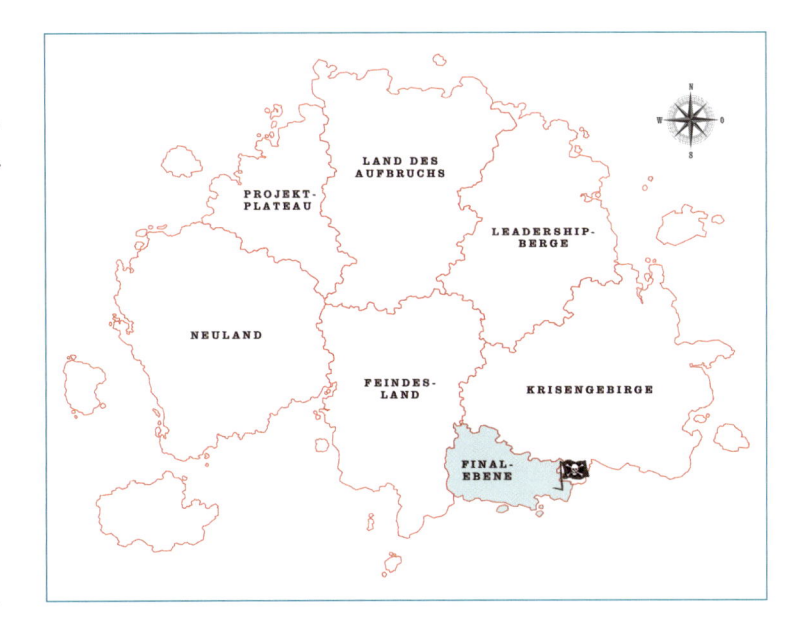

Der Bumerang-Effekt

Wenn gegen Projektende die Termine drängen, gerät der Projektabschluss leicht aus dem Blick. Das kann fatale Folgen haben: Ohne offiziellen Abschluss bleiben Sie in der Verantwortung für das Projektthema – und immer neue Zusatzarbeiten werden an Sie herangetragen. Obwohl es eigentlich längst vorbei ist, kommt das Projekt wie ein Bumerang zurück.

So wappnen Sie sich

- Sehen Sie den Projektabschluss als Teil des Projekts an, den Sie bewusst managen müssen – auch wenn andere Aufgaben vordringlich erscheinen.
- Vereinbaren Sie mit Ihrem Auftraggeber, dass die Projektmitarbeiter erst nach Ihrem Okay wieder anderweitig eingesetzt werden dürfen. Beugen Sie einem schleichenden Abzug von Ressourcen vor!
- Führen Sie einen offiziellen Abschluss des Projekts herbei. Hierzu gehört, dass der Auftraggeber die Projektergebnisse abnimmt.
- Erledigen Sie zusammen mit Ihrem Team die notwendigen Abschlussarbeiten (Nachkalkulation, Dokumentation, Projektabschlussbericht, Archivierung).
- Berufen Sie eine Abschlusssitzung mit dem Auftraggeber ein. Präsentieren Sie auf dieser Veranstaltung, welche Ziele und zusätzlichen Erfolge Sie mit dem Projekt erreicht haben.
- Feiern Sie den Erfolg! Eine Abschlussfeier in entspannter Atmosphäre rundet das Projekt ab. Zudem ist dies ein guter Zeitpunkt, die Leistungen des Teams zu würdigen.

7.3 Aus Erfahrung klug
Damit das nächste Projekt besser wird

> *Das ist das Schöne an einem Fehler: man muss ihn nicht zweimal machen.*
> Thomas Alva Edison

Aus Erfahrung wird man klug. Kaum jemand dürfte die Weisheit dieses Sprichworts bezweifeln. Und doch lernen nur wenige Unternehmen systematisch aus den Erfahrungen zurückliegender Projekte. Dass dieses Versäumnis richtig teuer werden kann, zeigt der Fall eines großen Softwarekonzerns.

Das Unternehmen führte bei seinen Kunden große IT-Projekte durch, die es jedoch nicht alleine, sondern mit Unterstützung externer Dienstleister leistete. Zu diesen Subunternehmen gehörte auch ein Beratungsunternehmen aus Karlsruhe, das in vielen Kundenprojekten des Konzerns mitarbeitete. Die Zusammenarbeit mit diesem Dienstleister brachte eine Projektleiterin an den Rand des Wahnsinns: Zusagen wurden nicht eingehalten, mangelhafte Ergebnisse abgeliefert, Aufwände falsch abgerechnet – und das am laufenden Band. Das Projekt war schon zu weit fortgeschritten, als dass sie den Vertrag noch hätte kündigen und den Dienstleister wechseln können.

Als die Projektleiterin nach Abschluss des Projekts mit ihrem Team einen Projektreview durchführte, kamen immer neue »Anekdoten« auf den Tisch. Fassungslos kehrte sie an ihren Schreibtisch zurück und schrieb den Projektabschlussbericht, den sie ihrem Chef auf den Tisch knallte. Neugierig und etwas überrascht vom Auftritt seiner sonst so ruhigen Mitarbeiterin las er den Bericht – und noch während der Lektüre schwante ihm Böses. Er griff zum Telefon und erkundigte sich bei anderen Projektleitern, welche Erfahrungen sie mit dem Karlsruher Beratungsunternehmen gemacht hätten. Und tatsächlich: Die Auskünfte waren allesamt ganz ähnlich.

»Warum hat mich denn keiner gewarnt?«, ärgerte sich die Projektleiterin, als sie von den Erzählungen der Kollegen hörte. Einige Tage später wurde das Ausmaß der Katastrophe deutlich: In gut zwei Dutzend großen Projekten hatte das Beratungsunternehmen sein Unwesen getrieben. Der Schaden lag geschätzt bei über 1 Million Euro. Hätte sich auch nur einer der Projektleiter die Mühe gemacht, seine Erfahrungen zu dokumentieren, wären nicht nur die Kollegen gewarnt gewesen. Der Konzern hätte längst die Konsequenz gezogen und für seine Projekte einen zuverlässigeren Partner gesucht.

Das Zauberwort, um solche kostspieligen Fehler zu vermeiden, heißt »Projektreview«. Gemeint ist damit eine systematische Nachbetrachtung eines abgeschlossenen Projekts, um aus den Erfahrungen für zukünftige Projekte zu lernen. Dafür trifft sich das Team nach Projektabschluss noch einmal, um in einem Workshop die zurückliegenden Erfahrungen herauszuarbeiten:

- Was ist gut gelaufen? Was nicht so gut?
- Welche Überraschungen gab es im Projektverlauf?
- Was hat jeder Einzelne für sich aus dem Projekt gelernt?
- Was beschäftigt uns? Was gibt uns immer noch Rätsel auf?
- Was müssen wir in Zukunft unbedingt anders machen?
- Was sollte in zukünftigen Projekten beibehalten werden?

Das klingt alles eher trivial – und ist es im Grunde auch. Umso mehr erstaunt es, dass Projektreviews nur selten stattfinden. Der Hauptgrund dürfte in der fehlenden Motivation des Projektteams liegen. Ein Review erfordert noch einmal Aufwand und Mühe, ohne dass für die Teilnehmer selbst unmittelbar ein Nutzen erkennbar ist. Zudem sind die meisten mit den Gedanken längst bei ihrem nächsten Projekt.

Hinzu kommt: So gerne man sich über Erfolge und erfreuliche Erfahrungen austauscht, an die Schattenseiten eines Projekts möchte man eher nicht mehr erinnert werden. Gab es im zurückliegenden Projekt Konflikte, drohen die alten Spannungen im Projektreview wieder aufzubrechen. Eigentlich sind doch alle froh, dass es vorbei ist!

Auch wenn der Projektleiter trotzdem darauf beharrt, sich noch einmal zu treffen und gemeinsam die Informationen über den Projektverlauf zusammenzutragen, verpufft diese Absicht häufig wieder. Die gewonnenen Erkenntnisse, die »Lessons Learned«, versickern in den Weiten des Firmennetzwerkes. Dort liegen sie dann auf irgendwelchen Servern, Intranet- oder Sharepoint-Seiten und werden auch täglich gesichert, aber schon nach kurzer Zeit weiß niemand mehr, dass es sie überhaupt gibt.

So kommt es, dass man in vielen Unternehmen aus Erfahrung nicht klug wird und im Projektmanagement immer wieder die gleichen Fehler macht. Aber: Der Projektreview dient nicht nur dem Unternehmen, sondern auch Ihnen, um das Projekt noch einmal Revue passieren zu lassen. Denn wer in Krisensituationen gelassen bleiben und sich auf seine Intuition verlassen möchte, muss seine Erfahrungen verinnerlicht haben.

Der Projektreview: Mitarbeiter zu Wissensträgern machen

Es genügt nicht, Erfahrungen einfach nur zu machen. Zumindest dann nicht, wenn ein Unternehmen für künftige Projekte daraus lernen möchte. Erfahrungen, die einfach nur gemacht werden, können verlorengehen oder sogar negative Folgen haben. Wenn zum Beispiel im Projektverlauf Aversionen gegen bestimmte Kollegen oder Widerstände gegen bestimmte Vorgehensweisen entstehen, sind das Erfahrungen, die künftige Projekte erheblich belasten können. Es ist also wichtig, Erfahrungen nicht einfach stehenzulassen, sondern bewusst zu machen und systematisch aufzuarbeiten.

Genau diese Aufgabe hat der Projektreview, in dem man alle Erfahrungen und Erkenntnisse eines Projekts systematisch sammelt, bewertet und dokumentiert. So stehen die »gesammelten Erfahrungen« für künftige Projekte zur Verfügung und können effektiv genutzt werden.

Ist ein Projekt abgeschlossen, gehen die Teammitglieder in der Regel weiter in andere Projekte. Dort treffen sie andere Kollegen und verfolgen neue Ziele. Gab es im zurückliegenden Projekt einen gut strukturierten Projektreview, kann dieser wie ein Multiplikator wirken: Die Auseinandersetzung mit den Erfahrungen hat die Mitarbeiter zu »Wissensträgern« gemacht, die ihre Erkenntnisse in das nächste Projekt einbringen.

Es hat sich bewährt, die Aufarbeitung des zurückliegenden Projekts in drei große Themenblöcke zu gliedern: die Zielerreichung des Projekts, die Strukturierung des Projekts und die Zusammenarbeit im Projekt.

Schritt 1: Zielerreichung im Projekt

Vergleichen Sie die zu Projektbeginn vereinbarten Ziele mit den Ergebnissen. Inwieweit hat das Projekt seine Ziele erreicht? Beziehen Sie bei der Beantwortung dieser Frage den Verlauf der Projektabnahme durch den Auftraggeber oder die Anwender in die Diskussion mit ein.

Erörtern Sie mit Ihrem Team folgende Fragen:

- Sind die definierten Projektziele erreicht worden? Zum definierten Zeitpunkt? Mit dem geplanten Budget? Im vereinbarten Umfang?
- Waren die Anforderungen und Ziele für alle Beteiligten klar und verständlich?

- Waren die definierten Ziele als Grundlage für die Abnahme geeignet?
- Wie viele Änderungen der Zieldefinition waren im Projektverlauf erforderlich?
- Falls es Änderungen der Zieldefinition gab: Sind die Gründe überprüft worden? Oder wären die Anpassungen aus heutiger Sicht vermeidbar gewesen?
- Würde das Projekt nach heutigem Wissensstand wieder durchgeführt?
- Haben die Projektergebnisse das Unternehmen vorangebracht?

Schritt 2: Strukturierung des Projekts

Stellen Sie auf den Prüfstand, wie das Projekt geleitet, geplant und gesteuert wurde, wie der Status des Projekts dokumentiert und wie den Entscheidungsträgern berichtet wurde.

Erörtern Sie mit Ihrem Team folgende Fragen:

- Gab es einen Projekt- bzw. Zeitplan? Waren Meilensteine definiert?
- Waren allen Beteiligten die Abhängigkeiten im Projekt und die terminlichen Eckpunkte des Projektes klar?
- Existierten Meilensteine, mit denen der Projektfortschritt überprüft werden konnte?
- Entsprach die Projektorganisation den Bedürfnissen?
- Wurde eine Projektdokumentation erstellt und regelmäßig aktualisiert?
- Wurde ein Risikomanagement implementiert und gelebt?
- Wurden die Stakeholder regelmäßig über den Projektstatus informiert?

Schritt 3: Zusammenarbeit im Projekt

Beleuchten Sie die Zusammenarbeit im Projekt. Zwar bemisst sich der Projekterfolg in erster Linie am Ergebnis. Ursächlich für Erfolg oder Misserfolg sind jedoch neben einer guten Planung und dem richtigem Vorgehen auch Aspekte der Zusammenarbeit im Projekt. Der Projektreview sollte deshalb diesen Themenbereich einbeziehen.

Erörtern Sie mit Ihrem Team folgende Fragen:

- Wurde die Projektleitung menschlich und fachlich akzeptiert?
- Gab es Konflikte im Team? Wenn ja, wie wurden diese gelöst?
- Gab es Schwierigkeiten in der Zusammenarbeit mit dem Auftraggeber?
- Stand der Auftraggeber zur Verfügung, wenn er benötigt wurde?
- Wurde von außen Druck auf das Projektteam aufgebaut?
- Wurde das Projekt vom Management ausreichend gestützt?
- Verfügten die Projektmitarbeiter über das notwendige Wissen, um ihre Aufgaben zu erfüllen?

Entscheidend ist, dass die Diskussionen konstruktiv verlaufen. Der Review hat nicht die Aufgabe, Sündenböcke für Fehler zu finden. Vielmehr sollen die Teilnehmer lernen, wie man in Zukunft bestimmte Probleme vermeiden kann. Das erreichen Sie am ehesten, wenn Sie den Review in Form eines Workshops organisieren. Diese Vorgehensweise empfiehlt sich vor allem nach größeren oder nicht ganz reibungsfrei verlaufenen Projekten.

Der Review-Workshop: Maßgeschneiderte Routenführung

Als Rahmen haben sich folgende Daten bewährt: Der Workshop findet innerhalb von vier bis sechs Wochen nach Projektende statt. Er dauert in der Regel einen Tag, bei großen Projekten mitunter auch zwei Tage. Der Ort liegt außerhalb der vertrauten Projekträumlichkeiten, möglichst auch außerhalb des Unternehmens. Das erlaubt nicht nur störungsfreies Arbeiten, sondern hilft auch, das Projekt aus einer gewissen Distanz zu betrachten.

Entscheidend ist eine professionelle Moderation. Insbesondere wenn das Projekt turbulente Phasen erlebt hat, bedarf es eines Moderators, der die Diskussion geschickt steuert und rechtzeitig interveniert, wenn alte Konflikte aufzubrechen drohen. In solchen Fällen kann es sich lohnen, einen externen, mit Projektreviews erfahrenen Moderator zu engagieren. Auf jeden Fall sollte die Moderation jemand übernehmen, der nicht am Projekt beteiligt war.

Ein Projektreview-Workshop ist keine Luxusveranstaltung, auch wenn das Management den Aufwand hierfür nicht immer gleich einsieht. Wozu noch Kosten verursachen, wenn das Projekt beendet ist? Doch die Investition lohnt sich und kann gerade für das Management besonders interessant sein: Selbst ein umfangreicher Projektreview-Workshop verursacht selten mehr als 1 Prozent der gesamten Projektkosten – die Ergebnisse haben aber das Potenzial, bis zu 20 Prozent Einsparungen in den Folgeprojekten zu generieren. Unter diesem Blickwinkel ist der Projektreview eine solide Investition in die Zukunft des Unternehmens.

Der Ablauf des Projektreview-Workshops folgt einer maßgeschneiderten Routenführung, die aus vier Abschnitten besteht: Die Gruppe erarbeitet ein »Projektpanorama«, das den Ablauf des Projekts Revue passieren lässt. Im zweiten Schritt diskutiert sie, welche Fort- und Rückschritte es während des Projekts gab – und leitet hieraus Erkenntnisse und kritische Erfolgsfaktoren ab. Im dritten Schritt analysieren die Teilnehmer die zurückliegende Projektarbeit und nehmen dabei ihre Stärken und Schwächen unter die Lupe. Schließlich definieren sie die fünf wichtigsten Maßnahmen, die nun ergriffen werden sollten.

Das Projektpanorama: Den Überblick gewinnen

Der Review-Workshop beginnt mit dem »Projektpanorama«. Das Team steht vor einem riesigen Poster, das die gesamte

Breite des Raumes einnimmt und mit einer Zeitleiste versehen ist. In den nächsten zwei bis drei Stunden lassen die Teilnehmer das Projekt in Gedanken noch einmal an sich vorbeiziehen und ordnen die Ereignisse chronologisch. Hierbei betrachten sie alle für den Projekterfolg wesentlichen Faktoren:

- Wann wurden wichtige Meilensteine erreicht?
- Welche Erfolge wurden im Laufe des Projekts erzielt?
- Wie gut war das Projekt insgesamt unterwegs?
- Wann gab es Schwierigkeiten oder Konflikte?

Die letztgenannte Frage bringt den zwischenmenschlichen Bereich zur Sprache, einen entscheidenden Projekterfolgsfaktor, dem im Projektreview meist viel zu wenig Bedeutung beigemessen wird. Häufig liegt die Kompetenz des Projektleiters eher im Fachlichen, und er neigt dazu, zwischenmenschliche Probleme nicht weiter zu thematisieren. Für das Projektpanorama ist es jedoch wichtig, auch diese einzubeziehen, um bei künftigen Projekten Konflikte zu minimieren. Konkret heißt das: Die Teilnehmer besprechen, welche persönlichen Konflikte, Erfolge und Misserfolge sie im Verlauf des Projekts erlebt haben.

Mit dem Projektpanorama verschafft sich das Team einen Überblick über den Gesamtverlauf des Projekts. Die gemeinsame Arbeit an der Posterwand hilft, Erinnerungslücken zu schließen. Individuelle Eindrücke werden Stück für Stück zu einem logischen Gesamtbild zusammengefügt, bis die Teilnehmer den Projektverlauf anschaulich und nachvollziehbar vor sich sehen. Nun können sie mit der Suche nach Erkenntnissen und Lösungen beginnen.

Fortschritte und Rückschritte: Die Erkenntnisse formulieren

Ein weiteres Poster, an dem das Projektteam nun arbeitet, zeigt das Profil eines Berges. Darauf werden in Form von Thesen die Erkenntnisse eingetragen, die sich aus dem Projektpanorama ableiten lassen. Dies geschieht anhand von zwei Leitfragen, zu denen die Teilnehmer einen Konsens finden müssen:

- Was hat uns im Projekt vorangebracht?
- Was hat uns zurückgeworfen?

Die Teilnehmer befassen sich also gezielt mit den Fortschritten und den Rückschritten, die sie im Projektverlauf erlebt haben. Auf diese Weise fokussieren sie sich auf die entscheidenden Erkenntnisse und arbeiten Schritt für Schritt die kritischen Erfolgsfaktoren des Projekts heraus. Sie abstrahieren die Geschehnisse und fangen an, das Projekt »neutral« von außen zu betrachten. Erst jetzt ist das Team in der Lage, den nächsten Schritt zu gehen und sich mit den eigenen Stärken und Schwächen auseinanderzusetzen.

Unter der Lupe: Stärken und Schwächen analysieren

Die Teilnehmer stoßen zu den Schlüsselfragen vor:

- Was ist ausschlaggebend für den Erfolg eines Projekts?

- Was macht aus einem durchschnittlichen ein wirklich exzellentes Projektteam?

In der Praxis bewährt hat sich ein Modell, das sich mit den Erfolgsfaktoren exzellenter Unternehmen befasst und gut auf Projekte übertragbar ist. Das sogenannte »7-S-Modell« beschreibt sieben Erfolgsfaktoren, die im Englischen alle mit dem Buchstaben S anfangen:

- Strategy. Bewertet wird die Strategie: Welche Maßnahmen wurden getroffen, um das Projekt erfolgreich abzuschließen?
- Structure Bewertet wird die Struktur: Wie war das Projekt organisiert? Wer hatte an wen zu berichten? Wie wurden Aufgaben unterteilt und delegiert?
- Systems. Bewertet werden die Abläufe: Wie sahen die Arbeitsabläufe aus? Welche offiziellen und inoffiziellen Informationsflüsse hielten das Projekt zusammen?
- Style. Bewertet wird die Projektkultur: Wie war der Führungsstil des Projektleiters? Welche Umgangsformen herrschten im Projektteam?
- Staff. Bewertet wird das Projektteam: Wie sah die Mannschaft aus? Wie war das Zusammenspiel der Teammitglieder?
- Skills. Bewertet werden die Fähigkeiten: Welche vorherrschenden Fertigkeiten brachten die Teammitglieder ins Projekt ein?
- Shared Values. Bewertet werden die gemeinsamen Werte: Welche gemeinsamen Werte bestimmten die grundlegende Ausrichtung des Projekts und das Zusammenspiel im Team?

Die Effektivität eines Teams, so der Grundgedanke des Modells, liegt in der Interaktion der verschiedenen Faktoren. Die Teilnehmer bewerten nun bei jedem der sieben Faktoren die Stärken und Schwächen des Projekts beziehungsweise des Projektteams. Dann formulieren sie zu jedem Faktor eine zentrale Erkenntnis – ein »Key Learning«.

Die Fünf-Meilen-Stiefel: Maßnahmen festlegen

Die Ergebnisse des 7-S-Modells führen direkt zur letzten Etappe des Reviews. Nun befasst sich das Team mit den Schlussfolgerungen aus der Analyse:

- Mit welchen fünf großen Schritten lässt sich die Essenz der bisherigen Erkenntnisse im Unternehmen umsetzen?

In Kleingruppen erarbeiten die Teilnehmer jeweils fünf große Schritte, die sie anschließend in der gesamten Gruppe diskutieren. Ziel ist es, sich am Ende auf fünf Schritte zu einigen, die das Unternehmen in den kommenden Monaten umsetzen sollte, um das Projektmanagement weiter zu professionalisieren. Beschränken Sie sich auf fünf Schritte! Es ist schon ehrgeizig genug, diese fünf neben dem Tagesgeschäft zu realisieren.

Vor dem nächsten Abenteuer: So schärfen Sie Ihre Axt

Die Axt sollten Sie schärfen, bevor Sie in den Dschungel aufbrechen. Wie wir in Etappe 1 gesehen haben, liegt der Schlüssel zu einem erfolgreichen Projekt in der Vorbereitungs- und Planungsphase. Hier wird das Fundament für den Projekterfolg gelegt. Das bedeutet auch, dass an dieser Stelle die »Lessons Learned« aus vergangenen Projekten einfließen sollten. Jetzt ist der Zeitpunkt, die Axt zu schärfen, mit der Sie in den folgenden Wochen und Monaten arbeiten müssen.

Beginnen Sie die Projektplanung mit einem Lessons-Learned-Ansatz. Suchen Sie sich die früheren Projekterkenntnisse heraus, soweit sie für Ihr neues Projekt nützlich sein können. Wie lassen sich die positiven Erfahrungen (Best Practices) nutzen? Welche Fehler (Worst Practices) sollten Sie vermeiden? Diskutieren Sie diese Punkte noch mit zwei oder drei Schlüsselpersonen, die an den früheren Projekten teilgenommen haben. Laden Sie sie zum Mittagessen ein, trinken Sie mit ihnen einen Kaffee.

Der Projektreview
- sammelt Leistungsdaten aus dem Projekt und wertet diese aus (»Lessons Learned«);
- hat das Ziel, Prozesse, Vorgehensweisen sowie die Führungs- und Projektkultur zu verbessern;
- sammelt das kollektiv verfügbare Wissen des Projekts und macht es anderen verfügbar;
- macht Zusammenhänge und Auswirkungen verschiedener Aspekte im Projekt bewusst;
- fügt die Sichtweisen der Beteiligten zu einer kompletten Geschichte zusammen;
- sorgt für eine Aussprache unter den Beteiligten und ermöglicht auch nach einem konfliktreichen Projekt eine weitere Zusammenarbeit;
- verhindert, dass Fehler und Fehlentwicklungen in Folgeprojekten erneut auftreten.

Aus Toms Tagebuch

Montag, 21. Januar

Gestern traf ich Eberhard und Hans-Joachim zu einer Nachbesprechung. Beide sind sehr zufrieden mit meiner Arbeit der letzten Monate.

So langsam fällt auch von mir der Stress ab. Ich kann es kaum fassen, dass Weihnachten vorbei ist und wir schon Mitte Januar haben. Von den diesjährigen Weihnachtsfeierlichkeiten habe ich herzlich wenig mitbekommen! Früher habe ich mich gefragt, warum so viele Firmen ihr Geschäftsjahr nicht mit dem Kalenderjahr synchronisieren. Jetzt verstehe ich das: Die meisten Projekte peilen als Endtermin das Geschäftsjahresende an. Fällt das dann mit dem Kalenderjahr zusammen, liegt Weihnachten wie ein Hindernis mitten auf der Zielgeraden. Das haben wir ja jetzt erlebt!

Bevor wir jetzt alle in den verdienten Urlaub fahren oder uns schon wieder ins nächste Projekt verabschieden, rief ich heute noch einmal mein Team zu einem Lessons-Learned-Workshop zusammen. Ich wollte unsere Erfahrungen gemeinsam mit dem Team zusammentragen und dokumentieren.

Ähnlich wie beim Kick-off-Workshop suchte ich mir wieder einen externen Moderator. Diesmal fragte ich gar nicht lange um Erlaubnis – wer viel fragt, bekommt viel Antwort. Es war in jedem Fall hilfreich. Unter Anleitung des Moderators arbeiteten wir zahlreiche wichtige Punkte heraus. Wir sahen uns das Projekt aus verschiedenen Perspektiven an und konnten einige Erkenntnisse gewinnen. Das war anstrengend, hat aber auch Spaß gemacht.

Eigentlich wollte ich diesen Workshop schon früher durchführen. Im Nachhinein war es aber gar nicht so schlecht, dass bereits einige Wochen ins Land gezogen sind. Mit etwas Abstand sahen die Kollegen manche Aspekte längst nicht mehr so emotional …

Einige Dinge, die ich daraus lerne:
- Du musst dir im Rahmen der »Lessons Learned« eigentlich nur zwei Fragen stellen: Was ist gut gelaufen? Was ist schlecht gelaufen?
- Achte darauf, dass nicht nach Sündenböcken gesucht oder nur Negatives diskutiert wird. Finde auch heraus, was gut lief – und was man in Zukunft anders oder besser machen könnte.
- Sorge für eine entspannte und offene Atmosphäre. Sprich ruhig auch gelegentlich ein Lob aus. Der Review-Workshop ist noch einmal eine gute Gelegenheit, die Leistungen der Teammitglieder anzuerkennen.
- Erarbeite konkrete Verbesserungsvorschläge für die Punkte, die nicht so gut gelaufen sind. Auch wenn sie vielleicht nicht alle gleich umsetzbar sind, steckt darin doch das Potenzial für eine kontinuierliche Verbesserung künftiger Projekte.
- Besprich die »Lessons Learned« nicht nur mit dem Projektteam, sondern auch mit dem Auftraggeber und eventuellen externen Projektmitarbeitern. Das sollte unabhängig voneinander geschehen, damit sie sich nicht gegenseitig beeinflussen.
- Nimm stetig wiederkehrende Probleme zum Anlass, um generelle, unternehmens- oder bereichsweite Maßnahmen vorzuschlagen.

Freitag, 25. Januar

Bevor ich nun in den Skiurlaub fahre, schaute ich heute noch bei meinem Chef vorbei. Ich brachte ihm eine gute Flasche Wein mit – als Dankeschön dafür, dass er mir seine Assistentin über so lange Zeit abgetreten hat. Ich glaube, dass Bettina für mich und mein Projekt am Ende mehr gearbeitet hat als für unseren Chef. Ich schlug ihm vor, ihr doch bei nächster Gelegenheit einen Bonus zukommen zu lassen.

Eigentlich dachte ich, nun ist alles vorbei. Und dann habe ich auf dem Flur Hans-Joachim getroffen. Er hat angedeutet, dass es nach meinem Urlaub direkt weitergeht. Der internationale Rollout steht an! Nach dem Projekt ist vor dem Projekt …

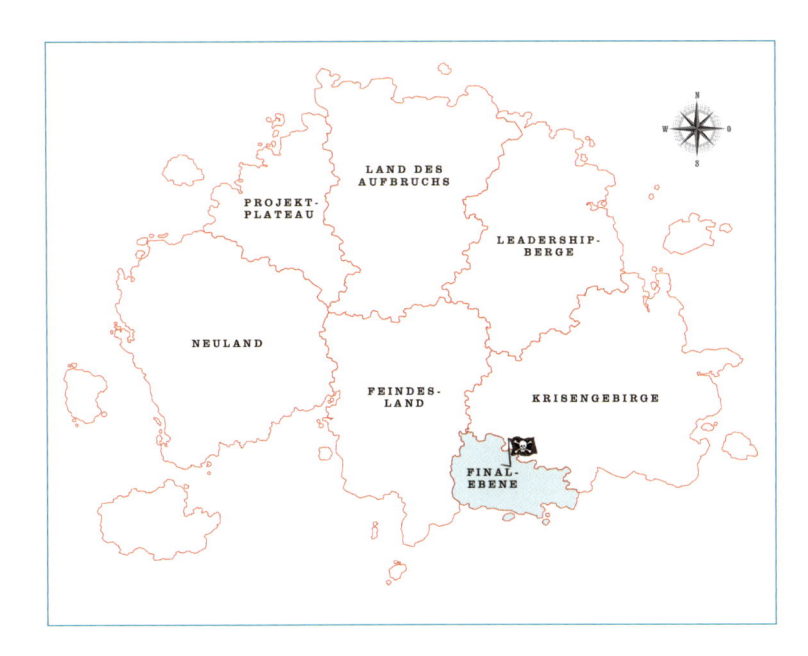

🏴‍☠️ Trotz Erfahrung unklug

Erfahrung allein reicht nicht. Werden am Ende eines Projekts Erfolge und Misserfolge nicht gezielt unter die Lupe genommen, besteht die Gefahr, in künftigen Projekten wieder die gleichen Fehler zu machen oder das Rad ständig neu erfinden zu müssen.

🎯 So wappnen Sie sich

- Sichern Sie sich das durch die Arbeit im Projekt erworbene Wissen. Halten Sie positive und negative Erfahrungen, fachliche Erkenntnisse und Eindrücke über den Verlauf des Projekts fest.
- Nutzen Sie das Instrument des Projektreviews, um die Beteiligten zu »Wissensträgern« zu machen, die ihre Erfahrungen und Erkenntnisse in das nächste Projekt einbringen können.
- Nutzen Sie die Gelegenheit, um Missstimmungen und Konflikte zwischen den Beteiligten zu bereinigen, damit eine weitere konstruktive Zusammenarbeit möglich ist.
- Stellen Sie die Erkenntnisse aus der Projektarbeit auch anderen Projektleitern zur Verfügung. Wenn das Ihre Kollegen genauso halten, lernen sie nicht nur aus den wenigen eigenen, sondern aus einer Vielzahl im Unternehmen durchgeführter Projekte.
- Teilen Sie die Erkenntnisse auch der jeweils betroffenen Fachabteilung mit. Damit erreichen Sie, dass die Mitarbeiter dort professioneller an das nächste Projekt herangehen.
- Zeigen Sie vorhandene Verbesserungspotenziale auf, und machen Sie konkrete Vorschläge, wie man das Projektmanagement im Unternehmen weiterentwickeln kann (Standards, Prozesse, Templates etc.).

Toms Tagebuch: die Akteure

Tom
(Projektleiter)
Der 35-jährige Diplom-Ingenieur heißt eigentlich Thomas, wird aber von seinen Kollegen in der Firma nur »Tom« gerufen. Er hat ein Informatik-Studium an einer Dualen Hochschule abgeschlossen. Dadurch konnte Tom schon während des Studiums regelmäßig Praxiserfahrung im IT-Bereich des Unternehmens sammeln. Als junger Mitarbeiter hat er die Einführung einer innovativen Produktionssteuerung maßgeblich verantwortet, deren Erfolg ihm ein großes Ansehen in der Firma verschafft hat. Seither übernimmt er regelmäßig die operative Leitung von IT-Projekten.

Tom ist weder Teamleiter noch Projektleiter im Sinne einer fest definierten Rolle innerhalb der IT-Abteilung, dennoch ist er es, der in Teams häufig den Vorsitz führt. Tom zeichnet sich durch einen ausgeprägten Sinn für Aufgaben und Ziele aus. Er koordiniert immer wieder die Arbeiten, achtet auf deren Erledigung und setzt die notwendigen Prioritäten. Er hat gute Delegationsfähigkeiten; er neigt jedoch dazu, auch persönliche Aufgaben an andere zu delegieren.

Tom ist aber kein ungewöhnlich kreativer Denker; selten stammt eine der guten Ideen von ihm. Viel auffälliger an ihm ist das, was man früher »Charakter« nannte. Er besitzt ein gewisses »Charisma«, das man sich aber einfacher als »Autorität« vorstellen kann. Er ist dominant, aber auf lockere und nicht herausfordernde Art; er will nicht beherrschen. Von seinem Naturell her vertraut er anderen Menschen, es sei denn, dass man ihnen offensichtlich nicht trauen kann.

Tom hat ein Auge für die individuellen Talente seiner Kollegen und weiß ihre Stärken zu nutzen. Er fokussiert die Leute auf das, was sie am besten können und er setzt sie hauptsächlich dort ein, wo sie am besten sind. Er vertraut seinen Teammitgliedern und weiß, dass man das gesamte Potenzial des Teams so effektiv wie möglich nutzen muss. Das heißt, er ist es, der die Rolle und Arbeitslast der anderen festsetzt, Lücken erkennt und Maßnahmen ergreift, sie zu füllen.

Hans-Joachim
(Projektsponsor)
Der 46-jährige Hans-Joachim ist erst seit zwei Jahren im Unternehmen. Er wurde engagiert, um dem seinerzeit in den Ruhestand verabschiedeten Vertriebsleiter nachzufolgen. In dieser Rolle gehört er

automatisch der Geschäftsführung an. Zu seinen Aufgaben gehört das Erarbeiten von Vertriebs- und Marktstrategien, außerdem untersucht er den Markt und beobachtet die Konkurrenz. Um den Verkauf von Firmenprodukten zu steigern, plant er regelmäßig geeignete Aktionen und er bestimmt die Preis- und Kostenpolitik. Er muss die Wünsche der Kunden genau kennen und arbeitet aus diesem Grund an der Entwicklung neuer Produkte mit. Zu seinen Tätigkeiten gehört auch die Planung der Produkteinführung und die Veranlassung entsprechender Marketingstrategien.

Hans-Joachim ist ein dominanter Typ und steckt voll unruhiger Energie. Er ist entscheidungsstark, durchsetzungsfähig sowie risikobereit. Außerdem ist er bekannt für sein konsequentes Handeln und seine sehr direkte Kommunikation. Er wirkt auf seine Mitarbeiter oft (leicht) autoritär und übernimmt in Gruppen und Besprechungen schnell das Kommando.

Hans-Joachim ist als Vertriebsleiter sehr erfolgreich. Er strahlt Selbstbewusstsein aus. In seiner Art fordert er andere schnell heraus und stellt sich schnell der Verantwortung. Bestätigung findet er nur in Ergebnissen.

Eberhard
(Auftraggeber)

Der 48-jährige Eberhard ist seit vielen Jahren im Vertrieb des Unternehmens tätig. Hans-Joachim hat ihn kurz nach seinem Amtsantritt zum Abteilungsleiter gemacht und ihm die Vertriebsregion D-A-CH (Deutschland – Österreich – Schweiz) übergeben.

Eberhard ist sehr kontaktfreudig, knüpft zu vielerlei Menschen Kontakt und macht gerne einen guten Eindruck. Er sucht oft die Gelegenheit, Begeisterung auszulösen und sich bei seinen Mitarbeitern, aber auch Kunden beliebt zu machen. Er führt seine Vertriebsregion vorbildlich und übererfüllt seine Ziele regelmäßig mit der Hilfe seiner Mitarbeiter. Seine Entscheidungen basieren aber meistens auf Gefühlen und weniger auf Fakten und Daten. Außerdem vermeidet er Detailarbeit und Kontrolle.

Karin
(Systemarchitektin)

Die 32-jährige Karin ist eigentlich promovierte Archäologin, musste aber mangels Perspektive schon frühzeitig eine Umschulung zur Software-Entwicklerin machen und fand im IT-Bereich des Unternehmens eine entsprechende Anstellung. Hier entdeckte sie ihre Liebe zur IT und arbeitete sich schnell zur Software-Architektin voran. Sie hat die innovative Produktionssteuerung maßgeblich mitentwickelt, was ihr den Titel einer Systemarchitektin eingebracht hat. Als Systemarchitektin kommt ihr in den IT-Projekten die zentrale Rolle für Systementwurf und -spezifikation zu. Sie entwirft auf Basis der Gesamtsystemspezifikation die Systemarchitektur.

Karin ist praktisch veranlagt, sie gilt als praktische Organisatorin. Sie arbeitet effizient, systematisch und methodisch. Sie ist es, die Entscheidungen und Strategien in die Tat umsetzt, indem sie sie in handliche Arbeitspakete zerlegt, die von den Teammitgliedern bearbeitet werden können. Ihr liegt das Machbare am Herzen, und ihr Hauptbeitrag ist es, die Pläne des Teams in eine umsetzbare Form zu überführen. Sie stellt in Projekten die Ziele heraus und verfolgt sie logisch konsequent.

Trotz guter Organisation, Disziplin, Toleranz und praktischer Veranlagung, fehlen Karin meist die wirklich guten Ideen und die notwendige Flexibilität. Aus diesem Grund liegen ihre Ergebnisse meist nicht über dem Durchschnitt. Karin ist Tom in vielem sehr ähnlich. Sie ist charakterstark und genauso diszipliniert wie Tom. Sie arbeitet hart und neigt dazu, in erster Linie die richtigen Vorgehensweisen bei der Arbeit zu finden und Eigeninteressen hintanzustellen. Sie reagiert überempfindlich, wenn das Projekt schlechtgemacht wird oder von anderen Kritik kommt.

Sie ist für ihre Aufrichtigkeit, Integrität und ihr Vertrauen in die Kollegen bekannt; man kann sie nicht so leicht bremsen oder entmutigen. Nur bei rascher Änderung der Pläne kann sie sich oft aufregen, weil ihr instabile, sich schnell ändernde Situationen Schwierigkeiten bereiten. Sie braucht für ihre Arbeit stabile Strukturen und ist dadurch manchmal etwas unflexibel. Sie geht nicht auf Spekulationen und fantastische Ideen ein, die nicht unmittelbar erkennbaren Bezug zu der vorliegenden Aufgabe haben. Gleichzeitig ist sie jedoch durchaus bereit, ihre Pläne und Vorschläge umzuwerfen und zu verändern, um sie den Plänen der Mehrheit anzupassen.

Franz
(Fachbereichskoordinator)

Der 52-jährige Franz ist ein erfahrener Teamleiter aus dem Vertrieb. Er wurde in das Projekt berufen, weil er den Vertrieb des Unternehmens wie seine Westentasche kennt. Und im Gegensatz zu den anderen Teamleitern aus dem Vertrieb hält er das anstehende Projekt nicht von vornherein für einen »Rohrkrepierer«. Er soll die notwendigen Mitwirkungen des Vertriebs im Projekt koordinieren.

Franz steckt im Hinblick auf das Projekt voll unruhiger Energie, er geht auf die Leute zu, ist emotional impulsiv und ungeduldig, manchmal auch leicht reizbar und gibt schnell auf, wenn er nicht weiterkommt. Er provoziert gerne und hat den Ruf, für Unbehagen in Teams zu sorgen. Das führt nicht selten zu Auseinandersetzungen – aber die sind schnell vorbei und er hegt weder Groll noch ist er nachtragend.

Bisweilen neigt Franz zu Verfolgungswahn, fühlt sich schnell übergangen und sieht sich immer gleich als Opfer einer drohenden Verschwörung. Seine Vorgesetzten schätzen an ihm, dass er in der Lage ist, den Anstrengungen von Teams Gestalt zu geben; er setzt Projekte kurzerhand in die Tat um. Dabei leistet er oft Erstaunliches. Er hat den Antrieb und Mut, der notwendig ist, um Probleme zu überwinden. Franz will Aktionen, und zwar sofort.

Franz ist sehr ehrgeizig, intolerant gegenüber Weichheit, mangelnder Präzision und unklarem Denken. Viele Vertriebsmitarbeiter beschreiben ihn als arrogant. Seine eigenen Mitarbeiter im Team laufen regelmäßig Gefahr, von ihm überrollt zu werden. Die Ergebnisse geben ihm aber Recht, denn er bringt wirklich viel zustande.

Bettina
(Projektassistentin)

Die 31-jährige Bettina arbeitet derzeit als Assistentin des IT-Leiters. Sie hat bereits in verschiedenen Projekten und an unterschiedlichen Positionen des Unternehmens gearbeitet, wobei sie einschlägige Erfahrungen sammeln konnten. Als Tom seinen Chef um eine Projektassistentin im Projekt gebeten hat, hat sich Bettina sofort freiwillig gemeldet. Bettina ist zwar sehr sensibel, aber Tom schätzt an ihr, dass sie ein Gespür für die Bedürfnisse und Sorgen der einzelnen Teammitglieder hat und am deutlichsten die untergründigen Strömungen in der Gruppe registriert.

Bettina ist ein geselliger Typ und kennt das Privatleben und die Familienangelegenheiten ihrer Kolleginnen und Kollegen am besten. Sie ist sehr rege, liebenswürdig, beliebt, nicht aggressiv – kurz: das Bindemittel im Team. Sie ist dem Team als Ganzes treu ergeben und unterstützt alle anderen. Bettina ist eine gute und verständnisvolle Zuhörerin, kommuniziert frei und leicht mit allen im Team und ermutigt auch andere, sich so zu verhalten. Persönliche Konfrontationen sind ihr äußerst unangenehm, und sie versucht, ihnen aus dem Weg zu gehen und sie bei anderen zu dämpfen.

Wenn das Team unter Druck gerät oder in Schwierigkeiten steckt, sind das Mitgefühl, das Verständnis, die Loyalität und die Unterstützung, die von Bettina ausgehen, besonders wertvoll – das hat ihr den Ruf einer »guten Seele« in Projekten eingebracht, als Mitarbeiterin wirkt sie oft als »Helfer im Hintergrund«.

Andreas
(Experte: Software-Architektur)

Der 30-jährige Andreas ist der Verantwortliche für den Entwurf und die Entwicklung aller Software-Module des Systems. Er ist ausgewiesener Experte der Standard-Software, die im Vertrieb eingeführt werden soll. Andreas steckt voller Ungeduld, lange genug hat er für die Einführung dieser Software gekämpft. Mit seiner forschen Art ist er in den vergangenen Projekten häufig angeeckt und hat für teilweise heftige Auseinandersetzungen gesorgt.

Tom schätzt Andreas aber für seine »Macher«-Qualitäten – Andreas hat schon so manche »lahme Truppe« wieder auf Vordermann gebracht. Andererseits hat Tom aber auch schon erlebt, dass Andreas zu einem Störfaktor in einem gut funktionierenden Team werden kann. Andreas sucht immer nach einer Struktur in Diskussionen, versucht, Ideen und Ziele zu bündeln und praktische Überlegungen zu einem einzigen realisierbaren Projekt zu schmieden, das er dann zur Entscheidung und Durchführung vorantreibt.

Matthias
(Experte: Vertriebscontrolling)

Der 39-jährige Matthias arbeitet schon seit vielen Jahren im Unternehmen und ist für das Vertriebscontrolling verantwortlich. Seine Aufgabe ist es, das Erreichen des geplanten Betriebsergebnisses abzusichern und gleichzeitig Frühindikatoren für zukünftige Vertriebsprobleme und Umsatzeinbrüche zu liefern. Daher ist das Vertriebscontrolling ein wichtiges Element bei allen Effizienzsteigerungsvorhaben – nicht zuletzt der Grund, warum Matthias als Experte in das bevorstehende Projekt abgeordnet wurde.

Matthias hat sich im Unternehmen schnell den Spitznamen »Professor« eingefangen. Von seiner Art her ist er ernsthaft und nicht sehr anregend. Sein Beitrag besteht eher in detaillierter und leidenschaftlicher Analyse als in kreativen Ideen. Er ist bekannt dafür, dass er Ideen und Vorschläge gerne auf ihre Machbarkeit und ihren praktischen Nutzen untersucht. Wenn er auch nicht für originelle Vorschläge bekannt ist, so hat er in der Vergangenheit doch erfolgreich verhindert, dass sich der Vertrieb auf fehlgeleitete Projekte einlässt.

Obwohl Matthias vom Wesen her eher kritisch als kreativ ist, kritisiert er nicht um der Kritik willen, sondern nur, wenn er einen Fehler im Plan oder in der Argumentation entdeckt. Merkwürdigerweise ist er im ganzen Team am wenigsten motiviert. Bei Matthias handelt es sich um einen seriösen, vorsichtigen Menschen mit einer angeborenen Immunität gegen Enthusiasmus. Begeisterung und Euphorie gehören einfach nicht zu seinem emotionalen Repertoire. Das hat andererseits den Vorteil, dass sein Urteil nicht durch seine innere Anteilnahme getrübt oder verzerrt wird. Es dauert lange, bis Matthias sich zu etwas entschlossen hat, und er brütet gerne über einer Sache, aber er ist der objektivste Denker im Team.

Seine wirkliche Fähigkeit besteht darin, ein scharfsinniges Urteil zu fällen, das alle Faktoren mit einbezieht und sie verständlich macht. Matthias versteht es, Probleme zu analysieren und die Urteile und Beiträge der anderen einzuordnen. Dabei geht er manchmal taktlos und herabsetzend vor, was nicht gerade zu seiner Beliebtheit beiträgt, und er drückt manchmal auf die Moral des Teams, indem er zur Unzeit Dämpfer verteilt.

Literatur

Andersson, Jörg (2011): »Gleisanschluss für Pannen-Tunnel«, *Frankfurter Rundschau* (20.04.2011)

Berner, Winfried (2001): Kickoff-Meeting – Für einen guten Start sorgen

Berner, Winfried (2003): Projekt-Relaunch: Wege zur Bewältigung von Projektkrisen

Berner, Winfried (2005): Risikomanagement – Risiken managen statt verdrängen

Berner, Winfried (2006): Konflikteskalation – Wie Unversöhnlichkeit stufenweise wächst

Bornhöft, Petra; u.a. (2004): »Berliner Toll-Haus«, *Der Spiegel* (10/2004)

Brand, Markus (2009): »Motivation für jeden Geschmack«, *ManagerSeminare* (11/2009)

Brand, Markus (2009): Motivorientierte Führung, Gabal-Verlag

Brand, Markus (2010): »Motivorientierte Führung«, *INSight* (02/2010)

Brenneman, Greg (1999): »So retten wir Continental Airlines.«, *Harvard Businessmanager* (02/1999)

DeMarco, Tom; Lister, Timothy (2003): Bärentango; Hanser

Duwe, Peter (2003): »Gezielt Einfluss nehmen«, *Projektmagazin* (12/2003)

Eberspächer, Martin (2011): »Schlanke Organisation in der Softwarekonzeption«, *Projektmagazin* (19/2011)

Edlund, Jan R. (2010): »Mehr Zeit für Chefaufgaben«, *ManagerSeminare* (10/2010)

Fleig, Jürgen: »Wer macht für wen die Arbeit«, business-wissen.de

Fournier, Cay von (2006): »Führung als Dienstleistung«, *Perspektive Mittelstand* (02/2006)

Gellert, Manfred; Nowak, Claus (2007): Teamarbeit, Teamentwicklung, Teamberatung, Limmer Verlag

Glasl, Friedrich (2004): Konfliktmanagement – Ein Handbuch für Führungskräfte, Beraterinnen und Berater; Paul Haupt

Große Boes, Stefanie (2011): Trainer-Kit, ManagerSeminare

Harrant, Horst; Hemmrich, Angela (2004): Risikomanagement in Projekten; Hanser

Hilgenberg, Bernd (2000): »Der Projektabschluss«, *Projektmagazin* (17/2000)

Kellner, Hedwig (2003): Projekte präsentieren, Hanser

Kraus, Dr. Georg (2011): »Die 7 Todsünden des Managements«, *Industrial Engineering* (03/2011)

Kraus, Dr. Georg: »Management ist nicht gleich Leadership«, business-wissen.de

Lomnitz, Gero (2007): »Probleme richtig eskalieren«, *Projektmagazin* (22/2007)

Miller, Brigitte (2011): »Trotz Delegation keine Entlastung«, business-netz.com (10/2011)

Nonnast & Kollegen (2007): »Gemeinsam zum Erfolg«, *FOCUS Online* (01/2007)

Oncken, William (2009): »Who's got the Monkey!«, *Harvard Business Review* (03/2009)

Pascheka, Stefan (2001): Konflikte verstehen und kooperativ lösen; Tectum Verlag

Petersen, Vera: »Als Führungskraft Konflikte zwischen Mitarbeitern moderieren«; business-wissen.de

Roth, Birgit (2008): »Die Abnahme im IT-Projekt«, *Der EDV-Leiter* (01/2008)

Seinecke, Christopher (2009): »Stakeholderanalyse in sieben Schritten, *Projektmagazin* (20/2009)

Setzwein, Christian (2007): Turnaround-Management von IT-Projekten, dpunkt-Verlag

Speed4Projects (2012): High-Speed Pyramide für Projekte

VDMA (Hrsg.) (1997): Fit für den globalen Markt?

Voss, Julia (2009): »Erfolgreich führen erfordert Flexibilität«, *Perspektive Mittelstand* (10/2009)

Walker, Christine: Studie 2007 »Excellence in Officemanagement«, PLU GmbH

Wohlgemuth, Ina (2007): »Der Feind in meinem Projekt«; *Projektmagazin* (15/2007)

Wolf, Andreas (2010): »Pragmatisches Risikomanagement für Projektleiter«; *Projektmagazin* (01/2010)

Zeuch, Andreas (2009): »Improvisation will gelernt sein«, *changeX* (2009)

Alexander Osterwalder, Yves Pigneur
Business Model Generation
Ein Handbuch für Visionäre,
Spielveränderer und Herausforderer

2011. 285 Seiten, kartoniert,
durchgehend vierfarbig,
mit 512 Abbildungen
ISBN 978-3-593-39474-9

E-Book:
ISBN 978-3-593-41153-8 (PDF)

4.000+ Stunden Arbeit

28.456 Post-its™

Eine Idee geht um die Welt

Wir leben im Zeitalter umwälzender neuer Geschäftsmodelle. Obwohl sie unsere Wirtschaftswelt über alle Branchengrenzen hinweg verändern, verstehen wir kaum, woher diese Kraft kommt. »Business Model Generation« präsentiert einfache, aber wirkungsvolle Tools, mit denen Sie innovative Geschäftsmodelle entwickeln, erneuern und in die Tat umsetzen können. Es ist so einfach, ein Spielveränderer zu sein!

9 Jahre Forschung und Praxis

470 Mitautoren

www.campus.de

campus
Frankfurt. New York

Hermann Simon
Hidden Champions – Aufbruch nach Globalia
Die Erfolgsstrategien unbekannter Weltmarktführer

2012. 447 Seiten, gebunden, mit 67 Abbildungen
ISBN 978-3-593-39714-6

E-Book:
ISBN 978-3-593-41891-9 (ePub)
ISBN 978-3-593-41766-0 (PDF)

Die Geheimnisse unbekannter Weltmarktführer

In Deutschland, Österreich und der Schweiz gibt es mehr als 1300 verborgene Weltmarktführer. 300 Unternehmen aus dem deutschsprachigen Raum gehören seit dem letzten »Hidden Champions«-Buch zu den neuen weltweiten Marktführern. Verborgen vor der Öffentlichkeit ziehen sie ihre erstaunlichen Erfolgsbahnen, lehren die weltweite Konkurrenz das Fürchten und verändern unsere Welt mit ihren Innovationen. Doch die globalen Märkte spielen für die Hidden Champions eine größere Rolle denn je.

»Hermann Simon – ganz vorn in der Liga der Managementdenker!« *Financial Times*

»Wichtigster lebender Branchen-Guru« *Managementdenker.de*

www.campus.de

campus
Frankfurt. New York